新たなマイノリティの誕生
声を奪われた白人労働者たち

ジャスティン・ゲスト［著］
吉田　徹・西山隆行・石神圭子・河村真実［訳］

弘文堂

The New Minority

White Working Class Politics in an Age of Immigration and Inequality

by Justin Gest

目次

〔凡例〕

・原文で補足されている（　）はそのまま（　）で表した。

・原文で引用者注として補足されている［　］はそのまま［　］で表した。ただし中略を示す［…］については……で表した。

・訳者による補足については〔　〕で表した。

序——過激化するミドルクラス

ロンドンっ子はほとんど死に絶えたよ。僕はイングランドなきイギリス人さ。イギリス人って、もはや何を意味するのかわからないよ。僕らは血を一滴も流すことなく侵略されたんだ。聞こえてくるのは外国語ばかりで、外国にいるような気分さ。ほかの人たちも僕らと同じ機会を持つべきだとは思うけど、僕らが優先されなきゃいけない。僕らが中心にいるべきなんだ。けど、僕は外側に、中心からずっと離れたところにいるような気がするよ。

——オリー・マークス、三〇歳
イーストロンドン　ダゲナム

ミドルクラスがアメリカとヨーロッパの政治から抜け落ちている

大西洋を越えて、政治運動は有権者集団の分極化を反映し、極右と極左にばかり訴えかけるようになりつつある。反抗的な者や暴力的活動家は政府の足を引っ張り、連合形成を妨げ、反民主主義的手段でもって自らのアジェンダを語る手法をとる。世論は妥協を好むものだが、自らの選好については急速に非妥協的になっている。

この分極化と瀬戸際戦術については、様々な詳しい説明をすることができる。選挙資金と知名度〔が決定的役割を果たす選挙制度〕が公職者の間に対決と不和をもたらすという者がいる。ニュースメディアがドラマティックな出来事を好み、正確性や公正さを犠牲にして視聴率を重視するのを批判する者もいる。さらには、選挙や統治に関する諸制度が、ミドルクラスが政治的に力を持つことを妨げる過大な力を〔移民や民族文化的マイノリティといった〕周縁グループに対して与えていると批判する者もいる。

本書では、現在進みつつある人口動態的変化を、こうした趨勢がさらに強めることを指摘する。つまり、かつて政治的ミドルクラスを構成していた白人労働者階級[1]のコミュニティはその規模を小さくして周縁に移動し、アメリカとヨーロッパの社会は〔かつて〕進歩を生み出した中道連合をいかにして再建するかを模索しているのである。

白人労働者階級がイギリスとアメリカの中心を占めていたのはそれほど前のことではない。二〇世紀半ば、白人の大多数は非大卒で、しばしば製造業の肉体労働か非管理部門で働いていた（US Census Bureau 2015a; Skidelsky 2013; Pierce and Schott 2012; Sveinsson 2009; Abramowitz and Teixeira 2009: 395）。ミドルクラスは非大卒者によって構成されており、大学教育を受けた者と受けていない者の賃金の差は相対的に小さかった（US Census Bureau 2015b; Abramowitz and Teixeira 2009: 392）。産業セクターの多くで労働組合が組織されていた（UK Department for Business, Innovation and Skills 2015; Bureau of Labor Statistics 2015）。白人労働者階級の緩やかな連合は、〔アメリカでは〕フランクリン・ローズヴェルトや後のドワイト・アイゼンハワー大統領、〔イギリスでは〕ウィンストン・チャーチルや後のクレメント・アトリー首相を生み出した。のちに、その〔緩やかな連合の〕多くは〔アメリカでは〕リンドン・

ジョンソンやリチャード・ニクソンを、そしてイギリスではハロルド・マクミランやハロルド・ウィルソンを支持した。

今日では、それと同じ人々が、かつて強力な投票ブロックとして行使してきた政治的影響力をほんの一部でも取り戻そうとして、時に暴力や脅迫に訴えている（Dancygier 2010）。中心から引き離された彼らは、主流政党によって声を奪われ、無視されていると感じ、アメリカとイギリスで、自前のものを作ったのだ。

アメリカの制約された二大政党制下でティーパーティーは、二〇〇八年のバラク・オバマの選挙の後に共和党の反乱分子として登場した。その後の議会選挙で、この運動は共和党内で勢力を増し、多くの主流派候補を追い出した。その中でも、下院の多数党院内総務であるエリック・カンターは二〇一四年一一月に、下院議長のジョン・ベイナーは二〇一五年一〇月に辞任に追い込まれた。ティーパーティーのメンバーは、大方の予想に反する形で多くの白人労働者階級の人々とともに不動産王のドナルド・トランプを大統領候補に引き上げて国際的な注目を集め、二〇一六年〔大統領選挙〕の共和党候補にした。同じ頃、左派では、ある一派がアメリカの資本主義の再編を企て、これは金融危機に際してウォール街占拠運動として現れた。このグループは民主党をポピュリスト的、そして、保護主義的な経済的スタンスに導いた。白人労働者階級のアメリカ人の多くがグローバルな貿易取引を糾弾し、ワシントンの政治家とKストリート[訳注 i]におけるビジネス関連のロビイストたちとのつながりを非難し、それと同じ文脈

訳注

i　ワシントンDCにあり、ロビイストのオフィスが軒を連ねる。

で不法移民を罵り、福祉プログラム削減を要求し、人種的正義を求める運動を愚弄する。

二〇一〇年以来ヨーロッパでは、極右政党が国内そしてヨーロッパ議会の選挙で勝利している。スイス人民党、デンマーク人民党、国民戦線は直近の選挙でスイス、デンマーク、フランス国内でそれぞれ四分の一以上の票を獲得した（European Parliament 2015）。イギリスでは、イギリス独立党（UKIP）が二〇一四年のヨーロッパ議会選挙で二七％の票を獲得し、二〇一五年の議会選挙では一二％を獲得して（BBC News 2015）、彼らが支持したEU離脱キャンペーンが二〇一六年六月の国民投票で勝利した際には、デーヴィッド・キャメロン首相を辞任に追い込んだ。度重なる敗北によってイギリス労働党は混乱状態となり、極左で社会主義者のジェレミー・コービンを党首に選び、明確な政策綱領や選挙戦略もない状態でリーダーシップの空白を続けた。白人労働者階級のイギリス人の間では、多くの人々が労働組合の拡大と社会サービス拡充を求めるとともに、EUの解体、移民の大量国外退去、そしてイスラム教への非難を支持した。

この重大局面において主流政党の大半は、最も極端な見解が白人労働者階級の人々によって明確に牽引されたにもかかわらず、これらを正面から支持するのをためらってきた。サーカスの団長が用心深く虎に近づくように、政党は――多くの場合、より穏健な支持者の離反の恐れから、政策の細かい中身に立ち入ることを避けつつ、彼らの正統性を認めながら――これらの見解の周辺を注意深くさまよってきたのだ。穏健な左派と右派も、それぞれ、成長しつつある民族的《エスニック》マイノリティの投票ブロックやネオリベラルなビジネス・ロビーを離反させかねない白人労働者階級の排外主義や経済的保護主義を受け入れるのをためらった。バラク・オバマは非大卒の白人の票で一〇％以上の差をつけられたものの、二〇〇八年と二〇一二年の大統領選挙で勝利した（Levison 2013）。デーヴィッド・キャメロンは白人労働者階級の支持を得られなかったものの、二〇一五年には再選を果たした（Ford 2015）。白人労働者階級の人々は、良く言えば間口の広い中道的な連合を結集しようとする試みにおける不安定要因であり、悪く言えば先細りつつある不可解な存在となっている。

我々は、いかにしてここに至ったのだろうか。それぞれの国で心、魂、背骨とみなされてきたミドル・ブリテン、ミドル・アメリカ、これらの人々はいかにして周縁に押しやられてきたのだろうか。彼らを過激主義に駆り立てているのは何なのだろうか。かくも長きにわたって数の力を誇ってきた集団を、かつて彼らが主役だった国における「マイノリティ」と考えさせるようになったのは、一体、いかなる変容のなせる業なのだろうか。

原注

（1）「労働者階級」というのは誇りと謙遜、そして、動員と悪口のためのレトリカルなツールとして用いられる言葉である。ツヴァイクは、「〔労働者が〕仕事について通常〔持つ〕権限と独立性の度合い」をもとに階級を定義している（Zweig 2000: 28）。彼は「生産について組織し管理する」力を持つ人々を資本家、そして、「ほとんど何の権限も持たない」大多数の労働者を労働者階級と名付けている（3）。だが、「労働者階級」が大卒の学位を持たない者（Abramowitz and Teixeira 2009）――これは労働市場の教育水準が徐々に上がっていることを現代的に反映する考え方だ――のことなのか、かつて西洋の中核を成していた、肉体労働従事者や製造業に従事する者というより古典的な意味であるべきかをめぐっては、立場に違いがある。最終的に、本書では、経済にのみ基づいた理解をすると労働者階級の人種、民族、年齢、地域などの類似性についての強力な民族文化的な境界を無視し、それを区別せずに全体的に捉えてしまうという限界があることを認めつつも、非大卒の白人に焦点を当てることにする。この点を説明するために、本書では「労働者階級」の人々の自己認識を説明するべく、幅広い人々に聞き取りを行うとともに調査への回答を依頼した。

謝辞

シカゴのコミュニティ・オーガナイザー、ジョシュ・ホイトは最初に会ったとき、「私は誰かの紹介でない人とは話しません」と言った（言い換えると、知らない人と仲間になったり、打ち解けたりするためには、誰かの紹介が必要だということだ）。この感覚は、それほどあからさまなものではないにせよ、白人労働者階級の人々やコミュニティに広がっていた。パブや近隣住区で、我々の信用は、業績や所属先ではなく、むしろ、信頼性や人柄を請け負ってくれる人を知っているかどうかにかかっていた。移民にとっての重要な敵役についてまで踏み込んで調査しようとする〔私のような〕移民政治研究者は、このような信頼関係を一度に作り上げる必要があった。私の調査したヤングスタウンやイーストロンドンの白人労働者階級コミュニティは不信によって特徴づけられているにもかかわらず、多くの人々が親切に耳を傾けてくれて、自宅に招待してくれた。今では多くの人々を友人であると誇りを持って呼ぶことができる。

ヤングスタウンで全てのドアのキーを準備してくれたのはフィル・キッドだった。彼が定住の地として選び、いまやネイティブよりも愛する街の人々や政治についての彼の知識は膨大だった。ヤングスタウン州立大学で客員〔研究員〕として研究する調整をしてくれたアリッサ・レンホフ、ティム・フランシスコ、ジョン・ルッソにとても感謝している。聡明でホスピタビリティ溢れる家主であるボビー・ホーガンと、ミシェル・ルボア・ホーガンの家に毎日帰ることは喜びであった。私の拠点となったヤングスタウンのＹＭＣＡの管理人であるマイク・シャファーと、グレイランドの創業者（ロッコ・セト、メラニー・ボナヴォランタ、ポール・バーゲス、ハンナ・ウッドルーク）に感謝する。

イーストロンドンでは、バーキングアンドダゲナム議会の職員が案内と援助をしてくれたことに感謝する。質問があるとき、マーク・アダムはいつもそこにいてくれて、ニッキ・レイン、ポール・ホドゥソン、ジョン・ドー、ダレン・ロドウェルもいつも私を助けてくれた。私をイーストロンドンの日常に引き入れてくれたウェイン・タックフィールドからは極めて多くのことを学んだ。これは最も重要なことであるが、両市において、私に闘いと尊厳、そして、闘いの中の尊厳について多くを学ばせてくれた多くの回答者の人々の正直さと率直さに感謝する。

本書の研究は、ホロウィッツ社会政策研究財団、ハーバード大学ヨーロッパ研究センター、ハーバード大学社会科学研究所、ジョージ・メイソン大学公共政策・行政・国際問題研究所による研究費なしでは実施できなかった。これらの資金はフィールドワークを実施可能にしてくれたが、シェイグ・アボリ、フランシスカ・アンチェリコ、アンドリュー・ブッシュ、ロバート・ダガー、オーブリー・グラント、ブレンダン・コップ、アーロン・ローパーという、類を見ないほどに素晴らしい研究補助者チームに数年にわたり手伝ってもらうことができた。皆勤勉で、明るい未来が開けている。

量的なデータ分析ができたのは、自らのイギリスでのＹｏｕＧｏｖ調査の中に私の一連の質問を寛大にも組み込んでくれたログ・フォードのおかげである。私はアメリカでの調査のみならず研究全体を支援してくれたジェリー・メイヤーと、統計に関する知識と優れた分析技術をいつも提供してくれたタイラー・レニーに多くを負っている。

様々な段階において、忙しいスケジュールの中から時間を割いて私の原稿に目を通し、示唆や励ましをしてくれた多くの友人や同僚がくれたフィードバックから多くを得ている。アンナ・ブーシャー、ニック・カーンズ、ノーム・ギトロン、ショーン・グレイ、ゾリ・ハジュナル、ピーター・ホール、ジェニファー・ホックシールド、ケイ・シュロスマン、クリス・ステラ・トランプ、ジェニファー・ビクターに感謝する。そして、私の本のワークショップに参加してくれたり、草稿全体を読んでくれたりした、ナンシー・ディトマソ、ジャック・ゴールドストーン、エリック・カウフマン、ミシェル・ラモン、モニカ・マクダーモット、キンバリー・モーガン、ダン・ラスムーセン、ジョン・ルッソ、ダニー・シュロスマン、ジェシカ・ストライブにも感謝する。

優れた編集をするとともに、私の仕事を信じてくれたオックスフォード大学出版局のニコ・プント、デイヴ・マクブライド、アン・ラシナク、とりわけ、アンジェラ・シュナブロに感謝する。

本書の着想はロンドン・スクール・オブ・エコノミクスでヨーロッパのイスラム教徒の政治行動に関する博士論文のための研究をしているときに、スティーヴ・ヴェルトヴェクが私の考えを白人労働者階級に適用できるかと問うたときに生まれた。そのアイディアは私の師であるテリ・ギヴンス、デーヴィッド・ヘルド、ヘンリエッタ・ムーア、シド・ヴァーバによって豊かなものとなった。私のアイディアに対し、無条件の助力、思慮深い導き、尽きることのない情熱を与えてくれたことに感謝する。

ハーバード大学では、奨学金や講義について支援してくれたデーヴィッド・エイガー、ブリントン・ティム、スティーヴ・レヴィツキー、ジュディとショーン・パルフリー、メアリー・ウォーターズ、シェリル・ウェルシュに深く感謝する。ナンシー・ブロンコ、フランキー・ホフ、シャロン・ジャクソン、カレン・カレッタ、ジョアンナ・リンド、ドーティ・ルーカス、スザンヌ・オグンバデロ、ローラ・トーマス、ダイアナ・ヴォジックの支援にとても感謝している。ジョージ・メイソン大学では、私の研究環境を整え、大学に迎え入れてくれたデーヴィッド・ハート、ナオル・コイズミ、マーク・ロゼル、ロジャー・ストウに感謝している。また、クリス・アンクリエン、ビル・コースター、ミシェル・エリー、バーブ・ヒル、スーザン・マクラー、ライアン・プライクによる援助にも感謝する。

論争的で現代的な私の研究テーマは、私を支えてくれて、彼らなりの見方を提供してくれた友人と会話する中ではっきりしたものとなった。常に関心を持って応援してくれたリン・アーミット、マット・ベイ、ギデオン・グレスラー、ニック・ブロードウェイ、ベリンダ・ブロイド、カットとサラ・バージェス、アンドリュー・バタース、マット・チポラ、ジョアナ・クルズ、ジェレミー・ファウァーダ、オル・フラム、ジャスティン・フラターマン、マリアン・ガンボア、デーヴィッドとキラ・ゲスト、キャシーとテッド・ゲスト、キャサリン・ギゲラ、アイレム・ギュネイ、デブラ・ハウアー、クリスティーナ・ヘルデン、ジャネット・ヒーバート、シャロン・ハウェル、ザンダ・ケイデン、ローラ・ケリー、クリス・キラコウ、ラルフ・マンヤ、ソナ・ナルーラ、ジェシカ・パーモット、エリック・ラフリン、ウィル・ラスムーセン、パリサ・ロシャン、カトリーナ・ローズ、エリック・サンド、アーサー・シリング、ビル・シュナイダー、デジレ・セダガット、アーミッシュ・シャー、パトリシア・ショア、アレクサンドラ・シコッテ・レヴェスク、ステファン・ノーブル・スミス、ジャック・セント・マーティン、シェイ・スタインバーガー、スーザン・ウィレン、アマンダ・ワインガーテン、ジェフリー・ワインガーテン、サラ・ウィテカー、そしてネイダー・ヤーミアンに心より感謝する。

最後に、本書執筆中に家族から受けた愛に謝意を表したい。私の努力を支えてくれた両親のゲイルとマックス・ゲスト、兄弟のダレン、義理の姉妹のレベッカ、義理の両親であるタジャーナとギョーギー・ハーギタイ、義理の兄弟のギュリ、甥のアダム、養祖父母であるアンとマット・ヴァンデワイデヴァン、祖母のジャネット・リット、今は亡き祖父のアルヴィン・リット、そして、尽きることのない喜びと刺激を与えてくれるかけがえのない妻モニカと我々の娘ヴァレンティナに感謝する。

二〇一六年六月

ニューヨーク市ヘルズ・キッチンにて

ジャスティン・ゲスト

第一章　イントロダクション――ポスト・トラウマ都市における政治的周縁性

脱皮できない蛇は死ぬ。意見を変えることのできない精神も同様である。それは精神ではなくなる。

――フリードリッヒ・ニーチェ

白人労働者階級の人々は不安に苛まれている。

彼らは先進国の多くで増大する不平等の圧力に悩まされているものの、言語と統合というアドバンテージを〔祖先から〕受け継いでいる。彼らは人口動態が大きく変化しつつある社会に住んでいるが、それは白人の支配的地位を揺るがすような変化ではない。政治的不満を募らせている彼らは、主流派連合から求められる妥協には応じず、自分たちの運動を始めようとしている。なかには非常に反抗的になる人々もいる。周縁化された集団がこのような力を持ったことが、これまであっただろうか。

本書は、白人労働者階級がかつて有した力の面影と現在の喪失感との間の緊張関係が、過激化という現象を生み出していることを論じる。いくつもの調査方法を用いて、白人労働者階級の人々の政治行動――これは極端にもなりうるし、その数のおかげで北アメリカやヨーロッパの社会で依然として重要であり続ける――を、よりよく理解することを試みるものである。

地位低下をめぐる複数の語り《ナラティヴ》

白人労働者階級の人々が観察者を当惑させる主な理由は、アメリカとイギリスにおける彼らの苦境を描き、その政治行動を説明する語り《ナラティヴ》が、いくつも存在するからである。

経済的な語り《ナラティヴ》によれば、第二次世界大戦後に西側諸国がよりサービス志向で高度な技術を中心としたグローバル経済に方向転換したことにより、軽工業と基盤的サービスが労働水準の極めて低い途上国に委託されるようになった。この経済的変化が、白人労働者階級の地位の低下、組合活動の弛緩、戦後以来の国家による福祉支援システムの放棄をもって、彼らのコミュニティの社会的・政治的な力を掘り崩したのだ。これらの変化に適応した白人労働者階級の人々はそれ以後、グローバル化の勝者（少なくとも黙認する敗者）である白人と民族的に多様な移民から成る、再編された社会的多数派の一員となった。

適応の遅い者は一般にこう理解されている。すなわちグローバル経済の恩恵に浴することのない、前時代的で、ばらばらのままで組織化されていない既得権益者である、と。イギリスでは、単純労働者として雇用されていた労働者階級の人口比率は二〇世紀の間に七五％から三八％に低下し、専門職と管理職の比率は八％から三四％に増大した（Sveinsson 2009）。一九四〇年には、アメリカでは被雇用者の七四％が、非専門職・非管理職の白人だった。二〇〇六年までに、その比率は四三％にまで急落した（Abramowitz and Teixeira 2009: 394-395）。一九四〇年には、二五歳以上の成人の八六％は四年制大学の学位を持っていない白人だった。二〇〇七年までに、その比率は四八％に低下した（ibid.）。一九四七年には、アメリカの家族の八六％は所得が六万ドル未満（二〇〇五年の価値で）の白人家庭だったのに対し、二〇〇五年にはその割合は三三％に低下した（ibid.）。

したがって、ポスト工業時代のミドルクラスの拡大は、多様なヨーロッパ起源の白人コミュニティと、移民起源の人々（彼らは、生活水準の上昇と社会的連帯のあり方の変化をもたらした、非常に包摂的な資本主義的実力社会に徐々に統合されつつある）とによってもたらされたのである。この変化は、単に自らを白人労働者階級と理解する人々のコミュニティを縮小させただけではない。それは広く労働者階級の人々を、上昇志向の移民層と、残りの貧困なアメリカ生まれの白人という永続的な層に分けてしまった。貧困者にとっては、地位を上昇させる機会は小さいままである。アメリカとイギリスはＯＥＣＤ諸国の中で最も経済的流動性が低い（OECD 2010; Corak 2013）。親の所得が生涯にわたり経済的地位を大きく決定し続けるのだ。この結論は、一世代にわたって流動性が見られなくなっているアメリカでの調査において詳細に示されている（Chetty et al. 2014）。

資源[訳注i]〔の不平等〕に注目するこの見方を提唱する人々が論じるところによれば、エスニシティやジェンダー、そして文化的な背景は人生の見通しを説明する要因ではあるが、社会階級こそが依然として最も決定的な要因だという（National Equity Panel 2010）。この説明においては、時代遅れの白人労働者階級は、二〇世紀において経済的に成功し、社会経済的な飛躍を遂げることのできなかった人々との経済的——そして文化的——な距離をとるようになった白人のミドルクラスやアッパークラスと対比

訳注

i　諸活動を行うために利用可能なものという意味であり、天然資源を指すわけではない。

される。そのような資源上の不利さは、政治行動を常に消極的にしてしまう（see Verba and Nie 1972; Verba, Nie, and Kim 1978, Verda, Schlozman, and Brady 1995; Schlozman, Verba, and Brady 2013）[1]。このギャップの拡大の正当化のためによく引き合いに出されるのが、文化的差異をかすかに仄めかす実力主義的な根拠だ。それにもかかわらず、白人労働者階級の周縁化をめぐって資源〔の不平等〕に着目する説明は、人口動態に基づく社会的スティグマは深刻な不平等の副産物に過ぎないと論じている。

モラルに注目する語り《ナラティヴ》によれば、貧困な白人は過去の不公正な利得に執着する敵役として特徴づけられる。貧困な白人たちは、民族文化的マイノリティに対する優位を維持すべく進歩的な変化に抵抗し、二〇世紀の社会史における最も忘れられがちな時代の最後の名残――アッシャーウッド（Usherwood 2007）がいうところの、援助に値せず貧困でもない、社会において道徳的でも政治的でもない部分――として、通例描かれる。それは、学ぶことをせず、反知性的で、ある論者の表現を用いれば中南米系の人々や黒人（特に彼らが生活において何かを生み出していない場合）、教育、啓蒙、国際主義を蔑む人々から構成される（Alibhai-Brown 2007）。したがって、貧困な白人は他の、たいてい〔自分たちと〕同じく貧しい民族文化的マイノリティ集団――公民権運動のような地道な努力を通して平等な立場を獲得しようと努めてきた集団――の敵役を代表しているのである。

さらに微妙なことに、その祖先たちが排除政策を支持し、教育と〔社会的〕上昇に関する偏ったシステムを通して地位を向上させた可能性もある白人エリートたちが、貧しい白人たちを蔑むのである（see Jones 2011; Wray 2006）。歴史的な差別を償おうという流れがあるにもかかわらず、白人エリートたちも〔民族文化的〕マイノリティ集団も、これらのシステム――労働者階級の白人たちがその構築にあたり影響力を行使できなかったシステム――内で自分たちの成功を見せつけようとして、貧しい白人たちとしばしば距離をとる。

「アンダークラス」の白人たちは、行動において、あるいはモラルにおいて、はっきりと劣るものとして描き出されてきた。イギリスでは、白人は国家の「心と魂」として――歴史的に、国家の存続のために血と汗を流してきた人々として――言葉の上では高い地位を要求できる人々であるにもかかわらず、「後進的」であり「不潔」で「そこそこの数の子供を抱え、怠惰で給付を得ようとする母親」といった偏見と結び付けられている（Jones 2011; Wray 2006）。

チャールズ・マレー（Murray 2012）は、アメリカの白人アンダークラスとその逸脱的な規範意識を、このように描写している。「一九六〇年以降、アメリカでは新しいものが表面化してきた。それは、逸脱者から成るのではなく、かつては労働者階級人口の実質的部分を構成していた白人の下層階級である」。マレーはこの新しい白人アンダークラスの突出した特徴を詳細に描写する。まず、この白人のアンダークラスは勤勉さという伝統的なアメリカの規範を侵していると主張する。これら白人は障がい者給付を要求したり、「フルタイム未満の仕事」に就こうとしたりする。マレー（Murray 2012: 171, 176）が記すところによれば、これは教育水準の低い白人男性にとりわけ当てはまるという。

その上、教育水準の低い白人男性が多く仕事を辞めたことによって、労働参加率は白人アンダークラスの間でかなり低下している（Murray 2012: 172-173）。マレーによれば、全米の経済は一九六〇年から今日までそれなりに成長しているため、そうした趨勢をマクロ経済の状況によって説明することはできない。そうではなく、これらの傾向はアメリカの勤労をめぐる規範が白人アンダークラスの間で弛緩してきたことの表れだと、マレーは論じているのだ。「二〇〇〇年代、白人男性は二〇年前、三〇年前、五〇年前と比べて勤勉でなくなっている」、「そして……勤勉さの減衰は圧倒的に［教育水準の最も低い人々の間で］発生している」と記している（Murray 2012: 181）。

労働習慣以外にもマレーは、信仰と結婚に関するアメリカ人の規範意識の衰退を指摘している。彼は「アメリカの白人は全体として、一九六〇年から二〇一〇年の間、とりわけ一九九〇年代の初期から、より世俗的になった。アメリカの白人社会で労働者階級は最も信仰心が強いと一般に信じられているにもかかわらず、信仰から離れる度合いは［アメリカの労働者階級の間で］ずっと大きくなっている」と指摘する（Murray 2012: 200. これを支持する証拠としては see Wilcox 2010: 48-49）。教会に通うことは社会資本の重要な源泉なので、信仰心の衰退は白人アンダークラスが入手可能な環境的手段に直接的に影響し、個々人の社会的上昇の機会に深刻な影響を及ぼすとマレーは論じている。同じくマレーらは、白人アンダークラスの間で結婚という制度が衰退していることを指摘している。アンダークラスの白人たちは、結婚後一〇年以内に離婚したり、婚外子を持ったり、結婚生活に不満を述べる傾向がある（see Douthat and Salam 2008; Wilcox 2010）。これらの傾向を視野に入れると、大卒のアメリカ白人女性の婚外出産の割合が一九六〇年代以降五％程度であり続けているのに対し、高卒の学位を持っていないアメリカ白人女性の婚外出産の割合は今日六〇％となっている（Murray 2012: 161-162; see also Douthat and Salam 2008: 134）という事実には頷けるものがある。

ケヴィン・ウィリアムソン（Williamson 2016）はドナルド・トランプの大統領選挙への立候補を白人労働者階級が支持したことを嘆く最近の『ナショナル・レビュー』のコラムで、以下のように書いている。

福祉依存、薬物やアルコール中毒、家庭の無秩序――つまり、野良犬程度の敬意と知性しか持たない子供を産むこと――を誠実に眺めるならば、恐ろしい認識に至るだろう。かつての北京ではない。ワシントンがいかに悪いところであるとしても、かつてのワシントンでもない。今日、メキシコからの移民の水準が度を超して問題を抱えているとして、彼らでもない。そのいずれでもないのだ。彼らには何も起こっていない。恐ろしい災害が起こったのではない。戦争や飢餓や疫病や外国による占領が起こったのでもない。過去数十年における経済的変化ですら、アメリカの貧困な白人たちの機能不全と怠慢――そして不可解な悪意――を十分に説明することはできない。だから、ガーバットでの石膏関連の仕事は、かつてとは違うものになってしまったのだ。[訳注ii] 二一世紀の生活においては、ウォールボードだとか、どうやって工場を閉鎖するかをめぐる安っぽい感情だとかより、大事なものがあるのだ。

これらの機能不全に陥った低所得コミュニティについての真実は、死に絶えるにふさわしいということだ。経済的には不良債権だ。道徳的には擁護不可能だ。ブルース・スプリングスティーンの安っぽい大げさな戯言など気にするな。[訳注iii] ラストベルトの工場街の奮闘を信じてみたりすることや、ずるが

訳注

ii　コロラド州ガーバットは石膏を用いたウォールボード産業がかつて盛んだったが、現在その面影はない。

iii　民主党支持者として知られるスプリングスティーンはローリングストーン誌のインタビューで、共和党は大バカ者に支配されているとして、トランプを酷評した。

しこい東洋人が我々の仕事を奪っているというような陰謀論も気にするな。……アメリカの白人アンダークラスは、その主要産品が惨めさやヘロインの針という、邪で利己的な文化に取り憑かれているのだ。

アンダークラスの白人たちの逸脱的な規範意識を強調するウィリアムソンやマレーなどの論者は、労働者階級の白人たちが置かれた社会的地位を説明するためにそうしているのかもしれない。しかし同時に、白人労働者階級自体の中に起ころうとしている危機に警鐘を鳴らそうとして、劣化した道徳的習性に焦点を当てた説明もある。これらの問題を区別して理解するのは多くの場合、難しい。だが、貧困な人種的・民族的・宗教的マイノリティ集団に対するのと同様に、白人アンダークラスの文化的規範により多くの注目が当てられているのは――その根底にある意図は別にしても――必然的なことである（Murry 2012; Jones 2011）。

モラルに注目するこの説明によれば、白人労働者階級の政治行動は、他の白人集団や「白人文化」の神髄とは異なる文化的習慣の産物である（see Demie and Lewis 2010; and see reviews in Jones 2011）。それは、白人労働者階級の見せかけの自己充足、無知、後進性を、逆境や構造的に不利な立場にあるにもかかわらず突き進む移民やマイノリティ集団の勤勉さ、素朴さ、適応力の高さと対比させているだけでなく、主に東部や西海岸のブルジョア（富裕なミドルクラス）が経済に変革をもたらしているそのあり方とも比較されている。だが、この文化的説明はそれが人口に膾炙することで自己成就しているように見える。それは、こうしたスティグマを振り払い、経済状況を改善し、政治的主張を実現することができないでいた白人労働者階級の人々の地位向上に対する、構造的障害となっている。本書が示すように、白人労働者階級の人々は普段は勤勉を重視し、良かれ悪しかれ、自分たちを非白人の労働者階級の田舎者と区別するための道徳的特性のしるしとして、そして身分証明の手段として用いているのである。

このモラルに関する語り《ナラティヴ》は、重要な**人口動態に関する語り《ナラティヴ》**を覆い隠している。第二次世界大戦以前、多くの産業社会はおしなべて人種的に均質であり、主な社会的分断は宗教の違いや白人〔内部〕のエスニシティ（その国で生まれた者、ユダヤ系、アイルランド系、地中海系、レバノン系、東欧系）に基づいていた。もちろん、建国から二〇〇四年に至るまで、アメリカの多数派は白人の、四年制大学の学位を持たない者たちだった（Brownstein 2011）。一九九〇年の国勢調査の際にも、大卒の学位を持たない白人はアメリカの成人の五分の三以上を占めていた。だが、移民の継続的流入、アメリカ生まれの者の出生率低下、経済のグローバル化の進展に伴って、社会的・政治的な断層線は移動していった（see Kaufmann 2004c: Abrajano and Hajnal 2014）。

第二次世界大戦の終焉とともに、白人エスニック集団の混合体が、増大するミドルクラスとして出現した。彼らは、アメリカや西ヨーロッパの産業労働者階級の本体部分を構成し、共稼ぎ世帯〔の増加〕、平均余命の増大、安定した経済成長により押し上げられていた。〔しかし〕やがて、アメリカの場合は中南米や東アジア、イギリスの場合は南アジア、西ヨーロッパの場合は北アフリカ、中欧の場合はトルコなど、異質な地域からの移民がこれらホワイト・エスニックに取って代わった。イギリスでは二〇〇四年以降、マイノリティ人口はほぼ倍増し、国の人口増の八〇%をマイノリティ集団が占めている（Sunak and Rajeswaran 2014: 6）。非白人人口は二〇一五年のアメリカ人口の三七％を占め、五歳未満人口の過半数を非白人が占めていることから、非白人人口は〔今後も〕増大すると予想されている（US Census Bureau 2015c）。アメリカの国外生まれ人口は一九七〇年には九六〇万人（四・七％）だったのが、二〇一〇年には四〇〇〇万人（一二・九％）に増えており、その割合は一九二〇年以来最大である（Singer 2013）。

西側産業民主主義諸国に移民が到来するようになった初期から、これらの社会は、平等な権利に基づいて組織される経済と社会の中に、多様な人々を社会的・政治的・経済的に統合しようとしてきた。その結果、社会階層は変質した。白人労働者階級の地位を教育、職業、所得のいずれに基づいて定義したとしても、アメリカで第二次世界大戦から今日の間にこの集団の占める割合が三〇％から五〇％低下したことが明らかになった（Abramowitz and Teixeira 2009: 395）。最近の研究（Case and Deaton 2015）によれば、一九九九年以来、他の全ての集団について死亡率が低下する中で白人労働者階級の死亡率は二二％増えていることから、これらの傾向が強まっているといえるかもしれない。

イギリスとアメリカで製造業が衰退し、人口動態が変化しているとはいえ、白人労働者階級は依然として有権者の重要な部分を構成している。労働者階級をどのように定義したとしても、彼らは二〇〇五年の時点でアメリカ人口の少なくとも三分の一を占めているのだ。

・大卒資格を持たず、かつ給与所得者でない白人は、アメリカ人の三六％を占めている（Jones and Cox 2012）。

・年間〔所得が〕六万ドル未満の白人家庭はアメリカの家庭の三三％を占めている（Abramowitz and Teixeira 2009）。
・専門職や管理職でない白人はアメリカ人の四三％を占める（ibid.）。
・四年制大学を修了していない白人はアメリカ人の四八％を占める（ibid.）。

果たして、アメリカのこの有権者集団は選挙結果に依然として影響を与えているにもかかわらず、理解されておらず、十分に動員されてもいない。アメリカ人口の約五〇％が非大卒白人であるにもかかわらず、この集団は二〇〇八年選挙では全有権者の三九％しか、また、二〇一〇年選挙では三五％しか占めていなかった（CNN 2008; 2010）。アメリカの白人は非白人と比べて投票権を持つ割合が高いにもかかわらずである。イギリスの白人労働者階級はさらに多い。二〇一一年の国勢調査では、白人は全人口の八〇・五％を占めており、アメリカ人とは違ってイギリスの労働者階級は、ミドルクラスの職業――それらの中には高度な教育を要するものもある――に就いている場合でも労働者階級として自己認識する傾向を示している。

ポスト・トラウマ都市

これらの相矛盾する語り《ナラティヴ》のための舞台は様々だが、私が「ポスト・トラウマ」都市と呼ぶ場所に顕著である。ポスト・トラウマ都市は、代表的な産業を二〇世紀の中盤や後半に失い、その後復活しなかった、準郊外や都市のコミュニティである。その例は、イギリスのブラックバーン、ボルトン、ハー

N
グラスゴー
ニューキャッスル
ハートルプール
ブラックバーン
ハル
ボルトン
リヴァプール
シェフィールド
マンチェスター
ヴァーミンガム
ウルヴァーハンプトン
イーストロンドン
0
100
200
km

地図1　イギリス

トルプール、ハル、ウルヴァーハンプトン、イーストロンドンであり、アメリカのラストベルトのエリーやフリント、ゲアリー、ケノーシャ、ミシガン・シティ、トレド、ヤングスタウンである。西側諸国の製造業経済の最盛期において、特定の企業や産業が単独でそれらの都市経済を支え、政治を支配できるほどの長きにわたり人々を雇用していた。今日では、そのような都市はかつての輝きの残骸として生き永らえている。

イーストロンドンは、ロンドンの人口過密なインナーシティが東欧のユダヤ系（そして後には南アジア系）移民で溢れかえるようになって以降、白人労働者階級のイーストエンド住人を誘い出す主要製造業が拠点を構える「田園都市《ガーデン・シティ》」として計画された。一九二二年に、メイアンドベーカー薬品の化学工場はワンズワースからダゲナムに移転した。一九二五年に、バーキング電力の発電所はクリークマスに設置された。そして一九三一年、フォード・モーター社はダゲナムの河沿いに、のちに数平方マイルの広大な工場となるものを建てた（Hudson 2009）。これらの雇い主は新しい土地の住人に安定した職を提供した。ダゲナムの人口は一九二一年から一九三一年にかけて九〇〇〇人から九万人に増大し、バーキングアンドダゲナムの人口は一九五一年までにさらに五〇％増大した。

しかし、一九七〇年代半ば以降、イーストロンドンの経済は大幅な人員削減を行ったフォードの工場と命運を共にした。市場の凋落とともに、労働組合は弱体化し、労働法は緩和され、工場労働の仕事はよりグローバルに海外移転するようになった。イギリスのポスト工業経済は、ハイテク産業と広範なサービス部門に移行するようになり、バーキングアンドダゲナムの白人労働者階級の職人たちに恩恵を与えることはなかった。

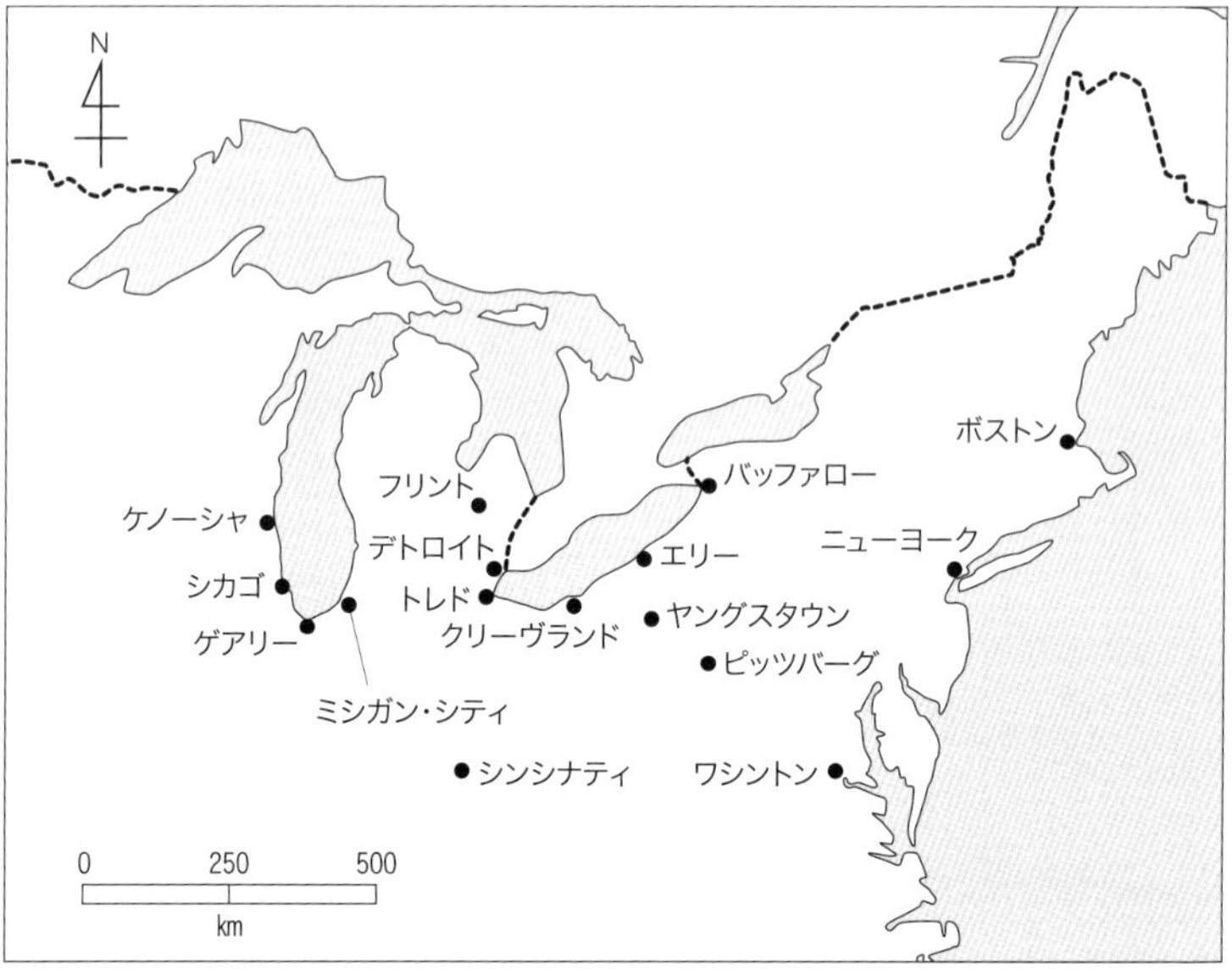

地図２　アメリカ北東部

経済の変化に伴い、自治区の人口動態も変化した。新世代の住民が引っ越してきて、住宅ローンや賃貸住宅を利用するようになり、ロンドン中心部の一部を成した。家を購入する者もいたが、新しい移民の多くは自治体が所有する公営の長屋や高層住宅に住むことになった。サブサハラからのアフリカ人やリトアニア人、ボスニア人、ポーランド人、南アジアのイスラム教徒が各自治区に住んだ。二〇〇〇年までにこれら移民集団は、ロンドンのグローバル化する中心地の延長として、イーストロンドンの人口の半分を構成した。

　オハイオ州ヤングスタウンは、かつては「アメリアの鉄鋼街《スティール・タウン》」として知られていた。長年にわたり、六つほどの企業の鋳造所と溶鉱炉が、仕事のみならず住宅ローン、裾野産業、社会貢献活動《フィランソロピー》、そして政治組織や社交の場も提供していた。一八〇〇年代末期と一九〇〇年代初期にわたり、マホニング川沿いに三〇マイルにも及ぶ工場地帯が広がっていた。ヨーロッパ各地から移民が到来したおかげで人口が急速に増大し、市は目覚ましい工業化を遂げた。一九三〇年までに、都市住民の約半数が自宅を所有し、一九四〇年代までにヤングスタウンの人口は一七万人に到達したが、そのおよそ九〇%は白人だった（Linkon and Russo 2002: 38; Buss and Redburn 1983: 2)。

このような状況は一九七〇年代末から一九八〇年代初めに、ヤングスタウンの製鉄業の急速な衰退に伴って終焉を迎えた。オハイオ州雇用局の推定によれば、六年の間に、基盤的な製鉄および関連産業で五万の職が失われ、ヤングスタウンの製造業労働者層の年間賃金が一三億ドル減少した（ibid.）。市は、家庭内暴力、薬物乱用、離婚、自殺、殺人、そして、人口の大量流出に特徴づけられるような下方スパイラルに陥った。今日、ヤングスタウンの人口は一九七〇年のわずか三分の一となり、そのおよそ半分は黒人と中南米系という、白人たちのようには迅速に脱出できなかった集団である。

イーストロンドンとヤングスタウンは、経済・社会・政治が同時に崩壊するというトラウマを経験した一団の都市のうちの、たった二例に過ぎない。それらはより大きな都市の、より工業化が進んだ地域でも見られる特徴である。白人労働者階級の人々は、そこかしこで都市を見棄てた大企業や、それを止めなかった政府、そして、見た目からして異なるマイノリティ人口の比率が増えて地域の様相が変わったことへの憤りから来るノスタルジアに囚われている。

他の都市や地域も、経済的・社会的衰退を経験してきた。だが、二〇世紀半ばに工業都市たることを示した繁栄と影響力の絶頂を経験した後に、これほどまでに広範かつ急激に衰退を経験したところは多くない。ポスト・トラウマ都市がたった一つの企業か産業に完全に依存していたということはままあるので、それが急に閉鎖したり規模を縮小したりすると、社会・政治・経済のインフラが損なわれることになる——そして、数多くのコミュニティから、安定・政治的影響力・中心性〔訳注iv〕という慣れ親しんだ感覚を奪うのである。

往年の好景気時代のビジネスとともに膨張し浸透した、林立する工場、そびえ立つ煙突、広大な倉庫は、今では失われた生産力を懐かしむ都市の中心部に鎮座している。住民たちは、今日のギリシャ人やイタリア人が、ロープで囲われた古代アテネやローマの廃墟に近寄らないのと同じように、壊れて錆びついた産業遺構を避けている。同時に彼らは、良き日々の記憶を抱く住民をあざ笑い、〔今は〕栄光の時代に戻るために大きな休息の時にいるのだという、誤った希望を描くのである。

こうして作られた環境とノスタルジアの浸透に基づく決定論は、これらのコミュニティの革新を妨げ、進化を不可能にする。その結果、これらの都市の政治はしばしば後ろ向きになる。トラウマを乗り越えて未来に適応しようとするのではなく、人々はトラウマ以前の過去を復活させようという不可能なことを目指す。郊外を自然に戻し、乱雑に打ち棄てられた鉄道路線や電線、補助配管などをきれいにして街を整理しようとする小規模なプログラムは存在する。だが、都市計画と同じで、刷新のための政治にはルサンチマンがつきものだ。

我々の多くは、ポスト・トラウマ的環境の出どころから離れた、国家レベルでのルサンチマンの政治を目撃している。権力の座に上りつつある排外主義的政治運動による、ゼノフォビック《外国人嫌悪的》な選挙綱領がニュースの見出しを飾っている。選挙の際の出口調査が示すのは、労働者階級の白人たちが社会〔福祉〕プログラムの制限を喧伝する候補を支持しているということだ。衛星放送のニュース・チャンネルが映し出すのは、労働組合や労働者階級の白人たちがグローバルな貿易交渉に抵抗したり、時代遅れの補助金を維持するよう要求したりする姿だ。ヘイト・クライムや様々な形態の政治的暴力に対抗するために、警察が出動している。

だが、そのような出来事は例外的であり、白人労働者階級の政治行動の多様性を見えにくくしている。白人労働者階級の人々の多くは、平和的で民主的な活動をしている。〔別の〕多くの〔白人労働者階級の〕人々は、日常生活に忙しくて政治活動をすることができない。そのほか、無言で隅に引きこもってしまう者もいる。我々は、これらの政治的選択や彼らの〔選択の〕裏付けとなる思考をどのように理解すればよいのだろうか。白人労働者階級の周縁性を理解するにはどうすればよいのだろうか。

周縁性の理論

政治行動に関する我々の知見は、市民の政治参加の強度を、所得、教育、技術などの資源と結び付ける。だが、同じように資源に乏しい白人労働者階級のコミュニティの中で、一部の人々は改革を実現するべく民主的な政治システムに関与する一方で、他の人々は政治システムに反抗したり退出したりする。その要因は何だろうか。これらは強弱の問題ではなく、個人の政治行動の性質、あるいは指

訳注
iv 社会における中核的存在としての影響力や自負心を指す。

向の問題である。

私は以前の研究でこの問題を、西ヨーロッパのイスラム教徒のコミュニティと関連づけて論じたことがある。彼らは、民主的な政治的関与への傾向を示しつつも、偏狭さと暴力的な過激主義も併せ持つ、高度に政治化された人々である（Gest 2010）。白人労働者階級の人々は様々なあり方で、そして特にヨーロッパにおいて、西ヨーロッパ在住のイスラム教徒の主要な敵となっている。イギリスにおいては排外主義者たちが、シャリーア（イスラム法）の定着を求めて抵抗運動をしているイスラム教徒たちと、路上でたびたび衝突している。アメリカでは白人労働者階級の自警団が、イスラムの名の下に過激派が行う無差別攻撃への報復としてイスラム教徒の市民に無差別に危害を加えている。実際、両コミュニティ〔＝白人労働者階級の人々とイスラム教徒たち〕が政治システムに対して行っている主張の多くは、他方への反発としてなされるものだ。労働者階級の白人たちは多くの場合、移民の福祉受給を制限し、積極的差別是正措置《アファーマティブ・アクション》〔訳注v〕を廃止し、公営住宅への入居で〔自分たちこそが〕優先されることを求める。イスラム教徒はより厳格で反差別的な規定を求め、同化の圧力を減らし、文化的・宗教的差異の調和を求める。

本書では、白人労働者階級をめぐるポリティクスを（より広範な）イスラム教徒をめぐるそれと同次元で検討することで、〔政治への〕民主的関与という文脈における——反抗と退出という両方の意味での——政治的周縁性をより広く理解する枠組みを構築したいと思う。西ヨーロッパ在住のイスラム教徒に関するかつての研究で私は、剥奪感——個人の期待と現実認識との間の不一致——が〔ある種の〕政治的選択を生み出すことを発見した。より具体的に言えば、政治権力や社会権への期待について大いに失望したと回答するイスラム教徒は、過激で反民主主義的な組織に参加する傾向があることがわかったのである。同様に、期待が非常に満たされていると回答するイスラム教徒は、民主的活動に参加するか、現状に満足している傾向がより高いことも判明した。

政治的周縁性についてのより一般的な理論を構築することは可能なのだろうか。不利益な状況に直面する複数のコミュニティから導かれた諸事実《エビデンス》によって支持されれば、右に見たような〔私の〕これまでの理論は強化されるだろう。白人労働者階級のコミュニティは、〔これまでとは〕非常に異なる事例研究——西側民主主義国におけるイスラム教徒や、目に見えてわかるマイノリティの苦境とは全く異なるもの——となるため、強力な試金石となる。イスラム教徒と白人労働者階級が不満の原因として同じものを挙げることは考えられないが、ここで問いたいのは、彼らの不満が同じように構築され、〔ある種の〕政治的選択を同じように導いているかどうかである。疎外や関与といった政治行動についてのより一般的な理論について語ることはできるだろうか。

周縁性をどうやって測るのか

周縁性について研究する際の大きな挑戦は、何も起こらないというその形態にある。社会科学者は通例、観察可能なもの（政治参加、政治組織、政府の決定など）を測定するところ、周縁性はしばしば、観察可能な活動がないこと（退出や非合法の反抗）としてのみ表れる。そして当然ながら、退出したり

訳注

v　マイノリティを優遇したり、その代表性を確保したりする政策。大学入試や企業の役員人事などで用いられることが多い。

反抗したりする者は研究者の目に留まりにくいため調査対象となりにくい。反抗する者は告発への恐れや、政治的指向〔が暴露されてしまうこと〕の懸念から、暴力的、あるいは過激な行動を認めにくい。それゆえに私は、彼らの見解や活動を快く共有できるように、退出する者や反抗する者に対して配慮しながら調査を行っている。

私は人々の周縁性について固有の概念を打ち立てるべく、彼らの政治行動の多様性を描き出そうとして、イーストロンドンとヤングスタウンでエスノグラフィ《文化人類学的調査》を始めた。イーストロンドンとヤングスタウンは何か特異な趨勢を検証するための事例ではない。むしろ、多くの都市や街の製造業で起こっている、イギリスとアメリカのポスト工業時代の物語の典型を示すものだ。これらは、それぞれの国における多くの中の、二つの顕著な事例である。(2) その足跡は、グローバルな金融危機から大きな影響を受けたポスト工業的経済を持つ、歴史的に安定した民主主義国で起こっていることだ。彼らは通常、人口動態が急激に多様化し、ネイティブの出生率が低い時代であってもなお、各国の中核をなす民族的・宗教的な有権者集団と考えられている。彼らは〔両国の〕社会環境の中でよく似た社会的地位を占めているが、それを特徴づけるのは周縁性もさることながら、文化的な真正さである。しかし、イギリスとアメリカとでは、社会〔福祉〕プログラムやローカル・ガバナンス、移民に対してとられるアプローチが異なる（付録Aを参照）。この国家横断的なレンズにより、白人労働者階級の政治行動に関するより一般的な議論、そして、それについてのより汎用性のある仮説を作り出すことができる。

人々の日常生活と政治文化との、すなわち、人々の「個人的な語り《ナラティヴ》」とそれを取り巻く社会の発展の相互作用を理解するために、私は各コミュニティで三か月間過ごし、一二〇人を対象に、深く、形式にとらわれない、ざっくばらんなインタビューを行った（Maynes, Pierce and Laslett 2008）。そして、インタビュー対象者によって表明された政治的信念の形成を跡付けるべく、コミュニティについて公文書を調査することで補完した。

私は以上のアイディアを検証するために、白人労働者階級の人々の思考と行動についてのサーヴェイデータの分析も行った。回答者のプライバシーを守り、電話や面接で調査するのが困難な人々にアクセスするため、インターネットを用いた全国レベルの調査――すなわち、約五〇〇〇人のイギリス人を対象にしたＹｏｕＧｏｖの調査と、一〇〇〇人以上のアメリカ人を対象としたＳＳＩ調査に依拠した。質問文は、私の参与観察から導かれたアイディアに基づいており、〔これによって〕私のアイディアをずっと大きなサンプルを用いて考察することが可能になった。（調査方法についてのより詳細な説明は、本書の付録で見ることができる）。

フィールドワークと量的分析のいずれにおいても、三つの問いを重視している。第一に、白人労働者階級のアメリカ人とイギリス人のアイデンティティについて、より再帰的な理解を目指す。そのため、回答者たちが自らの個人的・社会的位置を、黒人や移民、教育水準の高いブルジョアの白人など社会における他の準拠集団と比べてどう理解しているかを評価しようと試みた。これは、集団の地位の問題としてのアイデンティティの構造に関する長年の研究、そしてより具体的には、アメリカの白人たちが社会階層の構造への明らかな脅威にどう反応するかについての、長年の研究を反映している（see Blumer 1958; Hofstadter 1967; Roediger 1991; Olson 2008; Parker and Barreto 2013; Masaoka and Junn 2013）。シェリル・ハリス（Harris 1993: 1713）がアメリカ史の成り行きについて書いているように、「白人であるという地位に付随する権力、特権、利益の組み合わせは、白人たちが守ろうとする価値ある資産となった」のである。こうした確固たる期待は深く組み込まれているため、白人たちはそれらを「正統に妨害されるべからざる物事の自然な序列」と理解している（Harris 1993: 1778）。これらの関係性は政治的選択においてどのように調整され、反映されるのだろうか。このように、個人の社会的・経済的・政治的位置の感覚と格闘していく。

第二に、私は回答者たちに、アメリカとイギリスの民主主義の理想、将来のビジョン、そして今日の社会政治的状況の描写を視覚的に考えて表現するよう、促した。これが個人の「場」の感覚、ノスタルジア、そして過去の失われた風景を最もはっきりと示すことを期待しているのだ。こうしたユートピア的想像は実在するのだろうか。〔社会経済の〕変化、自らと集団の未来、そして社会の行く末についての認識はどうなっているのだろうか。このように、本調査は彼らの理想と現実認識との食い違いを明らかにする。

第三に、似たような環境にある似たような人々が、どのように自分たちの地位についての多様な考え方を示し、また、政治システムへの要求の仕方（そしてそれを行うか否か）に関する多様な考えを持つのかについて、理解を試みた。私はインタビュイーたちの思考が形成される過程を跡付けるために、彼らの個人史や観念形成の背景を尋ねた。疎外感や、政治に参加しているという感覚の背後にある考え方は何なのだろうか。それらの考え方は、社会経済的地位やこれまで辿ってきた道についての認識とどのように結び付けられ、導かれているのだろうか。これらの人々は、社会的・経済的・政治的不平等とどのように折り合いをつけようとしているのだろうか。周縁化されたと感じている人々にとって採りうる活動は何であり、それはどのように理解され、追求されているのだろうか。

切実な問題と発見

白人労働者階級の政治的選択の背後にある動機をめぐる本書の調査は、これまで研究者その他の観察者たちによって議論されてきた、切実な、周知の問いに関わっている。

白人労働者階級の周縁性と分極化は大西洋を越えた現象なのか

西ヨーロッパと北アメリカの政治が共通のナラティヴに向かって収斂しているとみなす考え方は、〔確かに〕魅力的である。両大陸ともに、社会構造が根本的に変化している。経済は一九八〇年代初期に始まっていた脱工業化と脱国家化をほぼ完了しつつある。この変化と高齢化という現実の一部として両社会は、技術不足に対応するべく離散家族の呼び寄せを認め、難民を救済するために民族的に多様な数百万の移民を受け入れてきた。そして、その政治的様相は、労働運動が弱体化し、拡大し続ける都市がブルジョアや移民に起源を持つ集団を左派へ取り込んだことによって変容した。この意味において、白人労働者階級のポリティクスは大西洋を越える側面を持っている。

だが二つの大陸では、これらの潮流を理解し、アプローチする方法が異なっている。アメリカとカナダはほぼ全ての市民が移民としての追跡可能な起源を持つ移住者の国であるのに対し、ヨーロッパの人々は血と歴史的な犠牲に基づく〔構築された〕ナショナル・アイデンティティが依然として健在である。特に、アメリカ経済は少ないセーフティネットと開放的な市場を特徴としており、市民は後者を、(たびたび盲目的に)結局はより実力主義的なものとして理解している。そしてアメリカの政治空間は、危機感の欠如や主流政党の硬直性という周知の事柄に対応すべく離脱運動が生まれるのを押さえつけるような、二大政党制のご都合主義[訳注vi]によって制約されている。こうした〔北アメリカと西ヨーロッパの〕一致点と相違点は、それぞれの地で私が観察した白人労働者階級の人々のポリティクスを特徴づけ、文脈づけている。それらが白人労働者階級の政治行動を、二つの〔地における〕コンテクストの間で全く異なるものにしているのだ。

にもかかわらず、私の研究から浮かび上がるのは、経済的衰退と社会的帰属によって定義される白人労働者階級の、大西洋を越えたポリティクスである。白人労働者階級の人々がみな貧しくなっていると言っているわけではない(もっとも、多くがそうなっているのだが)。調査対象者たちは、多くの人が慣れきっている経済的困難に対して反発を示している。むしろこれは、西ヨーロッパと北アメリカの脱工業化した地域において、白人労働者階級の人々が国家の意識の中心から周縁へと降格させられたと感じているということである。そして彼らの多くは、数多の人々がそれに対して何とかしようとする中で、無力感を感じているのである。

白人労働者階級の苦しみは単なるレイシズムなのか

偏見と差別は世代を越えて、白人労働者階級をめぐるポリティクスにおいて確かに役割を果たしている。だが、白人労働者階級のコミュニティがレトリックと政治的選択を通して表現している憤りは、民族的《エスニック》マイノリティが自分たちの地元にやってきたことへの不快感というような単純なものではない

(e.g. Newman 2012a; Abrajano and Hajnal 2014)。そうではなく、私がエスノグラフィック《文化人類学的》なフィールドワークの一部として調査し、インタビューした人々は、民族的《エスニック》マイノリティが白人労働者階級の人々を犠牲にして社会的に有利な立場を与えられてきたと信じているのだ。回答者たちは、〔彼らいわく〕社会はかつて白人に生得的に有利な立場を与えてきたが、いまや〔歴史的な差別や迫害といった〕その過失に対し過度な補償を行っていると考えている。要するに、多くの白人労働者階級の人々は、差別の被害者であるかのように感じているのである。

政治的には、白人労働者階級の人々は手詰まり状態に陥っている。もし、民族的《エスニック》マイノリティは自分たちの犠牲の上に立って地位を向上させているのだと不満を述べれば、レイシストだとのレッテルを貼られる。もし、〔現在の〕経済モデルが不平等を拡大し、雇用を不安定化させているのだと非難すれば、怠け者だとみなされる。その結果、人種と人口動態の変化をめぐるポリティクスは間接的な形で、しばしばコード化された言葉遣いで戦われることになる。イギリスでは、公営住宅入居の優先順位をめぐって、あるいは移民は福祉へのアクセスに値するか、それはいつの段階であるかをめぐって議論される。アメリカでは、白人労働者階級の人々は多くの場合自らも社会〔福祉〕プログラムに依存しながらも、民族的《エスニック》マイノリティが福祉を乱用しているとみなし、その範囲を縮小するための投票行動をしている。イギリスでは右派がＥＵとの関係を断ち切り、高度な技術を持つ者も含めて移民の

訳注

vi　アメリカでは二大政党のいずれかが勝利するのが前提となってしまっているために、既存の政党政治に対する反発が抑制されてしまうということ。

受け入れを縮小するべく、政治的中心を右に寄せようとしている。アメリカでは、約一二〇〇万人の、必要な法的書類を有さない移民を犯罪化したことが、この二世代にわたりおよそ六〇万人の新来者を定住させてきた政治システムに影を落としている。アメリカ生まれの白人がかつて主役だった社会にあって、彼らの地位の変容についての問題は、民族的《エスニック》マイノリティの地位に関する右のような争点によって、実のところ取って代わられているのである。

一部の白人労働者階級の人々を過激な政治行動へと導くものは何か

人々は、自らが決して持ったことのないものよりも、失ったものから欲求不満を感じるようだ。本書で私が見いだしたのは、白人労働者階級の人々の反乱は剥奪感——個人の政治的影響力や自らが社会の中心にいるという感覚についての期待とその達成度合いの認識との間の不一致——によって導かれる、ということである。より具体的に言うと、社会階層、とりわけ移民やマイノリティの準拠集団との関係で社会的・政治的地位を失ったことで、白人労働者階級の人々は消耗している。彼らのポリティクスは、過ぎ去った時代を崇め、復活させようとするノスタルジアによって突き動かされ、それに満たされている。

この発見は、私の文化人類学的なフィールドワークから得られたものだが、全国にまたがるサーヴェイ調査のデータによっても確認されている。政治的影響力の喪失の感覚によって測定される政治的剥奪感が、抵抗活動のみならず、暴力や極右集団によるゼノフォビア《外国人嫌悪》への支持につながる政治的資本を形作ることを発見した。データによれば、富裕で教育水準が高く高齢の人々は抵抗に際して平和的な手段を選ぶが、若い白人労働者階級の男性は反抗的な行動をとる傾向が強い。こうした過激主義を導くのは、政治的剥奪と経済的衰退をめぐる観察可能な感覚だけではなく、データと他の要素を統制したところによれば、社会的剥奪、つまり社会の周縁へと追いやられているという、深刻な感覚なのである。

本書のアウトライン

本書が挑戦しようとするのは、周縁性への対応として白人労働者階級の人々がとる政治行動の多様性を説明することだ。この周縁性というものについては、当然ながら疑義が呈されているところである。すなわち、イギリスとアメリカにおいて貧しい白人ですらなお享受し続けている残された特権〔の存在〕を指摘する観察者によってである。だが、彼らが新たなマイノリティを代表しているという自己主張について考察すべき理由は、どんなに低く見積もっても存在するのだ。第二章はこの論点について探求する。

第二章は、社会経済的不平等やマイノリティをめぐるポリティクス、および政治行動を扱う多様な先行研究について論じることで、アメリカとイギリスにおいて白人労働者階級の人々の周縁化された社会的地位が制度化される上でシステム的、心理的、そしてレトリカルな力がどのように相互作用しているかを明らかにする。そのような状況と〔彼らの〕自己主張が外部の観察者に投げかける挑戦について考察したい。そして、個々の白人労働者たちが政治行動において状況への応答らしきものを行う、そのあり方について考察する。最後に、我々はパズルに直面する――なぜ、同じようなシステム的、心理的・経済的状況にあるはずの白人労働者階級の政治主体が、多様な形の政治行動をとるのだろうか。

第三章と第四章は、イングランドのイーストロンドン（第三章）とオハイオ州のヤングスタウン（第四章）という、この半世紀における社会変容の断層線に位置する白人労働者階級の両コミュニティでエスノグラフィ《文化人類学的調査》を行うことにより、〔彼らの〕行動の多様さの根源について調査する。一二〇人――そのうち三五人はエリートである――へのインタビューと、二つの場所での六か月に及ぶ滞在を伴う観察によれば、両コミュニティを特徴づけるのは、多くの人々が集団的にも個人的にも〔繁栄や人種的特権といった〕恩恵を失うことによって消耗することになる、急激な経済的変化と人口動態の変化だ。このことが、インタビューとエスノグラフィのデータによって明らかになる。経済生活、そして社会生活における双子の挫折に起因するトラウマに対応することができないまま、調査対象者たちは自分たちの選好からかけ離れ、それら〔の挫折〕に対応することのできない政府の支配下にある。また、次のような重要な傾向を文脈づける社会的・政治的・経済的状況を詳細に検討する。具体的には、市民と政府との間に断絶が見られること、人々の強烈なノスタルジアと時に攻撃的なネイティビズム《出生地主義》、イギリス国民党（BNP）のような反体制《システム》的政治組織の登場、ヤングスタウンの政治腐敗の程度などである。私は彼らが行うことになる政治的選択についてよりよく説明するために、白人労働者階級の文化、社会的境界、そして様々な形の剥奪の経験を正確に理解しようとした。

第五章では、白人労働者階級の市民参加を形作る政治制度における不平等と関連する経済的な語り《ナラティヴ》について探求する。回答者たちの政治行動に見られる違いをざっと俯瞰した後、事例横断的に見られる民主政治上問題のあるトレンドを作り出す、三つの主要な制度的要因について記述する。すなわち、（1）両都市の選挙区における一党体制という状況、（2）地方政府を支配する制度上のルールの違い、（3）ヤングスタウンとイーストロンドンにおける組合の歴史が遺した脆弱な社会資本のインフラ、である。制度的な説明が示すのは、脱工業化した環境における白人労働者階級の政治的周縁性の背景であるが、同時に、本書が考察対象とする人々の個人レベルの相違も説明しうるのである。

第六章で考察するのは、白人労働者階級の人々が強力なプロレタリアート集団の一部として自分たちと連帯してもよいはずの民族的・人種的マイノリティとの対抗を通して政治的アイデンティティを確立していることを示唆する、前述の道徳的・文化的な語り《ナラティヴ》である。この章は、ヤングスタウンとイーストロンドンの社会的分断を規定するものとして階級が再登場していることを論じることから始まる。そして、考察対象の白人労働者階級の人々が、同時代の階級的境界（しばしば社会経済的状況によって弱められている）の上に、より一般的な民族人種《エスノ・レイシャル》的な境界を引いていることを述べる。また、民族的《エスニック》マイノリティの住民が多く居住する地域で生活する白人労働者階級の人々にとっては、民族人種《エスノ・レイシャル》的な分断よりも階級的分断のほうがより顕著だと論じる。最後に、白人労働者階級の政治的分断については、人種と階級とがオーバーラップする分断状態を、市場・社会・政治空間での人々の経験を形作る語り《ナラティヴ》へと統合・変換する、社会的地位の問題として考えるほうが正確であることを述べたい。

第七章は、個人の政治行動と地域における社会的ヒエラルキーへの彼らの理解とを結び付けることにより、より洗練された理解を目指す。イーストロンドンの回答者たちは、ネイティブであることと権利《エンタイトルメント》［訳注：vii］の観点から自らの苦境を解釈する一方、ヤングスタウンの人々は自らの経済的地位低下をアメリカの能力主義という疑わしい観点から見ていることがわかった。人々がこれらの構築されたレパートリーを用いて自らの苦境を説明し、政治活動を特徴づけていることを論じる。章の残りでは、退出するか反抗するかの選択が〔政治〕体制の応答性、自らの政治的な影響力に対する期待、これらの期待が実際に実現されるか否かに関する個人の認識に基づいて行われることを論じる。より単純化して言えば、過激な政治行動〔をとるかどうか〕は、政府と社会がいかにあるべきかについての認識とその実態についての認識との間の食い違いによって決まっているということだ。「主体的地位の剥奪」として一般的に知られる、期待とその実現度合いについての認識の食い違いは、経済的地位もさることながら、正確には回答者たちの地位をめぐる、社会的ヒエラルキーについての象徴的レパートリー[訳注viii]に関連しているのである。

第八章では、フィールドワークを通して展開した議論を、質的調査の範囲を越えてより広範なサンプルに当てはめる。二一世紀初頭から、イギリスとアメリカでは有名な極右勢力に注目が集まっている。イギリス国民党（BNP）、イングランド防衛同盟（EDL）、イギリス国民同盟（ENA）は、ことあるごとに暴力的な戦略を用いてゼノフォビック《外国人嫌悪的》な争点を追求する反体制《システム》的集団である。これらは悪名高いと同時に、イギリスのパブリックな議論においては目立ち、その特徴が際立っているがゆえに、〔彼らへの〕所属や好き嫌いを明らかにするのを回答者がためらうことをさほど心配することなく、人々の反体制《システム》的行動についての傾向を調査することができる。アメリカについては、ティーパーティーの登場とドナルド・トランプの大統領選挙キャンペーンを取り上げる。政治的剥奪は裕福で高齢で教育水準の高い白人の間では〔平和的な〕抗議活動と相関するが、若い労働者階級の白人の間では過激主義と相関することを論じる。サーヴェイデータがはっきりと示すのは、ラディカリズムは個人の社会的剥奪感、すなわち、社会の周縁に転落していく感覚によって導かれる、ということである。

第九章は、以上の各章で得られた知見を、白人労働者階級の選挙をめぐるポリティクスと、それが選挙キャンペーンや動員の努力に及ぼす影響に適用する。白人労働者階級は、とりわけラストベルト地域では有権者の中で大きな割合を占めるが、右派であれ左派であれ、主流政党は彼らに接触するか——あるいは、自分たちの選挙連合の他の重要な部分を離反させることなく、現状の経済の中でどうやってそれを行うか——について逡巡している。第九章は、この白人労働者階級という有権者ブロックの政党や政治についての見方が歴史的にどう形作られてきたかを跡付け、その選好や忠誠が二一世紀初頭にどのように展開してきたかを明らかにし、白人労働者階級を自らの陣営に取り戻そうと積極的に試みる政治組織に対する知見を提供する。そこでは、人口に膾炙した言説の明白な誤りと政党の失敗を明らかにしつつ説明を行う。最後に、白人労働者階級の政治的関与を促すための、そしてヨーロッパと北アメリカにおける最も謎多き選挙コミュニティに訴えかけるための知見と戦略を提供したい。

訳注

vii　エンタイトルメントとは、法律や先例から何らかの利益を得られる資格があると考えること。憲法の規定などから当然に導かれる権利《ライト》とは区別される。

viii　象徴的レパートリーとは、人や集団が持っている能力や知識、戦術の範囲・選択肢のことを意味する。第七章で詳しく述べられる。

原注

（1）関連の深い著名な理論は、個人のパーソナリティの違い（Milbrath 1965）や、合理性（Green and Shapiro 1994）、制度的機会構造（see McAdam 1999; Meyer 2004）などを指摘してきた。関連して、政治的機会に関する説明は、個々のアクターが政治的機会を認識し活用する際のばらつきを無視しているとして批判されてきた（see Tarrow 1998）。

（2）イーストロンドンとヤングスタウンは本章が描き出すポスト・トラウマ地域の典型例だといえる。両都市は第三章と第四章で論じるようにある意味独特なところはあり、私が取り上げている回答者たちは白人労働者階級の人々を完全に代表するというわけではない。見出しうる属性の幅とバランスの全てを体現することのできる特定の事例を見つけ出すというのは非現実的である。この手のエスノグラフィは、イギリスとアメリカの白人の人々の代表的なサンプルから集められたサーヴェイデータに当てはめることのできる可能性のある、検証可能な仮説を構築しようとするものなのである。

第二章　新たなマイノリティ——カウンター・ナラティヴとそのポリティクス

私たちは問題ありとされてきた者たちだ。私たちは長らく施しを求めてきた労働者階級の貧者で、文化的に蔑まれて生きてきた。私たちは敗者であり、希望もなく堕落したタカり屋だ。私たちの文化はチンピラ文化だ。私たちの生にとっての福祉給付の重要性は貶められ、人々の敵に変えられてしまった。すなわち私たちは福祉依存者であり、私たちの問題は給付をいくら与えても解決しない、と。私たちは成功できなかったことを認めず、社会の変化に逆らい、昔の仕事が戻ることを望み、仕事ではなく子供を作って、時代錯誤な階級とジェンダーの型にはまり込んでいる。私たちは他の人々にとっての課題であり、当代最大の社会的危機なのだ。

——ピーター・マンデルソン(1)

物議を醸しかねない本書のタイトルは、白人労働者階級の人々をマイノリティとして理解できる可能性を示唆している。私がこの通例に反する説を打ち出すのは、被害者の地位を割り当て直したり、以前詳しく研究した民族文化的マイノリティたちの主張の向こうを張ろうとしたりしてのことではない。私が明らかにしようとしているのはむしろ、周縁化とマイノリティ化は異なるあり方で、そしてまた異なる人々によって経験される可能性がある、ということだ。周縁化という〔人によって〕それぞれに異なる経験が、必ずしも相互に無関係なわけではないことを探る。民族文化的マイノリティの周縁化と〔白人労働者階級のような〕多数派コミュニティの周縁化とを結び付けるものは何か。そして、白人労働者階級がどの程度、自らの運命をコントロールできるのか、それは彼らを取り巻く環境の厳しさによってどの程度決定されるのか。これらについて検証していく。

イギリスとアメリカにおけるどの白人集団についても、「マイノリティ」として概念化することは、控えめに言っても疑問の余地がある。はっきり言えば、そのような概念化は、公民権運動の闘争やコミュニティの団結という争点、そして積極的差別是正措置《アファーマティブ・アクション》により達成された五〇年に及ぶ進歩に真っ向から刃向かうものである。それら〔闘争やその結果としての進歩〕の発端は、白人の特権的地位を認識し、それに反対しようとしたことにこそあるからだ。

白人たちは、自ら作り上げた政治的・社会的システムから利益を得てきた。自らにとって都合のよい構造的差別の歴史、すなわち奴隷制の遺産、植民地主義による搾取によって足枷をはめられていないという、恵まれた状態にあった。努力せずして帰属と承認のサークルに統合してくれる、周知のナショナルな文化や言語の規範——彼らは誇らしげにこれらを身につけていた。白人男性は特に、「普遍的主体としての特別な役割」を引き受けてきた（Kennedy 1996: 88）。ビジネスと政治の世界において圧倒的に多い白人リーダーたちとの親近感という実体のない感覚を、彼らは享受してきた。彼らは順応圧力によって煩わされることはない。人によってはその状況をより厳しい言葉で言う。すなわち、白人は「自分たちの社会的地位を向上、あるいは維持する」ための手段として、「勝ち取ったわけではない優位」を活用している、とまで（Olson 2002: 388）。それが自ら勝ち取ったものか否かはともかくとして、こうした優位性は白人を、端的に言えば既得権者にしているのだ。

にもかかわらず、白人労働者階級の人々の間では、そこから追い出され、無力化させられているという感覚が生まれている。イーストロンドンとヤングスタウンでのエスノグラフィ《文化人類学的調査》によれば、マイノリティの地位についての主張は——多かれ少なかれ——ほぼ全てが三つの現象を伴っている。

数の点で押されていること。白人労働者階級の人々は自分たちの人口が一様に減少していると認識している。より高度な教育を受けている者の割合は全ての人口集団で増えており、アメリカとイギリスで白人が全人口中に占める割合は減少している（Kaufmann 2004c; Dench et al. 2009）。アメリカ人口統計調査局は、二〇四〇年までに白人がアメリカの人口中に占める割合は五〇％未満になると予想している。だが、人口動態上の変化によって地域や都市で労働者人口の割合が変わるときには通常、地方で問題が顕在化しがちだ。こうした変化は、出生率〔の低下〕、外国からの移民、出身地域からその地方または国内の他の場所への流出などによって起こる。

イーストロンドンのテムズヴューで活動家のナンシー・ペンバートンにインタビューした際、私が移民集団を「マイノリティ」と呼ぶと、彼女はそれを遮った。「私たちがマイノリティだというのが現実です」と、彼女は主張する。「自治区の中で八〇％以上が移民でない学校はありません。イギリス人でこの自治区に引っ越してくる人なんていませんよ。もはや、出ていくだけなんです。トイレに並んでいるときだって、話しかけた相手がイギリス人であることはまれなんですから。……私は自分が社会の外側にいるとは思わないようにしています。でも、ほかの皆は恐怖を感じています。怖気づいてるんです」。ナンシーの発言は、彼女の近所に住む多くの人が共有する、非白人の非イギリス人へのごくありきたりな見方を示している。

外に追いやられていること。 白人労働者階級の人々は、政府にのみならず、大衆娯楽や公的制度、雇用においても、意見を聞かれなくなったり代表されなくなったりしていることに敏感になっている。彼らはまた、〈民族文化的マイノリティなど〉他の集団の不利益を補償するための平等なアクセスや代表といった原則〈＝たとえば積極的差別是正措置《アファーマティブ・アクション》など〉が自分たちには適用されないことに疑念を持っている。連邦議会議員の職はかつては労働者階級のものだったが、現在、労働者階級の者は二％だけである（Carnes 2012）。ワシントン・ポスト紙の報道によると、一九八四年から二〇〇九年の間に、アメリカの家族の純資産の中間値はインフレ調整後の数値で二万六〇〇〇ドルから二万五〇〇〇ドルに下がったが、連邦議会下院議員のそれは二八万ドルから七二万五〇〇〇ドルに上がっている（Whoriskey 2011）。その結果、政府は職業社会とかけ離れ、アッパークラス気取りで、よそよそしく感じられるのである。

無力化は雇用の場にも広がっている、と言うのは、ヤングスタウンの二九歳のシェフ、ポール・ポドルスキーだ。「白人はいまやマイノリティですよ」と、彼は言う。「〈黒人に〉より大きな力が与えられることだってあるんですよ。なぜなら、彼らはより高い位置にいるから。だから彼らは、好きなようにやれるんです。僕の叔父は工場で働いているけど、そこでは報復を恐れて、誰も黒人に指示しようとはしません。経営者は数で圧倒されていて、勇気がないんです。……白人とは基準が違うんです。歴史の本では、白人はいつも黒人より上にいました。でも、僕らは世界を変えるために人種差別をやめました。それから一〇〇年も経つのに、彼らはもっと多くを要求するんです」。逆説的なことにポールは、黒人が特権を与えられていると同時に、白人は権威ある地位の大半を占め続けていると考えているのである。**偏見を持たれていること。**白人労働者階級の人々の多くは、民族的《エスニック》マイノリティのみならず、ミドルクラスやアッパークラスの白人からも、意識的にせよ無意識的にせよ、先入観を持って判断されてばかりだと思っている。雇用されたり、役人からあるいはビジネスにおいて平等な扱いを受けたり、政府から住宅や福祉などの給付を受けたりする上での困難を、彼らはそうした偏見のせいだと信じている。これらは、奨学金や雇用、控除や課徴金の減免、政府からの請負など、非白人のマイノリティの人々が特別扱いされていると白人労働者階級の人々が考えている問題と、重なることがある。

イーストロンドンはダゲナムの年金生活者、ハリエット・ジョンソンは嘆いていた。「私はこの国のために戦ったわ」。「で、ここはもはや私の国ですらないの。大事にしてもらっていないの。ここにはあらゆる人がいるわ。ゲイ、レズビアン、——どう呼ぶんだったかしら？——バイセクシュアル、売春婦、ロリコン。ここは連続ドラマの「コロネーション・ストリート」〔訳注i〕が「イーストエンダーズ」〔訳注ii〕と「ホリーオークス」〔訳注iii〕と全部一緒になったようなところよ」と嘆いていた。ヤングスタウンでは、電気工のイギー・ナジが以下のように言う。「白人はマイノリティになっちまったんだ。……みんな、俺が言ったことにビビッてる。なぜかって、奴隷制とか歴史上の抑圧のおかげで〈黒人について〉何も言えないから。人々は平等

訳注

i　一九六〇年開始のイギリスのテレビドラマ。労働者階級の人々の日常が描かれる庶民派ドラマとして人気が高い。

ii　一九八五年開始のイギリスのテレビドラマ。労働者階級の人々がたむろするパブで、ありとあらゆる不幸や社会問題が展開される。

iii　一九九五年開始のイギリスのテレビドラマ。同性愛者が登場することで知られている。

を求めてるんじゃない。報復を求めているのさ」。ハリエットは彼女が異常者だと考えている人々よりも自分の優先順位が下だと述べているのに対し、イギーは実際の平等が実現されている限り格下げされても気にかけていない。しかし、多くの白人労働者階級の人々は、平等な扱いをめぐる〔民族文化的マイノリティたちの〕闘争を、自分たちの地位の喪失、すなわち誰かを昇格させようとするのではなく、白人を降格させようとするキャンペーンだと見ているのだ。

これは確かに、人種をめぐるポリティクスを逆転させるものである。しかし、本書で詳細に検討するところによれば、各国のポスト・トラウマ地域の白人労働者階級の人々こそが、逆捩じを食わされているのだ。

本章の次節では、（1）システム的な力、（2）心理的な、そしてレトリカルな力、（3）政治的な力がいかに組み合わさって、イギリスとアメリカで白人労働者階級の人々の社会的位置づけの周縁化を固定化しているかを示す。どうすれば白人労働者階級の政治行動と周縁化を説明できるのかを検討するための前提として、彼らの無力化というものが、彼らを研究する外部観察者にとっていかに難題であるかについても論じる。最後に、個々の人々が無力化というこうした状況に政治行動をもって対応する際の、様々なあり方について考察する。最後に、我々はパズルに直面することになる。すなわち、同じように無力な立場にある白人労働者階級の政治主体が、〔ヤングスタウンとイーストロンドンとで〕異なる対応をするのはなぜなのだろうか。

「無力化」の多様なあり方

白人労働者階級の無力化は、主として三つの側面から固定化される。(1)システムの力、(2)レトリカルな、そして心理的な力、(3)政治的な力、である。これらを特定することにより、これらがいかに組み合わさって白人労働者階級の周縁化を強化するかを明らかにしたい。

(1) システムによる固定化

イギリスとアメリカにおける不平等に関する最近の研究を見てわかるのは、(白人と非白人コミュニティの両方における)社会経済状況がいかに時代状況の決定的変化と政治システムの構造によって決定づけられているか、ということである。こうした条件は、高次元の権力から個人の選好に至るまで存在している。ギレンズは、政府による政策が高所得の有権者の選好と一貫して強く相関しているという、いわく「エリート主導民主主義」が存在することを証明している(Gilens 2005: 788-789)。だが仮に、民主的な統治機構が貧困層と富裕層の利害を共によく反映するものであったとしても、依然として経済的不平等はさらに強まってしまう。ケリーとアンス(Kelly and Enns 2010: 856)は、富裕層と貧困層の両方の選好が所得の不平等の変化にどのように対応するかの検討を通して、同じように主張する。彼らが見いだしたのは、アメリカ国民の間で経済的不平等と再分配を支持する世論の間に重要な負の相関が見られ、不平等が強まると再分配への反対が強まるという明確な傾向だ。驚くべきことに、この関係は、所得の五分位階層[訳注iv]の最上層、最下層いずれに属する個人にも当てはまる。併せて考えれば、こうした傾向はエリートによる課題設定――ガヴェンタが「権力の第二次元」と定義した統制メカニズム（Gaventa 1980: 9-11）――を可能にする。課題設定とは、ガヴェンタが考えるところによると、支配的な価値や信念、儀式、制度的手続きのセットであるところの「ゲームのルールの統制」によって、関連する意思決定の場からエリートが〔非エリートの〕不満や争点を取り除くことを可能にするものだ。これらは、被支配集団が決定プロセスに参加するのを妨げる障壁として働くのである。

白人労働者階級のコミュニティは、政府からの経済的支援について語るとき、「福祉ショーヴィニズム」――本来は自分たちを利するものであるにもかかわらず、ゼノフォビック《外国人嫌悪的》な見方のせいで、再分配の争点を混乱させたり外してしまったりする――に陥りやすい。ある研究によれば、民族的に多様な社会ほど再分配的な福祉〔政策〕に対する支持が弱くなることがわかっている（Freeman 2009: 2-5）[2]。

福祉ショーヴィニズムという現象は所得をめぐる政治的分断が顕著になっていることを反映するものだが、この分断は、明らかになりつつある文化的分断によって複雑化している。ゲルマン（Gelman 2009）が明らかにしているところによれば、所得によってアメリカの有権者の行動を正確に予測することはできないものの、（とりわけ豊かな州の）有権者は社会的・文化的争点を支持するために自らの経済的利益に反する投票行動をするという。このような状況では、文化的動機が極めて重要であるために、所得と有権者の選択との間に相関はないことになる（Gelman 2009: 18）。もっともこれは、さらなる福祉再分配に反対する共和党政治家の掲げる社会文化的争点に多くの貧困層の有権者が惹きつけられているアメリカ南部以外には、あまり当てはまらないということも示されている（see Bartels 2008; Gelman 2009: 83; and Inglehart and Welzel 2005: 3）。

サフラン（Saffran 1977: 10）は、右のような傾向を説明しつつ、次のように主張する。労働者階級の人々は経済的争点については基本的にリベラルで、社会的争点については基本的に保守なので、社会的争点の重要性が増大するとこれらの人々は経済的自己利益に反する投票をするようになる、と。ビショップは「同類移住」という概念を用いて、アメリカ国内での移住はアメリカ人がより同質的な「部族」に仕分けされるメカニズムとなり、それが棲み分けを生み出していると論じている。決定的なのは、このふるい分けのプロセスが（所得、信念体系、政治的所属などによる）棲み分けにつながり、否応なく固定化されるということだ。

このふるい分けと、それによって生じる棲み分けの結果は深刻である。（政治的、社会的、宗教的その他の）見解や信念について同じ考えを持つ人々がまとまれば、それは正のフィードバックの循環として働くかもしれない。否それどころか、社会心理学的研究の指摘によれば、「人々は自らの信念が反響して増幅されれば、……その考えはより極端になる」という（Bishop 2008: 6）。これは、より激しい分極化へとつながり、共通の基盤がないことによって（時に暴力的な）反システム的政治行動がいっそう起こりやすくなる（Bishop 2008: 20-21; see Gest 2010）。本書での社会経済的固定化の議論にとっておそらくより重要なのは、アメリカ国民が社会経済的ラインに沿ってふるい分けられているという事実だろう。

所得や教育に基づくある程度の棲み分けはアメリカ社会において常に存在していた。しかし、ビ

訳注

iv　所得を五等分した階層のこと。

ショップらは、この流れは――部分的には、現代的な交通手段や社会保障プログラム、そしてすぐれて効率的な「大学選別マシーン」の結果として――歴史的な前例を見ないまでに加速している、と警告する（Bishop 2008: 11）。マレーも、「特別な郵便番号」、すなわち、家計所得が平均して九五%から九九%の人が住んでいる地域の郵便番号が急増していることを紹介している。同時に、〔社会経済的〕地位の低い集団も、階級のラインに基づいて地理的に再びふるい分けられている（Bishop 2008: 135）。この自動的な棲み分けはやがてさらなる社会経済的固定化につながるが、それは多様な種類の人々が混ざりあうために社会的上昇の機会が減少するからでもあり、またおそらくは、チャールズ・マレーが論争的に主張するように、社会が知能指数によって分断されているためでもある[訳注v]（Murray 2012: 61）。

ビショップやマレーは、国内移住や人口の「ふるい分け」による（政治的・経済的・社会的その他）多くの重要な影響に光を当てているが、彼らによる先行研究は重要なギャップを説明できずにいる。たとえば、これら国内移民たちの動向は個人レベルの政治行動にどのように影響するのだろうか。イデオロギーに基づく棲み分けにより共通基盤が減少して過激主義が増大すれば個人が積極的に反システム的行動をとる可能性が高まりうるというビショップの示唆は、先述したとおりだ。〔このような〕今日の研究は、そうした人口動態の動向が政治行動をいかに変えるかについてのモデルを提供していない。しかし、〔政治的・経済的・社会的その他の〕資源に注目して政治行動を理解しようとすることがもし適切ならば、右のような〔人口動態上の〕変化は、市民参加（と不参加）を促す心理的志向にとって重要な示唆を持つということになるだろう。

（2）心理的な、そしてレトリカルな固定化

先進国で不平等が拡大していることを踏まえて、近年の研究は、モビリティを欠く主体〔＝国内移住が困難な人々〕の間に見られる逆説的な傾向を明らかにしている。「システム正当化理論」に関する社会学や心理学の研究によれば、人々はとりわけ不平等や社会階層について現状を支持し、正当化する傾向がある。ジョストとフニャディ（Jost and Hunyady 2005: 263-264）は、たいていの人は恵まれた集団、不遇な集団のいずれに属していても、自分たちを取り巻く社会的・経済的・政治的環境を公正で正当だとみなそうとする動機を少なくとも持っているとする。慣れたものを維持し、個人レベルでの満足感の増加といった心理的利益を作り出すことで不確実性と脅威を減らそうとする願望によって、現在の社会システムを「正当化する」この傾向は生み出される（Jost and Hunyady 2005: 262）。システムの正当化を行うメカニズムは、集団間の社会的・経済的地位の差を合理的に説明するステレオタイプを作り出すことにある。これらのステレオタイプは、不遇な立場にある人々よりも恵まれた立場の人々に道徳的な価値があるとすることによって、生み出される（Jost et al. 2004: 894, 912）。

だが、もし白人労働者階級の有権者たちが集団としての不満を募らせ、団結を望んだとしても、動員の基盤となる明確なアイデンティティというものを有していない。貧しい白人たちは、貧しい民族文化的マイノリティを見下すエリートたちによる階級差別の対象となっているが、〔同じ白人という〕

訳注

v　マレーはリチャード・ハーンスタインとの共著『ベル・カーブ』以後の著作で、知能指数と貧困との関係についての論争的な議論を提起している。

内集団としての地位ゆえに彼らは、剥奪を固定化する構造的状況を広く認識されることがない。〔このような〕白人労働者階級の地位の「不可視性」は、彼らがいかに政治的要求を行い、社会的に自らを定義するかに影響を与える。ツヴァイク（Zweig 2000: 61）が論じるように、「社会が労働者階級の存在と経験を認知しなければ、彼らは自分たちについての明確な感覚と社会における位置を奪われてしまう」。そして、見るからに明らかなマイノリティ集団だけが持つことができる、周縁性の影響を和らげるような地域での社会的団結や補完的なガバナンスのメカニズムを、貧しい白人たちは――労働者階級の民族文化的マイノリティとは異なり――たいてい持っていない（Fenton et al. 2010）[3]。

組織化において強いアイデンティティが重要であることは、ドーソン（Dawson 1995）が述べるように、アメリカにおけるアフリカ系アメリカ人たちの経験によって浮き彫りにされている。彼は、アフリカ系アメリカ人たちの政治行動の統一性の大部分を、彼らの「結び付けられた運命」に帰している。この論理に従えば、成功の可能性は人種によって決定されることになり、人種的共同体にとって良いことは個人にとっても良い、ということになる（Dawson 1995: 81）。同じく、ラモン（Lamont 2000: 20-21）が論じるところによれば、黒人の労働者階級の人々は白人たちに比べてより「集団的な」道徳規範――すなわち「共に人種隔離や差別と闘った」といった共有経験のような黒人の「文化的資源」――に基づいて形成された一体感を示す。こうした集合的文化資源を持たない白人労働者たちは、より個人主義的な道徳律を持つ傾向がある。

社会階層の底辺に位置するコミュニティは、ある心理的傾向のために、政治的に行動する動機づけを失うことが明らかにされている。ローリンら（Laurin et al. 2010）は、社会的・政治的状況の公正さについての信念が、心理的・物理的幸福に欠かせない長期的目標を追求しようとする人々の動機や、それに投資しようとする意思に影響を及ぼすことを示している。彼らが見いだすのは、公正さについての信念こそが、不遇な立場にある集団が長期的目標を追求しようとする際の動機にとってより重要ということだ。なぜなら、彼らの成功のチャンスは、機会の公正さにかかっている可能性が高いためである（Laurin et al. 2010: 165）。

こうした認識は個人の「コントロールの所在」、つまり自らの生に影響を与える出来事をコントロールできる範囲についての理解に関する、心理学の研究とも関連している（see Rotter 1990）。無力感は政治の領域からの退出を促す可能性があり、その集団の力をさらに減じることにつながる。なるほど、政治的領域における無力感は、政治はエネルギーの無駄だという思考につながるというツヴァイクの主張がある（Zweig 2000: 166）――こうした思考をもたらすのは、企業や富裕層の影響力についての認識や、腐敗や無能力といった政府にまつわる印象、あるいは、政治システムの有効性に関する漠然とした感覚など、多くの異なる原因なのかもしれない。先に指摘したように、似た考えを持つ労働者階級の人々が居住するコミュニティにおいては、そのような思考が補強されたり増幅されたりする可能性がある。表2―1は、イギリス人に対する本書の独自調査をもとに、彼ら自身の政治的な影響力についての認識を人口統計的な観点からまとめている。政治的な影響力についての認識は、非大卒の人々や労働者階級、中年の人々の間で最も弱いことがわかる。しかし、アメリカでは富裕層と貧困層との間で認識の幅がより大きいのである（調査方法についての議論は、付録Aを参照）。

白人労働者階級のコミュニティが自らをほかと区別したりその不遇を正当化したりする傾向を補強

表 2-1　自らの政治的な影響力についての認識

	イギリス（中間値）	アメリカ（中間値）
教育		
大卒	3.88	4.46
非大卒	3.53	3.38
年齢		
18-24	3.99	3.97
25-39	3.78	4.27
40-59	3.54	3.31
60＋	3.73	3.47
社会階級（自己申告）		
アッパークラス	4.02	6.07
ミドルクラス	3.71	4.28
下層ミドルクラス	3.54	N/A (※)
労働者	3.25	2.81
ジェンダー		
男性	3.79	3.86
女性	3.60	3.58

イギリスの回答者には、「私のような人が政治的な影響力を持っている」度合いを0から10のスケール上で回答するよう求めた。10は「私のような人は政治的な影響力を多く持っている」と思っていることを意味し、0は「私のような人は政治的な影響力を全く持っていない」と思っていることを意味している。ここでの白人労働者階級とは白人で大学教育を受けていない者として定義されている。※イギリスでは階級はイギリスのNRS social grade scale（社会等級尺度）を用いて測定している。これに対応するものはアメリカの調査には存在しない。

し、おそらく活性化させるのは、階級間の緊張関係を反映した公論の動向だ。レイ（Wray 2006）は、白人に対するレトリックを見直す中で、最も不遇な「白人」が徐々に外集団として認知上分類されていく〔＝周縁にあるものとして分類されていく〕過程を詳述している。「白いゴミ《ホワイト・トラッシュ》」などの用語は、最底辺の地位にある白人の市民が、シンボリックな意味で距離を置かれ、社会的に排除されていることの証拠である（Wray 2006: 134）。このシンボリックな境界線は強力な社会的力をもって制度化され、偏見によってスティグマを負わされた人々に不平等な機会しかもたらさなくなる。再び心理学の研究を見てみよう。それによれば、ステレオタイプがない場合と比べて、人々はステレオタイプの特徴を現実化する傾向がある（Steele 1997）。

境界の形成と、白人の排除をめぐる労働者階級の文化的資源〔の観点〕からの研究成果は、白人労働者階級の固定化に微妙な人種的側面が存在することを示唆している。彼らに対するスティグマはさほど強くはないかもしれないが、白人が享受している他の利益を考慮すると〔そのスティグマは〕社会的に容認されやすい。そして、白人が国内で数の上では多数派であり続けている間は、集団意識に基づいて組織を形成するのに制約がかかる。加えて、第六章で論じるように、そのような組織を作ろうとしても白人労働者階級のアイデンティティの基礎は弱く、まとまりがないのである。

（3）政治的固定化

白人労働者階級のコミュニティは、政治的関与のための資源に乏しく、そのはけ口はさらに少ない。それは、社会階層を固定化する一連の構造的条件と、異議申し立てや政治活動を抑制する一連の思考体系のためだ。実際の状況は、それどころか互いに強めあい、合わさって下方への圧力を生み出している。ザラー（Zaller 1992）は世論に関する包括的考察において、周縁化されたコミュニティが政治的オピニオン・リーダーから見捨てられるメカニズムを明らかにしている。彼のモデルによれば、政治的意識の弱い個人は、主として政治的に働きかけられる可能性が低いために、政治的争点をめぐって態度を変えることがあまりない。その結果、政党は働きかけを受け入れる度合いの高い市民、典型的にはミドルクラス以上の人々に対して注力する傾向がある。このような傾向が意味するのは、周縁化されたコミュニティは無視される、ということだ。逆に、グッドウィン（Goodwin 2011）が明らかにするところによれば、多くの貧しい白人のイギリス人有権者は、そのコミュニティにおいて活発で目に見える存在ではない主要政党よりも、〔BNPやEDLのような〕極端な政党とこそ、より身近に接した経験を持つという。

こうした発見は、民族文化的アイデンティティとは無関係の、周縁化された人々にこそ当てはまる。アフリカ系アメリカ人についての考察において、ドーソン（Dawson 1995）は、その集団特有の政治的表現がなされないがゆえに、貧困者たちがいかに自分たちの利害や見解を正確に代表しない政治組織に導かれてしまっているかを明らかにしている。彼は、アフリカ系アメリカ人の世論は階級によって異なるという発見にもかかわらず、政治的左派〔全体〕における孤立が黒人コミュニティ内での重要な政治的亀裂を覆い隠しているかもしれない〔訳注vi〕、と記している（Dawson 1995: 181）。アフリカ系アメリカ人にとっては民主党が唯一の現実的な主流政党であるのに対し、貧しい白人のイギリス人たちは今日、おそらく〔政党の選択肢が〕より限定されている。一九九六年から二〇一〇年までの一三年に及ぶ労働党政権の間、党のかつての基盤であった白人労働者階級の苦境にはほとんど注意が向けられず、イギリスの不平等は拡大した。しかし、労働者階級の問題〔の解決〕に長らく反対していると見られてきた保守党と、ヨーロッパ統合や移民についての見解からすれば貧しい白人たちとは複雑な関係にある自由民主党による思いもよらない連合によって、選択肢は限定されてしまった。こうした状況は、伝統的な二大政党制は多くの割合の有権者が投票で政治的見解を表現することを困難にする〔=彼らの政治的見解が代表されなくなる〕という、かつてテンプルトン（Templeton 1996: 256）が述べた議論と関連する。右に述べた動向を踏まえると、貧しい白人は最も代表されない人々だと考えるのは理に適っている。

今日、人々は、政党が提供するパラダイムを超えて思考している。そのため人々は徐々に、組織化されたアジェンダとは別個に自らの政治的見解を定めることができるようになっている（Inglehart and Welzel 2005）。活動家たちはそれらに代わるアジェンダを追求して、政党のキャンペーンや組織加入〔への勧誘〕、政策決定者への投書ではなく、インターネットによる陳情やデモ、ボイコット、ブログのような、たいてい非公式な手段を用いている。イングルハートとウェルツェルによれば、これら政治活動の手段の変化は市民の政治的不関与の蔓延や「民主政治の危機」への恐怖をいくらか和らげうるものの（Inglehart and Welzel 2005: 117）、十分な政治的・社会的資源を持たないコミュニティがそのような努力に対してどれだけアクセスできるかには疑問がある。政治的・社会的資源に乏しい人々は、内部的にも外部的にも政治的有効性感覚[訳注vii]が欠如し、自己表現のための新しいツールへのアクセスがなく、ミドルクラスの市民のような自由な時間とエネルギーを持たない傾向にある。また前述したよう

訳注

vi　たとえば富裕な黒人は、経済的選好が共和党の政治的立場に近いにもかかわらず、人種の観点から、経済政策について選好の異なる民主党を支持している。その結果として、全ての黒人が寛大な福祉政策を支持していると考えられるようになってしまうということ。

vii　自分の行動が政治にどれだけ影響を与えることができるかについての認識。

表 2-2　政治家に顧みられているかどうかについての認識

	イギリス（中間値）	アメリカ（中間値）
教育		
大卒	3.93	4.38
非大卒	3.49	3.46
年齢		
18–24	4.11	3.99
25–39	3.66	4.38
40–59	3.42	3.47
60 +	3.93	3.24
社会階級（自己申告）		
アッパークラス	4.12	5.32
ミドルクラス	3.75	4.08
下層ミドルクラス	3.47	N/A (※)
労働者	3.14	2.94
ジェンダー		
男性	3.64	3.89
女性	3.74	3.61

イギリスの回答者には、「政治家は私のような人を顧みている」度合いを 0 から 10 のスケール上で回答するよう求めた。10 は「私のような人は政治的な影響力を多く持っている」と思っていることを意味し、0 は「私のような人は政治的な影響力を全く持っていない」と思っていることを意味している。ここでの白人労働者階級とは白人で大学教育を受けていない者として定義されている。※イギリスでは階級はイギリスの NRS social grade scale（社会等級尺度）を用いて測定している。これに対応するものはアメリカの調査には存在しない。

に、社会経済的地位の低い人々は、政府は富裕な献金者や「企業の影響」によって動かされているという考えから、自分たちには影響力がないと感じている（Zweig 2000: 166）。表2―2は、イギリス人を対象とした本書独自の調査をもとに、政治家が自分たちの利害を気にかけているかどうかについての、人口集団ごとの認識の度合いをまとめたものである。

政治家に顧みられているかどうかについて

の認識は、労働者階級、大学教育を受けていない者、中年の人々の間で低くなっている。そしてまた、認識の幅はアメリカでは、富裕層と貧困層との間でずっと広くなっている。

二一世紀の初め以来我々は、ヨーロッパで極右やポピュリストの政党が出現し、それへの支持が存在すること、また、アメリカでも同様の運動があることを目撃してきた。フォードとグッドウィン(Ford and Goodwin 2010: 3)は、イギリスでは白人労働者階級の有権者たちの間でイギリス国民党(BNP)への支持が増大していることを明らかにしている。同様に、スナイダーマンら(Sniderman, Hagendoom, and Prior 2004)は、西ヨーロッパ諸国の民族的《エスニック》マイノリティの増加が、いくつかの国で極右政党への支持を増大させていることを証明している。〔もっとも〕こうした裏付けにもかかわらず、国を越えた極右政党の勝利はそれらの国々の選挙制度の違いによって大方は決定されていると、ギヴンズは論じている(Givens 2005)。〔ギヴンズの研究によれば〕比例代表制の選挙システムを有し、かつ二つの主要政党が連合政権を形成する状況では、極右支持者の間で戦略的投票[訳注viii]は減少し、泡沫候補を支持するインセンティブを感じるようになる(Givens 2005: 100)。だが、アメリカやイギリスのような勝者総取りの選挙制度の下ではそのような政党や運動を支持することが相対的に難しい(そしてその結果勝利できない)ことは、多くの個人が政治プロセスから完全に離れてしまうことにつながっている。

訳注

viii 自分の立場に最も近い政党や候補の当選見込みが低い場合、次善の政党・候補に投票すること。

外部観察者への挑戦

私がここまでにおいて詳細に論じた状況は、白人労働者階級をめぐる政治や社会問題に関する観察者の思索に対し、二つの挑戦を突きつける。第一に、白人労働者階級の人々をめぐる政治と社会問題は、マイノリティ集団についての一般的な考え方に疑問を投げかける。普通は、あてがわれた地位それ自体は何も語らないので、人数の少なさや不遇な境遇が続いていることに基づいてマイノリティたる地位を説明する（Joppke 2010: 50）。特に社会科学研究者は「居住する社会において身体的あるいは文化的特徴により差別的で不平等な扱いを受けることによって選び出され、それゆえに自らを集団的差別の対象とみなしている一団の人々」という、ワースによるマイノリティの初期の定義に従っている（Wirth 1940: 347）。このようなアプローチは、白人、つまり、その身体的特徴によりそのような差別を避けることができ、むしろ自らの利点とすることができる人々がマイノリティの地位を主張することを認めない。さらに一歩進むと、ウォーターズ（Waters 1990: 156）はアメリカのヨーロッパ起源の移民による要求を、黒人、中南米系、アジア系のような「現実の、しばしば有害な」影響を耐えてきた「民族的《エスニック》マイノリティ」ではなく、「エスニック集団」のそれとして区別している。だが、貧しい白人の人々は、豊かな白人の人々が享受してきたのと同じエンパワーメントを受けてきただろうか。

白人労働者階級の人々は、マイノリティ化とは――社会経済的な不遇、無力化されてきた歴史、社会文化的な差別、置かれた人口状況に加えて――果たして人種の問題に尽きるのかという疑問を突きつける。「マイノリティ」という概念が白人の人々に当てはまらないとすれば、そのことは、それを普遍的概念として用いることの限界を示唆している——人々を越えて適用できない概念が一体、どれほど有用だというのだろうか。あるいは、もしマイノリティの地位が必ずしも人種の問題でないとすれば、同様に無力化や不遇を経験してきた集団がマイノリティとしての地位を求めるという、これまでとは違う要求について考えることが必要になる。彼らが「マイノリティ化」を主張するとき、それを真面目に検討することが求められるのである。

第二に、白人労働者階級の人々に関する客観的研究は、観察者が自らにとって不利益な主張を理性的に考慮することを求める。我々は目の前の相手の主張を文脈づけ、念入りに調査すべきであるとともに、それらの主張を道徳的判断に基づいて即座に捨て去ることにも抗わなければならない。マイノリティをめぐる政治や社会問題を扱う研究者や観察者は、その調査対象者に明白な欠点がある場合でも、彼らの不遇やそれについての認識に対してセンシティブになるという意味での共感（少なくとも共通理解）を持っているものだ。ここでの挑戦は、我々が検討することに慣れている（民族文化的）マイノリティの主要な敵役（＝白人労働者階級）に対しても同様の共感を抱くことなのである。

いかにも、白人労働者階級の人々は周縁性についての一般的な理解を複雑化する。なぜなら、彼らは自分たちがかつて社会・政治のシステムを打ち立てる力となったと考えているし、そこから数世紀にわたって構造的な利益を受けてきたからである。これは、労働者階級の白人たちがこれまでと異なる形の不利益を受けているとしても（依然として）事実であり続ける。たとえ白人労働者階級の人々が社会的・経済的・政治的地位を失ったと認識しているとしても、この一〇年、白人労働者階級のコミュニティは文化をめぐるポリティクスにおいて高い地位を再び要求しようとしていたのである。すなわちイギリスでは、ＢＮＰとイギリス独立党（ＵＫＩＰ）が、いくつかの国内の選挙区と自治区で足跡を残し、何人もの地方議会議員や国会議員、ヨーロッパ議会議員を選出させた。アメリカでは、白人労働者階級の有権者が大統領選挙の結果を決する「接戦州《スウィング・ステート》」の大統領選挙や連邦議会選挙に大きな影響を与えた。同時に白人労働者階級のコミュニティは、イギリスのイングランド防衛同盟（ＥＤＬ）やアメリカ地方部の「主権市民」や「サバイバリスト」といった集団〔訳注ix〕の組織を通して政治的暴力に関わってきた。民主政治への広範な幻滅もあり、市民参加の水準の低下や、集団的な無関心につながったりした。これらの動きは白人労働者階級がこうむった無力化に対する彼らの反応であり、我々は、そのことをよりはっきりと理解する必要がある。

無力化に対する政治的反応

白人労働者階級の人々が感じ、経験している無力化という観点からは、私はとりわけ、次のことを最善の行動指針であると選択した人々に関心がある。

（Ａ）社会の政治的領域から意図的に退出する。
（Ｂ）政治的選好を実現するために威圧的、あるいは迂回的な活動に従事することで政治空間を率先して混乱させる。

本書ではこれらの政治的選好を反システム的政治行動と呼び、それらが周縁性の政治的表現を具現するものであることを論じたい（see Gest 2015）。

発言と忠誠を超えて

民主政治が拠り所にするのは、政府というのは放っておいても常に統治能力があると確信している国民だ。もちろん、民主政治は一般国民にいちいち相談することなく無数の日常的決定を行っている。この自己統治という形態を効果的に機能させるためにシステムが必要とするのは、市民による、政府活動に対する概して消極的な警戒と、必要ならば不満を表明するという積極的介入である。選挙での投票は介入のための約束された機会だが、その他の自発的な政治参加の形態には、主張をしようとする市民の衝動的あるいは計画的な欲求が必要だ。この意味において、進んで行動しようとしないことや、民主的な経路での政治参加は、そのような政治システムを支持するものと考えられる。

アルバート・ハーシュマン（Hirschman 1970: 32）はこれを、「関与と退出の反復」と呼んだ（see also Schudson 1999）。ハーシュマンは、民主政治は「警戒する」市民と「不活発な」市民の混合――すなわち、政治参加が「恒常的な活動」と「完全な無関心」との間のどこかにある状態――から成果を得る、と主張した。ハーシュマンのモデルの決定的な弱点は、ほぼ全面的に政治システム内の活動に焦点を当てていることである。つまり、ハーシュマンは「退出」を、個人が単に所属を変えること、つまり組合や政党をやめ新しい集団に移るという意味で考えている。だが彼は、そして政治行動を研究する

訳注

ix　このような名称の極右集団が地方部で登場している。

他の大半の学者たちも、同じような個人が政治システムに反抗したり政治システムから完全に退出したりする可能性、そして〔彼らが〕漠然とそうしようとしているわけではないことについて検討していない。反システム的政治行動は、政治システムとは対立し、対話が可能な範囲の外にあるのだ。

対立

右に述べたように、そのような〔政治システムとの〕対立の一つが、意見を表明する潜在的理由はあるのにシステムに対して何らかの要求を行うのをやめた人々の間の、意識的な退出である。この場合の消極性というのは――〔いずれ元の場所に〕戻ることが適切な場合であれ、より動機づけられている場合であれ――戻ってくる意図を持った意識的「後退」ではない。そうではなく、改革の意思があるか否かにかかわらず意識的に活動しないと決めることであり、政治システムの利害関係者ではなくなることである。私はこれを消極的反システム行動、あるいはもっと単純に、退出と呼ぶ。

対立の二つ目は、システムにおける確立された影響力行使のチャネルを回避し、人々の意思を反映する能力を蝕む戦術をとることで政治システムに自らの選好を強要しようとする政治的唱道家の間に存在する。そのような活動に含まれるのは、暴力や賄賂、排外主義的ヘイト集団、脅迫、棄権を求めるキャンペーンなどである。私はこれを積極的反システム行動、あるいは、もっと単純に反抗と呼ぶ。退出も反抗も、政治的選択の形態である。〔図2―1と図2―2を参照〕。

消極的反システムの立場をとる人々は、自発的に民主政治に参加することはない。彼あるいは彼女は、退出しているのだ。先に論じたように、参加しないという形の無関心はその人々が疎外されてい

親システム	反システム
Ⅰ．**積極的**：民主的システムの制度やチャネルに関わる活動。 【例】 a. 投票、政党〔への所属〕、役職への就任 b. 地域共同体、労働組合、協同組合〔への加入〕 c. アソシエーションやNGOの会員 d. 市民的不服従、抗議 e. ボランティアやコミュニティ活動	Ⅱ．**積極的**：システムを傷つけたり、迂回したり、打倒しようとする活動。 【例】 a. 政治的目的のための暴力 b. 排外主義的組織への加入 c. 革命的行動 d. 秘密行動
Ⅲ．**消極的**：システム内での無活動状態。 【例】 a. 無頓着、自己充足 b. 無知、無関心 c. 他のことで多忙	Ⅳ．**消極的**：意図的な無活動やシステムからの退出。 【例】 a. 拒絶 b. 退出

図 2-1　政治行動のバリエーション

四つの象限は個人の観察可能な行動が反システム的か、関与的か、消極的か積極的かを示している（see Gest 2015）。

	親システム	反システム
積極的	関与	反抗
消極的	不関与	退出

図 2-2　政治行動のバリエーション（観察可能な政治行動の四象限の簡略版）

ることを意味するとは限らない。むしろ、彼・彼女は満足しているかもしれないし、無頓着なだけなのかもしれない。消極的反システム行動が、個人による政治システムからの意識的な退出を含んでいるのはそのためである。積極的反システム行動とは異なり、この消極的な形態は意識的に民主的システムを弱体化させるものではないし、他の市民が〔民主的システムに対し〕要求を行うのを妨げたり踏みつぶそうとしたりするものでもない。むしろ、正当な不満があると信じる状況にありながら、気に食わない統治が続くことを許しているのだ。退出の結果、政府の応答性は欠如し、政治システムの代表性は低下し、システムに要求する市民としない市民との間の社会的分断は大きくなる。積極的反システム行動が民主政治のメカニズムを迂回し、その他の市民たちがシステムに対して要求を行う余地を狭めるのに対し、消極的反システム行動は民主的メカニズムを萎縮させ、疎外された人々自身の要求を聞こえなくしてしまう。

積極的反システムの立場をとる人々は、民主的システムを掘り崩したり崩壊させようとしたりする行動をとる。彼らは、民主的政治のシステムに取って代わろうとしたり、民主政治のシステムに対して有害であるようなサークルや組織その他の政治的活動に関与することもある。彼らの抵抗のあり方はシステムの改革を目指すものではなく、それを掘り崩し打破しようとするものだ。例として、BNP、イングランド国民同盟（ENA）、あるいはアメリカの「主権市民」グループ、また、排外主義的・人種差別的政治運動の中で政治的暴力を信奉したり実践したりする人々が挙げられる。この定義には、現在のシステムが十分に民主的でないと思われるために民主政治を向上させるべく「既存秩序」に対抗して闘うという、民主政治に対する強力な批判者は含まれない。

こうした運動が、その他の人々の抵抗の余地を侵さない非強制的な方法で民主政治を向上させようとする限り、それらを反システム的と考える理由はない。言うまでもなく、そのような運動はシステムのメカニズムを使ってシステムを向上させようとしているのだ。

これらの定義に基づいて、表２―３と表２―４ではイギリスの白人とアメリカの白人について行った本書独自の調査から政治活動についての自己申告データを集めた。この結果から、イギリスの白人

表 2-3　イギリスにおける人口集団と反システム的行動

	極右への賛意	退出	極右政党への支持
教育			
大卒	.05	.14	.29
非大卒	.10	.11	.46
年齢			
18-24	.07	.08	.31
25-39	.10	.13	.35
40-59	.08	.16	.42
60 +	.05	.10	.42
社会階級（自己申告）			
アッパークラス	.06	.14	.33
ミドルクラス	.06	.13	.36
下層ミドルクラス	.10	.13	.45
労働者	.10	.10	.44
ジェンダー			
男性	.08	.13	.42
女性	.07	.13	.36
労働者階級			
白人労働者階級	.09	.11	.46
その他白人	.05	.15	.39
全体	.08	.13	.39

イギリスの各人口集団のカテゴリーに当てはまる者が極右政党を支持したか支持する意思を示した割合を指す。これは、BNP に投票したか投票する意思のある者、EDL か ENA の抗議活動かデモに参加したか参加する意思を示した者を含む。退出とは、この 12 か月、意図的に投票を差し控えた者のことである。

表 2-4　アメリカにおける人口集団と反システム的行動

	トランプ支持	ティーパーティー支持	架空の第三の政党支持	退出
教育				
大卒	.29	.31	.58	.13
非大卒	.41	.36	.67	.18
年齢				
18-24	.26	.34	.58	.22
25-39	.41	.37	.66	.21
40-59	.38	.34	.66	.15
60 +	.41	.34	.65	.10
社会階級（自己申告）				
アッパークラス	.35	.18	.56	.05
ミドルクラス	.30	.36	.56	.15
労働者	.30	.36	.64	.25
ジェンダー				
男性	.42	.41	.65	.16
女性	.33	.30	.64	.18
全体	.37	.35	.64	.17

各人口集団に当てはまる者で、ドナルド・トランプの大統領選出馬、ティーパーティー、あるいは「大量移民の即時停止、アメリカの雇用をアメリカ人に取り戻す、アメリカのキリスト教精神の維持、イスラムの脅威の排除」を主張する架空の第三の政党を支持する者の割合を示す。

の八％を超える者がBNPやEDLのような集団の暴力的なレイシズム〔の活動等〕に参加したことがあるか、参加するだろうと答えている。他の一三％は〔今の民主政治への〕不満を考慮して政治参加を控えてきたか、意識的に控えるだろうと回答している。さらに三七％がUKIPに投票することを強く検討するとしている。アメリカにおいては、六〇％を超える白人がBNPの選挙綱領をそのまま真似たような第三の政党〔がもしあればそれ〕を支持するだろうとしており、一七％が政治的関与をすでに控えているか、今後控えるだろうとしている。これが、我々が十分に理解していない重要な有権者の一団である。本書が扱うのは、この空隙だ。

本書の狙い

これまで、社会的周縁性や政治的疎外については、主に民族宗教的マイノリティについての検討によって、その理解が深められてきた（e.g., see Bourdieu and Passeron 1977; Wilson 1987; Wacquant 2008; Gest 2010）。これらの理解は、彼らを排除した社会的・政治的システム（あるいはそれら集団が自ら出ていったシステム）からの集団の外部性に影響を及ぼす。いかにも、私の以前の研究によれば、疎外された人々は――積極的にであれ消極的にであれ――政治システムは自分たちの利害のためには動かず、そして変わることはないと感じている（Gest 2010）。

白人労働者階級のコミュニティは、構造的に不利な状況に置かれており、そのあり方は民族宗教的マイノリティが耐え忍んできた剥奪とは大きく異なる。白人労働者階級のコミュニティは、〔社会経済的に〕上昇する白人という同じエスニック集団とは分かたれ、民族宗教的な団結からも引き離された固定化の進む経済的アンダークラスに追いやられており、これまでとは全く異なる意味で力を失っている。本書でここまでに述べたところを要約すると、アメリカとイギリスにおける白人労働者階級は以下のような傾向を持つ。

・社会経済的不平等を拡大させている経済的圧力から影響を受ける。
・将来、社会階層間の移動がおそらく難しい子供たちを育てている。
・福祉全般や政治的影響力を増大させる機会について悲観的である。
・選挙において彼らの支持や見解をあまり求めようとしない政党から影響を受けている。
・無秩序に広がる都市の周縁か、衰退しつつある工場街に居住している。
・このような社会的・政治的状況の変革に無頓着か、そうでなければ反抗している。
・政治的変革や課題設定を行う能力に自信がない。
・それにもかかわらず多くの場合、再分配政策を支持しない。

本書は、システム的・心理的・経済的固定化の中で同じような場所に位置づけられた白人労働者階級の政治主体が、〔にもかかわらず〕政治的に多様な反応をする理由を説明しようとしている。言い換えるならば、同じ構造的状況を前提としながら、なぜ、全ての白人労働者階級が政治行動のダイアグラムの中で一か所――あるいは少なくとも一方――に収まらないのだろうか。民主的な参加のチャネルへの信頼をつなぎとめているものは何なのだろうか。〔他方で〕何が、その他の人々には反抗をなさしめ、そして、さらには彼らを意図的に退出させるのだろうか。

原注

（1）Skeggs 2004: 88から引用。
（2）先行研究では、この傾向を説明する三つの理論が展開されている。第一に、「内集団・外集団理論」によれば、人は他者を、共通の集団に属するメンバー（内集団のメンバー）か異なる集団に属するメンバー（外集団のメンバー）に分類する傾向があると説明される。人は外集団のメンバーを差別したり信頼しなかったりする傾向がある。第二に、「新ダーウィン主義理論」も同様のロジックを辿るが、人々は自分と同じ民族文化的集団のメンバーを本能的に好むとする。第三に、互恵行動理論によれば、人々は過去に協力してくれたり手助けをしてくれた人に対して、お返しとして協力したり手助けをしたりするという。白人労働者階級のアイデンティティの構築において人種的偏見が果たす役割を見過ごすことなく、互恵行動理論を支持する研究者もいる（Gilens 1999; Van der Waal et al. 2011）。ギレンズ（Gilens 1999: 173）は互恵行動が行われないこと、つまり、福祉受給者は救済に値しないという信念が、アメリカにおける福祉に対する反対の根本的要因だと結論づけている。彼はさらに、福祉プログラムに対する白人の反対は、アフリカ系アメリカ人が福祉受給者の大部分を占めており、また、アフリカ系アメリカ人は怠惰であるがゆえに救済に値しないという、共に否定的な人種偏見を反映していると論じている（Gilens 1999: 113）。同様の結論はヨーロッパでも見いだされている（Van der Waal et al. 2011: 16; Lamont 2000）。失業給付が最も寛大な国においては、移民の失業率はネイティブの人々による福祉ショーヴィニズムと正の相関を示している。民族的マイノリティが福祉システムから得るものに対して見合った貢献をしていないという認識が、福祉に対する反発についても主要な説明となっている。興味深いことに、ヴァン・デル・ヴァールらは、国内における非西欧圏出身の移民の比率とも、教育水準の低い移民の比率とも、福祉ショーヴィニズムの強さは相関しないことを発見している。彼らは受給者の民族人種的《エスノ・レイシャル》な属性も教育的背景も世論に対しては何ら影響を及ぼすことはないと結論づけている（Van der Waal et al. 2011: 13-14）。

（3）この状態は再び、貧困の人種化という概念に跡付けることができる。人種を社会経済的地位の代替物として用いるならば、白人労働者階級の人々は社会の上層にいる白人たちと同じ利益を享受していると想定することができる。実際、彼らは特権的地位を維持するための「階級縦断的同盟」（Olson 2002: 395）を共有していると考えられる。だが、実際はそうでないことがわかると、白人労働者階級の人々は、償還請求の機会がほぼない状態に置かれ、恨みを抱くかもしれない。

第三章　周縁からのまなざし——イーストロンドンにおける社会的下降のポリティクス

バーキングは荒んでる。……ここには生粋の住民たちも残ってるけど、その生活は鬱屈としてるし、みんな刺々しい。……ロンドン訛りは色濃いんだけど、不思議な感じで、孤立して閉じこもった感じなのさ。

——ピーター・アクロイド

本章では、イーストロンドンのバーキングアンドダゲナムにおける白人労働者階級の政治行動とその論理を考察する。五五人を対象にインタビューを行い（うち一五人はエリート階級に属する）、三か月間にわたってエスノグラフィック《文化人類学的》な参与観察を行うことで、彼らの態度と行動の分析を試みる。

最初に、バーキングアンドダゲナムの歴史とその人口変化についての人々の記憶について紹介する。そして、その中で住民たちの政治行動を規定する政府の政策的な変化、そして階級的・社会的秩序が何を遺したのかを解明する。最後に、白人労働者階級の主観における周縁性がどういうものであるかについて述べてみよう。

語られる物語

バーキングアンドダゲナムの歴史は、幾度となく、ずっと昔から、どの家でも、どの地区の集まり

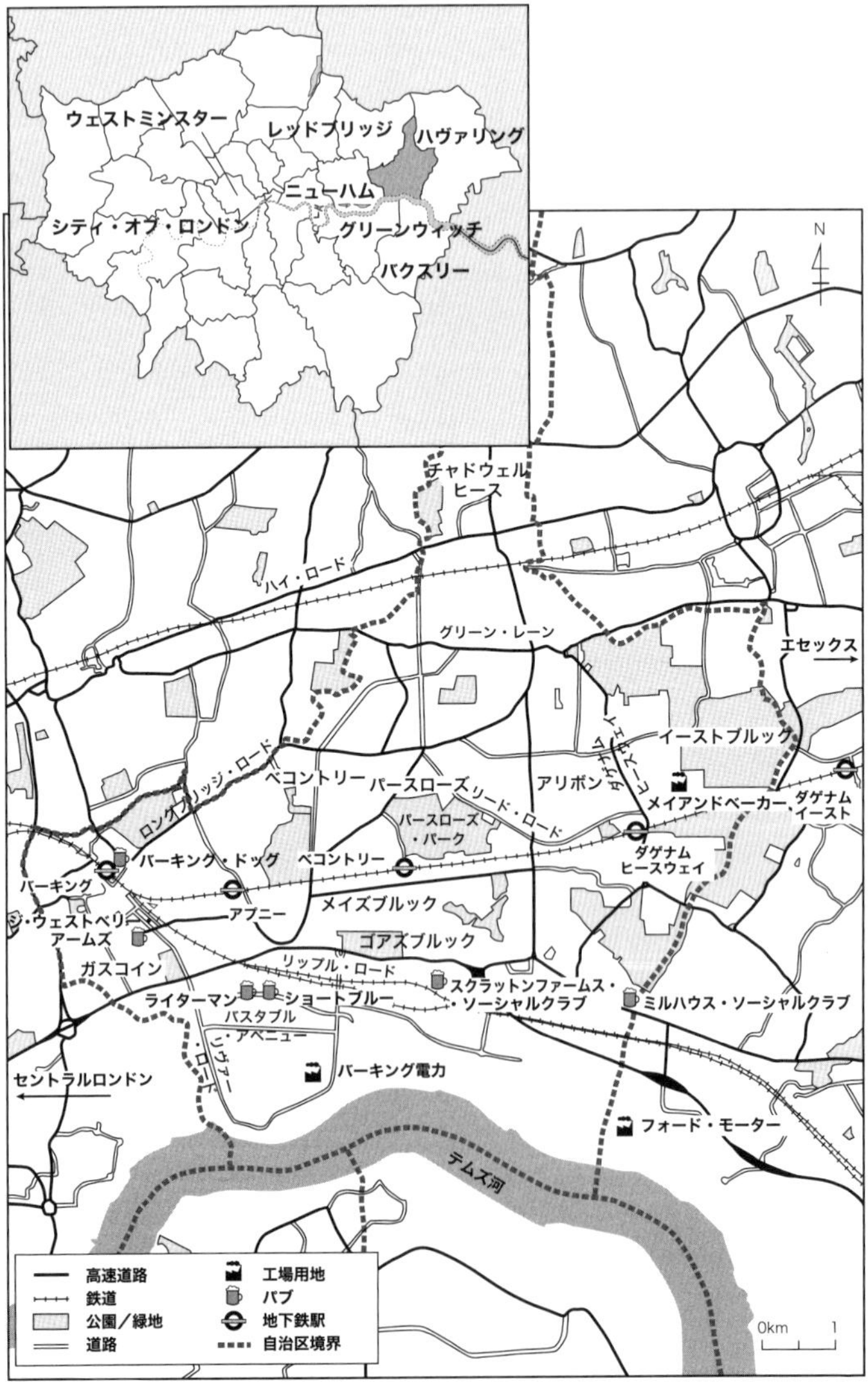

地図３　バーキングアンドダゲナム・ロンドン自治区

でも語られている。祖母から孫へと、母親から娘へと、女給から常連客へと、賭け屋の前でタバコを吸う男から通行人へと。ただ、それは語られるたび、少しずつ内容が変わっていく。語り手は、物語の主人公であるわけではなく、彼や彼女がそのときに目にしたもの、他人から聞いた物語のニュアンスに強く作用されるからだ。

歴史家は、バーキングアンドダゲナムの発展はロンドンの東部への伸張とともにあり、首相ロイド゠ジョージによる現代の福祉国家建設の産物であると記録している。ベコントリー団地がこの地区の中心であり、これはそれまで単独で造られた最大の団地だった。一九二〇年にロンドン州議会のある建築家は「主に菜園に使われている三〇〇〇エーカーにわたって広がる土地を一二〇万人もの住民を抱える街に変えるという提案は、住宅政策の歴史でも前代未聞のことだった」(Tames 2002) と述べたという。この公営住宅は、ロイド゠ジョージが第一次世界大戦の帰還兵を労って「英雄たちにふさわしい住居」を準備したことの象徴でもあった。当時の地方政務院長のウォルター・ロングは、この政策は西部戦線の悲惨を生き延びた者たちへの道徳的な罪滅ぼしとみなしていた。「彼らを恐ろしくぬかるんだ塹壕から豚小屋程度の場所に迎えるのは犯罪的なことですらあり……彼らに感謝してもし足りることはないという戦中の言葉を裏切ることにすらなる」。ただし、なかにはこの政府の補助による集合住宅は「ボルシェヴィズムに対する免疫剤」でもあると皮肉る者がいたことも事実だ (ibid.)。

いずれにせよ、一九二一年から一九三二年までの間に、バーキング中心部の東側の農地に二万七〇〇〇戸もの住宅が建てられた。アメリカの「田園都市《ガーデン・シティ》」にヒントを得て、地域の開発は中央による計画でもって進められた。たとえば、主要道路は樹木を隔てて均等に通され、同心円状に配された小道は、商店街や緑豊かな公園、広場、袋小路からなる郊外地区――住民は「バンジョ」と呼ぶ――へとつながっていた。当初は広がる郊外をつなぐ専用の市電を通すことが構想されていたが、ロンドン州は、代わりに地下鉄駅をパーキング駅から五つ先まで延ばし、現在の終着駅であるアップミンスターにまで延長した。建設された住宅は、労働者階級の賃貸住宅よりも快適であることを目指しつつも、さほど個性のない建築物となった。それでも、屋内トイレや据え付けの風呂、電化製品、電話線、前庭と裏庭といった、豪華な規格が設けられた。高い生活水準を強調するためか、デブロッパーが生垣を設けたところもあった。

政府のインフラ投資とともに雇用も生まれたため、数千人が地区に引っ越してきた。最初に入居してきた者はまだ貧しく、彼らが唯一入手できた肉にちなんで地区は「コンビーフ・シティ」と揶揄された。しかし、その後一九二二年になって、メイアンドベーカー薬品の化学工場がワンズワースからダゲナムへと移転、さらに一九二五年にはクリークマスにバーキング電力が設立されたのに加え、一九三一年にはヘンリー・フォードの息子、エドセル・フォードが一九二四年に一六万七七〇〇ポンドで購入したダゲナムの河畔の土地に数マイルにわたる工場を建てた（Hudson 2009）。こうした数々の企業、特にフォード社によってこの新たな地域の住民に職が提供された一九三〇年代を通じて、ダゲナムのフォード工場では、一九三二年に八馬力「モデルY」、一九三三年に一〇馬力「CXデラックスモデル」、一九三八年に最初の「パーフェクトモデル」、一九三九年には八馬力「アングリア」などが生産された（Ford News 2011）。工場は一九四〇年に軍需用品の生産に追われ、五年間にわたって三六万台の戦闘・輸送車両（バンやトラック）、二六万二〇〇〇基のV8エンジン、三万四〇〇〇基のマーリン空軍機エンジンのほか、ブリテン社製トラクターの多くが生産された（Neville 2009）。この時代、工場で働く人々は実に三万四〇〇〇人を数えた。工場は第二次世界大戦後も拡張を続け、フォード社はパイロット、コンシュル、ゼファー、ゾディアックといったシリーズを生産し、一九五三年には最大の労働者数となる四万人が、四〇〇万平方フィートにわたる工場で毎日三〇〇〇台を組み立てていた（Hudson 2009）。戦後の労働需要増に伴って住居建設も進み、テムズヴュー団地が一九五四年にバーキングとベコントリー南部の湿地帯に建てられ、さらに数千戸が供給された。一九二一年から一九三一年の一〇年間にダゲナムの人口は九〇〇〇人から九万人へと膨れ上がり、バーキングとダゲナムを合わせた人口は一九五一年までに五〇％も増えた。

もっとも、人々は経済的理由だけでもって、バーキングアンドダゲナムに移り住んできたわけではない。喧騒に満ちたロンドン、騒がしいイーストエンドから労働者階級が男女問わず引っ越してきたのには、さらなる自律や尊厳、シンプルな生活といった個人的な欲求がまずあった。広い土地が広がるダゲナムは、イギリスの帝国主義と産業発展から人口が急増したロンドン中心部の騒々しさや息苦しさとは無縁の地だった。この時代、ロンドンのイーストエンドは社会的上昇を経験した東欧からのユダヤ系移民が移り住んで商業地区へと変貌を遂げ、一九六〇年代初頭にはインド独立の混乱や貧困から逃れてきた南アジア人が流入してきた。近隣の揚場は閉鎖され、住民の生活様式は変化を余儀なくされていたのだ（see Dench et al. 2009）。

白人労働者階級がロンドンから一斉に逃避し、彼らが数少ない基幹産業に雇われたバーキングアンドダゲナム・ロンドン自治区の当時の風景は、今日のイーストエンドの住人たちが利用する広大な大学キャンパスを彷彿とさせるものだった。雇用主は、住人によるビリヤードやボウリング、チェス、クリケット、サッカー、テニス、射撃などのクラブ結成を支援した。ダゲナム電力は園芸クラブ、機関誌、老齢退職金など様々なものに補助金を支出した。役所も、一九四五年に与党となった労働党の「揺りかごから墓場まで」というスローガンを現実のものとした。テームズは、一九六〇年代に発行されていた市の公式ガイドの見出しは、こうした父権的な理想と目標をよく表しているという（Tames 2002）。子供、健康、福祉、障がい者などを重視する姿勢は、長々と連なる政府の部局、機関、政策名称にも反映されていた。「青年」、「養子」、「盲目・弱視」、「チェス教育」、「児童ケア担当」、「児童ガイダンスクラブ」、「保母・保父」、「児童ホーム」、「足病治療」、「デイ看護」、「難聴」、「歯科クリニック」、「身体障がい者」などだ（ibid.）。つまりバーキングアンドダゲナムは、白人労働者にとっての天国でもあった。

しかしバーキングアンドダゲナムは、イーストエンドでの変化と同じく、世界経済と人口動態の大きな変化と無縁ではいられなかった。一九七〇年代半ばから、イーストロンドンの経済は、フォード工場と同じく、ヨーロッパ大陸での競争激化とフォードの市場シェア喪失と軌を一にして、持続的な縮小を経験していった。フォード社は債務超過と人員超過に陥り、ヨーロッパでの操業を縮小、ダゲナムでの自動車生産を取りやめた。工場の人員は、一九七五年に二万八〇〇〇人だったのが二〇〇〇年には二〇〇〇人へと減少し（UK Parliament 2000）、二〇〇二年に組み立て工場も最終的に閉鎖された（Neville 2009）。市場が失われるとともに労働組合は弱体化し、労働法は緩和され、世界の流行に乗って製造業雇用はオフショア化された。イギリスのポスト工業経済は、ハイテクおよびより広範なサービス産業へとシフトし、パーキングアンドダゲナムの労働者たちとはもはや縁のないものと化した。

今日になっての地区の最大のビジネスは、手工業のほかは、ロジスティックスと運輸だ。製造業は軽工業で（ガソリン・ノズル、ベッド、階段、フローリングなど）、付加価値が低く、数も減少傾向にある。リサイクル産業を誘致し、テムズヴュー団地南部の荒廃した河畔に住宅を立てる計画もあった。河川は工業団地や多目的倉庫、輸入租税区、駐車スペースなど、役立たずで見すぼらしい土地ばかりが空いていたためだ。半環状になっているリヴァー・ロードには、チェーンで結ばれたフェンスの向こうに錆びた鉄部品やガレージがあり、プラスチックカバーと投棄された自動車部品が雨ざらしになっている。その東側にはフォード工場の残骸と、依然としてロンドンの電力の三分の一を供給している発電所があるだけだ。

経済的な変化に加え、人口変化も大きかった。一九八〇年代にサッチャー政権が公営団地の民営化に乗り出してから、パーキングアンドダゲナムの年金生活者や家主たちは、自宅を買い取った上でこれを転売し、かなりの金額を手にした。まだ残っていた労働者たちも退職を迎えると、自宅を売って地域から出ていった。ロンドン市内の数十分の一の値段で住居や賃貸物件が借りられるため、それまで外部に閉じられていたパーキングアンドダゲナムの住宅街には、若い世代が住み着くようになった。なかには物件を購入した者もいたが、新たに来た移民の多くには、市営のテラスハウスや高層アパートがあてがわれた。ますます多様になっていくイギリスのミドルクラスの高技能労働者も含まれていたが、ほかにもロンドンの建設業やサービス産業に職を求める者、海外から呼び寄せられたその家族もいた。その中には自らの境遇を改善しようとやってきた難民も含まれていた。二〇〇〇年代を迎えるまでに、近代化されたイーストロンドンは多様化し、グローバル・シティたるロンドンの一部となりつつあった。

語られる歴史

人口統計、生産統計、経済統計に表れる構造的なトレンドの陰で、根本的かつ全く予期せぬ生活様式の変化も起こりつつあった。イーストロンドンはそれまでの世代が経験したことのない文化的変化に見舞われていた。移民出身の市民が白人労働者に取って代わったのではなく、彼らニューカマーたちは、白人労働者——彼らを語る上で欠かすことのできない——の昔からの隣人、友人、同僚、組合員、飲み友達の座を占めることになったためだ。通りにはエスニック料理の匂いが立ち込め、窓からは耳慣れない音楽が漏れ、バスでは外国語しか耳にしなくなった。様々なニーズに応えるため、輸入食品雑貨屋が地元の目抜き通りに新装開店する一方、近隣のパブは閉店し、空き店舗は一時的なモスクや礼拝所にリノベーションされた。過去三〇年間、この街の変化を見守り続けてきたバーキングアンドダゲナムの白人労働者たちは、こうして自らについての語り《ナラティヴ》を修正し、その意味を再解釈し、そうすることで自らの過去を再び想像していく。

「地獄に向けて全て真っ逆さまよ」と言うのは、愛犬モリーの綱を引くナンシー・ペンバートンだった。五九歳になる彼女は、家族とともに、テムズヴュー団地ができた当時からの住民だ。彼女はリタイアしても庭仕事や政治活動で忙しくしている。夫は引退した消防士で、自分たちの家は主義の問題として売却しない方針だという。彼女は私たち二人に熱い紅茶を入れて、リビングでBGM専門局ラジオから流れるビートルズとクリーデンス・クリアウォーター・リバイバルに耳を傾けていた。ガス暖炉には夫ロンに数年前に消防隊から贈られた感謝状が飾られていた。その上にはちょうど正午を過ぎたあたりで止まっているアナログ時計が据えられている。そして、ガラス戸のキャビネットには手製のフィギュアが数百体と並べられていた。

「昔はコミュニティがあったわ。それもほとんどがイギリス人の。いたのはアジア人の女の子だけ。それから、波乱万丈の人生を送ってきた太ったレズビアンがお母さんの、黒人の男の子もいた。それでも私たちはなんとかやっていけたし、イギリス人がマジョリティだった。河の近くに住んでいる人々は、もともと色々だったわ。ただ一〇年ほど前のクリスマス・チャリティに行ったときは、そこにいたのはみんな黒人だったのを覚えてる。今じゃそのときより何倍も悪いわね」。彼女は続けた。「五〇年代に来た移民はみんな働いて、英語を習って、自分の家を買えるまで我慢して小さな場所にぎゅうぎゅう詰めになっていた。彼らはイギリス人だったし、イギリス人になれる人たちだったわ。一九五〇年代の人たちは何もしないまま何かを手に入れようとはしてなかった。少なくとも彼らは私たちの土地をアフリカに変えようとはしなかったわ」。

我々はユニオンジャック旗はためく彼女の家の前庭に移動した。一番大きな国旗は一二フィートもあるポールに結び付けられ、もう一つの大きな一枚は、家の正面のサクラソウの咲く窓際の花壇に掲げられていた。残る小さな三枚は、玄関左側にあるツタで覆われたテラスに据えられ、あたかも花のようだった。加えて花壇には、赤、白、青い花が植えられ、それがユニオンジャック旗に見えるように綿密に計算して配置されていた。

「学校の九〇％はイギリス人だったのが、今では九〇％がアフリカ人。アジア人は私たちと似たような生活をしてるけど、アフリカ人は別よ」。彼女はさらに言う。「ＥＵは今イギリスへの移民を奨励してる。ここが一番稼げる場所だから。でも私たちの国は働こうとしない怠け者をもうたくさん抱えているの。ある晩、バーキングの駅を降りたら十数人のルーマニア人の女性たちが子供たちといて。絶対に盗みを働いてたんだと思う。ルーマニア人はずるい人たちだわ。外に行けばハラル食品やら何やらうるさくてたまらない。まるでナイロビ郊外で暮らしているみたい」。

「そういう状況の中であなたは何ができると思いますか？」と、私は尋ねてみた。

彼女は絶望的な表情で首を横に振って、コケの生えたプランターから雑草を取り除いた。背筋を伸ばすと彼女は目線を控えめに通りの反対側にやり、手を腰に当ててこう答えた。

「マギー・サッチャーがもし戻ってきてくれれば。彼女ならこの状況を何とかしてくれたに違いないわ」。

ダゲナムの北端にあるベコントリーの古い団地の中心にある借家には、ルーとマギーのグリフィス夫妻が住んでいる。彼らは雑然としたリビングルームのコーヒーテーブルに紅茶を入れて、私たちを待っていた。家のあらゆる場所にはイヌやネコ、その他のネコ科の動物のセラミック製置物が置かれていた。部屋の空気はタバコの煙で重苦しく、ソファはイヌの白い毛で覆われていた。ルーとマギーはともに定年退職者で、ダーツ愛好家だ。しわがれた低い声を持つルーは、古いブーツを履いて私の目の前にいた。

ルーは大きな声で「この地区はロンドンのイーストエンド出身者ばかりだったんだ」と言った。「みんな愛想が良くてね。だから馴染むのも簡単だった。戦争が終わってから人々が大勢やってきて、隣近所の関係もよかった。今以上に共同体の意識があったんだ。それが二〇〇四年か二〇〇五年ごろから、違う文化が地域になだれ込んできた。ゴアズブルック地区の外国人はせいぜい五％くらいだった。それが今じゃ五、六割が外国人だ。そこまでの速い変化に住人はついていけない。たくさんのムスリムがやってきたし、アフリカ人も大挙してなだれ込んできた。彼らは地元コミュニティと交わろうともしない。彼らを迎え入れる環境も整っていないし、だから何もかもばらばらになってしまったんだ」。

彼は続ける。「私たちは多文化社会に生きていて、それはいいことだと思う。でもそれが進むのが速すぎれば、それまでの共同体は脅かされていると感じる。一九六〇年代に西インド諸島の奴らがやってきたときは地区全部が占拠されるなんてことはなくて、地域に混ざりあって暮らしていた。でも今みたいに大挙して押し寄せてくると、極右集団がいきり立つことになる。要は適応すればいいんだが、彼らの中には英語も喋らず、喋ろうともしないのもいる」。

ルーはそれまで巻いていたタバコに火をつけた。彼のしわがれた声はヘビースモーカーであることを物語っていたが、それでも大きな笑い声は私の後ろの壁を揺るがし、棚の上で寝るペルシャ猫を驚かすのに十分だった。明らかにマギーは彼のことを好いているようだった。彼らは、バーキングアンドダゲナムにおける最も草の根的で尊敬される市民社会でもある、住民による町内会活動に熱心に取り組む仲の良いカップルでもあった。

「昔は互いに互いを気遣ったものさ。誰かが死んだときは各家庭で香典を出し合ったもんだ」と、ルーは言った。「でも、多くのニューカマーのコミュニティは混ざりたがらない。お互いに色々と学べるところはあるはずなのに、彼らは学ぼうとしないんだ。ダゲナムヒースウェイを見てごらん。あそこの店の六〇％

はアフリカの店だが、自分たちの仲間しか相手にしない。移民受け入れは何年も前にやめるべきだったんだ。今では人々は自分たちの職が奪われるとか、そこまで感じるようになってる。もし強硬な手段がとられなければ、私も［経済的に］立ち行かなくなる。この家は借家だが、それでも市の［公営団地］入居候補者リストに載ってから三年も待ったんだ。昔の家は借金を返すために、競売にかけられるか取り壊される前に売ってしまったし」と、彼は悲しそうな声で嘆いた。

地区の様々な居住者たちへのインタビューでも、彼らの描写に大きな違いはなかった。通りから通りへ、区から区へと移っても、新しい話し手は、前の話し手が語り終えた話をそのまま続けているかのように聞こえた。

「一九七一年にバーキングアンドダゲナムに失業者はいなかったんだ」と言うのは、ベテラン教員のフレッド・トルソンだ。「職も次々に見つけることができた。工場で印刷したり、ドリルで穴を掘ったり。家族同士の結び付きも強かった」。

「一九七一年に初めて教えたクラスの子供たちの親は、みんなフォード社で働いていたかな」と、彼は続けた。「誰もバーキングアンドダゲナムから引っ越そうなんて思ってなかった。一〇年前、クラスに黒人は誰一人いなかったしね」。

「とても雰囲気のいい場所だったわ」と言うのは、テムズヴューに四二年間住み続けているハリエット・ジョンソンだ。「よそ者が大挙して来る前はみんな知り合いだったわ。それがインド人、黒人、リトアニア人、ポーランド人やらなんやらが大勢やってきた。それまではとても美しい場所だった。新天地だったのよ。道路の先には牛や馬が歩いていたわ」。

「昔は、夜歩き回ったって両親は心配しなかった」と言うのは、年金生活者で活動家のノーマ・デーヴィスだ。「フォード社があったから」。彼女は続ける。「子供たちはみんな道路で遊んでたし、年長者を敬ってた。もうそうじゃないわ。身の危険すら感じる。前はみんなが互いを気遣って、お互いの家を行き来してたわ。それがフォード社が移転して、メイアンドベーカー薬品が閉鎖してからというもの、どんどん悪くなっていった。仕事がないから子供たちは外をうろつくばかり。ほかにやることがないからだわ」。

「人々はもう互いに口をきかなくなった」と言うのは、地区ではすでに数少なくなった労働者クラブ「ミルハウス・ソーシャルクラブ」のバーテンダー、パム・リードだ。「ほかの家の子供たちが家にやってきて、寝泊まりしていくなんてこともなくなった。前は友達がたくさんいたし、子供たちのための集まりもあった。でもここで育ったのはみんな引っ越していった。働きづめの俺が銀行に行くと、数千ポンドを握りしめたアフリカ人がいて、ケニアかどこか、自分たちの国に送金してるんだ。なんで景気が悪いかって？ みんな懸命に働いているからさ！ 彼らの金は俺たちの国で使われないからさ」。

それぞれの見方は、同じ言説でも異なった見解があることを示している。生活水準や雇用、人口構成について間違った見解が示されることもある。二〇一一年の国勢調査では、地区の五〇％はイギリスの白人であり、アフリカないしカリブ海出身者は二二％、南東アジア出身者が一六％で、東欧出身者は八％に留まる（UK Office for National Statistics 2012）。地区が変化していけばしていくほどに、過去の記憶は美化されていくのだ。

社会的移動

バーキングアンドダゲナムの白人労働者階級は、時間の中で非常に詳細な――しかし必ずしも正しくない――集合的記憶を作り上げてきた。そこで示される一致した見解のいずれも、かつてない人口減少によってもたらされたものであることは、間違いない。彼らは（地区から引っ越すことのできた持ち家派と比べて）物質的に恵まれず、共通の話題も少なくなり、確たる将来の見通しも持てていない。しかしそれよりも重要なことは、この小さくなりつつある人口群が、かろうじて地区に残っている文化的生活にますます依存するようになっていることだ。それが観察できるのはパブである。

パブ《パブリック・ハウス》

今日、パブはバーキングアンドダゲナムで稀少な場所になりつつある。一番の顧客だった白人の男性労働者と女性の可処分所得が減っているからだ。工場や製造業が失われ、パブでの一杯だけでなく、地元のサッカーチームの試合のチケットにも金を払うことがためらわれている。政府が酒税を引き上げたためビール一パイントの値段は上がり続け、さらに二〇〇七年の全面禁煙措置で、常連客の足はさらに遠のいた。こうした逆風もあって、一九九九年以来、バーキングアンドダゲナムでは二〇軒以上のパブが閉店に追い込まれた（Closed Pubs 2012）。なかにはダゲナムヒースウェイにある「チャーチエルム」のように取り壊され、新しい公営住宅の一階をなす図書館として生まれ変わったものもある。ほかの店は単に野ざらしになったり、買い手のつかない土地に取り残されたままになったりした。かつてあったパブ、「ショートブルー」と「バスタブルロード」には、近くの商店街に買い物に行く昔の常連客を嘲笑うかのように「ディスコ・フライデーナイト」の看板が二階からぶら下がったままだ。リップル・ストリートにある「ジ・ウェストベリー・アームズ」は、二〇一一年八月に起きたロンドン暴動の煽りで放火されるまで、一〇年もの間、放置されたままだった。

この放火も偶然のものではなかった。「ジ・ウェストベリー・アームズ」は一八九九年からバーキングの象徴であり、一七三六年からあった酒場「ハンド・イン・ボウル」の跡地に建てられたものだった。ここが二〇〇一年に閉店されたことは、ガスコイン地区の重要な社会的な居場所が失われることを意味した。「だいたい、男性たちが帽子を被ったまま友達とビールをすすっていた」と、このパブについてある地元の人間は書いている（Vickers 2012）。「老人が静かに座って場を楽しみながら、家具の一部と化している。彼らは皆一人だったかもしれないが、寂しくはなかった」。バーキングアンドダゲナムの最近の変化にあっても、パブは白人男性労働者にとって、内輪ネタで盛り上がったり、下世話な話をしたり、互いの人生を語り合える、相対的に同質性の高い最後の場所だった。こうして、連帯の感覚が育っていったのだ。「近隣同士がもう口をきかない」「コミュニティなのに」と口にするイーストロンドン市民にとって、パブはそれだけ貴重な場所なのだ。

バーキングアンドダゲナムにいるとき、私はテムズヴュー公営団地にある唯一のパブ「ライターマン」によく通っていた。「ライターマン」とは、テムズ河で底浅船を引く人々のことだ。二〇席ほどある一階建ての内部では、お喋りな女給仕と、馴染みの常連客がバーで軽口を叩き合う一方、年老いた疲れた紳士が控えめに壁に寄りかかっていた。スロットマシンが一台だけ置いてあり、二・八ポンドのカールスバーグのパイントを買った客が、釣り銭をマシンに投げ入れていた。むき出しのトイレの蛇口は壊れ、便座のない便器は水栓紐に直につながれていた。室内に流れる音楽の音量は控え目だったが、パブの裏庭にあるブロック塀に描かれた八フィート四方のユニオンジャック旗にこだましていた。初めて店に行く前、私は地元民と一緒に行くようアドバイスを受けていた。それでも一人で足を踏み入れたとき、一瞬会話は止み、静寂の中で音楽だけが響いた。「ここではあまりよそ者を見かけないのよ」と、ウェイトレスのジェシー・ボウエンが後になって説明してくれた。「誰にでも給仕するけど、ここはコミュニティなの。ここにいるみんなはここに住んでいて、家族も同然なの」。「ライターマン」はテムズヴューの最後のパブとして貴重な存在となっていた。パブのオーナーが購入して店の前に駐めたロールスロイスのセダンは、一五年前からそこに置かれたままだ。「ボンネットの飾りがまだ盗られていないってことは、この場所へのみんなの想いを表してるんじゃないか」と、五月の霧雨降る中、外でタバコを吹かしていたキーラン・ターナーは私に言った。

家族のようなものといっても、パブに来る常連の皆が知られているわけでも、好かれているわけでもなかった。常連は互いに挨拶をしあうが、親しい相手であっても応援するサッカーチームについて一言二言交わすのがせいぜいだ。もっともバーキングアンドダゲナムの通り《ストリート》では「よそ者」っぽい感じの見た目や服装をしていればチンピラにたかられてしまうため、形ばかりの挨拶が通りでは交わされているが、そうしたものよりは、もう少し大きな認証の意味合いを持った頷きや小突きがここにはある。「みんな外の世界に疲れてこのパブに来るんだ」と言うのは、全国チェーンのＪＤウィザースプーンが経営する地区最大のパブ「バーキング・ドッグ」で出会った、ベコントリーの一八歳の少年、テリー・ハモンドだ。「ここはみんなで時間を過ごすところ。飲み物を飲んで、ほかのイングランド人とお喋りするんだ。だってそれは外じゃできないから。ここではダーツをして、スポーツ観戦して、お喋りができる」。多くのパブが閉店を余儀なくされたことで、常連客は新しい場所に通わざるを得なくなり、新しい社会的な交わりが生まれていった。これは人々に新しい出会いをもたらすと同時に、固定客の間の一体感を弱めることになった。

「バーキング・ドッグ」の外では、バーキングの駅前通りの金属網によりかかった十数人が、タバコを吸いながら、道行く人について、時折口にしている。二八歳の無職、ヘイデン・トーマスは、目の前の光景を気に入ったようだ。「彼女が誰と話してるか、知ってるよ」と、彼は若いブロンドの女性を顎で指して言った。「むかつく女だ。堪えられねえ」。彼はタバコの煙を吐き出しながら、道を行き来する人々を眺める。「あれは誰だ？ あんな女は知らない。俺たちみたいのはもういないから、一体感もない。彼ら［＝外国人］がどんどん増えてるけど、それには慣れっこさ」。

トーマスは続けて言う。「パブで外国人に会えば、やあ、と挨拶するけど、それ以上は続かない。もし何かあれば彼らの仲間がすぐにやってくる。囲まれてしまうのさ」。こうしてパブは、脆いつながりであっても、パブの常連客たちいわく、かつては地区にあったという互酬的な規範と、目に見えない連帯を再生産するのだ。そしてパブが一軒閉店するたびに、特定の社会文化的ミリュー［訳注：i］――かつては毎日創り出されていた――は、永遠に失われることになるのだ。

訳注

i　個人の思考や行動を規定する環境のこと。

個人の家《プライベート・ハウス》

パブが廃れてから、バーキングアンドダゲナムの居並ぶ住宅と画一的な団地は、労働者の英国文化を保持するのではなく、様々な社会問題の源となっていった。イーストロンドンに住む人々の多くが幼い子供を持つため、三世代ないし四世代が同じ屋根の下で暮らすことも珍しくない。2DKないし3DKの住居は狭いが、子供の面倒をみるため、家族は同じ場所に住む。年老いた母親は子供たちの世話にならざるを得ないが、まだ四、五〇代の若い母親たちは、自分の娘の子供の面倒をみたり、家事を手伝ったりできる。こうした事情もあって、労働者階級の若い女性たちは、バーキングやダゲナムを離れたがらない。せいぜい数ブロック離れた区に移り住むだけで十分、ロンドンの他の地区に住むのは論外だ。たとえば「ライターマン」の女給のジェシーに、まだテムズヴューに住んでいるのかを尋ねたら「もちろん引っ越したわよ」と返してきたので、どこに移ったかと聞けば「今はゴアズブルックに住んでる」と言う。それはパブからバスで五分、歩いて二〇分のところに過ぎない。

若くして妊娠すれば母娘の関係は近くなるが、皮肉なことに、昔であれば、それは親元から離れるための大義名分だったはずだ。イギリスの他の自治体と同じように、バーキングアンドダゲナムの公営住宅当局は、妊婦や幼児の母親を優先して入居させる。このため、ティーンエイジャーたちは、親や家族から独立するため、早くして子供を産もうとする。家賃を自分たちで賄えなければ、カップルが一緒に住むためには妊娠するのが一番手っ取り早い手段だからだ。しかし、婚姻関係が継続し、結婚生活が長きにわたることは稀だ。こうして、たくさんのシングルマザーや父親不在の家庭が生まれる。二〇一〇年のバーキングアンドダゲナムでの一八歳以下の女性一〇〇〇人当たりの妊娠率は、イングランド／ウェールズの平均より一九・八％も高い（UK Office for National Statistics 2012）。若い女性たちがアパートにいったん入居した後、働き続けたり、教育を受けたり、あるいは何らかの社会生活を送ろうと思えば、母親に頼る以外に手段はない。

この世代間の密な関係は、祖父母や曽祖父母と日常的に接する若い世代によるオーラル・ヒストリーとアイデンティティの継承を容易なものとする。「おばあちゃんは僕の世界そのもの」と語るのは、二四歳のハリー・カーライルだ。「僕は父親を知らないし、母親とも話をしない。彼女は僕を一七歳で生んでから、近くにいた試しがないから。でも、僕のおばあちゃんは立派で古風なイーストエンドの淑女。彼女のような女性のおかげで、この国は持っているんだ。彼女はあたりを見て、この国がどんなひどい状況かを嘆いてる。僕のおじいちゃんもお墓の中で驚いてるに違いない。おばあちゃんの時代は爆弾がそこらあたりに落っこってきて、朝の五時には働きに出てた。彼女が言うことは本当さ。この国はこのままじゃ立ち行かなくなる。これ以上何もしなくても、もうろくでなしばかり、ってね」。ハリーはその歳にもかかわらず、自分の祖母の嘆きを理解できるようになっている。こうして、イギリス社会で白人労働者階級が果たす役割や集団的理想、あるいは作法に関する特定の考え方についての共通理解が、そのまま温存されていくことになる。

実際、個人の家の中では、現在でも伝統的価値が残り続けている。バーキングアンドダゲナムの白人家庭では、近所付き合いが非常に重視されている。私が訪ねた家庭の先々では、事前に知らせていれば、お茶に招待された。しかも、時にはビスケット付きでだ。そればかりか、その後も、パブや商店街で落ち合おうと誘ってくれた。インタビューでも多くの人々が、道ですれ違っても互いに挨拶しないだとか、バスで世間話しなくなっただとか、地域のチャリティに参加しなくなったりしたことを嘆いていた。ただ、これは今日、ましてや過去に、こうしたことが当たり前だったことを必ずしも意味しない。そうではなく、こうしたことが当たり前ではなくなったとすることで、礼儀作法についての会話や噂話は盛り上がるからだ。その母体となるのはたいていの場合、家庭だ。父親が不在だったり、収監されていたりする場合はなおさらだが、両親が揃っている場合でもそういう傾向がある。イーストエンドの祖先たちは偉大だったというステレオタイプに染まったバーキングアンドダゲナムの女性たちは、うるさく、あつかましく、騒々しく、そして口やかましいが、それでも家庭生活や社会問題に関心を寄せていることは間違いない。彼女らは強く、気難しいが、それでもやむを得ず人生の悲しみを繰り返す羽目に陥り、長い間苦しんでいる。

過去三〇年の間に、バーキングアンドダゲナムの白人イギリス人コミュニティの多くがなくなっていったことで、昔からの集団的な助け合いの精神は、核家族のレベルに集中するようになった。地区に残った零細企業も家族経営であることが多く、従業員もその親族であることは珍しくない。「ライターマン」の女給ジェシーは店のオーナーの息子と結婚している。もう一人の女給は彼女の義理の姉妹だ。二三歳のフィオナ・ハリソンは花屋を営んでいるが、週六日間働かなければならないため、週末と医者にかかるときは、兄弟とボーイフレンドが彼女の代打となる。店はもともと、フィオナが祖母のように慕う、父親の上司の夫人が所有していたものだった。「おばあちゃんとは呼ぶことはあまりないけど、」彼女は言う。「でも彼女は本当に祖母のようだった。今でこそ、人はいろいろなところから移り住んできて打ち解けようとしないけれど、昔は誰がどこから来て、誰の家族かをみんな知っていた。年寄りはほかの年寄りをよく知っている。でも若者がたくさん外をうろついて、タバコをふかして、ぶらぶらして、店で万引きする。だから、そう、人々は互いに信頼しなくなったのよ」。バーキングアンドダゲナムの住人の過半数は、二〇一一年の警察の意識調査に答えて、当局が犯罪や反社会的行為に対して有効に対処していないとしている（London Borough of Barking & Dagenham 2010b）。社会的信頼の低下は、壮年層をさらに孤立させ、家族に依存せざるを得なくしているのだ。

仕事をまわしたり、子供の面倒をみるために家族に依存しているのは、バーキングアンドダゲナムの労働者階級の雇用機会が減っていっていることの表れでもある。フォード工場のような「家族」がなくなり、イギリス人経営者のコネも当てにできなくなり、さらに今日の経済は客観的に測ることのできる教育内容に重きを置くようになっている。教育の重視は、白人労働者階級が世代間で受け継いできたものでは必ずしもない。こうした家庭の子供たちは、極めてグローバル化された教育制度――厳しい競争を生き抜き安定した職にありつくために個人が備えること（Standing 2011: 68）――の枠外で生きてきた。バーキングアンドダゲナムの子供たちはかつては一四歳で学校を修了し、フォードの工場で働き、妊娠し、住宅補助や給料、年金で暮らすことが当たり前だったからだ。役所によれば、この地区はロンドンで最低の識字率、ワースト二の数理能力のランクに甘んじるという。二〇一一年の「共同委託戦略」〔＝地域の社会政策〕によると、この地区の白人児童の成績は、全国平均よりもかなり低い（London Borough of Barking & Dagenham 2011a）。高度な技能を持った人材は少なく、むしろ他のロンドンの地区と比べて低技能者が多い。教育水準はバングラデッシュ人が移住してきた一九七〇年代のイーストエンドと変わらないとされている。つまり、学業での成功は「俺たちとは関係ない」のだ。校長のフレッド・トゥルソンは「大人も教育制度の恩恵にあずかってこなかった」と証言する。「学校には卒業して大学に進学した学生を表彰した掲示すらある。高等教育は当たり前のものではなかった。ガリ勉だ、と言って生徒の宿題を破り捨てる親すらいた。中途半端に頭が良いとか、読書好きだとか言われてバカにされることもある」(see also Willis 1977: 2)という。大学進学できる学力が仮にあったとしても、めったに実現することはない。家族の問題や進学資金を借金しなければならなかったり、職業的な成功を収めるというロールモデルに出会ったりしたことがないためだ。

白人の女性労働者の状況もそれと変わらず、学業での成功がむしろ社会的排除につながることもある。家庭内の性的分業意識が強いバーキングアンドダゲナムは、一〇〇〇人当たりのドメスティックバイオレンスの割合がロンドン全域で最も高い(London Borough of Barking & Dagenham 2011b)。トゥルソンは、性的分業を説明して「問題が起きれば学校に来るのはいつも母親だ」と言う。「大きな問題のときは父親も来るけど、たいていは黙って座ってるだけだ」とする。花屋のフィオナは言う。「私の家庭では父親とは口をきかなかった。でもママは話せたし、私の分まで喋ってくれた。両方の親と話しもしないという友達も多い。父親は子供のために割く時間がないからだわ。親の中には子供はこうあるべきという考えが強すぎて、子供が自分の意見を持つのが難しいこともある」。簡単に言えば、こうした傾向は、白人の労働者コミュニティの上の世代が、自らの時間軸の中で過去の自己了解と行動を、若者世代に押しつけていることを意味しているのだ。

時計の針を巻き戻す

二〇〇七年にバーキングアンドダゲナム自治区は数百人に対して調査を行っている。「バーキングアンドダゲナムを良くするためにすべきことは何か」と尋ねたところ、最も多かったのは「五〇年前と同じようにすること」という回答だったと、役所の役人は言う。平均的な白人の住民は、未来がもたらす進化がどのようなものかを想像できなかったのだ。こうした回答は、理想化された過去の良いイメージと関係する一方、現在の地区の社会経済的状況に対する住人の居心地の悪さや、混乱の度合いを示すものでもある。バーキングアンドダゲナムの過去についての錯綜した言説にあっても、自治区がどのようにしてここまで短い間にかくも変質したのかについて意見の一致を見ない。今日見られるのは、この変化をどのように解釈するかについてのポリティクスであり、ここから権力者が、何を非難すべきか、何をすべきかを勝手に名指しする余地が生じることになる。

ダゲナムのアリボン区の教会で行われたタウンミーティングでは、マーガレット・ホッジ議員とそのスタッフが、選挙区民の陳情と不満を聞き出すべく、テーブルの間を走り回っていた。労働党のホッジ議員は一九九四年から議席を維持し続けている。この「手術（surgery）」と呼ばれている集まり――解決が必要な社会経済的問題を地域住民が議員に知らせるという意味では適切な表現かもしれない――では、六つほど並べられたテーブルに座る大半が高齢者の有権者に、ボランティアがピザや紅茶、ショートブレッドを振る舞っていた。ホッジ議員は、まずエレノア・ホッジキンスとポピー・ムーアに近づいていった。

エレノア：いったい彼ら［外国人］はどこから来るのかしら、マーガレット？
ホッジ議員：多くは移民二世や三世です。地元の多くの人は自宅を売ってバーキングアンドダゲナムを離れていっています。いいですか、もう昔には戻らないんです。必要なのは子供たちに何ができるかではないでしょうか。
ポピー：マーガレット、でも彼らは地域に入ったり、出ていったり。なぜそんなことが許されるの？
ホッジ議員：賃貸用物件は、地域に愛着のある人が買うわけではないかもしれません。でもそれを規制することはできません。誰のせいでもないんです。政府や市議会のせいでもないんです。それでもコミュニティの精神を再建することはできるはずです。
ポピー：家から漂ってくる匂いには辟易するわ。ヒースウェイには何だか変な肉や野菜を売っている店が立ち並んでるし。
ホッジ議員：そういうのが好きな人たちもいるんです。
ポピー：マーガレット、ここに二週間か三週間住んでみて、どんな感じか見てみるというのはどう？
ホッジ議員：ここにはよく来ているんです。いいですか、時代は変わったし、それに慣れないといけないんですよ。
エレノア：孫たちがかわいそうだわ。
ホッジ議員：いいですか、彼らのためにも良い学校と職がないとだめでしょう。私が気にかけているのは一八歳で高校を卒業する彼らのための職がないことです。それは保守党政権とその緊縮財政のせいなんです。

ポピー：労働党も与党だったら同じことをするんじゃないかしら。
ホッジ議員：これほどにはしません。若者全員に職か、見習い、もしくは職業訓練が行きわたるようにします。そんなに悲観しなくてもいいじゃないですか。そこまで悪くはなっていません。
ポピー：［間をおいて］色々なものが削られていっているわ。私は眼科すら受診できない。
ホッジ議員：受けられますとも。
ポピー：できないのよ。
ホッジ議員：受けられますとも。
ポピー：できないのよ。
ホッジ議員：受けられますとも。
ポピー：できないの。
ホッジ議員：受けられますとも。気を悪くしないで。
ポピー：でも、忌々しいあのヒースウェイ通りを上っていくだけで気分が悪くなるわ。

ホッジ議員は自身のｉＰｈｏｎｅにかかってきた電話を受けるために席を外した。彼女はこの週末、ウェンブレースタジアムで行われるウェスト・ハム［訳注ii］のサッカーの試合のチケットを入手できるよう、地元議員に頼んでいたのだ。ポピーは私を見てこう言った。「彼女は私たちに何を変えろというのかし

訳注
ii　West Hum United。バーキング地区のサッカーチーム。第五章参照。

ら。そんなことできないわ。年金生活者だもの。［イギリス人の］店が閉まるのに、なんで［移民の］店を開くことができるのかしら。きちんとした洋服屋なら足を運ぶわ。政治家はみんなここに来てはなんとかすると言うけど、結局何もしないのよ」。

労働党政治家は、自党のこれからの伸張に欠かせないイギリスの多くの民族的・宗教的マイノリティ集団を遠ざけないようにしつつ、白人の組合員労働者の忠誠心も維持できるよう、バランスをとる必要に迫られている。ホッジ議員やその他の政治家は、ポピュリズムと多様性との間に引き裂かれつつ、移民はもちろん、福祉漬けの受給者を非難することもできない。だからバーキングアンドダゲナムで彼らの評判は良くない。地域のマイノリティ集団はホッジ議員の自制心を評価したが、白人労働者階級は彼女の裏切りを許さず、二〇〇五年の市議会選挙で五一議席中、イギリス国民党（ＢＮＰ）公認候補者一二人を送り込んだ。ＢＮＰは、極右政党のイギリス国民戦線（ＢＮＦ）から一九八二年に分派した政党で、母体と同じような綱領を掲げてきたが、それまで勝利の経験はなかった。彼らの政策は、移民を母国に送還して、生粋のイギリス人に優遇措置を施すというものだ。ただ、選挙前の世論調査で人気を集めたものの、ＢＮＰ党首のニック・グリフィンは二〇一〇年の選挙でホッジ氏に敗北を喫した（London Borough of Barking & Dagenham 2010a）。それでもバーキングアンドダゲナムには、少なくない彼の支持者がいる。ポピーは「私はＢＮＰに投票したわ」と、誇りと罪悪感がないまぜになった告白をした。「そうするしかなかった。彼らはナチスと呼ばれているけどそうじゃないわ。彼らが言うのはイギリス人のためのイギリス。労働党は［移民を］全員ここに送り込んでくるし、［ホッジ議員は］彼らがどこからやってくるのかも言ってくれない。たぶん彼らは票を操作して、ＢＮＰ議員が一人も誕生しないようにしたのかも」。彼女は続けて言った。「バーキングアンドダゲナムはずっと白人労働者のものだったけど、市議会もずっと私たちの味方だった。私の祖父母はいったいなんのために働いてきたというの？アジア人の女性が私をレイシスト呼ばわりしたから、こう言ってやったわ。「あなたがそうさせてるのよ」ってね。マーガレット・ホッジには、なぜここの変化が目に入らないのかしら」。

それまでの方針を転換して、労働党が一九九四年にニューレーバーとして新自由主義的な市場経済を是認したことで、党は労働組合員と白人労働者階級を確実に怒らせた。しかも彼らは、二〇世紀半ば以降、クレメント・アトリーが首相だった頃からの頑な支持者だったのだ。それでも労働党は、党の理念転換と民族的《エスニック》マイノリティの党公職への登用は受け入れられるものと考えていた。なぜなら白人労働者階級は、福祉国家については保守党と、EUの超国家ガバナンスをめぐっては自由民主党と、根本的に異なる考えを持っていると踏んでいたからだ。そのため、労働党政治家は、イギリスのアイデンティティと社会的変容という難しい問題については注意深く避ける戦略を採用し、バーキングアンドダゲナムの白人労働者たちの苛立ちを無視した。市議会職員のアレック・エドワーズは「もしあなたが病気なら、医者に症状をちゃんと説明できるようにしておくのが普通でしょう」と言う。「でもここの人々はいったい何が起きているのか、きちんと把握できていないのです。それから、体の病気のように、話したくないような病状もある。この感情につけ込んできたのがBNPなんです。彼らも病状について話したがらない。でもその代わりに、自分たちに投票してくれるような人々を代表して、他者を非難するのです」。彼はこうも指摘した。「話したくない話というのは、つまりは移民のことです。私たちの国は島国ですから、上陸してくる人々に対する自然な嫌悪感があります。彼らは社会に吸収されていきますが、それについて話すことすらできないのです」。

ＢＮＰは移民問題について声高に主張する。ＢＮＰの政治家は、それ以外に口にすることが特段ない、と言うべきかもしれない。二〇〇八年のロンドンの選挙の際、ＢＮＰがバーキングアンドダゲナムで撒いたチラシには二つの写真があった。一つは一九五〇年代後半のご近所同士のパーティーを撮った白黒写真のもので、手前には食事を載せたテーブルがあり、その後ろには私服姿の白人女性たちが並んでいる。近くでは赤子を抱いた母親が写りこみ、画一的なレンガ作りの家が並ぶ通りを飾る旗の下、皆がお喋りに興じている。この写真の下にある二枚目は、ヒジャブ（イスラムのスカーフ）とニカブ（イスラムのヴェール）を被ったイスラム女性三人が写ったものだ。一人は指二本をカメラに向かって振り回し（非言語的な罵り）、二人目は拳を振り上げ、三人目は自分の目を手で隠している。チラシには「ここからあそこへと移りゆくロンドンの風景。それがあなたの望みでしょうか」という言葉が大きく踊る。その下の小さな文字は「思い出してください、これがかつてのロンドンでした。穏やか、フレンドリー、ハッピーで安全でした。コミュニティの精神と社会的な包摂のあった首都。あなたがもしこういうロンドンを取り戻したいなら、ＢＮＰをぜひ応援してください。わが党は地元民ファーストです」。

二〇〇六年の市議選の際、バーキングアンドダゲナムでＢＮＰは一万六〇〇〇票近く、二〇％以上の票を得たものの、二〇一〇年の総選挙で全一二議席を失うに至った（London Borough of Barking & Dagenham 2006）。ただ、彼らが支持を全く失ったわけではなく、この地区では三万九四九票を獲得した。議席を失ったのは、ホッジ議員が現職のグリフィン党首を破ったときのように、労働党が全選挙区に対立候補を立て、僅差で勝利を収めることができたからだ（London Borough of Barking & Dagenham

2010a)。しかしそのため、有権者たちは今日に至って、彼らの意見を代弁してくれるような代議士を失うことになった。「ここにいる白人の多くは、もう諦めてしまってる」と、BNP支持者のハリー・カーライルは言う。「内戦が起こりかねないほど、彼らは僕らをやりこめたんだ。これ以上続けば、反乱と騒乱が起こることになる。今はまさにその瀬戸際さ。僕らに話をしたり、耳を貸したり、僕らの意見を聞いて行動を起こすのは、〔BNPの〕ほかには誰もいない」。彼は続けて言う。「ちょっとの火花で爆発するさ。一回爆発したらもう止まらない。緊張が高まっているのを感じないか。それが起きたら総がかりでなんとかしないといけなくなるだろうね。いつになったらみんな、それがわかるんだろうか」。

客観的に見て、バーキングアンドダゲナムの白人労働者たちが、彼らのフラストレーションを様々な形で表してきたのは事実だ。労働党を支持し続ける者もいるが、なかには町内会や住民同士のアソシエーションを通じて、単一争点的な運動を支持する者もいる。BNPの排外主義を支持する者もいれば、もっと過激なイングランド防衛同盟（EDL）やイングランド民族同盟（ENA）に賛同する者もいる。あるいは、政治的な意思表明を完全にやめてしまった者もいる。こうした現象は、同じような人々が、同じような社会状況にあって、それぞれ異なった政治行動をなぜとるようになるのかという、本書の根底にある問題意識に関わってくる。バーキングアンドダゲナムをこうした観点から見たとき、そこにはより根本的な、しかし同じ程度に重要な問いが浮かび上がるだろう。数十年間にわたって労働者階級であることで政治的にまとまっていた人々は、なぜ民族的文化の違いを越え、新たな——それが外国人とであっても——労働者階級として一致団結できないのだろうか、という問いである。

外部にある国家

パーキングアンドダゲナムの労働者階級の人々は、しばしば「彼ら（They）」と呼ぶ政府についての会話を交わす。「彼らはうちの暖房を直してくれないんだ。彼らは外国人を勝手に来させている。彼らは俺たちの言うことに耳を傾けない」。会話の中や、推し量ることのできない想像の中で、住民は国との距離感を仄めかす。ただ、国は政治的な代表であることはもちろんのこと、住居や福祉、医療やその他の公共サービスの提供者でもある。市民の日常的なニーズを満たしつつ、それでも国は不信の対象、外部の存在となっている。私が出会ったバーキングアンドダゲナムの多くの人々にとって、国は全能で、近寄り難く、予測不能な保護者だった。それは時として寛容でもあるが、多くの場合は敵対的で、常に制御不能なものとして目に映る。

こうしたカフカ的な描写は、今日感じられる自治体の非効率さに対する反応だが、その歴史は古くまで遡ることができる。バーキングアンドダゲナムの初期の住民たちにとって、かつての自治体は、過大な存在とは言えずとも、能動的な存在だった。「揺りかごから墓場まで」という標語に沿って、役所の部署や機関、政策を通じて共有されたパターナリズムが、住民の細かな行動まで規定していた。たとえば、昔は住宅の前庭の芝生をきちんと刈り込むべし、といった条例まであったのだ。もし住宅や家屋が空き家になった場合、国はそれまでの家具を一掃して、標準家具を備え付けなければならなかった。このように、他人への優越意識を捨て去って、整備された環境の下で厳格なルールに従うことが求められた代わりに、イーストエンドの住人が夢見るもの全てはユートピア的な国家によって提供された。ただし、この一枚岩的な平等主義がより大きな連帯心の供給源となったことは、バーキングアンドダゲナムの住民たちがその後に経験する物質的な不平等に敏感となる原因を作った。そして、住民が国家に対して能動的というよりは道具主義的な関係を持つ、下地を提供したのである。

地区の白人労働者階級の人々が言うように、疎外感は政治家たちの物質的な豊かさによってももたらされている。「首相はみんなイートン校出身者だ」と、三〇歳のオリー・マークスは彼らがアッパークラスと貴族階級の出身であることを強調した。「民主主義なんて幻想だ。……分割して統治するために移民たちが重視されるのさ」。テオ・ギャリガンは「政府は俺にとって何の意味もない」と言う。「もし女王が明日くたばるとして、俺に関係するのは札束に印刷される顔が変わるくらいのことさ。自分のことは自分で面倒をみる。でも、もし何かをしようとしたら、逮捕されて一巻の終わり」。オスカー・ブラッドレーはこうも言う。「もし政治家が私たちと一緒に暮らせば、どんなに酷い状況なのかわかるだろうさ。金持ちと貧乏人は顔も合わせない。……キャメロン首相は自分と同じような連中、立派な家を持てるような連中としか付き合わない。そして労働者階級は見棄てられたままだ」。

国家が外部にあるものと認知されているのは、それに対する信頼が失われたからだ、とする者もいる。年金生活者で運動家のノーマ・デーヴィスは「政治家は耳は傾けるけれども、何も行動しない」と言う。「もっとたくさんの警察官が必要、と訴えたのにむしろ減らされる。前だったら役所に行けばなんとかしてくれた。でも今では〔公職に就くのが〕誰だろうが何も変わらない。人々は単なる数字で同情の対象にもなっていない」。

「役所は〔住宅の周りに〕フェンスを作ると約束したはずなのに」とこぼすのは、テムズヴューのレクシー・ブローニングだ。「私の部屋をのぞけるということは私の寝姿も丸見えということだわ。でもあまりにも時間がかかったから自分たちでフェンスを取り付けた。ここじゃ身の危険を感じるから」。パブ「ライターマン」でパイントを傾けながらキーラー・ターナンはこう言う。「不思議なもんさ。オリンピックがあるからといってストラトフォードにたくさんの金が投資されたが、まだ貧しい人がごまんといる。彼らはどうするんだろうな。私たちに関係ないお金が使われているということさ」。彼は続ける。「市と色々なものを折半してもいいと思う。でも、散々何かを言っても何も聞いてもらえない。だからもう諦めたんだ。誰が当選しても関係ないからって、投票しない人も多いし」。インタビューした何人かは、民事や刑事の問題すら政府に解決してもらうつもりがないと言う。彼らは、福祉職員が未成年だからといって犯罪者を釈放したりすることや市職員からの偏見を目の当たりにしたり、不公平な判決を受けたりした経験があるという。白人労働者の日常において、小切手を切れない政府はもはや歓迎されないのだ。

住民たち

右に見たように、政府が住居の供給主であること、そしてそのことから来る不満は、国家と政治家に対する曖昧模糊とした期待があることをも意味しているだろう。ただ、市民がそれにどれほど関心を持っているかは、また別のことだ。二〇一〇年の選挙で労働党がBNPから議席を奪還してからというもの、バーキングアンドダゲナムの政治活動は下火になった。選挙後に成立した保守党と自由民主党の連立政権が財政を切り詰めたため、ロンドンでは役所前でデモ行進が行われていた。しかしそうしたときでもバーキングは静寂だった。市役所の役人は予算削減の影響を最小限に留めたというが、影響は皆無とはいえない。しかし、それでもバーキングアンドダゲナムの人々の反応は鈍かった。今日の労働組合は二〇世紀半ばを頂点として、より小さく、より少なく、よりおとなしくなっている。二〇〇三年からフォード社はディーゼルエンジン製造に特化し、その製造、輸送、登録作業には四〇〇〇人が従事しているのみだ（Hudson 2009）。かつての市民文化や、地域社会でのパーティーはなくなってしまった。「スクラットンファームス・ソーシャルクラブ」は、二〇一一年四月のロイヤル・ウェディングの際、隣近所でのパーティを開催したが、住民がそのような経験をしたのは過去一五年間で初めてのことだったという。数年後に役所は、祝日となる聖ジョージ・デイを祝う地域のパーティのための少額の補助金支出を決定した。一一件の申請があったが、うち三つはイギリス人住民以外からのものだった。

バーキングアンドダゲナムの政治活動の中心となっているのは、住民自治会（ＴＲＡｓ）だ。地区にある一七の自治会は月に一回、地域の抱える問題を話し合う集会を開く。話題になるのは、近隣の騒音や、繰り返される空き巣といった地域特有の問題だ。役所はこのような近隣の集まりの茶代くらいは出すものの、こうした自発的な組織について詳しくは把握していない。反対に、ＴＲＡｓは市議会議員にとっての鬼門で、多様性や住居問題といった論争的な話題をめぐって議論が闘わされる場でもある。自治会には定年退職者が多く、独断的で多様性を認めない人物が会長であることも多い。

ユニオンジャック旗が好きだという、テムズヴューの住人のナンシー・ペンバートンは、自治会活動歴二〇年を誇るベテランだ。「地元新聞に投書もするし、頭に来ることがあれば行動に移すわ」。「地域ではそれなりに影響力があるし、市議会には味方もいる。何か起きたときはみんな私に会いに来るの」と使命感を持って語る。最近ではキャメロン首相に次のような手紙を書いたほどだ。

デーヴィッド・キャメロン様
ダウニング街一〇番地
ロンドン

二〇一二年二月一〇日

拝啓　デーヴィッド・キャメロン殿

私はバーキングアンドダゲナム、とりわけバーキングでの新規住居建設を止めるよう要請します。

私たちはとても緊密なコミュニティを築いてきましたが、過去一五年のうちに悪い方向へと向かっています。

世界中の移民が私たちの地区に移り住んできているかのようで、その結果、私たちがこれまでずっと生きてきた場所でマイノリティとなり、固有のコミュニティがどんどん壊れていっているのです。

この手紙は、決して人種差別的な意識によるものではありません。私たちが住むこの地域は、以前から多様な人たちを迎えてきました。一九五〇年代、家族とともに移り住んできた人たちも、私たちと同じように近年の変化を嘆いています。彼らが移民としてやってきた時代には何も用意されておらず、だから彼らは勤勉に働き、英語を学び、そして溶け込んでいったのです。彼らは私たちと同じ価値観を持っていました。

今日では残念ながら、世界中から来る移民に手厚い保障があるため、私たちの地区に越してくる人々（地域住民のための公営住宅に入居します）は、無料で何もかも手にすることができると信じており、私たちや彼らが住む地域を尊重する意識もありません。

「コミュニティの維持」のために数千ポンドが投じられているようですが、近年の移民たちは自分たちの文化にしか関心がなく、だから彼らのために用いられる多大な予算もそのために使われるのであれば、それは無駄というものです。私たちはそれに口を挟むこともできず、指をくわえて眺めているしかありません。高齢者たちはバスに乗って出かけようとしても英語を喋るのが自分たちしかいないため、恐怖心を抱いています。バス停で待っている間も、彼ら（多くはナイジェリア人です）に押しのけられてしまうからです。

彼らがすることと言えば、携帯電話で大声で喋るか、私たちの住んでいる場所に運び込んできた機械で大きな音を立てて、どんちき騒ぎをすることくらいです。そのための場所代も、教会を装って宗教法人に適用される割安料金で済ませてしまうため、法人向け料金を支払うこともありません。彼らは新たな働き口を作ることに貢献せず、新しいビジネスがこの地域で生まれることを阻害しているのです。

私は住民自治会のボランティアとして熱心に働いています。盛んに働きかけ、社会の色々な人々や組織を交えて地域を良くする活動をしているわけですが、移民たちはこうした活動に参加しようとせず、この地域を良くしようとする気持ちも持っていません。

私たちの不動産価格は、過去数年で大幅に下がりました。それというのも多くの移民が家を買って、地域のことを全く気にしない公営住宅に住む人々に貸し出すようになったからです。彼らは自分たちが住んでいる街のことに関心を払わず、いらなくなった物を裏庭や路地裏に捨てるだけです。これも市にとって数千ポンドの負担になっています。絶対にそうなると思いますが、もし私たちが引っ越すとしたら、行き先はモーターホームしかないでしょう。それは持ち家の価格があまりにも安くなっただけでなく、移民たちのように、いるだけで年金や医療、タダ同然の旅行代など、一銭も負担せずに多くを受益するのと違って、私たちが一生かけて働いて貯めた年金がわずかだからです。

私たちがどう生きるべきかを決めている人々は、移民を送り込んでいるこの地を訪れるべき時が来ているのではないでしょうか。私たちのコミュニティや公共サービスがいかに悲惨な結果になっているのかについて、来て、見ていってほしいのです。もちろん、政治家の皆さんは移民問題など存在しない、特別で安全な場所に住んでいるから、訪問は実現しないでしょう。問題は紙の上に踊る言葉でしかないのかもしれません。

私たちの祖先はこの国の自由を守るため、二度の世界大戦を戦いました。それは私たちが自分たちの国で二流市民に甘んじず、腐敗した組織であるＥＵの下僕に成り下がらないための戦いでもありました。私たちの祖先がドイツに侵略されないように殉死したのに、私たちはドイツに支配されるＥＵの法律をそのまま受け入れています。

私たちの孫が大きくなる頃、この国がどうなっているかを想像すると、空恐ろしいものがあります。この国ではまだ英語が喋られているでしょうか。まだキリスト教が信じられているでしょうか。かなり怪しいと思います。

キャメロンさん、どうぞ私たちの地区にふらっと立ち寄ってみてください。バーキング駅で降りて、「地域を良くする」ためにたくさんのお金が使われているにもかかわらず、第三世界のようなこの場所を見てみてください。そして周りを歩いてイギリス人がいるかどうか、英語が喋られているかどうか見てみてください。その光景すら見られなくなっているのです。

私はイングランド人であることを誇りに思っていますし、イングランドを愛しています。そしてそれが消え去ったり、多くの言語にまみれて英語が忘れられていったりすることを悲しく思います。私たちの生活のあり方が廃れ、私たちの価値観が無視されることも嫌でなりません。私たちの豊かな緑が移民のための家のせいでなくなっていくのを見るのも嫌です。それは私たちの社会をダメにし、誰のためにもなりません。

ここに来て、私たちに頼って暮らす人たちは、道路に出る前に運転免許が求められるのと同じように、英語を話せること、英語をきちんと読めることを求めるべきです。感染症にかかっていないのかも調べ（私たちも結核予防注射を受けました）、自分たちの家族を養うだけの資産を持っているかどうかも調べるべきです。運転免許試験を受けるのに通訳をつけるようなナンセンスもやめるべきです（通訳代は高い税金から支払われるのです）。運転の下手な運転手が多く、その事故のツケを支払うのは私たちです。四〇年も自動車事故を起こしていないにもかかわらず、自動車保険がバカ高いのはそのためです。こうした問題をどう解決してくれるのですか。

私たちは、この国の怠け者やタカり屋、問題児や悪党に対処するだけで手一杯で、自分たちや家族を養うために懸命に働くわけでもないのに、恩恵を受けるためだけにやってくるような人々を世界中から輸入する必要はありません。こうした問題に直面し、憂える人間にとって、これほどの国家の一大事はありません。

どうかバーキングにいらしてください。バーキングほどの歴史を持つ街が、現代の社会でどうなっているのかご自分の目で確かめてください。嘆かわしいことですが、私たち、ここで生涯暮らしてきた私たちは、もっと良い境遇にあってもおかしくないはずです。移民のために新しい住宅を作るのはやめてください。学校で受け入れるのも、もはや限界です。最近では、二四人いるクラスでイギリス人は一人か二人しかいません。なんということでしょうか。私たちの小学校区では六七もの言語が飛び交っているのです！　話されるべき言語はただ一つ、それは英語であるべきです。それは、ここがイギリスだからです。

もしここで暮らしたいという人がいるなら、その人は私たちと同じように暮らして、同じ言葉を喋るべきではないでしょうか。彼らの文化を持ち込もうとしても、それはうまくいきません。

この手紙に紋切り型の返事はいりません。この手紙を読むだけの礼節を持つことを期待しています――本当に読んでください――。そして、これほどの手紙をしたためるほどに心を痛めている人間がいるということを知ってほしいのです。

どうぞ街中に出かけて人に尋ねてみてください。皆、私と同じ意見でしょう。私たちは公平に扱われていません。「難民」か、あるいは移民でなければ誰も見向きもしてくれないのです。そして彼らには何でも与えられるのです。

この手紙を読んでくださることを切に願っています。物事があまりにも行き過ぎました。この状況は変えないといけません。

移民を今すぐにでもやめるべきです。雇用はイギリス人に優先して回すべきです。私たちの製造業はドイツのような国とではなく、それにふさわしい相手とビジネスをすべきです。

EUの支配は無視すべきです。彼らに何ができるというのでしょう? 彼らは私たちを必要としていても、私たちには必要ではありません。

お願いです、ここ最近なかったことですが、私たちの国と国民を第一にしてください。

敬具

ナンシー・ペンバートン

ナンシーは手紙を首相が本当に読んで、政策に反映されると信じていた。物事は動かせると考えるこうした態度は、バーキングアンドダゲナムで私が会った人々の中では稀少なものだった。多くの人にとっては投票することだけが市民的活動で、それも義務や習慣によるものであり、選挙の結果を考えてのことではない。反対に、ナンシーは驚くほどに、自分が政治を動かせるという感覚を持っていた。ただ、バーキングアンドダゲナムの多くの自治会のリーダーと同じく、彼女はあまりにも長く、一〇年以上も活動的な市民であり続けている。このことは自治会に参加しない者だけでなく、結果的に若者や民族的《エスニック》マイノリティを遠ざける皮肉な結果ともなっている。

二二歳のニッキー・ジョセフは、二年前に長女を産んでから新しい公営住宅に移り住んできた、シングルマザーだ。彼女は、ダゲナムの公営住宅の四部屋あるアパートに一人で暮らしてきた。ブロンドの髪にヘアエクステンションを不器用につけた、がっしりとした体格の彼女は、黒いレギンスにまとわりつく愛猫ミッシーとクッキーを撫でながら、ソファに座っている。彼女は最近になって、住民自治会に加入したという。

「何に頼ったらいいのか、誰も知らないと思うわ」と、彼女は紫煙を吐きながら言った。「空き巣に入られたから自治会に入ったの。でもなんの助けにもならないんじゃないかな。本来、警察の仕事だもの。彼らは見回りを増やすというけれど嘘だわ。もっと若い警察官を雇って若者に親近感を持ってもらうのもいいと思うの。でも私の言うことなんか誰も聞いてくれないし」。続けて言う。「政府はもちろんなんとかしないといけないと思ってるんだろうけど、やることがたくさんあってお金もない。すでに公営住宅の住人のためにたくさん補助してるから。私は週七ポンドだけ払えば済むけど、ここの一か月の家賃は八〇〇ボンドもするから」。

「君は投票に行くの？」と尋ねてみた。

「私、投票はしないわ」と、彼女はその判断が熟慮の上であるかのようなそぶりで答えた。「自分の意見をどのように反映させたらいいかってことには――それで世の中が変わることもあるかもしれないけど――私はそこまで関心ない。私はシングルマザーで、子供の面倒をみているから、働きにも出られない。何もできない代わりに、コミュニティに何かできないかと思って自治会に参加してるの。私たちが知るべきことで、知らされてないことがあると思う。何かが隠されているんじゃないかって。政府に全部責任があるわ。私には何もできないし、何も変えられない。でも全てが悪くなっていってるわ。人はリスペクトをなくしちゃってるし、若者は仲間に入れてもらえない。何か必要なことを言っても聞いてもらえないじゃない？」。

ベコントリーの住民自治会で長年活動してきて、今ではダーツに夢中になっているルー・グリフィスは、近年、熱心な会員が少なくなっていると指摘する。「前だったら、何か気に食わないことがあれば、みんなで抗議して行進したものさ」と言う。「でもいまやコミュニティはばらばらで、誰も協力しない。新聞で意見する投書を見るだけでラッキーさ。集会をしても誰も来ないしね。政府からずっと何も反応がなければ、政治家は自分のことしか気にかけてないとみんなが思うのも、仕方ないんじゃないか」。

「もうすぐ全部壊れることになる」と、ルーは哀しそうに言った。「何か大変なことが起きる。でも良いことが起きるのか、それともアナーキーでもっとたくさんの暴動が起きることになるのかはわからない。たぶん暴動が増えることになると思う。ちょっとした火花で爆発するさ。若い世代はもう未来がないと感じてる。実際のところ、彼らには何も残されてない。安定した働き口も、報われる報酬もない。こき使われるだけ。あまり話す機会がないけど、若い連中は政治に関心がないから」。ただ、若者が政治に関心がないというのも表面上のことかもしれない。

BNP

住民自治会が中高年に牛耳られているため、五〇代以下の世代が政治的意見を表明する手段は限られてしまっている。そして自治会以外に、政治的関与のためのロールモデルや手段は、ほとんどないのが実情だ。しかし、長年の労働党支持者の怒りは正当なものだとBNPが訴えることで、それが可能になっているのは事実だ。BNPの指導者らは、労働党支持基盤からの離脱者らが、自覚の大きな政治的資本となること、そして彼らが政治的に受身であることは、一皮剥けば抑圧された攻撃性を帯びることを知るようになった。白人労働者をめぐるポリティクスで最も興味深い事実の一つは、BNP支持者と労働党支持者の社会的・政治的態度に、ほとんど違いがないということだ。多くのインタビューでも、多くの白人労働者はEUの影響力とその「人権にまつわる法律」に対して不満をもらしていた。彼らのほとんどが、もはや国に移民規制の手立てはなく、政府にとって「馬が盗まれた後で納屋に鍵をかける〔＝もはや手遅れであること〕」ようなものだと言った。さらに、市民権よりも移民の権利を優先すべきだという「ポリティカル・コレクトネスを言い募る勢力」に多くが苛立ちを覚えていた。そしてほとんどの人が、政府を不信の目で見ていた。しかし、これまでのインタビューでは、彼らが支持する政策がいずれの政党支持につながるのかは、わからないままだった。

ＢＮＰがイギリスの公党であることは間違いないが、この党は民主的な側面と非民主的な側面の両方を併せ持っている。選挙に参加して権力を持とうとする意味では、民主的だ。しかし、選挙で勝って世論を感化させるために、排外主義的で、時には暴力的な戦術を用いもする。二〇〇九年に裁判所の判決が下るまで、ＢＮＰは入党資格を白人に限っていた。興味深いことに、党最初の「エスニック党員」は一九六七年に来英し、党機関紙『フリーダム』にイスラムフォビア《嫌悪》のコラムを連載していた、七〇歳代のシーク教徒だった。バーキングアンドダゲナムでは、ＢＮＰ指導者は黒服をまとった逞しいボディーガードとともに現れる。党員はイギリスのユニオンジャック旗を全戸に投函して、元警察官や軍人の神経を逆撫でするかのように、恥ずべきことに国旗をゼノフォビア《外国人嫌悪》のシンボルにしてしまった。行進に際しても、指導者は様々な民族的・宗教的背景を持った市民を非難し、彼らを海外送還するよう訴えた。こうした集会は、ＢＮＰと敵対するマイノリティの勢力と衝突し、暴力沙汰になることもあった。日刊紙ガーディアンの連続調査報道によると、党は「前衛組織」を作り、「秘密裏や欺瞞に満ちた手法で……自らの活動と意図を公衆から隠蔽している」という（Cobain 2006）。ＢＮＰは「偽りの身分によるネットワーク」と無届集会を決行しているとされ、メンバーは公的にヘイトスピーチを発することを控えるよう指示されているともいう。こうした戦術をＢＮＰ支持者は承諾しているものの、必ずしも全ての白人労働者階級が肯定していないという点で、彼らは大きく異なる。

バーキングアンドダゲナムのＢＮＰ支持者の中には、自分たちの票は失望ゆえの一票だと言う者たちが少なくない。ガスコイン地区に住むルーシー・アイヴァーソンは「ＢＮＰへの投票だけが、自分たちの声を反映する唯一の手段」だと言う。「別にレイシストだからじゃない。私たちは端っこに追いやられている。だから怒っているのよ。結果的に〔中央での〕政権交代があったけど、ここでは労働党がずっと居座り続けているわ」。テムズヴューのハリエット・ジョンソンはこうも言う。「私は国民戦線が少しくらい議席を得てもいいんじゃないかと思ってる。国民戦線は全然好きじゃないけど、状況を良くしてくれると思う。市議会の周りには白人の家族は誰も住んでいないし、家の中で英語を話す人もいない。あそこはみんな黒人しかいない。だからみんな〔アフリカの〕ゴスペル聖歌を歌う教会を建てるのよ。住むには最悪の場所。もし自分たちで自分たちの面倒をみないといけないなら、せめてイングランド人ファーストにすべきだわ」。他の若い男性数人は、BNPの政策を支持するのは愛国心のリトマス試験紙のようなもの、とも言う。彼らの現在のスローガンは「ラブ・ブリテン」だ。

各区のほとんどの商店街にあるオッズメーカー店の二二歳になるマネージャー、トビー・マックイーウィングは、ロンドン市立大学で学業を二年修めたものの、短期奨学金の返済が滞り、母親と姉、兄弟を養うため、卒業を諦めざるを得なかった。「政治のことなんか考えたこともなかった」という彼は、「BNPに最初に投票したのは〔BNP党首の〕ニック・グリフィンが、イギリス人のためにイギリスの雇用を、と言っていて、それに賛成したから。それから「十字軍に反対するムスリム」へのカウンター・デモにも行った。イギリス軍は純粋に僕らの国を安全な場所にするために戦っていると僕は思うけど、多くの人はそれを理解しようとしない。少なくとも僕らの世代が話しているのはそんな感じ。イギリスの雇用をイギリス人に、という主張には賛成できるし、働きたいのに働けない人もたくさん知ってる。みんなが力を合わせれば、票になってBNPの候補者を議会に送り込むこともできる。そうなることで、僕は何かを変えるために投票したんだって思えるんだ」。

ＢＮＰは、白人労働者階級にとって国家が外部にあることで利益を得ているだけではなく、国家が最終的な庇護者でなければならないという考えがあることからも、底上げされている。ペール・ダンシジア（Dancygier 2010: 35）は、政府による寛大な資源分配が白人労働者階級の悲観につながっているだけでなく、彼らの異議申し立ては、実際に感じられている不公平を正そうとする行動でもあるという。そしてそれは、国家という庇護者の、かつてのあり方を取り戻すためのものなのだ。

政治的変位

二〇一〇年の選挙でＢＮＰが敗北した後、支持者の多くは、同党から分派したイギリス独立党（ＵＫＩＰ）支持へと乗り換えた。それでもトビーや他のＢＮＰ支持者たちは、自分たちの声が奪われたと感じている。二〇〇五年のバーキングアンドダゲナムでの驚異的な勝利の後、ＢＮＰは二〇〇九年にハートフォードシャー、ランカシャー、レスターシャーといった三つの自治体選挙で初めて議席を獲得し、非難の対象だった欧州議会でも二議席を得るまでになった。労働党のある議員が証言するには、もしＢＮＰが十分な候補者を擁立していれば、この年、ダゲナム議会では多数派になっていたかもしれないという。ＢＮＰは資金を集め、青年部を組織するまでになった。しかし、バーキングアンドダゲナムのＢＮＰ議員は市議会にさほど出席せず、十分な働きもできていないことが明らかになった。彼らは住民の声に耳を傾けず、地域住民とのミーティングも欠席しがちだった。二〇一〇年に議席を失ってからというもの、ＢＮＰは党員間の裏切りと内紛の嵐に見舞われることになった。陰でＢＮＰを支援していた者も行政部門から追われ、報道機関や市民団体によるＢＮＰの主張のチェックも頻繁になった。そして、バーキングアンドダゲナムの白人労働者数千人は、自分たちの声が奪われ、自分たちの声を反映させるための手段を失ったと感じた。

ハックニーで生まれ育ったビンセント・ドガンは、黒人のティーンエイジャーたちによる強盗にあうという怖ろしい経験をした後、一七歳でＢＮＰに入党した。三八歳になった彼は、今も党員として留まる。「ダゲナム・ダイナー」で夕食をとる間、彼は「僕は、黒人に完全な嫌悪と憎しみを持ってるんだ」と語った。「当時、僕はナチスのようなものを求めていて、噂でＢＮＰがそのような存在だと知った。ＢＮＰは僕にとって第二の親、道徳的な指針でもあった。軍事主義、レイシズム、憎しみは僕の怒りに十分応えるものだった。それは僕の感情をポジティブなものに転換してくれたんだ。若い頃はみんな多感だからね」。

彼は二〇〇四年、党を支援するためにダゲナムに引っ越してきた。数年前に死んだ彼の父親は、イギリス人女性と結婚、帰化したトルコとキプロスのムスリムだったという。

「イデオロギーなんて関係なくて、権力が欲しかっただけ。それが政治の本質そのもの。お金でもない。権力がなかったら、良いことも、悪いこともできない。ＢＮＰに身も心も捧げたけど、今ではあそこにはゲス野郎とか外れ者とか、気が狂った奴しかいない。いい奴らが去っていったのも、ニック・グリフィンが部下たちにひどい仕打ちをしたからさ。彼は僕たちみんなを裏切ったんだ。彼は、人民と国民への裏切りの刑で罰せられるべきだ。彼がリーダーとしての地位にしがみついて私腹を肥やそうとしたから、希望は全部水に流されてしまったのさ」。

「僕が二〇〇四年にやってきたとき〔ダゲナムは〕哀れみの目で見られてた。ハックニーみたいにたくさんの人種が住んでたわけじゃなかったし。ダゲナムヒースウェイ駅で降りたときに驚いたのは、たくさんの白人がいたこと。だからここに住む人たちには「ここにはたくさんのチャンスがあるじゃないか」と言って回ったんだ。これこそ、政治的なチャンスだってね。白人が多ければ、それだけBNPに有利になるとすぐにわかった。もし〔自由民主党、労働党、保守党のような〕詐欺連中に関わってなければ、主流派じゃないということになる。奴らは税金の細かいことを除けば、あらゆることでツルんでる。全部の党がEUに居続けるつもりだし、移民を受け入れてイギリス製造業を破壊するつもり。そして僕らのアイデンティティが失われるってわけ」。

「ズボンを尻までずり下げて、ギャングのラップを聞きながら体を無駄にゆすっている白人をこの間テスコ〔訳注iii〕で見かけたけど、そのレジ係には、あいつらの一員になるんじゃない、と目を覚まさせてやりたかった。最近じゃ黒人の自警団やら、そんな感じのエスニック組織もある。でもネイティブのイギリス人が同じことをするとレイシスト呼ばわりされる。それじゃダブルスタンダード、偽善ということになる。デーヴィッド・デューク〔訳注iv〕とはいつの日か話してみたいね」。

ドガンは続ける。「全体主義にだっていい部分はある。違う政治体制の、それぞれいい部分を反映させればいいんだ。僕は、自分のために自分の足で立つことはいいことだと思う。そういう意味では、軍国主義にもいい部分があるんだ。別にポーランドを侵略したいとは思わないけど、白黒〔映画〕の「意思の勝

訳注
iii　イギリスに拠点を置く、スーパーマーケット・チェーン。
iv　アメリカの白人優位主義者で、元ルイジアナ州議会議員。

利」[訳注v]なんかは誇り高くて、真面目で、力強くて、すごいと思う。一九三九年以降に起きた事件は攻撃的なナショナリズムのせいだという人もいる。ヨーロッパの国民は互いに攻撃しちゃいけないから、それは良くないことだと思う。そういう感じのファシズムは、ここではうまくいかない。ムッソリーニの言葉を借りれば「ファシズムにはそれぞれアイデンティティがある」ということかな。若造にはインスピレーションを与えるかもしれないけど、それでも時代に沿って変化しなきゃならない。過去にあったものよりも、より良いものにすることが理想だ。それこそが意思の勝利といえるんじゃないかな」。「確かにBNPは選挙に勝とうとするあまり、プロフェッショナルじゃなかった部分もある。でもヒースウェイでやっていたように、椅子に座ってパンフレットを配ってさえすれば、勝てるってもんじゃない。一軒一軒のドアをノックして、人と話すことこそ大事なんだ」。さらに彼は続ける。「もちろん自分はブレイヴィック[訳注vi]にはならない。刑務所の臭いメシは嫌だしね。ただ、変に聞こえるかもしれないけど、彼のイデオロギーはわかるんだ。彼がやったことは、無実の人々を殺したことだから、賛成はできない。だから、彼の政治的な考えを反対の方向に向けるべきだったんだ。つまり、投票箱を通じてさ。でもその前にスターリンの粛清みたいなこともやらないといけない。オウム返しにものを言ってるだけの議会から、政治家を追い出さないといけない」。

ドガンはBNPとその軍事趣味についていけなくなった人々を集めて、新しい政党を立ち上げようとしている。「みんな一九三〇年代を夢見て参加したけど、それは間違ってた。BNPはそれを目指すものでもなかった。イギリスの偉大さを取り戻すのが目的だったんだ。一九四六年のイギリス国籍法が施行されてからというもの、この国は問題続きだった。白人よりもほかの民族の出生率が高ければ、物事は悪くなる一方なのは当たり前。ドイツ空軍の空爆さえ、今の人口減と比べたらなんでもなかった。一九四五年以降の移民は、この国を意図的に悪くするためのものだったんだ。人は戦後の人手不足を解消するために仕方なかったと言うけど、そんなのは嘘っぱちさ。単に賃金を下げたかったんだ」。

「でも君のお父さんはトルコのムスリムじゃないのかい?」と私は言葉を遮った。

「BNPが僕を気に入らないと言うなら、それは僕の問題じゃない。僕は自分が何をすべきかわかってるし、どこかのバカが僕を止めるなんてことも許されない。感情的になってごめん。でも感情的になることも時には必要なんだ」。それでも彼は続ける。「ムスリムはマスジド〔=モスク〕をたくさん建てている。それをずっと続けて、奴らはこの国をイスラムの国にしたいのさ」。

「君の家族のムスリムの人たちはどう思っているんだい?」と聞いてみた。

「どうなんだろう、わからない」。

「君もその船に乗せられるとして、移民の全面的な国外送還に賛成する?」と尋ねてみる。

彼は考えた上で「そうだね」と答えた。「ここで自分の仕事をやり遂げることができたということだから、船に乗ってもいいかもね。タイタニックじゃ小さいくらいかもしれないけど、今はまだだから空きだ。

……BNPの元党員がその目標に向けてまた歩み始めるまで、選挙でもう少し勝たないと」。

二〇一〇年八月にベコントリーのグリーン・レーンにヒース・イスラミックセンターが開設された

訳注

v　ナチのプロパガンダ映画（レニー・リーフェンシュタール監督、一九三四年）。

vi　ノルウェーの移民排斥テロ犯。二〇一一年に政府機関やノルウェー労働党の青年キャンプへのテロで、七七人を殺傷した。

ことは、張り詰めた対立意識に火に油を注ぐ結果となった。駐車場や賃貸物件の不足、祈祷時の混雑などを理由として開発委員会が反対していたモスク建設を、バーキングアンドダゲナムの議会が認可したからだ。住民はたくさんのヘイト・メールを議会に送りつけ、出生地主義的で、軍事趣味で、公式にレイシズムを掲げるEDLに助けを求めた。EDLは支部を開所して、リーダーたちがデモ活動を開始したため、白人イギリス人と「十字軍に対するムスリム」といったムスリム男性組織との間の軋轢が高まった。ゴアズブルック地区にある難民シェルター「ハーモニーハウス」の窓ガラスはレンガで割られた。EDLのメンバーは「反ファシズム団結（UAF）」といったカウンターの集会をよく妨害した。選挙を通じた戦略が失敗してからというもの、フラストレーション発散のため、急進派は異なる手段を用い始めたのである。

ロンドン暴動

暴動がなぜ起こったのか、確信をもって言うことは難しい。ただし、それが何に刺激されたものだったのかを特定することはできる。二〇一一年八月、ロンドン市警の警察官が拳銃強盗を企てた二九歳の黒人男性マーク・ダッガンを射殺したことで、彼の住んでいたトッテナム近隣で警官の誤射を非難する暴動が起こったのである。それに応えるかのように、バーキングを含むロンドンを中心として、イングランド全域で暴動が起きた。バーキングはこの暴動を象徴する動画の舞台ともなった。その動画とは、殴られて頬から血を流して昏睡した通行人を助けようとしているフリをして、若者数人が彼のリュックから財布と携帯電話を盗み、そのまま見捨て去るというものだった。騒乱に加わったのは地区外の人間だと後に判明するが、数日にわたって、バーキングの家電量販店やスポーツアパレル店が、地元と他のロンドン市民による強奪の被害にあった。ニュースメディアはこの騒動の多民族的な側面を強調せず、貧しい人々や、不況のあおりを受けた無職の若者による不満が一斉に爆発したと報じた。しかし、バーキングアンドダゲナムでのインタビューからは、略奪と暴力が続いたのは、むしろ、さしたる統一的な行動が目指されていなかったからだったことがわかる。暴動を偶然の強奪とする者もいれば、暴力には理があるとする者もいたが、それらが統一された目的によってなされたとする者は少ない。

バーキングのフィン・ピーターソンは「〔暴動に行ったのは〕ふざけるため」と証言した。「友達はみんなそこにいたから僕も行こうと思って。みんな単に退屈してただけなんだ。犯罪に手を染める以外に何もやることがないのさ。バーキング、ダゲナム、ニューハム、ストラトフォード、起きていることはどこでも同じ。何か問題に対処してるわけじゃない。単に問題を悪くしてるだけさ。それに意味なんかない。ただふざけたいだけ。ダゲナムとバーキングの周辺では、みんながやりたいことをやってるだけさ。何も彼らを止められない」。ピーターソンもまた、暴動で仲間意識が生まれることはあまりなかったという一人だ。その他の者も、暴動に加わった理由は人それぞれだと言う。参加した理由は、抗議、興奮、政治的表現、貧困など、様々だったのだ。

もっとも、インタビューした若者の何人かは、暴動に政治的な意味合いがあったとした。「政府はみんなを困窮に追いやってる」と言うのはマークスゲートのカイル・ダウニーという、二一歳の無職の男性だ。「みんなお金がなくて、暴動に行った人たちはなんとかしたいと思ってたんだ。彼らは政府に向かって「言うことなんか聞かない」と言いたかったんだ。みんなが立ち上がれば、一〇対一になる。みんな、政権をとればこうすると言っておきながら彼らが何もしなかったことが気に食わないんだ。何も持ってない庶民は暴力を使ったり、彼らの持っている物を壊したりすることで、自分たちの言いたいことを言うしか手段がないんだ」。「暴動は支配階級に対する若者の闘争だ」と言うのは、来年のキングストン大学への進学が決まり、マクドナルドで働いている一九歳のジョセフ・ファロンだ。「僕たちは自分たちで何も決められないと感じてる。政府からはギャング集団のように言われて無視されるか、決めつけられる。暴動はその抑圧から逃れるための手段なのさ。もしもっと市民的な方法でやったら、ずっと無視されたままだろうね」。それでも、バーキングアンドダゲナムに住む白人労働者階級にとってのこうした政治的な意思表明も、彼らが言うところの社会的な分断によって、階級的な基盤は失われてしまっているのだ。

社会的変位とアノミー

社会的な境界線が変転しているという感覚のせいで、白人労働者たちの団結心は弱くなり、別の人生や、より高位の社会的地位への憧れが涵養されることになる。これは若い世代が、親のコミュニティや底辺の社会的序列から離れ、社会を這い上がっていこうとすることを意味する。バーキングアンドダゲナムの住民は、社会の周縁に追いやられるのを避けようと、近隣住民を脅威とみなすようになった。社会的上昇は、集団的というよりも個人的な努力の賜物とみなされるようにもなった。このようにして、インタビュイーの多くは、白人労働者の少なくない仲間たちが、祖父世代からの相互扶助や社会的結束といった社会的規範から逸脱していると非難した。パブ「スポティッド・ドッグ」でカラム・エヴェレットは「〔ほかの白人は〕一瞥してすぐに判断する」と言う。「でもそういうとき、ブランドもののジャージを着てれば金を持ってると思ってくれる。そうじゃないと、いじめられるんだ。だからみんな自分を守るために仲間を作る。……みんなが互いに疑心暗鬼になってる。ギャングなんていうのは単にIG11とかRM9とかE3とか、〔イギリスの〕郵便番号のようなレッテルにしか過ぎないんだよ」。

ポール・ビビーは公営住宅の修理工として、バーキングアンドダゲナム当局と契約している二〇歳の配管工だ。「昔のような知り合いはもういない」と、彼は言う。「イギリス人ですら礼節に欠けている。外人が増えて知らない人が増えたけど、誰の目にも留まらないままでいることはできる。一九六〇年代だったら話は別だったんじゃないかな。文化、宗教、国、目指す目標も。今じゃ多様性があまりにもありすぎて誰も協力できなくなってる。同じ部屋に二〇種類もの野獣がいたらどうにもならないじゃない？　一九六〇年代の人たちは大変な思いをしてた。僕は〔仕事で〕公営住宅によく行くけど、生活水準が高いとはいえない。彼らは苦労してる。一九六〇年代だったらみんな働けてたからアンダークラスなんてのもなかったんだ。でも今日そこに住んでいるのはみんなアンダークラスだ。彼らの生活がどうなったら良くなるかなんて、想像もできない」。

「それでも抜け出そうと努力しているんじゃないかな？」と尋ねてみた。

「僕の仕事仲間の一人は盗みを働いてクビになった。僕と同じ賃金なのにね」と彼は答えた。「みんな宝くじを当てる以外にここから抜け出す方法なんてないと思っている。クビになった彼は仕事を「若者支援プログラム」で得たんだ。でもその甲斐もない。僕は犯罪には反対だ。でもここでは罪を犯すことでいい生活を送っている人がたくさんいるから」。犯罪者が一瞬（しかし長続きはしない）にして富を得ることは、堕落への誘惑につながり、これがバーキングアンドダゲナムの道徳的退廃の源になっている。

最大の問題は、インタビューした白人労働者の多くにとって、勤労と教育が何につながるのか、確信を持てていないことだ。実力主義がここで機能することはあまりないからである。「はしごの下から這い上がろうとしてくる人たちに、人生はもっと報いるべきだと思う」と、テリー・ハモンズは言う。「くじけないで頑張るアンダードッグ《敗北者》のことさ。ここで頑張ってる人もいるけど、多くは途中であきらめちゃう。それは彼らが怠け者だから。彼らは必要とされない。僕はたくさんの求職に応募したけど、返事さえない。でも頑張るんだ。自分のことを信じないといけないからね。システムは信用できない。信じられるのは自分だけ」。三〇歳以下のインタビュイーの多くは、自分への過信と個人主義が顕著だった。それは、彼らにとって新しい経済とは大きなリスクをとる者に大きなリターンが約束されるものであることを意味しており、雇用者と被雇用者ともに柔軟性が重んじられ、そこで働くことの意味は関係性や共同体に属することではなく、道具的な交換手段か、悪く言って上品な形の搾取を意味するからだ。しかし、それは彼らにとっての新しい社会がどのようなものとして知覚されているのかを反映したものだ。もっとも、これは過去のバーキングアンドダゲナムで培われてきた集団主義と規範的な合意とは異なるものでもある。

多くの若い男性は社会的上昇も望めず、厳しく、報われない仕事、もしくは犯罪という落とし穴の狭間に陥って、苦しんでいる。テオ・ギャリガンは「清掃技術では俺はプロなんだ。職を見つけるのも簡単。みんな景気のせいにするけど、それはどこに職があるか知らないからなんだ。自分がやりたい仕事だけを探していてもダメ。誰もやりたがらない仕事だけど、ちゃんとした給料のもらえる仕事を探せばいいんだ」。彼は「もし一生懸命働けばちゃんと報われる。正直じゃなければ人生、失敗する」と語気を強めた。

「去年、暴動に参加した人たちが略奪行為をしたことは哀しくなかったかい？」と聞いてみる。「暴動の最中に〔獄中から〕出てきたら同じことをしただろうね。でもオールド・ビル〔＝警察署〕に爆弾を投げたかどうかはわからないかな。ただ、盗みは働いただろうね。職安に紹介された仕事が週五三ポンドだけだったら、盗みを働かないでいると思うほうが大間違い。人にはお金が必要なんだ。それでも政府は、下着を二枚盗んだだけで一四か月も牢屋に入れる。それだけの時間とお金があれば、シャバでの労働より二倍のものがもらえる。一日三食、シャワーもあって、歯磨きと歯ブラシがもらえて、消臭剤に運動の時間、それに眠るためのベッドだってある」。

地区の若い男女にとって社会的上昇のためのモデルも存在しない。カラムは「僕は単にきちんとした人生が送りたいだけ」と言う。「いい職、家族、ちゃんとした車、綺麗な奥さん。でも、それは夢でしかない。そういう人生を送れている人なんて見たことない。それに近いことができている人は、盗みをして、それを手に入れてるんだ。女王や王族がキラキラしたものを身に着けているのをテレビで見て、自分のポケットに手を突っ込んでみて「あれが欲しい」って思うんだ」。リース・ウィリアムズは「もし自分にとってのモデルがいればもっと簡単だと思う。〔ミュージシャンの〕フランキー・オーシャンみたいにクールな人とか、何人か尊敬できる人はいるけど。職業人で尊敬できるのはいない。テレビコマーシャルに出てる〔ミュージシャンの〕ビリー・ブラッグはバーキング出身だ。でも、ほかにはしごを上りきった人は知らない。あとはジョン・テリーがいるかな」と言う。テリーとはバーキングの若者の中でも成功した人間で、彼は有名なチェルシー・サッカークラブとイングランド・ナショナルチームのキャプテンとなった人物だ。彗星の如く成功したものの、冷酷無比なレイシストで、チームメイトのガールフレンドに手を出す女好きとして知られている。バーキングアンドダゲナムの危機は経済的なものであるだけでなく、道徳的なものでもあるのだ。

白人労働者の連帯心と道徳的基盤を呼び起こす重要な試みは、驚くべきことに、好戦的なEDLによるものだった。彼らは、白人労働者の感じる、最も根本的な不公正の感覚に訴えかけた。それがイスラム原理主義、自国軍への批判、非愛国的な振る舞い、そしてイギリスおよび国民の先行き不安である。二四歳になるアーティスト、アシュトン・ロバーツはそうしたEDLのキャンペーンに心惹かれた一人である。「EDLは僕らのために立ち上がってくれたグループだ。自分たちが思っていることを口にしても、僕たちのことをレイシスト呼ばわりしないし」と、彼はその理由を説明してくれた。「僕と同じ文化や階級の人間が、テロや僕らの自由を奪おうとする集団に立ち向かってるんだ。〔戦争記念日に飾る〕ポピーの花を燃やしたり、ファシズムに打ち勝ったこの国の歴史を貶しめるような人たちを含めてね。EDLの言っていることをきちんと聞けば、彼らの主張は白人だけのものじゃないってことがわかる。黒人だったBNPのスカウトは国民のために立ち上がれと僕をそそのかしたけど、〔彼らとBNPは〕僕らを利用しようとしただけだった。彼らは僕らが意見できないこと、政府が気にも留めないことを知ってるんだ。二〇年間も僕らは声を奪われたまま。声を上げるためには仲間割れも必要だったんだ」。バーキングアンドダゲナムの住民の多くは、こうした妥協をやむを得ないものとしていた。ある古株の労働党議員は「この怒り、不満と寂しさがいかほどのものか、誰も知らなかった」と漏らした。

ミュートボタン

バーキングアンドダゲナムの白人労働者階級は、労働党の政策に不満を持ち、政府に対する不信を抱き、移民労働者とも団結できないことから、無定形な、新しい形のマイノリティ・ポリティクスへと乗り出すようになった。地域の問題に特化し、稀少となった公共資源の獲得競争に参加し、自分たちに対する制度的な差別に敏感になっていたのだ。問題は、自分たちの訴えに耳を貸してもらえないこと、そして、それに取り組んでもらえないことにあった。

インタビューで白人労働者たちは、自分たちがレイシストではなく、偏見も持っていないことについて、まず熱弁を振るうのを常とした。これは限られた数人だけのことではなく、インタビューした一般人四〇人のうち、三二人がそうだった。以下に例を見てみよう。

ニ　キ：僕はレイシストではないけれども、解決策は〔移民を〕追い出すことさ。

ジョージ：僕はレイシストじゃないが、アルバニア人とアフリカ人が来るまで、ここはイングランド人たちにとっての心地よいコミュニティだったんだ。

ブレイク：僕は全然レイシストじゃない。黒人のいとこや姪もいる。でもポーランド人は仕事を全部奪って、売春や麻薬密売網を一手に握っているんだ。

ジョエル：西インド人はいつも僕にヤギ肉入りのカレーを作ってくれる。僕はレイシストじゃない。だってヤギ肉入りカレーが超好きだからね、ごめん、くだけた言い方で。でもイングランド人の家族が第一に顧みられないのはおかしいと思うんだ。

パ　ム：バスから降りるとき、誰も「ありがとう」とか「すみません」と言わないわ。でも私はレイシストじゃない。私には半分シーク教徒の孫がいるし、姪は黒人の男の子と付き合っているわ。

フィオナ：ここら辺のお店は以前はもっと自家製のものを売っていた。でも今では――私はレイシストになりたいわけではないけど――もうイングランド人のものじゃないから、みんな似たようなものを売るようになってる。

ハリー：僕は〔BNPのために〕戸別訪問することになっていたんだけど、正しくものを伝えたり、仕事をする自信がない。前よりも無知になってるし、きちんとした情報を伝えるられるかどうかわからない。これって、レイシストのように聞こえるかな?

こうした主張は、不寛容の意味するところを彼らが意識していることを示してはいるが、それは数時間にわたる啓発教育を受けた結果などではない。むしろ彼らは、自分たちの人生がどう変わってしまったのかについての真正な感情の発露としての考えが、不適切なものであることをよく知っている。ただし、レイシズムとの非難が、白人労働者階級の表現を抑圧し、彼らを役立たずと貶めるための手段になっていると感じられている。それゆえ、こうした「私はレイシストじゃない」といった前置きは、個人が自分の感情をどう受け止めているか以前に、部外者による第一印象に対する警鐘としての機能を果たす。ナンシー・ペンバートンは「子供はいつも違いを気にする」と言った。「ニキビ面、太っちょ、白人、黒人とか。それでも反レイシズムは事態をもっと悪くしている。それは問題を大きくしてる。なぜなら、私が持っているユニオンジャック旗もそうだとされたみたいに、全てをレイシズムにしてしまうからよ。国旗はレイシズムではなく、私たちの国の旗で、女王を称えるものに過ぎないはずだわ。葬儀屋が掲げる十字架にも文句がつけられる。そういう人たちこそ、この国をダメにしている。そして私たちだけがレイシストというわけよ」。確かに、インタビューした人々は、自分たちがレイシストであるかどうかは、さほど気にしてはいないかもしれない。本当に気にしているのは、自分たちが感じている悲痛がレイシズムという言葉でひとまとめにされてしまうことなのだ。こうした意味では、レイシズムはレッテルの問題ではない。喪失感に苛まされた悲しみを抱く者に対して押される「ミュートボタン」であることこそが問題なのだ。そのボタンを押すのは、彼らが上手に解消できないものに対して歴史的経緯から優位な立場にある者だ。つまり、「私はレイシストじゃない」という前置きは、免罪符なのではなく、耳を傾けてほしいという願望であり、新たなマイノリティによる主張であることを認めてほしいということなのだ。

このように知覚されている白人労働者階級のマイノリティ化は、イーストロンドン住民の社会的、経済的、そして政治的な変転の意味合いについて、多くの示唆を与えてくれる。次章で論じるように、アメリカのヤングスタウンもまた生活様式の崩壊を経験している。しかし、そこでのポリティクスは、一層の安定を求めることの結果である、過去の回復によって形作られている。イギリス人のインタビューは、より大きな国家からの支援や地方政府の役割によって支えられていたのが、前世代が残した空白を埋める移民との共生を前に、困難を感じている。しかし、ヤングスタウンの住民の多くは、アメリカの他の地域と同じように、移民をルーツに持つ。だからこそ、彼らの社会的・経済的・政治的な日常を不安定さが侵食していっていることに、苦悩しているのである。

第四章　没落のあと——オハイオ州ヤングスタウンにおける不安のポリティクス

いったいどこへ行ってしまったんだ？　コミュニティを形作っていたもの——店や学校、教会、遊び場、果物のなる木——は、半数の家と、三分の二の家族とともに、なくなってしまった。歴史を知らないと、何がなくなったのかすらもわからないだろうがね。

——ジョージ・パッカー

本章は、オハイオ州ヤングスタウンにおける白人労働者階級の政治行動とその背景について検討する。七五人——そのうち二〇人はエリートである——に対するインタビューと、三か月にわたる住み込み調査で行ったエスノグラフィック《文化人類学的》な観察をもとに、彼らの思考と行動を分析する。まずは、ヤングスタウンの歴史と記憶を語ることから始めよう。そして、観察された〔白人労働者階級の人々の〕政治行動を決定づけている、経済的・社会的・政治的不安が混ざり合った姿を明らかにする。最後に、白人労働者階級の人々の周縁性がどのようなものであるかについて簡単に述べたい。

集合的記憶

オハイオ州ヤングスタウンは、さながら黙示録後といった感がある。

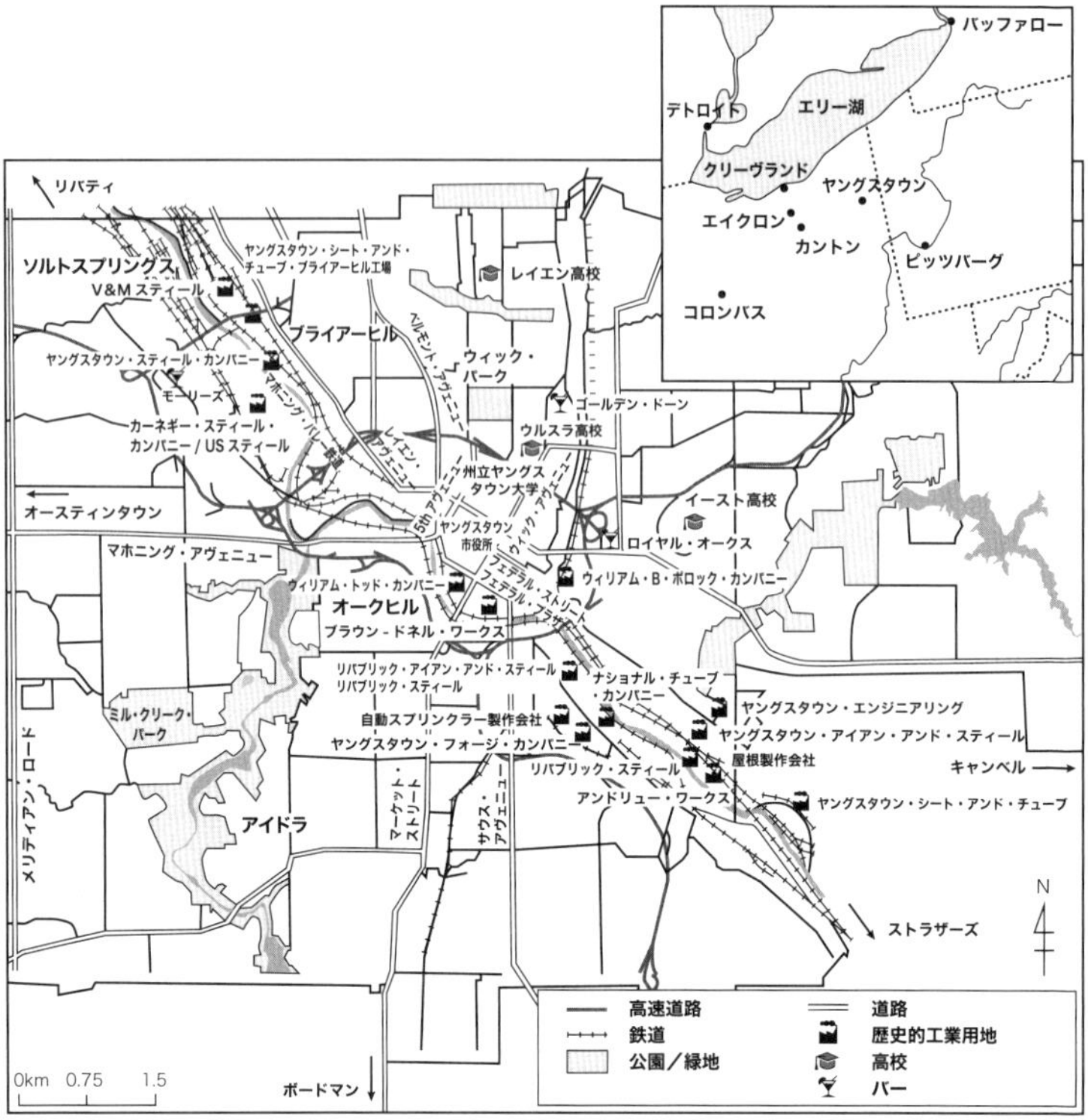

地図４　オハイオ州ヤングスタウン

この街には、シンフォニー・ホールが二つ、世界水準の美術館、大きな歴史的な画廊と文書館がある。フレデリック・ロー・オルムステッド（ニューヨーク・セントラル・パークで名高い）が設計した四五〇エーカーに及ぶ、木々に覆われた緑地もある。その中心には、数十に及ぶ記念碑的な建築物と、一万五〇〇〇人の学生を擁する大学、二万人収容可能な競技場、一二階建て以上のタワーが五つ、そして、モダニズムによってさほど毒されていない都市景観がある。

だが、その中心部は破壊されている。板を打ちつけた窓は至るところにあり、空き地となった区画は数千あり、古い工場の残骸と打ち棄てられた鉄道路線がマホニング川の川岸を埋め尽くしている。歩行者はどの時間帯にもほとんどおらず、交差点の上の電話線からぶら下がっている信号の下を通る車もほとんどない。人々はゆっくりと運転し、その様は、煉瓦やモルタル、腐食した金属でできた遺構を、潜水艦が探索しているかのようである。

地域住民の誰もがこう言うだろう。その都市は世界の製鉄業の中心地であり、その中心部は賑やかな商業のハブとなっていて、月曜に電車で到着すれば火曜には仕事にありつけた時代があったのだ、と。

「この街は景気が良かったよ」と、ジョン・エイヴリーはよくある語りから始める。

「製鉄業が良かったのさ」と、デビー・オマリーは言う。「あるブロックで仕事を見つけられなくても、次のブロックでは見つけることができた。……俺たちは良い製品、……良い物を作ってた。会社から買った椅子は、今でも、最初に買った日と同じぐらい良い状態さ」。

「製鉄所が毎日三回転しているときは、〔製鉄所から出る煤の量が多すぎて〕ポーチのブランコ椅子についた煤を払わないといけないくらいでしたが、〔それくらい〕いい仕事があったんです」と、ギル・マクマホンは語った。「このへんの人たちとは全員、知り合いでしたよ」。

長きにわたって、五、六ほどの企業の鋳造所と溶鉱炉は、仕事のみならず、住居やローン、基盤産業、慈善活動、政治組織や社交のための場を提供した。「調子はどう？」と近所の人が尋ねる。すると「階段を掃いていますよ」とほかの人が応える——よく「ペイダート」〔訳注 i〕と言われる黒い埃が積もったポーチが象徴する生産性と繁栄を、確かめあっているというわけだ。実際、暑い夏の日には外気が黒鉛の粒子で覆われて、太陽の光の中でキラキラと輝いていたらしい。

ヤングスタウンの製鉄業は、黒炭の鉱脈がブライアーヒルのデーヴィッド・トッドの所有地で発見された一八四四年に始まった（Linkon and Russo 2002: 18）。その地域ではすでに、イエロー・クリーク（今日のストラザース）の近くでヒートン兄弟が一八〇三年に始めた銑鉄の溶鉱炉が発達していた（Allgren 2009: 35）。マホニング川沿いに三〇マイル広がる工場は一八〇〇年代末から一九〇〇年代初頭に造られたが、〔なかでも〕キャンベルとブライアーヒルのヤングスタウン・シート・アンド・チューブ社、ヤングスタウンのやや西にあるUSスティールのオハイオ工場、ダウンタウンにあるリパブリック・スティール社が三つの主要な工場だった（ibid.）。レバント地方やヨーロッパ各地から移民がやってきたことによる急速な人口増加は、都市の工業化を華々しく活気づけた。一九三〇年までに、市の住民の約半分が自宅を所有し、一九四〇年代までにヤングスタウンの人口は一七万人に達した（Linkon and Russo 2002: 38; Buss and Redburn 1983: 2）。

ヤングスタウンでは一世紀以上にわたって、労働と余暇を作り出した強力なファミリーによる寡頭政治が行われていた。日常生活におけるあらゆる習慣は、常に鉄鋼製造のサイクルに基づいていた（Allgren 2009: 38）。製鉄所の歩調と労働のリズムは、一般的な労働者の〔人生の〕ペースを生涯にわたって規定していた。労働は、それに伴う政治的・社会的関心事とともに、世代を越えて口伝えで継承されてきた（Allgren 2009: 39; Bruno 1999: 104; Peyko 2009: 12）。製鉄と製鋼工は善と生産性と力の象徴であり、都市の精神を形作っていた（Linkon and Russo 2002: 67-68）。そして、ボウリングのトーナメントから遊園地に至るまで、製鉄会社が多くの社交の機会を提供していた（Allgren 2009: 38）。ヤングスタウンの大半の人々は、自然の地平線を変えてしまうほどの人工物、つまり大工場群のシルエットを眺めながら人生を過ごしたのだった（Bruno 1999: 25）。そこはまぎれもなく工業都市だったのだ。

労働者たちは、〔使用者に〕立ち向かうべく、労働慣行や賃金、労働条件への抗議のアジテーションのために団結した。マホニング・バレーの労働組合の最初の試みは、一八四三年にヤングスタウン・メカニックスによって行われた会合に遡ることができる（Linkon and Russo 2002: 21）。この街での最初のストライキは一八六五年と一八六九年に起こり、一五〇〇人の炭鉱作業員は四か月にわたってつるはしを使うことがなかった。三番目のストライキは一八七三年に起こった（ibid.）。そして一九一六年一月、ヤングスタウン・シート・アンド・チューブとリパブリック・アイアン・アンド・スティールの工場でのストライキは暴力的なものになった。ヤングスタウン東部の四ブロックが焼き尽くされ、ストライキ参加者が四人死亡、一二人が負傷し、一〇〇人以上が傷を負った（Linkon and Russo 2002: 28-29）。ヤングスタウンではその後、労働者は非公式の山猫ストライキ［訳注ii］をしたり、製造ラインを微妙に遅らせたり、職場から物を盗むことで「会社への貸し」を取り戻したりして、抵抗を行うようになった（Bruno 1999: 123-125）。

だが、民族に基づく棲み分けと差別が続いたため、抵抗運動は一体性を欠いた。工場は、プロテス

訳注

i　ダートは埃という意味だが、ペイダートには金づるという意味もある。

ii　労働組合の中央指導部の承認を得ずに、組合員の一部が独自に行うストライキ。

タントの白人を最上位とし、次いで中欧や東欧、ユダヤ系、アイルランド系、イタリア系などの雑多な集まり、最底辺にアフリカ系アメリカ人という社会的ヒエラルキーに沿って労働者をランク付けして、住居や職を分配したのである。一九二〇年代には、仕事を白人労働者の排他的領域とみなす因習的な訴えや、新来者へのプロテスタント的価値の喧伝といったことが、ヤングスタウンにクー・クラックス・クラン（KKK）が登場する背景となった（Linkon and Russo 2002: 28-31）。KKKは、ヤングスタウンの移民人口の影響力が増しつつある状況に対し反対の声を上げることで、地方政治において目立つようになった（ibid.）。初期の排斥主義的感情は、外国人への抵抗感がボルシェヴィキの暴動によって刺激されたものであるという地方紙の説明からも明らかである〔訳注iii〕。

透明性あるガバナンスなどほとんど存在しない状況で〔訳注iv〕、KKKの成長は組織犯罪のシンジケートによる反動を生み出した。一九一〇年代と一九二〇年代に酒の密売や博打などの違法行為に関与したことはおくとして、マフィアはイタリア系その他の移民集団のコミュニティの利害を守った。彼らは、経済の衰退期には移民の家族の面倒をみて、移民が工場以外の仕事につけるようにした（ibid.）。このように、ギャングたちは、一見不当で不公正かつ争いの絶えない環境の中で、警察の代わりに「一定の公正さを提供」する制度となった（ibid.）。シチリアとナポリ〔出身〕の犯罪者一家は、禁止薬物の闇市場やギャンブルの繁栄を通して利益を上げ、多くが公職者からの支持を得ようとした〔訳注v〕（Schneider and Schneider 2005: 34）。

黄金時代

クリーヴランドとピッツバーグのギャング団と関わりのある、ライバル関係にある二つのギャング団がやってきたことにより、一九六〇年代までに、ヤングスタウンの組織犯罪は新たな段階に入った（Linkon and Russo 2002: 213）。シノギの統制をめぐる争いをきっかけに凄惨な爆破事件が起こり、一九六三年には、サタデー・イブニング・ポストの特集記事で、ヤングスタウンの写真に「アメリカの犯罪都市」という言葉をあしらわれてしまうまでになった（Kobler 1963: 76）。建設業が活気づき、都市が拡大すると、組織犯罪は合法ビジネスと地方政治の両方に浸透していった（Schneider and Schneider 2005: 41）。一九七七年に二つのギャング団の休戦状態が解消されると、ピッツバーグ系の一派は、新任の市長が〔彼らの〕お好みの人物を警察署長に任命するという利権を確保した（ibid.）。そうした慣行は一九八〇年代まで続いた。たとえば、一九八〇年の民主党市長候補の予備選挙で、改革派候補は脅しに屈して、選挙戦からの撤退を強いられたのである（ibid.）。

「ギャングと政治は切り離せません」と、元公務員であるビル・ダントンは言う。「政治というのは、なんというかもう、すごいところですよ。……マフィアは草の根の政治のためにたくさんのお金を持って

訳注

iii 二〇世紀初頭の排斥主義は、ロシアや東欧からやってきた、ロシア革命を経験した可能性のある人々などに対して、特に強く向けられていた。

iv 二〇世紀初頭、多くの大都市ではボスを中心とする政治マシーンが市政を支配し、腐敗させていた。

v 当時、多くの都市では政治とマフィアは恩顧庇護関係にあった。

います。……民主党は全部、マフィアにコントロールされています。金ですよ。選挙の日には選管委員に金を渡す必要があるんです。テレビ〔による選挙運動〕も必要です。市長候補というのはどうにか金を工面しないといけないものですが、それには金持ちとの取引が必要になるんです。皆がギャングをリスペクトしていますよ。……金持ちは皆、ギャングと関わりがあります」。

「なぜ、彼らが私を撃たなかったのかわかりません。〔おそらく〕この郡でまだ仕事が欲しかったのでしょう。彼らは、リバティ・ラマダ・インのような市外に博打場を移しました。博打はもちろん、ドラッグの取引でもしてるんでしょう。彼らは建設会社と検察官を牛耳っていて、私たちが道路に厚さ二インチのアスファルトを布くために一〇〇〇万ドル支払っても、一インチだけ布いて、〔残りの〕五〇〇万ドルをピンハネするんです。一年後に強い雨が降って、道路は地獄のようになりましたよ。道路に〔アスファルトを〕軽く塗っただけだったんですから。ギャングは、コントロールできないとなれば脅迫してきます。なぜだかわかりませんが、私は脅迫されませんでした。怖かったですが、金を受け取るようなことはありませんでした。ひょっとしたら、私が精神障がい者を扱う部署にいたからかもしれません。それでも、私はキャットファイトのネコのように、ずっとおびえていました。金曜の晩には友人と外出しないようにと、FBIが言ってきましたよ」。

「何をするにも金がかかります。政府の金だけではダメです。仕事が必要なら、警察から逃げたかったら、金を積めばいいんです。高いところに行けば行くほど金がモノを言います。一〇〇年後も変わりませんよ。……金は、それが汚いものでなくても、人を腐敗させます。人は見返りを求めるものです。〔しかるべき〕人さえ知っていれば、なんらかのものを手に入れることができます。交通違反の問題を抱えていたなら、適切な法律専門家を雇えばいい。ここでは全てが金次第なんです」。

「白人労働者階級の人々がマフィアの時代を「黄金時代」と呼ぶとすれば、それはとんでもない戯言ですよ。私たちはギャングの争いの傍観者です。一般人には関係ありません。とばっちりを受けないように、気をつけています。外側にいさえすれば、そのようなことはないんです。……みんな、起こっていることの半分しか知りません。皆、毎週給料がもらえて幸せなんです。マフィアが何をやっていたとしても、いい家があり、車を持ち、五万の雇用があるから気にしません。あぁ、いい時代だった。でも、それはマフィアのおかげじゃない。それは明らかです」。

市役所を蚊帳の外に置いて、公共空間は三つの非政府組織によって支配されていた。マフィア、労働組合、そして製鉄会社である。上の方では争いが絶えなかったが、一般市民は、近づきすぎなければ火傷はしないと早くから教えられる。ヤングスタウンの人々は、若い頃にマフィアの帳簿係や密売人の使い走りをしていた思い出を語る。労働組合に入っていたことや組合員の重要性を大げさに語る。困ったときには友人の友人が政府機関に電話してくれて、贔屓してもらったことを思い出す。だが、彼らは市の資源をめぐる争いの周縁部にいて、仕事や家庭、そして、教会やクラブ、バーなどで得られるコミュニティの感覚に満足していたのだ。その間、政治は舞台裏で行われていたのである。

崩壊

このもたれあいの天国は、一九七〇年代末から一九八〇年代初めにヤングスタウンの製鉄業が急速に衰退したことで、突如として崩壊した。「ブラック・マンデー」とも呼ばれる一九七七年九月一九日は、ヤングスタウン・シート・アンド・チューブがキャンベル工場を閉鎖すると発表した日だ。ブライアーヒル工場も五年後に閉鎖された。それに続いて、USスティールもオハイオ・マクドナルド工場を、そして、そのすぐ後にリパブリック・スティールがヤングスタウン工場を閉鎖した（Linkon and Russo 2002: 47-48）。オハイオ州雇用サービス局は、六年間で粗鋼と関連産業で五万の雇用が失われ、ヤングスタウンで製造業に就く労働者階級の賃金は年間で一三億ドル減少したと推定している。一九八三年には、失業率は驚くべきことに二四・九％に上り、個人の破産と差し押さえも増大した（ibid.）。一九八〇年代には、子供や妻への虐待、薬物やアルコールの乱用、離婚、自殺などが増加した結果、精神医療の基幹病院であるパークビュー・カウンセリング・センターの患者数は三倍になった（Linkon and Russo 2002: 53）。一九八〇年から二〇〇〇年にかけては、ヤングスタウンの人口一人当たりの殺人発生率が全米で最悪となることもしばしばで、それは一九九〇年代を通して全米平均の八倍だった（Linkon and Russo 2002: 64-65, 193）。ハイテク、途上国の安い経費、グローバルな需要を満たすために海上交通路へのアクセスが重要になるという経済の変化に、〔内陸都市である〕ヤングスタウンは逆行していたのである。

ヤングスタウンのコミュニティにおける人々の多くは、工場閉鎖の発表後、脱工業化の見通しに抗った。ブラック・マンデーの直後、労働者たちは、製鉄業への保護を求めて連邦政府に陳情した（Linkon and Russo 2002: 167-168）。その四日後には、ヤングスタウンの住民二五〇人を乗せた五台のバスがワシントンに向かい、抗議活動をした（ibid.）。労働者階級コミュニティの立場を主張する宗教組織が、マホニング・バレーで宗派横断連合を組織した〔訳注vi〕（Bruno 1999: 46; Buss and Redburn 1983: 23）。法律専門家で活動家でもあるアリス・リンドとスタウトン・リンド、そして「経済オルタナティブのための全国センター」は全米的な調査ネットワークを作り、立法上の争点を提案し、製鉄会社の本社ビルの占拠を主導した（Linkon and Russo 2002: 50; Lynd and Lynd 2000）。最も注目を集めた労組連合の提案は、工場をコミュニティの労働者が所有するというものだった。必要経費を捻出するため、連合は地域の銀行の協力を得て「私たちの〔マホニング・〕バレーを守ろう」という名の資金調達キャンペーンを開始した。だが、これらの努力は空しく終わった。製鉄会社が工場閉鎖の決定を発表した後、地域の組合委員が経営側と行った交渉が不適切だったのだ。〔組合内に〕内部対立があり統制がとれていなかったため、地域の委員は脱工業化の過程でほとんど影響力を行使することができなかったのである（Bruno 1999: 147; Buss and Redburn 1983: 29）。経済の厳しい現実に直面し、公的なリーダーシップや横断的な社会資本がない中、ヤングスタウンは〔これまでの〕悪習を打ち破り、再び立ち上がろうともがいていたのだ。

製鉄会社が〔影響力を低下させたことによって〕副業や闇市場のための資源を提供しなくなったため、衰退する民間部門と比べれば徐々に巨大化しているように見えた政府の資産に、注目が集まるようになった。一九九〇年以来、マホニング郡では、保安官や検事、裁判官、そしてジム・トラフィカント議員が二回、汚職が原因で起訴された。一九九八年、マフィアの殺し屋がポール・ゲインズ検事の暗殺に失敗したときは、全米のニュースとなった。より最近では、ゲインズ率いる郡の大陪審が、

訳注

vi　アメリカでは、近隣住区が民族や宗派ごとに分断されて組織されているところが多い。

二〇〇七年に地方の産業界の大物から賄賂を受け取った廉で、郡の会計検査官、財務部長、郡議会議長（市長になる予定だった）、雇用家族局長を起訴した。この事件は最終的には連邦捜査局（ＦＢＩ）からオハイオ州の検察当局に移された。ヤングスタウンの経済は壊滅状態だったが、寡頭政治は壊れた都市をいまだに支配し続けていた。

ヤングスタウンの住民たちは、この争いに戸惑っていた。「この街は、七〇年代に製鉄業がダメになってからというもの、なぜだかわからないけど、自らを位置づけ直すことができないのさ」と、一九七九年にヤングスタウンに移ってきた販売員であるフィリップ・マッセイは言う。「近くのピッツバーグ市は、産業がなくなってからも繁栄してるよ。今じゃ、スポーツ・チームや評判のいい大学なんかがあって、ダウンタウンには活気がある。ここから六〇マイルしか離れていないのに、教育、研究、ビジネスの中心地になったんだよ。クリーヴランドやエイクロンも、ゴム産業がなくなったあと、紆余曲折はあったけど、少しはうまくやっている。そういうところには、新しいレストランや住宅団地があって、人もたくさんいる。僕らの周りは成功物語ばかりさ。でも、ギャングの街だという〔ヤングスタウンの〕評判は、助けにはならない。……ここで商売をするには、客がいるだけではダメだというのは常識さ。ヴィニー・ノノ〔＝マフィア組織〕の代表が市の職員と話してるとき、サンシャイン法〔＝情報公開法〕は存在しないも同然だよ。……どうして職員があんな振る舞いができるのか、僕には全くわからない」。

政治の世界の住民たちは戸惑うことはない。「ずっと前から、誰が市長になっても変わりません」と、民主党職員のマーティ・ナッシュは説明する。「製鉄業が去る前は、何をやってもうまくいくぐらい議員や経済も強かったし、ギャングの活動を助ける腐敗した役人はいましたけど、みんな、満足していました。

表 4-1　オハイオ州ヤングスタウンの白人人口

年	白人の割合	白人人口	全人口
1960	80.9	134,784	166,689
1970	74.2	103,765	139,788
1980	64.8	74,825	115,435
1990	59.3	56,777	95,732
2000	50.9	41,737	82,026
2010	47.0	31,508	66,982

注：2000 年と 2010 年については、回答者は複数の人種を選択することが可能になっている。本表では、白人の単一人種と自己規定している者のみを取り上げている。

民主党は一度に膨大な数の雇用を提供してました。十まで数えることすらできない従兄弟のティリーでさえ、仕事にありつけたんですから。恩顧主義がまかり通っていたので、現状維持こそ大きな既得権でした。製鉄業がだめになってからは、公共部門に能力のある人材がいなくなり、難しい問題を処理できる人がいなくなってしまいました。頭脳流出が起こり、IQが八〇を超える人はいなくなりました。そうなると、いい人を選ぶことなんてできなくなりますよ。今じゃ、これまで以上に公共部門の仕事は減っています。これらの地位に〔十まで数えることのできないような〕無能な人をつけておくなんてことなんて、もうできなくなっています」。

その結果、ビジネスも、社会活動も、人々も去ってしまった。一九三〇年から一九六〇年にかけてヤングスタウンの人口は一七万人とピークを迎えたが、二〇一〇年の国勢調査では六万七〇〇〇人になっている。人口が減少する中で、白人と比べてアフリカ系アメリカ人はヤングスタウンに残る割合が高いので、これまで外集団[訳注vii]とされていた彼らは、結果的に人口上ほぼ多数派になって

訳注
vii　自分の所属する集団＝内集団に属していない人々を指す。

いる。表4―1が示すように、五〇年以上にわたって白人人口はヤングスタウン市で八〇%を超えていたのが、今日ではたった四七%になっている。住民にとっては、この変化は劇的かつ急速だった。ヤングスタウンを去る家族は、仕事を求めて市の郊外に移るか完全にこの地域を離れてしまうので、ドーナツ化現象を生み出して中心のマホニング郡が空洞化している。オハイオ州北東部の郡では、一九七九年から二〇〇六年の間に開発された土地は人口一人当たり二三%増大しているが、同じ時期に同地域の人口は七%減少している（NEOSCC 2013）。今日のヤングスタウンは、人口が三倍だったときと面積は変わっていない。市を鳥瞰すれば、収用された家や、昔家があったが今では打ち棄てられて更地になっているところがあちこちにある。打ち棄てられたビル――その中には北部にある工場長や鉄鋼貴族のかつての邸宅も含まれる――は、犯罪活動の隠れ家となっている。売春宿、麻薬密売人や中毒者のたむろする場所、そして民家を狙う強盗が盗品を隠すための倉庫として使われているのだ。

市役所が採用する主な犯罪対策は、これら、かつてのミドルクラスの家を破壊し、空き地にすることだ。二〇〇六年以来、三〇〇〇を超える空き家がヤングスタウンで解体された。住民は、子供の頃に育った区画内に残っている家の数にしばしば驚く。「一〇年前にここらへんを運転してたらわかると思うけど、今とはもう、昼と夜ほど違ったよ」と、解体物を運んでいた二六歳の便利屋、ジミー・プラマーは語る。「今じゃ、家がなくなって空き地になっちまってる。人は引っ越し、家は解体屋に引き剥がされ、落書きされて目障りになったあげくに壊されるんだ。俺の叔母がいた通り《ストリート》なんて、住んでいた区画に七軒、家があったのに、今じゃ二軒しかないんだぜ。ちなみに、両方とも俺の家族の所有物さ」。

外部からのヤングスタウンへの投資は、とりわけ商業目的では〔今では〕ほとんどない。小売りのチェーンストアで市内に店舗があるのは、薬局のライトエイドとＣＶＳ、ファストフードのレストラン、ファミリー・ダラーやセイブ・ア・ロットのような安売り雑貨店だけである。自動車修理工場、バー、タイヤ店、屋根ふき工場や建築事務所、保守点検サービス、旅行代理店など、近隣は店じまいしたところばかりである。散髪屋やジム、家具店、工具店や美容院もほとんどない。スポーツ用品や美術品、写真、工芸品などを扱う店も。印刷屋、文具店、ブティック、映画館、喫茶店、キャンディ・ショップ、パン屋も。単に高級品がないというだけではなく、今日のアメリカの市場でよく見かけるような、必要不可欠ではないがごく一般的な余暇・サービス関連の産業がないのである。

その結果、白人労働者階級の人々は、わずかに残る貴重なバーやクラブにたむろすることになる。これらの店——ウェストサイドの「モーリーズ」、サウスサイドの「ブルーバード・タヴァーン」、イーストサイドの「ロイヤル・オークス」、ノースサイドの「ゴールデン・ドーン」や陸海軍ガリソン——はほぼ全て、窓のない、狭い、レンガ造りの建物である。暗くて重苦しく、あまり音楽はかかっていないもののいつもテレビがついていて、食事時を除いてはガラガラの、限られた客しか来ないバー。その入り口近くのお気に入りのブースで、彼らは主役となるのだ。オーナーがバーテンダーをし、従業員は家族である。彼らは、いつ運が向いてくるのだろうと思いつつ、コミュニティの崩壊を数十年にもわたって内部から見てきたのであり、常連客をファーストネームで知っている。

「工場を取り壊してしまわないと、身動きがとれません。工場がまた稼働することをいつも期待してしまいますから」と、地元のキャディエッティ神父は言う。「愛する人を亡くせば、長い間、悲嘆に暮れるものです。最も古い溶鉱炉を取り壊したとき、泣き叫びながら工場のそばに立って見ていた鉄鋼労働者がいました。毎日〔そこに〕働きに行き、一日の終わりにバーに寄る粗野な感じの鉄鋼労働者でしたが、〔その彼が〕座りこんで泣いていたんです」。

問われる記憶

ヤングスタウンの人々は街の構造を変えようとせず、復活を期待しつつ、過ぎ去った時代の遺物を必死に守っている。それは、大人になった子供が帰ってくるまで、部屋を〔彼が〕出ていったときのままで残している母親のようである。耳にするのは、ヤングスタウンの過去についての話ばかりだ。このホルムアルデヒドが充満する中で、〔訳註viii〕コミュニティには新しいものは何もない。白人労働者階級の人々は、かつての栄光、それに伴う〔政治的・経済的環境への〕従属状態、そしてあとに残った保守主義の犠牲者である。オハイオの人々は誰もがこう考えている。ヤングスタウンはどん底の状態にあり、そこに住んでいる人々以外に失うものは何もない、と。

「組織犯罪の時代のほうがマシだった」と、引退した鉄鋼労働者のラルフ・ミッケルソンは言う。「あたりはちゃんと取り締まられていて、バカげた行為なんてなかった。今じゃ、警察官が背中の後ろで手を組んで、受け持ち区域を眺めているだけさ。少なくとも昔は、連中の作り出す厄介ごとは身内の中だけのことだった。〔でも〕今はみんなが被害者さ」。

「ジミー・トラフィカント〔訳註ix〕は〔俺たちに〕気を配ってくれた」と、雇われペンキ屋のハンク・トンプソンは思い出を語る。「奴はいつも正しかった。ジミーは悪いことに足を突っ込んではいたが、奴は男だった。捕まっちまったが、〔それくらいのことは〕みんなやってた。だから、奴を釈放して、その代わりに盗人をぶち込んだのさ。ストロロス、プレドス、カラビアスなどのギャングがこのあたりを仕切ってたときは、麻薬小屋や自動車泥棒、銃撃事件、殺人なんてなかった。一線を越えればもちろん、ブチのめされるよ。でも、それは当然さ。あと、いつも奴らは現金払いだった。昔のほうが良かったよ」。

「みんな大きなことは望んじゃいない」と、元公務員のブライアント・ダニエルズは言う。「ルフトハンザ航空の積み荷のハブとか、ナスカー〔＝全米自動車競走協会〕の世界初の室内レースのトラックとか、アヴァンティの車体工場があった。それらが物事を動かしていたのさ。〔だから、これからも〕外からやってくる人が俺たちを救ってくれて、また、製鉄所〔の時代〕みたいにしてくれると思ってるってわけさ」。

今では大半の人が、市の復活は「水圧破砕」にかかっていると考えている。フラッキングと呼ばれるそれは、高圧の水と砂、化学物質を使って、地下のシェール溜まりから天然ガスを地表近くの採取可能なところまで押し上げるのだ。市や郡の近くのフラッキング・ブームを予想して金儲けを期待する人々もいるが、深刻な環境的影響や、企業の無責任な行動を予想する向きもある。また、〔実際に〕ペンシルヴェニア西部やウェストヴァージニアのフラッキングのハブは、ヤングスタウンが望むような利益をもたらしていないという者もいる。石油やガスは数千の仕事を生むが、そのうちのほぼ全ての仕事に就くのは、技術があり、特別な訓練を受けた地域外の人々である。北アメリカ中からやってきた〔フラッキング関係の〕労働者たちが泊まる三ツ星ホテルは、数か月も前から予約されている。

訳注

viii　ホルムアルデヒドの水溶液がホルマリンである。あたかもホルマリン漬けのように、またホルムアルデヒドの主要な用途の一つである防腐剤のように、過去の栄光に囚われている様を表している。

ix　前出した元連邦下院議員のジム・トラフィカントのこと。後出の「ジェイムズ・トラフィカント」も同じ。

〔しかし、〕フラッキングが地域にもたらす効果はよくわからないのだ。疑念を抱いた住民たちは、市民が土地使用の決定により大きな監督権を持てるようにすべく市憲章を改正しようとして、二〇一三年に住民投票を行った。この問題によってヤングスタウンは、その〔大企業に頼るという〕過去をめぐる語り《ナラティヴ》について、まさに自ら判断することになったのである。

結果は僅差ではなかった。改正案は、フラッキングがヤングスタウンの将来にとっての鍵となるという期待の前に敗れ去った。ヤングスタウンの人々の多くは、巨大な地域産業の荒廃を過去のものとするために、別の大規模産業が颯爽と登場することしか考えなかったのだ。緩やかに成長するとか、じっくり投資していくとか、地域再活性化のために構造的変化をするとかいった考えはなかった。マホニング郡のやり方というものがあり、たとえそれがどのような依存関係や外部性〔訳注x〕を作り出そうとも、代表的な製品とそれに伴う単一のアイデンティティが必要だったのだ。ヤングスタウンの過去をめぐる語り《ナラティヴ》は、その未来を縛っているのである。

不信

市が業績の疑わしい単一産業に信を置こうとしていることに、ヤングスタウンの住民は不信を抱いている。「七〇年代後半に製鉄所が閉鎖された頃から、ここは怒りに満ちています」と、複数の公職についた経験のあるマックス・グリーンフィールドは説明する。「彼らは、〔政治家の〕約束も、コミュニティの将来も、リーダーも信用しておらず、全てに懐疑的です。白人労働者階級の人々について言うと、彼らはとても攻撃的で、熱心に論争します。彼らにはひどい扱いを受けてきたという感覚があるんです。

製鉄所が傾いてから〔政治家によって〕多くの約束がなされましたが、それが原因です。ここはかつては豊かなコミュニティでしたが、もはや豊かではありません。人々はそれをわかっていて、持てる者と持たざる者との間には、筆舌に尽くしがたいほどの憤りがあるんです」。

民主党スタッフであるナッシュは、次のように言っていた。「〔白人労働者階級の人々は〕社会的に保守で、少し人種差別的で、喧嘩腰で、公的な制度も民間の制度もほとんど信用しておらず、極めてシニカルで、デマゴーグにとても影響されやすいんです。彼らは、製鉄会社のような民間企業に対して、特に喧嘩腰になります。ここは〔いまや〕、職や差別をめぐって困難を抱える、移民コミュニティなんです。とてもタフな街ですが、〔それは〕私たちの文化の一部なんです。工場では、民族《エスニック》集団同士が対立していますし、どの集団もアフリカ系アメリカ人と対立していますよ。とても長い間、分断状態にあるというわけです」。「喧嘩腰であることは、ここで住む上での前提条件のようになっています。ブラック・フライデー〔訳注xi〕によって人々はこの地での日常生活の全てを失い、なかなか立ち直れませんでした。だから絶望感を抱いて、今ではそれが私たちの文化の一部になっているんです。民間企業に対する不信感がどこからきているかというと、それは労働組合運動が発生するまでの間、そしてその後に企業が労働者を扱ってきたやり方です。

訳注

x　ある意思決定が他の人にも影響を及ぼすこと。ここでは、水圧破砕企業を招き入れることでヤングスタウンの政治経済が自律性を失うことを指す。

xi　一九二九年大恐慌による株価大暴落を四つの段階に分けて、ブラック・サーズデー、ブラック・フライデー、ブラック・マンデー、ブラック・チューズデーと呼ぶことがある。これをもとに、株価大暴落が起こった日のことをブラック・フライデーと呼んでいる。

銀行や大企業はいつも、アングロ・サクソンのプロテスタントが経営しています。ここには労働組合が強い街だという評判がありますが、労働組合が必要なのは、経営側が強いときだけです。彼らが労働者を酷使したために、労働者は反抗しました。生活費を稼ぐために必要だったんです。公的機関への不信が生まれたのは、公的機関が製鉄業の衰退に対応できないこと、政治家の無能さ、そして大半の人が腐敗を受け入れていることがはっきりしてからです。万事うまくいっているときは問題ないんですが、事態が厳しくなって犯罪が増加し、サービスが提供されなくなり、道路が舗装されなくなり、皆が賄賂をもらうようになれば問題です。〔もはや〕この都市はぐだぐだですよ」。

ナッシュは以下のように続ける。「仕事をしない政治家を信用しなくなるのは当然です。〔元議員の〕ジム・トラフィカントはほかの選挙区ではまず勝利できなかったでしょう。そして、この状況が彼を王様にするんです。人々はずっと見棄てられてきたと感じていて、トラフィカントは「我々と奴ら」というメッセージを持っています。彼は議会史上最も力のない人物の一人であるにもかかわらず、一矢報いているかのように感じさせるんです。彼はとても腐敗していますが、ここの人々は誰も「王様は裸だ」と言わないので、ほぼ全ての罪を免れることができたんです」。

ヤングスタウンにおいて主な障害になっているのは、アカウンタビリティという体面を守る（そして守らなければならない）ほどの広さはあるが、縁故主義に基づいて運営できるほどには狭いということだ。強い不信の文化があるにもかかわらず、内部告発者になる可能性のある者はとても少ない。ヤングスタウンは小さな村のように固く結び付いている。一九九〇年代以降、新来者はほとんどなく、若者は去っていき、仲間集団はますます親密になってほとんど変わらなくなっているため、社会的ネットワークはとても濃密だ。なので、問題が明らかになったときでさえも、反発への恐れや、これまでの関係性が原因となって、それについて公言するのをためらってしまう。濃密なネットワーク、昔からの記憶、恣意的な権力によって口をつぐむことになるのだ。

「必要とあらば友達だって逮捕したけど、一緒に学校に行ってた奴はしょっ引かないよ」と、キルバーン巡査は言う。「特別機動隊と一緒に、ある博打グループを解体させる機会があったんだけど、自分は署に留まっていたよ。あげようとしてる連中を全員知っていたからね。ここにファミリーがいなければ、もっと積極的にやれるんだけど。問題は、何か腐敗があると叫べば、必ず〔ファミリーの〕誰かが憎まれてしまうことさ。時には見過ごしたり、それに触れないようにしなきゃいけない。……戦う相手はしっかり選ばないと。名前を閻魔帳につけておくのさ。映画のように聞こえるだろうれど、もし誰かがペラペラと話し始めれば、ここの奴らは〔怒って〕追いかけてくるぜ。俺もそうするかって? もちろん準備はできてるさ。「ヤングスタウン・チューンナップ」［訳注xii］というのはマジな話だよ」。

結論として言えるのは、とりわけ〔このような〕機能不全の地域体制の下では、反抗的行動と民主的行動を区別するのはとても難しくなるということである。特殊な魚が海の深い裂け目から硫黄が噴き出しているようなところでも生存しているのと同様に、ヤングスタウンの住民は極めて困難な状態に適応している。経済的・社会的・政治的にとても不安定な中で彼らは、市民社会とガバナンスの代

訳注

xii ヤングスタウンはかつてギャングによる殺人多発都市として知られており、地元ギャングは自動車に爆弾を仕掛けて殺害する事件をしばしば起こしていた。ヤングスタウン・チューンナップとは地元のスラングで、自動車に爆弾を仕掛けて暗殺することを指す。

わりになるものを作り出す、もう一つの方法を見いだしているのである。

経済的不安

製鉄業という仕事の喪失以上に代替困難なのが、福祉資本主義が提供してきた独特な規範構造である。半世紀以上にわたり、製鉄業は社会的セーフティネット、社宅、コミュニティ・プログラムに投資してきたが、それは労働組合の遺物であるとともに、製鉄会社がヤングスタウンの将来世代に依存していることを認めていたことの証だった。市における工場の急速な業績悪化と倒産を受け、地方政府は何年も消極的な態度を示したあげく、「扶養者」の役割を引き受けさせられることになった。だが市政府は、巨大な製鉄業の真似をするには不十分な資源しか持っていない。市のプログラムは最も貧しい人々にしか適用されず、解き放たれたネオリベラルな資本主義の力という現実から労働者を保護するのに、市政府には十分な備えがない。今日の労働者は、地元市場の彼らいわく搾取的で強欲な文化に幻滅しており、それとなく（そして時には露骨に）いかに昔は良かったかと悔やんでみせるのである。

「仕事の質とか、裏で何が起こっているかとか、安全性とか、そういうものはもはや誰も気にしません」と、組合員で電気工のウィル・マクミランは言う。「一番〔賃金の〕安い奴が仕事をとるんですから」。ラルフ・ミッケルソンはこう付け加える。「勤労倫理や忠誠心なんてものは——雇い主に対しても、雇い主側からも——ありゃしない。〔あったとしても〕最低水準さ。勤勉に働けば報われることもあるが、ほかの労働者から軽蔑されちまうぜ」。

元工場労働者であるロウ・オマリーは言う。「近頃、大企業や大金持ちは〔人件費を〕負担したがらない。タダで何かを手に入れたいというわけさ。あまりにも多くの仕事を海外に移してしまった結果、とても質の低い商品が返ってくる。でも、この流れには逆らえない。敗けたのは白人労働者階級なのさ」。

こうした感情が強くなるのは、地方政府が、労働者にほとんど恩恵を与えない不安定な企業と取引の合意をするときである。地域に仕事や税を呼び込むのに必死なので、投資してくれる可能性のある企業に条件をつけたがらない地方政府は、企業の気まぐれに屈するのである。

「私たちは捨て値で企業に〔労働力を〕提供しているんです」とキャサリン・ケンプは言う。ビジネスの才覚があり、胸のすくような率直さを持った中年女性である彼女は、一〇年以上にわたり都市計画の部署で働いてきた。私たちはボードマンの南側の郊外にある、暗くて木製のパネルがはめ込まれたバーで会った。

「私たちはV&M〔=市に残っている唯一の製鉄会社〕に、おそらくすでに来ることが決まっていた場所に来てもらうために、概算で三〇〇〇万ドル使いました。連邦政府の景気刺激策があるうちに、様々な奨励金をかき集めてつなぎ合わせたんです」。

「ほかに方法はなかったのですか?」と私は尋ねた。

「何もありはしませんよ。ヤングスタウンやこの地方〔=マホニング・バレー〕に移転してくる理由なんか、誰にもありません。クリーヴランドやピッツバーグ、シカゴとの間にあるので、経費が安くて場所が近いということで、物流会社が来る可能性はなくはないでしょう。でも、シェールガスの会社がやってくるまでは、移ってはきませんよ。私たちの労働力は特に優れているわけでもないですし。大学にも活気がない。高齢化しているので医療関係の企業には魅力があるかもしれません。やってきた企業の名前を検索すると、どこかの州で起訴されていて、別の州で商業会議所から活動を禁じられていたりするんです。いわくつきの企業を引き寄せてるんです」。

「〔それは〕政治家が賄賂をとろうとすることと、いくらか関係があるでしょうか？」と尋ねた。

「まともな企業の大半は、そんなこと〔＝贈賄〕はしません。なので、〔まともな企業にとっては〕不利になります。そういう噂は広がります。安い売春婦のところに上品な男はやってきませんよ」。彼女はワインに少し口を付けた。

「なら、ヤングスタウンはどうしたらまともな企業を呼び寄せることができるのでしょうか？」

「〔マホニング・バレー〕地方で育った人が経営している企業なら、忠誠心が強いでしょうから、ここにいてくれるでしょう。ネットワークが強いですから。そういう企業がフォーチュン500〔訳注xiii〕に入って、別のところに移らないことを夢見ています」。

ケンプは椅子にもたれかかって続ける。「場所はいいんです。でも、時給九ドルしか払わないなら、いい社員を雇えるわけがないでしょう。待遇が悪ければうまくいきません。ヤングスタウンは経営者たちから食い物にされてきたんです。そう、もともとは製鉄業によってですが、その遺産は今も残っています。権威、特に政府に対する強い不信があるんです。一般的に言って、オハイオの統治構造は弱体です。私たちは企業の経済的要求に仕えているのであって、この地域〔全体〕もそれとほとんど変わらないんです。市政府は脇道にあって、その標識すら見えません。政府は、労働者階級の人々を食い物にしているのではないんです。単に、企業の要求を全て聞いているだけなんです」。

驚くべきことに地方政府は、マホニング郡が独占的に持つ資源である地下の土地について論じる際にも、ただ水圧破砕企業に追従するだけなのだ。

「誰もが、何か言うのをとても怖がっています」と、民主党スタッフのナッシュは言う。「商業会議所も政治家も何も言いません。近視眼的なんです。私たちは〔地下資源の適切な開発で得られるであろう〕一兆ドルを放置しているんです。彼ら〔＝水圧破砕企業〕はほかにどこに行くというのでしょうか？ 中国では水圧破砕はできないんです。私たちには資源があり、彼らはそれを手に入れようと私たちのところに来ているんです。私たちはここに来たい人と契約を更改するのに慣れていますから、そんなに手間はかかりません。労働や環境の問題について私たちが利益を得られるよう、誰かがリーダーシップをとらないといけません。……〔もっとも〕リーダーシップが問題ですが、今までそんなものはありはしませんでした」。

縁故資本主義

そもそもの問題は、公益を代表するはずの政府職員が、何よりも自己利益の最大化を目指しているところである。最も目に付くのは、個人的関係がヤングスタウンのダウンタウンの再開発を妨げていて、成否はビジネスとは無関係の事柄によって決まっていることである。ダウンタウン再生事業は、タトゥー・パーラー一軒と、数件のレストランとバー、一軒のヴィンテージ・ショップが中心となっている。そのタトゥー・パーラーの共同設立者の一人は、市の元警察官である。その開店後すぐに、

訳注
xiii フォーチュン誌が毎年一回発表している、全米企業を対象とした総収益ランキングの上位五〇〇社。

市内にあった他のいくつかのパーラーは衛生条例違反の廉で検査官によって閉店させられ、同じ通り《ストリート》では競合店の開店は許可されなかった。

バーとレストランのうち、「ドゥーニーズ」を経営していたのは、当時の市長の息子であるクリス・サマロンだった。「レモン・グローブ・バー」は市の政治家からの投資を受けた後、さらに資金を調達して、倒産を回避するために収益報告書を偽ったとして起訴された。「奴は目いっぱい依怙贔屓をしてもらったから、弱みを握られたのさ。〔だから〕事を荒立てられないんだよ」と常連の一人は語った。「アバロン・ピザ」のオーナーは、チャールズ・サマロン元市長から特別なとりなしを受けたとされているが、元市長は明確な安全規格違反があるにもかかわらずそれを指摘しないよう、市の建築検査官に命じたのだった。

ヴィンテージ・ショップの「グレイランド」は、この数十年で開店した唯一の服と家具の店だ。だが、市議会議員のマイク・レイが、反リサイクルストア・キャンペーンの一環として、店舗を閉鎖するよう脅したとされる。その直後、店の販売促進イベントは、私服警官が参加者を威圧して経営者を脅したため、中断させられた。〔それ以来〕店主はとても警戒して、以後数週間にわたり、パトカーが通るたびに疑いを抱くようになった。

「ダウンタウンでバーを始めようとしたんですが、ギャングが酒のライセンスを全部持っていたんです」と、ウェストサイド在住の五九歳、フレディ・クリスティヴァは言う。「市が与える酒のライセンスの数は決まってるんですが、ギャングがそれを全部買って、誰に与えるかを統制しているんです。彼らは私に、自分たちの店と競合するなといい、もしやるのなら三万ドル払うとともに、彼らが貸し出しているビリヤード台、ダーツ盤、ビデオゲームを借りるよう要求してきました。協力しないと建物を焼き払うと言うんです。悪い取引だと言ってるわけではありません。〔これは〕統制だ、ということです」。

市の最大の雇用主である大学以外で最もよく維持されている建物は、銀行と教会だ。二〇一三年のオバマ大統領の一般教書演説で引用された「創業・新事業創出支援機関」とされるものは、ハイテク産業の起業促進を約束するものだ。だが、コンピュータ・プログラマーや科学者に向いていない労働者階級の人々にとっては、それはほぼ無意味である。

市役所、マホニング郡庁、商業会議所でビジネス担当職員三人にインタビューをし、ヤングスタウンを経済成長させる資源について問うたところ、三つの全く異なる予測がなされた。一人目はコールセンターと食品加工、流通、物流と金属鉱業を力説した。二人目は芸術、高等教育、ハイテク産業の創業を強調した。三人目は石油とガスの成長を挙げた。「マホニング郡には五か年計画〔＝中長期計画〕がないんです」と、郡の政治家のカレン・アマルフィターノは認めた。「一か年計画〔＝短期計画〕すらないんです。〔市が〕どこに向かおうとしているのか、わかっている部局はありません。経験と勘を頼りにやっているんです」。

「私たち〔ヤングスタウンの労働者〕は、労働争議で有名です」と、商業会議所のジョージ・エリスは言う。「でも、私たちの民間企業における組合加入率はたった九％なんです。昔とは違うんです。文化が変わったんだと思います」。

「文化がどう変わったというのでしょうか」と、私は問うてみた。

「若い人から聞いたところによると、私の世代は生活のために働いていたけれども、若い世代は働くために生きているのだ、ということです」。
そのような状況の下では、ほとんど選択の余地はないのである。

不安定

「人はより金のかからないほかの誰かと取り替え可能だということを、いつも思い知らされます」と、病院勤務のディディ・シューマーは言う。「歳をとると〔状況は〕もっと悪くなりますよ。……会社は従業員により多くの業務を課すとともに、職を減らす方法を探してるんです。勤勉に働くのは割に合いません。彼らは、皆が〔勤勉に〕仕事をするということをわかっていますす。なぜなら皆、取り替え可能なんですから」。

ヤングスタウンでは普通の仕事は不安定かつ十分にないため、人々の余生への取り組み方が変わってきている。いつ解雇されるかわからない状態で働くのだから、多くの人は将来の計画をするのをためらう。企業は生活を可能にするだけの賃金を払ったり手当を出したりしたがらないため、多くの労働者は職探しを考える際に、メディケイドやフードスタンプなど、政府による給付の受給資格に目を向けるのだ。

「最近はみんな、〔いったん〕仕事を手にすれば、それに必死にしがみつくよ」と、部品塗装工のハンク・トンプソンは〔作業中の〕溶接フレームから目を上げて語った。「働くのに疲れて仕事を辞めるって話を聞くけど、それは次の職場で誰かを追い出すってことだろ？ 多くの会社じゃ、仕事が減ればすぐにクビさ。俺には妻と四人の子供がいるんだ」。

彼は額を叩いてエアブラシを持ち上げた。「〔このままじゃ〕俺はコイツ〔＝塗料まみれのエアブラシ〕みたいな肺癌になっちまうだろうよ。もし〔マホニング郡に対して提案されている〕競馬場さえオープンすれば、そこで仕事を手に入れて、一日中蛍光灯がついていてエアコンのきいたところにいられるんだが」。

表社会の仕事から完全に背を向け、巨大な地下経済に加わる者もいるが、こちらも同様に不安定である。ヤングスタウンは、中古品売買や自動車修理、闇取引の中心地である。所得税を払うことがないので、多くの人々は政治とは関わりがないと感じている。

「皆、いつの間にかやり方を覚えたんです」と、商店主のマダックス・ミラーは述べた。「教えたのがあなたでなければ、ご近所さんか、家族です。組織犯罪が衰えたら経済も衰退して、〔結局〕ブルーカラーの絶望は変わりませんでした。DNAが同じなんですよ。皆、組織犯罪をのさばらせた活動が今もあるのを見過ごしているんです。ドラッグや博打へと、形を変えているだけです。メイベリー〔＝親しみやすいが無能な警察官が出てくるアンディ・グリフィスのテレビ番組の架空の町〕みたいです」。

ヤングスタウンはドラッグ取引の中心地である。ヘロインやクラック、マリファナは空き家や貸家で大量に売られている。「金は〔豊かな〕郊外や町から来ているんです」と、マダックスは言う。「で、ヤングスタウンのビジネスには、店やレストランの空き部屋を貸すディーラーが絡んでいるんですが、それらの部屋はかつて、ギャングや密売人や資金洗浄人によって使われていたというわけです。今のドラッグ・ディーラーは、以前に比べるとずっと地域に密着していますよ。いまだに開拓時代の西部と同じです。レベルが低いんです。彼らは今ではブロックごとに活動しています。一握りのギャング団の代わりに、四〇以上の〔小さな〕ギャング団があって、数年前は大物の売人が数人いたのが、今では小物の売人が数百人いるという状況です。彼らは〔いまや〕どの通《ストリート》りにもいるんです」。

市民たちは裏庭で車の修理をしたり、他の住民のために芝を刈ったり、トラックで荷物を運搬したり、友人に対して便利屋サービスをしたり、簡単な組み立てをしたりして収入の足しにしている。マホニング・バレーの住民は、クズ集めも見事にやってのける。多くの人々が、週に二回開かれるフォーシーズンズ・フリーマーケットや遺品整理、質屋で、家財や思い出の品、家具などを集めたり、交換したり、売ったりしている。

ラルフ・ミッケルソンの家のポーチには、彼があたりで見つけた品々が乱雑に置かれている。「集めてるのさ」と、捨てられていたキャブレター〔＝自動車等の気化器〕を持ち上げて言った。隅には、雑誌や新聞が大量に山積みされたペンキ缶や、木炭の入ったカバン、不凍液の入った水差し、リサイクル・ボックス、子供用の家具などがあった。私たちは前庭に面した修理済みの事務椅子二つに座っていた。ラルフは手摺に眼鏡と携帯電話を置き、部屋の中にショットガンを置いていた。「俺は子供たちが食っていけるよう、いろんなことをしたよ」。

ヤングスタウンに残った若い白人労働者階級の大人たちは、不安定な生活を受け入れている。手に入る仕事と言えば、もはやかつてのように儲かって、長期にわたり継続させてもらえるものではなく、〔雇用者にとって〕融通の利くもので、売り上げが下がったり経費が予想以上に大きくなったりすると簡単に解雇される仕事ばかりだ。多くの企業は若い労働者に投資せず、人的資本の生産性を長期的に上げることよりも、短期的な機動性に価値を置くのである。

そうするうちに、市場は労働者にも同じように短期的視野を持たせるようになり、労働者は技能向上や人間関係、地域社会に投資できなくなる。彼らは、自分たちは代替可能だという感情を内面化してしまうのだ。どれくらいの期間雇用されるかはっきりしないので、彼らは家を持たないことにして、福祉給付のメリットを考えるようになる。こうして、市場のフレキシブルさは社会のそれにも変わるのだ。

「若い世代には、私たちの背負ったあらゆる負債を考えれば、将来セーフティネットはないよ、と伝えています」と、マダックスは言う。「経済はどん低で、それに対してはもはや何もできません。なので、できることと言えば、何かしようとするのをやめることなんです。努力する理由はありません。何も保証されないんですから」。

若い世代は不安定な仕事をしている点では前の世代と同じだが、反資本主義的な考え方を支持しているとともに、政府にはたいてい期待していない。彼らは個人的関係についてはほどほどでしかない一方で、家族生活を大切にすることが多い。これは、こうしたものに頼ることがヤングスタウンの次の黙示録を生き抜くのに必要だと確信して、次になすべき適応へと備えているのである。

「災厄から災厄へと移り住むことに、慣れただけだよ」と、ある若者が蚤の市でしみじみと語った。「僕らには、将来に備える余裕はない。なので、車輪が外れるまで壊れた車に乗っているようなもんさ」。

リア・ペリーは逆風に直面している。二九歳で窓作りの会社の事務員をしていて、銀行ではなく友人から金を借りて、最近、ノースサイドに老朽化した家を購入した。

「銀行は、居住不可能とみなした家には譲渡抵当権を設定してくれません。HUD［＝住宅都市開発省］の「購入し修理する」ためのローンが必要になるんです。彼らは財産評価をして、修理後の価値を見積もります。でも、この近所で一万五〇〇〇ドル以上の価値のある家なんて一軒もありません。まさに現代版の赤線引きですよ。〔要するに〕融資を拒否してるんです」。

四〇〇〇ドルで家を買ってから、彼女は近所の人の助けを得ながら自分で空石を積み、セメントを塗り、内壁を塗装し、解体作業をし、床を磨き、バスルームのタイルを張り替えた。しかし、外壁の塗装（一万二〇〇〇ドル）、配管工事と暖房（一万六〇〇〇ドル）、配線（二万五〇〇〇ドル）、屋根ふき（一万一〇〇〇ドル）など、より技術を要する作業の出費が必要になり、それは彼女の自宅の総資産価値の三倍となった。

家を買った数週間後、リアは家の外壁塗装をしていないという条例違反で市から罰金を科された。彼女は何度も呼び出しをくらい、そのコストは塗装の価格を超えた。

「ある程度の生活水準を望むなら、自分でやるしかないんです」と、彼女は言う。「政府は彼らの枠組みの中で一生懸命にやっていますが、私たちは自分でやるか、〔そうでなければ〕あきらめるしかないんです。……私は福祉給付や医療保険をもらう資格を満たしていません。時給九ドルでパートの仕事をしていたときのほうが〔福祉給付や医療保険をもらって〕いい生活ができましたよ。〔今は〕生きていけるだけのお金は稼いでますけど、これは政府の基準からすると多すぎて、私向けのプログラムはないんです。……雇用家族サービス局は何もしようとしません。ほかの人たちがやってるように、収入の一部を報告しないことだってできますよ。でも、私は正直に生きたい。……私たちは、福祉から少し離れたところにいるんです。〔だから〕深刻な交通事故にあったり、突然失業したり、医療費がかさんだりすると、家を失ってしまうんです」。

一歩離れて

ヤングスタウンの市民の多くは、貧困と安定したミドルクラスとの間――つまり、家族が生活のための収入を得ようとすることと、政府の扶助をもらい続けることとのバランスをとろうとするような不安定な領域――にいる。市の人口一人当たりの所得は一万四九九六ドルで、平均的な家計所得は二万四八〇〇ドルである。貧困の集中度合いは国内で最も多い部類で、貧困ライン未満で生活している家庭は三三・八％である（US Census Bureau 2010）。

エディ・フィーとギラン・フィーはともに四二歳で、フォーシーズンズ・フリーマーケットで店を出し、服や時計を売っている。二人とも二〇一〇年に〔就職から〕二か月以内で解雇されている。エディは羽目板や窓枠を作るアルミニウム工場で働いていて、ギランはプラスチック会社の物流部門で働いていた。彼らの家は抵当流れとなり、それ以来、仕事を見つけられていない。彼らは四人家族で月に約二五〇〇ドル稼いでいる。

「もう、八方塞がりさ」と、ギランは言った。「仕事を見つけられないか医療〔＝メディケイド〕を失うか、どっちかだよ。でも、仕事がないと本当に生活できない。〔だから〕俺たちは数字〔＝所得〕を何とかしたいのさ。つまり、請求書の支払いができるだけの額は必要だが、医療扶助やメディケイドをもらい続けることができるほどには低くないといけない。一部の奴らにとってはアメリカン・ドリームはまだ生きてる。〔でも〕そうでない奴らは、その日稼ぎで生活してるんだ。たとえ夢を持ったとしても、この街はそれをぶち壊す方法を見つけるのさ」。

四八歳のウィル・マクミランとキャロライン・マクミランはまた違う立場だ。キャロラインは美術教師で、ウィルは組合が割り当てる仕事を転々とする電気工である。「八年前、僕は失業手当が切れたんですが、政府は延長してくれませんでした。オハイオ州全体としては頑張ってたんでしょうけどね」と、ウィルは思い起こした。「どうしたらいいかわからなかったから、福祉事務所に行きました。とてもつらい道でしたよ。メディケアのカードをもらったんですが、僕の組合の保険より補償範囲が広かったんです。当時、週当たり二二五ドルという福祉給付は僕の失業給付の半分で、働いていたときの給料の四分の一だとわかりました。もし福祉の受給資格があって、毎朝起きる必要がないなら、誰が最低賃金の仕事をしたいと思います？ 僕はダンキンドーナツで働くことで、メディケイドを失いたくないんです」。

夫が託児施設の費用を負担できないためにパートタイムで働いているキャロラインは、こう言った。「二〇一〇年には全く仕事が見つかりませんでした。ありがたいことに政府が失業給付を延長してくれたから、家を失わずにすんだんです。そうでなければ、支払いのために年金口座を使い果たさないといけないところでした。……少し屈辱的ですが、［ウィルが］私を一緒に福祉事務所に連れていかなかったことに感謝しています」。

「僕らの状態が［ここまで］悪くなるほどに、組合の立場が弱くなったんです」と、ウィルは言う。「この夏初めて、医者の診断書がない限り週六日一〇時間働くのが義務だと言われました。そうでないと、クライアントが解雇すると言うんです。そして最近、さらに日曜にも八時間働くことが義務化されました。これがもう、普通の状態です。事態がこんなに悪いので、みんな仕事があるだけで幸せなんです」。

テス・デラコートは子供向けの中古品店を一八年間経営している。相対的には安定しているものの、

「毎日、気持ちはパニック状態よ」と、彼女は言った。「みんな〔現実と〕格闘しているわ。これほど気持ちが不安なのは、一〇代で妊娠したとき以来よ。夫はイラクにいて、今は重い心的外傷後ストレス障害（PTSD）になっている。入院する必要があるので、彼はじきに失業するんだけど、これはつまり家族〔全員〕が医療保険を失うということ。私は毎日一〇種類の薬を飲んでいるのよ。なので今、一か月後には家族が路頭に迷うことになるんじゃないかと感じてる。彼が入院したとき、私たちは離婚の瀬戸際にいたの。でも私は子供に、お父さんを置いていって彼が自殺するのを放っておくとは言えなかったわ。私たちは貧困〔ライン〕の上を辛うじてさまよっている。毎月、もがいているのよ」。

ヤングスタウンの周縁にあるトレーラーパークには、貧困の淵で生活している人々が多くいる。誰もが〔経済的・社会的〕状況の圧力を渋々受け入れている。〔ある者は〕予期せぬ出来事に直面したり、〔ある者は〕良くない決定をしたのだ。ヴァイオレットは養子が急逝し、元夫がいなくなってから、クラック〔訳注xiv〕を使い始めた元薬物中毒者である。彼女の近所に住むサムは、四歳のときに父が母を殺して自殺してから、孤児院を出たり入ったりして子供時代を過ごした。工場で働いたあげく、肺癌で余命六か月と医者に診断された。一区画下がると、フラン・サルツは家庭内暴力を二〇年にわたって耐えた後に夫を殺して、五年の刑期を終えたところだ。彼女は「やり直す」ために最近、大学の夜間クラスに入学した。フランもヴァイオレットやサムと同じく、家族やコミュニティの支援をほとんど受けることなく人生の困難に直面した。ヤングスタウンの白人労働者階級と、ヒルクレストのトレー

訳注

xiv　コカインを重曹などを用いて処理して固形化した麻薬。

ラーパークに住む人々の生活実態は似ていて、貧困はともに容赦なく問題を引き起こしているのである。

象徴的境界

ヤングスタウンでは、受給資格要件をほぼ満たしかけている人々こそ、福祉への強い嫌悪感を持っている。〔受給資格ラインへの〕近さは、〔受給者たちへの〕関心や共感ではなく、より大きな怒りを生んでいるのだ。大半のインタビューで白人労働者階級の人々は、政府からの給付の受給者たちが行った選択と〔彼らの〕能力とを直接結び付けて語っている。いわく福祉受給者たちのように、自分たちも容易に「あきらめ」たり「システムを利用」したりできた〔のにあえてしなかった〕と考えているので、彼らはそうした選択に対して非常に不寛容である。ラモン（Lamont 2000）の以前の調査と同じく、回答者たちの多くがこうした〔あきらめる、システムを利用するといった〕選択を、彼らの勤労倫理と誠実さを反映したモラリスティックな言い方で表現している。彼らの怒りは、政府が受給者に褒美を与えていると信じることで、激しさを増すのだ。

福祉事務所の駐車場にキャデラックの新車を運転してきた人の話は、その不適切なシーンを実際に見たのが誰だったのかがわからなくなるほどに、近所から近所へと繰り返し伝えられている。この話の変種としては、福祉受給者が皮のコートを着てこれ見よがしにジュエリーを身に着けているとか、スーパーでステーキとロブスターを買ったとか、フードスタンプをディスカウントストアで売った金で生活必需品以外のものを買ったといったものがある。〔他方、〕富裕な専門職の人々が行う選択についてはよく知らないので、〔同じようなことがあっても〕その行動を許すか、〔少なくとも〕それによって煩わされたりしない。管理職の人が廉価な安全装置を購入したとか、投資家が会社を閉めようとしているとか、副社長が所得税を節税してわずかな割戻金を得るために不要なものを買ったとかいうような話は、広まっていない。「労働者階級の人々は、ウォールストリートや大企業を動かせるとは考えていません」と、元公務員のダントーニは説明する。「彼らがどうこうできるのは身近な存在に対してだけです。わかりやすい怒りのターゲット〔に対してだけ〕なんです」。

こうした道徳的、倫理的区別はいつも明確というわけではない。近隣地域の衰退を嘆く回答者たちの多くは、土地所有者が、前科持ちだとか怠け者だとかの不快な人々にその財産を貸したり売ったりするのは無責任だという。しかし、その同じ回答者が、いつか郊外に移住して〔現在住んでいる〕家を最も高い値を付けた人に売るという願望を語るのだ。また、悪口を言っていた大家から実際に〔家を〕借りている人もいる。〔同じように、〕白人労働者階級の人々が贔屓にしている企業の雇用や商慣習を公然と批判するのは難しい。なぜなら、ウォルマートは医療費負担を行わないからこそ商品の値段を安くできるのだし、途上国から輸入された商品があるからこそ雑貨や生活必需品を入手可能な価格にできるのだ。

福祉についての理解の枠組みについては、区別はより恣意的となる。多くの回答者が、〔彼ら自身が受給している〕失業給付や障がい給付、メディケイド、フードスタンプなどを「福祉」に該当するとは考えていない。彼らにとって福祉とは、専ら現金給付、すなわち資産や収入がほとんどあるいは全くない者に現金を提供する州や連邦のプログラムのことなのだ。道徳的な優越を示す上で、現金給付はフードスタンプやメディケイドより換金性が高い点でカテゴリー上異なると考えられている。また、〔現金給付が〕受給資格の証明可能な不運ではなく〔給付の〕必要性だけで判断される点で、障がい給付や失業給付とは異なると考えられている。こうした考え方によれば、現金給付は支援の問題ではなく、特権やシステム的搾取の表れなのである。

「〔福祉を〕悪用している奴はいっぱいいるよ」と、小さな工場で雑用をしているジョン・エイヴリーは言う。「ほかの奴らがポーチでくつろいでるときに、俺は身を粉にして働いてる。こんなことでいいのか。〔確かに〕俺は食料給付と医療給付を娘のために政府からもらってる。でも、俺は毎日、足を骨折したあとでさえ、働いてるんだ。自分で稼がなきゃならない。〔……福祉受給者は〕新しい車に乗ってるが、俺は車さえ買えない。奴らは、政府が家賃や諸経費を払ってくれてるからって、お金を金《ゴールド》のネックレスやキャデラックに使うが、俺はかろうじてキャヴァリエを買うことができる程度さ。〔訳注XV〕……人々はどのような方法であれ、利用できるものはするんだよ」。

こうした発言は、現金給付――他の福祉の形態ではなく――とアフリカ系アメリカ人が暗黙の裡に関連付けられていることと、結び付きが深い。表面上、回答者はキャデラックや金のネックレスといったコード化された言葉を頻繁に用いているが、それらはヤングスタウンではアフリカ系アメリカ人と結び付けられることが多い。だが、他の回答者たちは、主にアフリカ系アメリカ人の〔多く居住する〕地域に関連して、婚外子がたくさんいる家族といったことやその他、軽蔑的な偏見に基づく事柄について語っていた。私はそのような手がかりに頼らず、福祉を都合よく使っているのは誰かと問うてみた。「黒人は〔人口構成〕比率以上に福祉を使ってると思うが、」と、駐車場係のケイレブ・ジョーンズは語る。「教育や収入が乏しいからだろう」。

「〔問題は〕どの黒人がより使っているか、ということですか?」と、私は尋ねた。

「そうだ」。

「あなたは福祉やその他、政府からの給付を受けていますか?」と、私は尋ねた。

「あ、ああ。失業給付さ」と彼はバツが悪そうに答えた。「三か月間、惨めで、がっかりするような経験をしたよ。とても平然としてはいられない状況だったが、ついに建設会社で排水溝を掘る仕事を見つけたんだ。あんたも知っての通り、〔こんな状況が続くなら〕給付金が送られてくるのが快適に思えてくるよ。本当に淀んでくる。俺は、自分が働いていないのは、仕事が見つからないからなのか、仕事が嫌いだからなのかと自問したよ。今、俺は貧乏だが、少なくとも仕事はしてる。欲しいものは手に入らないが、必要なものは手に入れられる」。

ケイレブやウィル・マクミランなど、福祉を利用していることを認めている者は、政府からの補助の魅力を漠然と語り、フルタイムの雇用に戻ったことを喜ぶ。だが、福祉についての彼らの解釈は、〔彼らの好む〕勤労倫理の言葉にはなっていない。もちろん、福祉受給者は公然と怠けているわけではない。むしろ、ここで福祉は規律や誠実さの問題として解釈されているのである。より多くの労働者階級の白人たちが政府の補助を必要とする中で、社会経済についての従来の二分法や規範的な基盤は不明瞭になりつつあり、そのことはさらに広く、社会的境界そのものを変容させつつあるのだ。

訳注

xv キャデラックは高級車、キャヴァリエは大衆車の例として挙げられている。

「労働者階級の白人たちの多くは今、落ち込んでいます」と、キャンディオッティ神父は語った。「彼らは、かつて批判していたような人になりつつあることに気付いているのですから」。

社会不安

ヤングスタウンには、富裕層と貧困層との、そして経営者階級と労働者との構造的分断が常にあったが、資本家の利益に対抗して、いわゆるプロレタリアートを様々な方法で団結させることができたようにも思える。階級に基づく分断は今日あまり明確ではないが、〔たとえば〕セントラルＹＭＣＡは長らく〔階級的分断の〕影響を受けている。玄関と吹き抜け階段の迷宮であり、三つのビルが連結してできたそれは、かつてアメリカ最大のＹＭＣＡの支部を構成していた。ヤングスタウンの主要な政府建築物や企業のオフィス〔のある地区〕から数ブロックのところに位置する事務所には、事務員、管理人、建築労働者、警察官、政治家、企業経営者、一〇代の若者などが集まる。しかし、ヤングスタウンのセントラルＹＭＣＡは、その設立を促したキリスト教的平等主義とは対照的に、この街を取り巻くヒエラルキーからの避難所にはほとんどなっていない。

〔ＹＭＣＡには〕文字通り、上層階と下層階が存在する。会員は毎月別料金で、建物の四階にあってサウナ室や個別ロッカー、タオルサービス、運動用個人スペースを備えた、医療健康部門と称する排他的な男性専用ロッカールームの利用が認められる。これに対応する女性用のものはない。他の〔別料金を払わない〕男性会員は、重量挙げ用の部屋の隣にあって「地下牢」として知られる、湿度が高い地下の一般向けロッカールームを使う。医療健康部門にアクセスするための追加費用は〔所得によって」案分比例されてはいない。まさに、医療健康部門《ディヴィジョン》――そして分断《ディヴィジョン》――は、ヤングスタウンの現状のほとんど生き写しだ。

より微妙なところでは、ヤングスタウンは言語的分断が進みつつある。これは今日のアメリカ社会にあっては独特なものである。五大湖周辺地域の北部方言と、南部および内陸南部のアパラチア方言とを分ける分界線においては、話し言葉の違いは社会経済的地位と実質的に関係がある(1)。専門職やミドルクラスの白人たちが、言語学者のいう「ネットワーク規格」のアメリカ英語――ほとんど北部方言と合致している――を使うのに対し、ヤングスタウンの貧しい白人たちは口語で「トゥワング」《鼻声まじり(2)》として知られる南部方言で話す。北部方言は社会的(あるいは教育的)圧力の結果として学ばれ、「公然たる威信」と結び付けられる(see Labov 2006)。標準語でない方言はふつう威信が低いと考えられるため、教育システムによってスティグマ化される方言――たとえばヤングスタウンのアパラチア訛りのような――は、それらが不正確だと考えられているまさにその理由によって、労働者階級の男性たちから密かな威信を与えられているのだ(Leith 1997: 96)。

経営者階級と労働者階級との間に、こうした耳に聞こえる、そして構造的な分断があるため、製鉄業は鉄鋼労働者間の密接な調整が必要となり、民族文化的な絆の形成をさらに促す。職場は仲間意識と相互理解が築かれる社会的絆の坩堝として機能する(Bruno 1999: 54, 137)。かつて強力だった組合運動や団体交渉協定を進展させてきたのは、鬱積した不満だった。鉄鋼労働者は「会社側の人間」と思われた労働者を警戒し、追放したこともある(Bruno 1999: 69)。〔そうした中で〕彼らは自分たちと特権階級とみなされた人々との間の生活状況や労働時間、稼ぎ、考え方の違いを認識した(Bruno 1999:

17, 89)。しかし彼らは気付いていたのだ。自分たちの階級内においてもそのような違いがあるということを。

分裂

ヤングスタウンの労働者階級の分裂《バルカニゼーション》をもたらしたのは、製鉄会社が仕事を、能力ではなく人種や民族に基づいて割り当てがちなことだった（see Allgren 2009: 36; Linkon and Russo 2002: 31-32; Nelson 2001: 155-164）。白人労働者は主に鉄の成型部門にいたが、アフリカ系アメリカ人はコークス工場や溶鉱炉に仕事を割り当てられた。アイルランド系は運搬部門、イタリア系は組積部門、スロヴァキア系やハンガリー系は平炉、アメリカ生まれの人やイギリス系は監督業務にあたった（Bruno 1999: 73; Linkon and Russo 2002: 32）。ヴィニー・コセンザは工場で二〇年働いた。「工場では、」彼は言う。「アイルランド系が最初、平炉を任されていました。ラテン系がやってくると、アイルランド系はそのやり方を教えようとしませんでした。黒人がやってきたときは、ラテン系も黒人に〔やり方を〕教えなかったんです。でも今日、黒人も白人と同じ工員なんですよ」。だが、ヴィニーの認識とは異なり、人種の垣根を超えた一体感はいまだほとんど見られない。

ヤングスタウン・シート・アンド・チューブの社宅計画は、会社の労働者管理を容易にするべく設計された（Linkon and Russo 2002: 33-34）。空間的に分離させられたことにより、労働者たちは広くヤングスタウン地域の市民というより、特定の地区の住民という認識を持つようになった（Bruno 1999: 29）。住居は四つの異なる区域に分けられた。ラブランドは熟練工や現場監督、管理者用。オーヴァールックはアメリカ生まれの労働者用。ハイヴューは見込みのある外国生まれの労働者用。ブラックバーンはアフリカ系アメリカ人や最近やってきた移民用である（Linkon and Russo 2002: 36）。このような分離の慣行がうまくいっていたのは、郊外や、住民の大半が白人であるヤングスタウンのウェストサイドに黒人労働者が住めないようにする貸付政策を銀行が採用してきた、一九六〇年代までであった（ibid.）。

オバマ政権期に、アッパーミッドウェストで民族文化的マイノリティと労働者階級の白人を統合しようという試みは〔いったん〕成功したが、この連合は儚いものだった。「〔白人と黒人は〕お互いを、抱えている問題が違う〔だけだ〕という風には扱いません。そうではなく、お互いが〔そもそも本質的に〕違っているかのように扱うんです」と、マーティ・ナッシュは説明する。「少なくとも、私はラテン系ではないし、ハンガリー系ではないし、少なくとも黒人よりはいい生活をしていて、今後もずっとそうでしょう。これはかなりの部分、レーガンの時代のウェルフェア・クイーン〔訳注xvi〕の話にまで遡ります。それは、本当の敵は誰かという問題から目をそらさせ、民主党は〔こうした話と〕現実とのギャップを埋めることができていません。組合や労働者が長らく人種差別的だったとしても関係ありません。彼らも黒人へのさらなる機会〔の提供〕については否定し続けてるんです。人々はパイを大きくするために働くよりも、小さくなり続けるパイを手放さないことに血眼になっているんですよ」。

ブライアント・ダニエルズは加えて言う。「〔ここは〕すごく人種的に分断されたところだよ。みんな、誰かを「ニガー」と呼んだり、公然たるレイシストになったりしちゃいけないことは十分わかってる。……

訳注

xvi 福祉を不正受給してぜいたくな暮らしをしている女性がいるとして、この表現が用いられた。

子供が偏見ある言葉を使ったら腹が立つことも自覚してるよ。みんな、その怒りを同じアンダークラスのメンバーに向けたけど、そうじゃなくて、〔その怒りをもってすれば〕何かを政治的に変えることができたはずさ。白人労働者階級は政治から引き離されてる。それは民主党も共和党も、彼らを参加させるのを恐れているから。……根本的には黒人も白人も同じ苦境にあるというのに、〔政治家には〕それが全くわかっていないんだよ」。

だが、まさにその共有された苦境こそが、白人労働者階級の間で人種差別的な感情を生み出している。彼らは貧困に対する尊厳ある――つまり、自分たちが〔現に〕とっている――対応というものがあると信じており、アフリカ系アメリカ人については、そうして作られた〔そしていつも裏切られる〕理想から逸脱しがちだと批判する。多くの白人にとって、こうした一般化への例外を見つけるのは簡単なはずなのに、〔それを目にしても〕その見方はいつも変わらないのだ。

「今じゃきちんとした黒人もいて、俺は彼らを家に招待したりするよ」と、ラルフ・ミッケルソンは言う。「でも、ゴミみたいな白人がいるのと同じように、ゴミみたいな黒人もいる。ニガーってのは、自分に責任を負わない奴のことさ。俺は黒人のニガーと同じくらい、白人のニガーを知ってる。関わりたくない白人は大勢いるよ」。

「黒人とは別に、ニガーというのがいるんですよ」と、サウスサイドに住む二九歳のシェフ、ポール・ポドルスキーは言う。「黒人はちゃんと教育を受けています。お互いにリスペクトするんです。〔僕は〕自分がほかの人より優れているとは思いません。〔逆に〕ニガーは、自分に全てが与えられるべきだと思っているんです。他人をリスペクトしないくせに、〔自分の〕やりたいことは何でもやるんです」。

注目すべきことに、サイスサイドのケリー神父も同様の見解を示している。「ここのアフリカ系アメリカ人コミュニティには、ドラッグや婚外子といったギャング文化があります」と、彼は言う。「これは人種の問題ではありません。文化の問題なのです。だから、白人は市から出ていったんです」。

「あなたの教会に、黒人の会衆はどれくらいいますか?」と私は問うた。

「二人です」。

「〔カトリックであるあなたの教会に来る黒人がたった二人というの〕なら、アフリカ系アメリカ人の大半はプロテスタントなのですか?」と問うた。

「もし彼らが教会に通っているのなら、そういうことになりますね」と、彼は皮肉を言った。

一九七〇年代以降、ヤングスタウンの大家たちは「良い地域」や「良い学校」というようなフレーズを賃貸広告で用いるのを禁じられている。そのような特徴を売り込むことは、その地域の住民のほとんどが白人であることを暗に意味していると理解されているのだ。ウェストサイドのある大家は、近所の住民から、その不動産を白人のテナントだけに貸すよう言われたと語った。「近所の人がやってきて、もし黒人に貸したら不動産に火をつけると言ってきたの」と、六四歳の大家であるエヴリン・バークは語った。「自分が火をつけるとは言わないで、だれかが火をつけるかもね、と言うのよ」。

都市計画に携わる市職員のキャサリン・ケンプによると、ヤングスタウンの白人と黒人には、団結を阻んできた昔からの記憶があるという。「一九二〇年代と三〇年代に国による最初の住宅開発がヤングスタウンで行われたんですが、〔その際に〕工場で働かせて組合を破壊するために、南部から黒人が集められました。彼らは自分たちが入ろうとしている状況について何か知っていたでしょうか? 何も知らなかったんです。彼らは単に仕事を欲し、ジム・クロウ〔訳注xvii〕から逃れたかっただけなんです。なのに、イタリア系やアイルランド系の鉄鋼労働者たちから憎まれてしまい、〔黒人たちは〕そのことを決して忘れていません。七〇年代に黒人たちが急進化すると、白人たちは恐れて、ヤングスタウンは「ダーティー・ハリー」の世界から飛び出してきたかのようになってしまいました。好戦的なマイノリティ〔による〕ブロックバスティング、つまり、黒人が近所の家を買っていると不動産屋が吹聴して白人を市外に転出させようとしたんです。一九七〇年代以降、教育を受けたアフリカ系アメリカ人はその〔＝好戦的なマイノリティの〕一部で、その子供たちはヤングスタウンの専門職階級となっています。なので、〔白人たちの間にも〕恨みが残って受け継がれているんです」。

「でも、それは昔のことですよね？」と、私は尋ねた。

「問題なのは、政治家が人種をめぐる政治を利用して、より多くの恨みを生み出していることです。彼らはよくできたコードを使います。黒人政治家は、「次は私たちの番だ」というようなことを言うんです。……もしあなたがサウスサイド出身の黒人〔の候補〕なら、サウスサイド出身の黒人によって選ばれるでしょう。手近な敵と友人が必要なんです。人種はその点で便利です。……皆、人種のせいで要求が通らないというようなことがないように、自分たちの〔民族的《エスニック》〕グループの仲間に相談する必要があると考えています。……〔かつては〕製鉄所に、そして今では政治家によって悪用されている、一〇〇年以上前からの不信という遺産の一部なんです」。

　ウェストサイド市民連合の会合で、白人の住民が地元の役人に不満を述べた。「この街じゃ、いつでもどこでも好きなようにクスリを売っていいと、みんな思ってる。車から車に〔薬物の入った〕バッグを投げるんだ。真っ昼間にだよ。これはもう、伝染病だ」。

黒人の参加者が「それはウェストサイド以外でも起こっていることです」と返すと、白人の住民は、「そうだよ。でも俺たちは、街のこちら側が、向こう側のようになってほしくない」と述べた。

ファミリーの中で

人種をめぐる緊張関係は——この一世紀の間ヤングスタウンを特徴づけてきた、同じくらい強固だった——民族的一体感に取って代わったものに過ぎない。経済状況が最も良かったときには、ヤングスタウンの成長著しい工場に、アイルランド、イタリア、ドイツ、ギリシャ、ハンガリー、ポーランド、チェコスロヴァキア、ベラルーシ、ウクライナ、セルビア、スロヴェニア、クロアチア、ロシア、レバノンから移民が働きに来た。この二〇年で通婚や統合が進み、〔彼らの〕出身国との関わりは消えつつあるが、〔地域において〕民族が混交している場合でも、ほぼ全ての者が自らの民族的伝統を強く意識すると回答している。この民族的多様性は今日、ハンガリー系の聖ステファン教会、イタリア系の聖アンソニー教会、レバノン系の聖マロン教会、聖トリニティ・セルビア正教会など——レトリックではなく〔本当に〕——民族集団《エスニック》ごとに作られているコミュニティ教会〔の存在〕において、最も強く表れている。これら教会コミュニティは、夏の週末を、スラブ祭り、ギリシャ系夏祭り、ヤングスタウン・イタリア系祭りといった文化的な祝典に費やしている。

訳注

xvii　奴隷解放後に主に南部で見られた、人種隔離を目的とする法律や慣行。人種差別全体を含意することもある。

出身民族集団に強い一体感を抱く人は少ないものの、ヤングスタウンでは門閥ベースの関係を重視する傾向が根強い。部外者に対する不信は依然としてあり、それは遠く離れた国の人に対してだけでなく、近くの郡出身者に対しても同じだ。「歓迎されていない、と感じることはあります」と、販売員のフィリップ・マッセイは言う。「僕は何も海王星からやってきたわけじゃなくて、ここから三五マイルのところで育ったんだ。僕はこの地域の高校に入っていないわけだけど、ここの人たちはみんなそこに通ってた。僕は、一九七九年からの三四年のうち三〇年間、ここに住んでいます。でも、〔僕と同じ〕一九七二年生まれのイースト高校のクラスにいなかったせいで、皆から少し違った風に見られていると感じています」。

日常会話の場となっていた工場のロッカールームや組合の事務所がなくなり、多くのレストランやクラブが営業をやめてしまってからは、親密な人間関係を築くための拠点はより少なく、〔以前とは〕異質なものとなった（see DiTomaso 2012）。一つの牙城が、ノースサイドの陸海軍ガリソンである。その施設は、退役した「社交的な」会員をコミュニティに供給し、蹄鉄投げ〔=輪投げのようなもの〕のバーやビリヤード台のあるダイニングエリア、フルサイズのボッチャコートを備える。三八歳の建設労働者、タンク・シュメイカーは、仲間たちに言及しつつ語る。「ここの人たちは何でもしてくれる。ここの人たちはみんな、本物のヤングスタウナーさ。足りないものがあれば、何とかしてやろうとするんだ——もっともそいつらがいい連中だったら、だがね。すごく親しい集まりだよ。そうやってうまくいってるんだ。金が足りないとき、あんたは俺に五〇ドル貸してくれるかい？ もし、庭仕事で助けが必要になったら——マニーは俺が手伝ったお礼に、ベガスに二回連れて行ってくれたよ。それがヤングスタウンなんだ」。

彼は顔を近づけてきた。

「でも、ふざけたマネをしちゃいけない。つまみ出されちまうぜ」。

大半のヤングスタウン住民がこうした交流の場を持ち、それが重なり合って社会資本の大きなネットワークになっていた時代が、確かにあったのだ。多くの人々がいまだにそれを望んでいることも、インタビューから明らかである。しかし、公共的活動の拠点が失われていくのに伴い、ヤングスタウンの白人労働者階級の中に孤独という感覚が生まれた。〔一度は〕失われた関係性や栄光〔の記憶〕、文化的資源は何であれ守らなければならないという感覚である。

逆説的ではあるが、ヤングスタウンの住民は濃密な社会的ネットワークをとても大事にしているにもかかわらず、信頼感はとても低い旨を述べている。「白人労働者階級の人たちは、誰に欲求不満を言ってよいのか、わからないんです」と、ウェストサイド在住の退職生活者、ギル・マクマホンは語った。「市に言えばいいのか、それとも州か、連邦なのか。仕事を見つけるのは恐ろしく難しいんです。誰も白人労働者階級のことなんて気にかけていませんよ。しがみついて、できることならなんでもします。工場が閉鎖される前は、〔そこで〕私たちは働いていて、そこの連中と一緒に家まで歩いて帰ってきて、集団としてのまとまりを感じていました。〔そういう場所として〕残っているのはバーだけですが、それも大半が閉店してしまいました。そこに近所の人が集まってくるんです。朝の七時から、その日何をする予定か、皆に話すというわけです」。

無職の六五歳、モー・ケリガンは言う。「NAACP〔=全国有色人地位向上協会〕やムスリム協会はあるけど、白人の団体というのはないだろ？　あるのは小さな教会だけだよ。白人ってのは何かをやり遂げる強さも、〔ほかからの〕助けもないんだ。豊かな〔白人の〕奴らは何もしてくれなかったよ。〔そのためには自分たちが〕まず、あいつらのために何かをしないといけなかったのさ。そして、黒人の奴らは俺を見て、文字通り、「〔これ以上〕何が望みなんだい、白人さん？」と言うんだ。俺はここで生まれたというのに、あいつらは「出ていけ。ここは俺たちのショバだ」と言いやがる。どうせ俺なんか、使い捨て要員さ」。

ヤングスタウンの住民は誰を自分たちの仲間と認めるかについてとても慎重なので、彼らが孤独を感じているのは驚きではない。〔ノースサイドの陸海軍ガリソンに入り浸っている〕タンクですら、自分の通うクラブのドアの向こうでは疎外感を抱く。

「誰も俺たちの面倒なんてみてくれないのさ」と、彼は語った。「俺たちは互いに面倒をみあうんだ」。いったんファミリーになれば、ファミリーは決して離しはしないのだ。

政治的不安

ヤングスタウンの市政府はもう一つの、別のファミリーである。ただし、多くの人がそこに加わろうとしたのは、製鉄業が衰退して以降のことだ。このファミリーの性格は、産業界の重要人物たちが、強大化する労働組合の代わりに組織犯罪を政治的に利用することを黙認した時代に遡ることができる(Schneider and Schneider 2005: 34)。この時代の腐敗した政治的取引を支えていた土台は、地域産業の衰退後〔も〕、政府の役人に〔腐敗への〕免疫をつけさせることになった(ibid.)。このシステムの現在の家長は、一九七七年から一九九四年までマホニング郡民主党の議長を務めたドン・ハニ二世である。

ポピュリスト的レトリックで知られ、「ブルムース」[訳注xviii]というニックネームがつけられた彼は、郡の「確固たる政治的ボス」だった（Welsh 2009: 83）。

「ハニはシカゴ・マシーン[訳注xix]のヤングスタウン版を作り、私たちはいまだにその中で生きてるんです」と、都市設計家のキャサリン・ケンプは述べた。「彼は昔の製鉄所モデルに基づいて人々に仕事を与えることで連合を作って、それを政治システムに組み込みました。これは、異なる〔民族文化的〕集団の間の不信を永続化させるものです。それらの集団を互いに引き離しておき、アイルランド系のことを黒人に語り、ギリシャ系のことをユダヤ系に語る〔ことによって互いの不信と対立をあおる〕といった具合です。もし私が仕事を手に入れたら、それは私が「彼らが必要とするWASP」だったからで、彼〔＝ハニ〕もそう言うでしょう。黒人コミュニティは今でも、彼〔＝ハニ〕が彼らに対して言ったことを繰り返しています。「今は我々の時代だ。今を逃せば、ずっと無理だ」とね。いつも、それればかりなんです」。

「ハニは交換取引《バーター》の名手さ」と、元役人のブライアント・ダニエルズは語った。「芋づる式の情実ネットワークだ。もしあんたがネットワークの一員なら、誰かが自ずとやってくれるだろう。もめ事を〔自ら〕解決したり、誰かにああしろこうしろと言う必要はない。もしある弁護士が判事の前に現れたら、判事はどう判示すべきかわかってる。地元の土木会社は、契約を全部とることができる。ほかの会社が参入しようとすると、とても丁寧な扱いを受けるが、契約は結べない。郡庁はカファロ一家[訳注xx]の不動産の中にあるん

訳注

xviii　オスのヘラジカ。体が大きく凶暴な政治家に、このニックネームがつけられることがある。

xix　シカゴの民主党は強力な政治マシーン、すなわち、ボスを中心とした政治・集票組織を構築していたことで有名。

だ。それは、もう途方もない情実のネットワークさ。現状はもう、全く囲い込まれてしまっていて、何かしようとしても無駄。情実天国にいるという幸福をわざわざ脅かすだけだよ」。

彼は続ける。「今はみんな、ギャングを情実共有のネットワークだと考えてるよ。かつては常に暴力と隣り合わせだったが、今は違う。ビジネスが全てだからさ。経済活動のための仕組みなんだ。そして実際、とても民主的で、参入障壁は低い。やるべきことをやれば、もらえるものがもらえる。なので、物事をほかの方法でやるインセンティブはない。俺たちはここで起業家を生み出しはしない」。

ハニの戦術は目新しいものではない。ヤングスタウンの人々が自分たちの生活をやりくりする方法を反映しているだけである。つまり、緊密で個人的な関係を使うという方法だ。地方政府や市民社会が、閉鎖した工場の所有権の取得やそれらを歴史的遺構として保存することに失敗した結果、制度に対するコミュニティの不信感と、「適切なコネを持つ友人からの特別の手助け」を求めようとする人々の傾向が強まった（Linkon and Russo 2002: 237）。市内でもほぼ白人地域であるといえるウェストサイドで、ヴィニー・コセンザは数十年にわたり小さな会社を経営している。

「皆は私のことを「ゴッドファーザー」と言います」と、コーヒーを飲みながら平然と語った。「私はメリディアン・ロードの北側で最年長です。なので、皆は私に、〔何か問題があったときに〕私が何かできるか、尋ねてきます。三一年〔頼まれごとの処理を〕やっていれば、いろんなことができます。誰もみんな、貸し借りをしていますからね。単に頼みごとをするだけです。バーターですよ」。

「バーターでどのようなことをするのですか？」と、尋ねた。

「人はそれを政治と言うかもしれませんが、何か面倒に巻き込まれたとき、〔しかるべき〕人を知っていたら逃れることができます。人を知ってさえいれば、望むものが手に入るのです。スピード違反のチケット、飲酒運転の罰金。私は、人を知っていました。今も知っています。もしあなたが何かしてほしい、たとえば道を舗装してほしいとお思いなら、私はそれをして差し上げることができます」。

「これまで誰か、〔あなたの〕頼みを拒否した人はいますか?」

「断られたことはありません」と、彼は答える。「先方が〔見返りとして〕何を求めているかは関係ありません。皆、私のためにやってくれるんです。なぜなら、あとで何か必要になるかもしれないからです。クオーターズはビールの件でヴィニーに会いに来る、そうやってここは回っているんです。誰もが誰もを知っているのです」。

彼は立ち上がってコーヒーのフィルターを替え、客に挨拶をして戻ってきた。

「あなたは何を研究しているのですか?」と、彼は尋ねた。

「政治です」と、私は答えた。

「ジム・トラフィカントは、この地域のために多くのことをしました。ただのバーターですがね。そのために彼は刑務所に入りましたが、彼は労働者のことをとても気にかけていました。ケチな野郎、ケチな商売人、それがこの地域を作ったのです」。

一九八二年、トラフィカントはマホニング郡の保安官として、マホニング郡のクリーヴランド系ギャングから一六万三〇〇〇ドルの賄賂を受け取り、それと対立していたピッツバーグ系ギャングから

訳注

xx 後述のとおり、ヤングスタウンの有力マフィア一家。

〔も〕六万ドルを受け取った。〔しかし、〕連邦租税裁判所が賄賂による所得税法違反と、一八万ドルの税の未払いで罰金と有罪判決を出した後も、トラフィカントは一九八四年に連邦議会議員に選ばれた。FBIによる二〇年に及ぶ捜査を受けたにもかかわらず、一九九九年に連邦政府が郡の保安官や検事、技士など彼の仲間数人に汚職の廉で有罪宣告をしたときも、彼は告発から逃れた。だが二〇〇二年、トラフィカントは恐喝や汚職など一〇の罪状で有罪判決を受けた。

　白人労働者界隈では、彼は労働者のために大胆に立ち上がった最高の殉教者である。彼はけばけばしい一九七〇年代のスーツとラッパズボン、乱れたグレーのポンパドゥール、そして下院のフロアにおける、腕を振り上げながらの、時に不敬な「議長、何とかしてください」で終わるいわくありげな長広舌で悪名高い。二〇〇二年に有罪判決を受ける前、数年にわたりワシントンで〔所属政党である〕民主党に逆らい、〔対立政党の〕共和党を困惑させた後、〔訳注xxi〕彼は南北戦争以後で下院を追い出された二人目の人物となった。だが、ヤングスタウンのパブの壁には彼の写真が掲げられており、住民の中には彼のバンパーステッカーを貼っている者もいる。パブ「ロイヤル・オークス」は、いばらの冠をかぶったトラフィカントが十字架にかけられた絵を額に入れて飾っている。マキャベリ的な意味で、公益のために手を汚すのは高貴な仕事だと考えられているのだ。彼のかつての選挙区民は、政治的な情実を「公的サービス」と位置づけている（Linkon and Russo 2002: 222)。これは、彼らが助けの必要な状況にあったためだ。

　だが注意深く見てみると、ヤングスタウンにおける交換取引《バーター》の基盤は、マホニング・バレーにおける入手可能な資源とともに縮小しているようだ。トラフィカントがいなくなってからというもの、ネットワークはつつましく、そして小さくなっているが、回答者たちによれば、それは依然として前と同じように機能している仕組みなのである。

インナー・サークル

ヤングスタウンは実質的に、単一政党地域における単一政党都市である。マホニング郡は白人労働者階級の人口規模のおかげで、この一世紀のアメリカでは民主党にとって勝利が極めて確実な選挙区だった。少しの例外を除き、民主党候補は数十年にわたってこの地域の重要な選挙のほぼ全てで勝利してきた。二〇〇〇年から二〇一二年の間、市、郡、州で行われた一〇九の選挙のうち、民主党は五つを除く全ての選挙で勝利した。その例外の一つは、元市長のジェイ・ウィリアムズが独立候補として二〇〇五年の選挙で勝利したことだが、彼も二〇〇九年には民主党の指名を受けた（Mahoning County Board of Elections 2013）。「ここの人々の二五％は、〔この地方の政治〕システムをよく見た上で、自分たちのためになっていると考えています」と、地元の近隣協会《アソシエーション》を運営するギル・マクマホンは語る。「その他の人々は民主党が政権にいる限り、それが機能しているかどうかなんて気にしません。ミッキーマウスを候補者名簿にのせて、名前の隣に〔民主党の頭文字である〕〝D〟とさえ書いてあれば、当選すると確約しますよ」。

訳注

xxi　たとえば、二〇〇一年の下院議長選挙でトラフィカントは、共和党のデニス・ハスタートに投票して、民主党から党の序列を剥奪されたことがある。

選挙結果の予測可能性の高さを前提として、マホニング郡の民主党は、有権者が悪い選択肢を拒むのを恐れることなく、候補者の選定を厳しくコントロールすることができた。

「郡の民主党が人々に求めるのは、とにかく足並みを揃えることです」と、元民主党の公職者であるヴァル・コロナードは言う。「候補者も足並みを揃える。選挙区の職員も足並みを揃える。ひたすらそれなんです。なぜなら、ここでは皆が投票用紙のDの隣にパンチ穴をあけるんですから。[訳注xxii]……ここの人々は御しやすいんです。〔選挙管理〕委員会〔の顔触れ〕は高齢だし、とても長く関わっているので、深く考えずに判を押すだけなんです。選挙戦に出る名前は〔いつも〕同じなので、バンバンバンッと、自動的です。どのような地位に就いても、権力を持ったら、やることは全て情実なんです。……マホニング郡の民主党委員長は人々を操り人形のようにコントロールします。この地域の人々は、一九七〇年代に工場が閉鎖されて政治家が何もしてくれなかったときですら、名前だけで投票したんですよ。それがここでの政治です。彼らはただ、仕事を入れ替え続けるだけですよ」。

彼ら〔＝民主党の政治家たち〕が代表する選挙民と同様に、民主党職員も、よくわからない部外者や信頼できそうにない者にファミリーを広げる気はない。市民に信頼されてはいるが党との関わりの薄い草の根候補が割って入る余地があるか、郡の政治家であるカレン・アマルフィターノに尋ねた。

「私はそんな戯言は信じません」と、彼女は言った。「公職に立候補したいなら、民主党に支持を頼む必要があります。私は選挙区の委員として働いてきました。彼ら〔＝立候補希望者〕もそうすべきです。私は委員長に言いました。〔政治家になったら〕敵を打ち負かすだけでなく、殺すつもりだ、とね。党の人たちが味方をしてくれるためにはもう、何でもすべきです。党に関わるまいとしている新人候補たちは、チャンスを逃していますよ。彼らは〔自分を〕独立した民主党員だと思っているかもしれません。でも、党から離れて、一人でやることなんて無理です。〔党の〕中からやる必要があるんです。皆が同じことを信じるという環境から、強さは作られるんです。それが忠誠心でしょう。それが仲間でしょう。そういう人たちに背を向けたら、ほかの仕事には就けません。〔だから〕私は死ぬまで、委員の仲間を助けます。私が出馬するときに支援してくれた政治家については、その家族も知っていますし、彼らのことは学校に行っているときから知っています。彼の家族は、いつだって我が家の食卓で食事ができますよ。彼は私に対して忠実なんです。私は彼に、「あなたが何をするときでも、私はあなたを助けます」と言っています。……政治のゲームでは、忠誠と敬意、そして誠実さが全てなんです。もしそれがないのであれば、ほかの仕事を探すべきだと思います。〔もっとも〕ゲームは〔どこでも〕同じで〔重要なのは忠誠と敬意で〕す。〔仕事で着る〕服が違うだけですから」。

私は党の職員であるリック・ハンリーに同じ質問をした。「草の根候補が公認されることはありうるのですか?」と。

「そんなことはありえません」と、彼は言った。「マホニング郡だけではありません。〔人のために〕何の役にも立たずに成功しようとしても、そんなことはどこであっても無理です。ヘルメットを買いなさい。ゲームに関わりなさい。ゲームに参加したくないなら消えなさい。殴らずにボクシングの試合で勝つことはできません。やってみて、どうするかを考えるんです」。

訳注

xxii　当時はパンチ式の投票用紙が多くの投票所で採用されていた。民主党候補というだけで投票するという意味。

「でも、そうやって外からの候補が排除されるのなら、」私は後に尋ねた。「〔党〕内部の候補は党の支持を当てにできるので、腐敗を免れないのではないですか？」

「〔賄賂をとる人々は〕彼らが代表すべき人々〔＝有権者〕をだましているんです。それは色々な面でとても悪いことですから、何とも言いかねます。そして、そんなことは起こるべきではありません。毎日仕事をする中で、そんなことを知るための時間も関心もない人々がいるわけです。〔だから〕そういった政治家は排除して、撃たれるべきです。癌ですね。人々に奉仕するための制度が、人々から信頼されなくなってしまいますから」。

「市長はクリーンだと思いますか？」と私は尋ねた。

「〔チャールズ・〕サマロンがクリーンだと思うか、ですって？」

彼は一瞬視線をそらした。

「正直な回答が欲しいですか？それとも、本当に正直な回答が欲しいですか？」と彼は尋ねた。

「本当に正直なのを」

「はい〔＝クリーンですよ〕」と、彼は何食わぬ態度で言った。

「オーケー」と、私は言った。「正直な答えをください」。

「クリーンではありません」。彼は恥ずかしそうに、にやっと笑った。

「でも党は彼を市議会議長に推しているのですよね？[訳注xxiii]」

「完璧な世界にいるのであれば、私は彼を支持しないでしょう」と、ハンリーは姿勢を正して言った。

「でも、選択肢がないんです」。

「対立候補はいますよ」と、私は言った。

「彼〔=対立候補〕は党員ではありません」。

選挙で選ばれた人々は、お互いに好き勝手やるためにこそ、インナー・サークルを苦心して守るのだ。

「私は選挙で選ばれた郡の公職者は全員、そして、市とタウンシップ〔=町〕の公職者もほぼ全員を知っていると思います」と、当時市長選挙に立候補していた郡議会議長のジョン・マクナリーは語った。「知っておく必要があるんです。何かを決めるときに誰に電話するか、知っておきたいんです。それをダメだと考える人もいますが、ここではそういうやり方なんです。上院の議場〔だけ〕で良い討論ができるとは限りませんし」。

ヤングスタウンの市議会議員は、特定の区に専ら関係する事柄についてはその区の議員が望むことなら何でも支持して投票するという規範に、忠実に従っている。これは、市の様々な第三者機関が議会に対しそれとは異なる助言を与えていた場合でも、変わらないのである。

パット・オニールはそのような第三者機関に籍を置いたことがある。「もし委員会〔による提案〕が議員の利害に沿わなければ、その議員は議会が絶対多数でその提案を拒否するよう、ほかの議員を結集するでしょう」と、彼は述べた。「彼ら〔=議員〕は自分で考える人々だと思われていますが、その投票が自分の選挙区に関係する場合にほかの人を動かす力を、持っておきたいんです。〔そうやって議員と議会が〕特定の区に肩入れすれば、市にとって最善の利益となるはずの計画が、妨害されてしまうんです」。

訳注

xxiii　サマロンは市長の任期終了後に市議会議長選挙に立候補していた。

彼は続ける。「もし私たちがこれまでと同じやり方を続けるなら、つまり、〔個々の〕政治的利益を超える〔市全体の〕利益について考えないなら、議論すべきことはほとんどありません。皆がパイを一切れ欲しいのに、そのパイは腐っていってるんです。……お金はもはや民間にはありません。池に残る一番大きな魚は、政府なんです」。

「私たちはペイ・トゥ・プレイ〔訳注xxiv〕のメンタリティを持っていて、〔それができずに〕去っていく人たちもいます。……今は、政府は経済的に健全でなく、ゆえに政治的にも健全でないので、〔むしろ〕より有害です。リーダーシップの空白が生じてるんです。かつては市議会議員に奉職するのは尊敬に値することでしたけど、今では彼らは良い給料と手当をもらっています。生計の手段であって、奉仕ではないんです」。

再選に失敗することがほとんどありえなければ、透明性や倫理にはほとんど関心がなくなってしまう、というわけである。

腐敗

今日、「カファロ」の名はいまだにヤングスタウンでは不可能を可能にする存在である。カファロ・カンパニーはアメリカ最大手の商業不動産業者の一つである。元鉄鋼労働者のウィリアム・M・カファロが一九四〇年代、ヤングスタウンのイーストサイドで兄弟とともに創設し、会社は大通りのショッピングセンターや商業中心地の開発の草分けとなり、創設者が死亡した一九九八年には当時の価値で八兆ドルの蓄財があった。彼の息子のアンソニー・〝トニー〟・カファロ・シニアはそれ以降、会社の所有権と事業を統括している。

一九七〇年代に始まる製鉄業の撤退のさなか、密室会議と怪しげなロビイングの慣行によって、地域開発をめぐるカファロ・ファミリーの影響力は拡大した。特に、「カファロの円卓会議」は「〔カファロとその〕友人たちや商売仲間が社交する毎週の機会」として作られた（Schneider and Schneider 2005: 43-44）。トニー・カファロはのちに円卓会議に著名な判事や市長、議員、郡の委員も加えるようになり、あらゆるたくらみや目的のために用いられる「影の政府」の役割を果たすようになったという者もいる（ibid.）。こうした会合について連邦の腐敗調査が入り、新聞報道が増えた後も（彼らが新たにレストランへと会場を移動した後でさえも）、カファロ家のビジネスは、さらにプライベートな形をとって行われた。

「民主党はビル・カファロの道楽みたいなものです」と、役人のジム・ロデューカは語った。「全能のキリストよろしく、ビルは一九六〇年の選挙戦中、ケネディ〔＝当時の大統領候補〕を家に呼んだんです。彼〔＝カファロ〕は連邦の裁判官指名に影響力があるとの評判がありました。彼らは郡の検事や裁判官をプライベートの飛行機旅行に招待して、宣誓就任式、野球やホッケーの試合を見に行きました。古くからのお仲間たちは〔こうやって〕団結したんです」。

労働者階級の人々の間でもまた、カファロ家のことはよく知られていた。モー・ケリガンは言う。「俺の叔父はウェストサイドで〔レストランを〕経営していたんだ。……彼が市ともめ事になったことがあって。なぜかというと、市が彼の営業免許を取り消すようなゾーニング規制法を作ったんだ。なので、

訳注
xxiv　プレーし続けたければ支払わなければならない、ということを意味する株式用語。

彼はカファロ家の関係者に助けを求めた。確かに問題は解決さ。でも〔その代償として〕、毎週土曜日、〔街の〕大半のレストランが奥のバンケットルームで結婚式をやっているとき、彼の〔レストランの〕奥の部屋は〔カファロの〕会合のために押さえられ、テーブルは食べ物や飲み物で〔常に〕いっぱいになってしまった。でも彼には、情実が必要だったんだ」。

ギル・マクマホンは言う。「私が最初に〔ウィーン・〕ユナイテッドで解雇されたとき、郡の災害支援事務所で働くようになったんですが、上司の義理の兄弟がカファロだったんです。当時、市議会は予算折衝の一部として私たちのスタッフから二名を解雇しようとしていたので、上司は車に飛び乗ってヒル〔＝ブライアーヒルにあるカファロの本部のこと〕に行ったんです。二〇分もしないうちに、市議会の事務所からの電話で、私たちは解雇されないと伝えられました。その上司はいつも午後にいなくなって、緊急時連絡用に電話番号を残していました。ある日、私たちは不思議に思ってその番号に電話してみたら、〔マフィアのメンバーである〕ジョーイ・ネイプルズのミュージック・ストアにつながったんです」。

より最近では、アンソニー・カファロ・シニアの兄弟で、前のカファロ・コーポレーションの副社長であったジョン・J・カファロが、トラフィカントの汚職スキャンダルに関与した（Schneider and Schneider 2005: 43-44）。二〇一〇年には、娘のカプリ・カファロが連邦下院議員を目指して失敗した二〇〇四年の選挙戦に一万ドルの資金を貸したのを隠したことで、連邦検察官によって訴追された（Krouse 2010）。彼女は今、トランバル郡選出のオハイオ州上院議員を務めている。

「カファロ家は「ノー」と言われるのが嫌いで、一度でもそれを言ってしまうと、ずっと嫌われてしまいます」と、マーティ・ナッシュは言う。「彼らは私のことを今でも嫌っています。彼らは政治的な目的のために、長い間このあたりで物事を回しているものですから、彼らにノーという人がいるのが信じられないんです」。

さらに目を引くのはおそらく、アンソニー・カファロ・シニアが、郡の雇用・家族サービス省をカファロ家所有のガーランド・プラザから郡所有のオークヒル・ルネサンス・プレイスに二〇〇六年に移転するのを妨害すべく謀議をした廉で、マホニング郡から告発されたことだ（Milliken and Skolnick 2012）。郡は一九年間、毎年四〇万ドルでカファロ家の不動産を借りていたが、破産裁判所からオークヒルの不動産を買い、事務所を移転させることにしたのだ。郡はプラザに関して維持費も払っていて、借用最終年には全体でおよそ一一五五万ドルが税金から支払われていた（ibid.）。

郡がその不動産を手に入れられないようにするため、カファロはオークヒルの破産管財人であるアンドリュー・W・スハールに一〇万ドルの与信限度額を保証したといわれている。彼はまた、ボードマン地区のビジネスマン、サム・モフィの住居を訪ね、郡がオークヒルの物件を購入するのを妨害するために民事訴訟をするよう勧めたものの、失敗したという。モフィはのちにカファロに対して、FBIの〔捜査に協力する〕ために隠しマイクを仕掛けていたことを明らかにした。カファロは〔モフィが〕「とてもパワフルな奴」だとわかり、モフィはカファロを「敵ではなく友人」にするほうがよいと考えた。モフィによれば、FBIは彼に「鳩の糞」をかけることすらできないが、カファロは彼を「破壊する」ことができるのだった（ibid.）。

州が主張するところによれば、郡議長のジョン・マクナリー四世、郡会計検査官のマイケル・シオティーノ、収入役のジョン・B・リアードンが、カファロ・カンパニーの弁護士の助けを得て賄賂を受け取り、それは全体で八七万六一三九ドルに及んだという。彼らはまた、カファロや彼の弁護士と謀議したことを否定する偽証をしたことでも訴追されている。かつての郡収入役で民主党議長のリサ・アントニーニも、資金洗浄に関与したとして訴追されている（The Vindicator 2012）。

このオークヒルの刑事事件は二〇一一年七月一一日、証拠開示期間にFBIからテープを取り戻すことができなかったことを理由として、ロレイン郡検察官とオハイオ州倫理委員会特別検察官によって取り下げられた（Milliken and Skolnick 2012）。連邦検察官のスティーヴン・ドゥテルバックに、ヤングスタウンの汚職事件に関して検察が行った捜査についてインタビューをした際、彼はジョン・マクナリーの名前を認識していなかった。

「いったい誰ですか？　知りませんね」と、ドゥテルバックは言った。

「彼は市長選挙の予備選挙で勝って、次のヤングスタウン市長になりそうですよ」。私は説明した。

彼は、考え込んだ。

私は付け加えた。「彼は郡から汚職の廉で告発されていました」。

「係争中の事件なら、個人的なコメントはしたくありません」。

「オークヒルの事件を知らないんですか？」と、私は尋ねた。

「知りませんね」。

私はインタビューに立ち会っていた〔連邦検察当局の〕広報担当、マイク・トービンに話を向けた。

「マイク、あなたたちはヤングスタウンのオークヒルの事件を聞いたことがないんですか？　しばらくの間ヘッドラインになっていましたよ」。

マイクはほくそ笑んで、「えぇーっと、私は……」。ドゥテルバックは間に入ってきた。

「インタビューを受けているのは私です」と、ドゥテルバックは間に入ってきた。「質問は私に直接してください」。

「私は驚いているだけです。汚職事件でもちきりになっている地域を統括している連邦検察官が、この事件をご存じないことに」と、私は説明した。

するとドゥテルバックは急に思い出した。「あぁ、ひょっとして、カファロ家が関わっているかもしれない件ですね」。

「そうです。カファロは被告人の一人です」と、私は答えた。

「私はカファロ家を扱う事件への関与はやめています。私の法律事務所がカファロ家の一員を担当しているので、[訳注xxv]司法長官代理が私を外したのです」。

二〇一四年に連邦政府は、この事件をオハイオ州司法長官とカイヤホガ郡の検察当局に委ね、当時ヤングスタウンの市長だったマクナリーは起訴された。二〇一六年三月の司法取引で、マクナリー市長は四つの軽罪で有罪となった。文書偽造二件、電気通信機器の不正使用一件、公務員への違法な影響力行使一件、である。州はカファロ家に対するより広範な立件をしていると考えられていた（が、結末はこのとおりだった）。「私は市に落ち度があるとは思いません」と、短い執行猶予期間を含む判決

訳注

xxv 連邦検察官は選挙で選ばれ、法律家（＝ローヤー、弁護士も裁判官も全て含む）が立候補することも当然可能なため、検察官が法律事務所を経営していることもありうる。

が出された後にマクナリーは述べた。「落ち度があるとは、全く思いません」。

マクナリーと私はこの事件の前――彼が二〇一三年の市長選挙に勝つ前――に、一九三四年以来市のノースサイドにある「ゴールデン・ドーン」というレストランバーで会った。二〇世紀の半ばに〔マフィアや企業、政治家たちの〕秘密会合が行われたことで知られ、ヤングスタウンの白人住民やマクナリーの選挙支持者が好んで集まる場所となっていた。大きな緑色の案内板が天井から垂れ下がっていた。

九三歳の共同経営者であるラルフ・ネイプルズが接客するぴかぴかのカウンター周辺は、近所のウルスラ高校、ヤングスタウン州立大学、オハイオ州立大学の思い出の品が内装の壁にいっぱいだった。入店するとすぐに、マクナリーはたくましい常連客たちに「やぁ、ジョニー！」とか、「すごい〔＝美味い〕サバがあるぜ。来てみろよ」と声をかけられていた。

「息子さんはどうだい？」と、マクナリーは仕切り席にいる紳士に尋ねた。

「いい子に育ってるよ」と、紳士は答えた。「でも、まだ一四〇ポンド〔＝約六三キログラム〕ぐらいしかないんだ」。

挨拶を終えて私たちの話が進む前に、マクナリーは彼の父親や現職市長のチャールズ・サマロンなど、さらに六人に声をかけられていた。彼のニックネームは「ジャック」から「ジョニー・マック」まであった。

「間違いなく、あなたは人気者ですね」と、私は言った。

「ここはもう、我が家にいるように感じるよ」。

「人によっては、」私は言った。「オークヒルの事件は個人的関係が行き過ぎたせいだ、と言いますが」。

「個人的関係が行き過ぎた、とは思わない」と、彼は言った。「私の同僚たちが郡事務所の移転なんていうひどい決定を、政治関係を顧みないで行ったんだよ。オークヒルの建物は取り壊されるべきだった。マーケット・ストリートの空きビルだからね。移転は悪い決定だったと思う。個人的関係が行き過ぎたと人々がみなすのは、仕方ないことさ。カファロ家は私の友人で、その子供らと〔ウルスラ高校で〕同窓だから、私が非難されるんだよ」。

「だとしたら、〔市長候補としては〕利益相反ですよね」と、私は尋ねた。

「友人が関わっている出来事にはどれも関わってはいけないとしたら、私はマホニング・バレーでは何もできなくなってしまうよ。その基準はどこにあるんだ？　助けてくれと一〇回電話を受けた場合は？　どの時点からは友人で、ほかの人に振らないといけなくなるんだい？」

「もしあなたがオークヒル事件を統括する判事だとすれば、個人的関係があるとして自らを〔担当裁判官として〕不適格としますか？」

マクナリーは検事だ。彼は咳ばらいをし、カウンターの方を見た。

「そういう場合は、関係しているわけだから、不適格としなければいけないと思う」と、彼は言った。「司法の場だと、不適格としたら非難されるだろうし、そうしなくても非難されるだろう。難しいところだね」。

「でも、なぜ判事の場合は、政治家の場合と違う判断をするんですか？」と、私は尋ねた。「どの立場であっても、客観性が求められるのではありませんか？」
「そう、そのとおり。でも、判事はコミュニティの利益にとって最善の決定をするわけじゃない。政治家とは違うんだよ」。

「公的サービス」

〔汚職の当事者たちが〕数年にわたって辛酸をなめた結果、政府の陰に存在した戦術や行動の政治的地盤が緩んだ〔訳注xxvi〕。「公的サービス」といわれるようなごく小さな活動〔＝少額の賄賂〕は、昨年の不正〔＝オークヒル事件〕や一〇万ドルを超える収賄事件などと比べると小規模なために、ほとんど吟味されることはない。だが、ヤングスタウンの市政府や郡政府の隅々にこれらが偏在していることは、寛容あるいは無関心が広がっていることを示唆している。

「汚職については――受け入れられているとは言いたくないですが――人々はもう慣れっこになっていますよ」と、マダックスは言う。「〔確かに〕起訴が取り下げられれば、人々はそれを良しとはしませんよ。ですが、広い意味では〔汚職を〕受け入れるカルチャーがあります。……今日では微妙です」。

ヤングスタウンを動かすのは賄賂だ。一部の役人の支持を得たり、政府が円滑に事を進めるための歯車に油をさすのには、一回で二〇〇〇ドルや三〇〇〇ドルといった控えめな額の支払いは必要だと理解されている。商売主が店の外装を直したり移転したりするために市の補助金を求めるときには、〔こうした慣行は〕より一般的なものとなる。

「数千ドル〔程度の賄賂〕はゲームの一部です」と、都市設計担当者のキャサリン・ケンプは述べる。

「ヤングスタウン・イニシアティブ〔訳注xxvii〕はそのための完璧な手段ですよ。それを通して金が入ると彼らは思ってますからね」。

「なぜ、政治家は自分たちの誠実さをそんなに安売りするのでしょうか？」と私は尋ねた。

「半分くらいの政治家は陰に陽に借金を抱えています。公職に就いていれば、どこに行っても夕食代か飲み物代を出すことが期待されるんです。このあたりで政治家をやってると、全体としては損をします。多くの政治家が不動産取引で失敗していますよ。彼らの税の滞納を見ると、ひどい金銭問題が見えてきます。なので彼らは自暴自棄になって、三〇〇〇ドルなどといったちっぽけな賄賂をとることになるんです。多くの政治家がやっていますよ。金になると思ってますから。……立入検査なんていうのは賄賂のための仕事です。土地所有者は商売を点検してもらうために金を払うのではありません。法令を執行する役人に金を払い、政治家がその一部をとるというわけです」。

複数の回答者たちによれば、チャールズ・サマロン市長はそのような取引に精力的で、〈特定の人々への〉特別扱いを頻繁にしているという。

「私は特定の人たちに〈ほかとは〉違う扱いをするよう、やんわりと言われました」と、建築部門で働いていたナターシャ・ジャクソンは、安全でない建造物を承認したり営業停止命令を解除したりする

訳注

xxvi 数年にわたる批判や訴追を受け、ヤングスタウン政治を特徴づけていた腐敗した戦術や政治慣行の基盤が緩んできた、ということ。

xxvii 事業開始あるいは拡大に対する支援事業。

よう命じられたことを語る。「露骨な、まさに露骨な身内贔屓ですよ。……〔それに従わなかったことに対する〕報復が怖いです。何をされるかわかったものではありません。だから、発車する前に車の下を〔爆弾が仕掛けられていないか〕見ることができるように鏡をつけよう、と冗談を言っていました。仕事に行く前に、文字通り不安神経症の発作がありましたよ」。

「〔サマロン〕市長は以前、私の同僚を壁に押し付け、顔に指を突き立てて、「私はお前を思い通りにできるんだぞ、このバカ野郎が。思いのままにできるんだぞ」と叫びました。……私たちは〔上司に〕肛門用の潤滑油をプレゼントしたんです。なぜなら、皆、彼が市長に不当な扱いを受けている《take it up the ass = 肛門性交をさせる》ことを知っていたからです。ミーティングで彼は、頭を下げて、「こんなことを皆に言わなければならないのは信じられないことだが……」と言いながら、市長からの指示を伝えました。……私たちは部門の金曜昼食会を中止させられたんです。市長が入ってきて、私たちが陰謀を企てている、あるいは働いていないと言いがかりをつけてくる恐れがあったからです」。

商業会議所のメンバーであるジョージ・エリスによれば、サマロンは新しいビジネスを始めるときにも介入してきたという。

「大きなビジネスがあって、数百万ドル規模で数百の雇用を生む店を始めたいと考えていたら、市長が私に電話をかけてきて、どの建設業者を事業で使うべきかを命じてくるんです。……私は自宅の安全のために侵入警報器を取り付けるはめになりましたよ。朝、私が車を出すとき、誰もガレージに忍び込んでいないか妻が確認するんです。すごく力を持っている人物が私を脅していたんですから」。

市の管財人のジョー・ヒンスキーは、市長が細かいところまで口出ししてくるのを避けるため、プロジェクトを五つか六つほど遅らせなければならなかった。

「市長は昔気質の政治家です。彼は政治的に支持してくれた人を支援したいんです。選挙資金で援助してくれた人、という意味ですよ。新市長が誕生するまでは、何とか〔対応〕しようと思います。この人がプロジェクトのやり方を知っているかどうかはわかりませんが、〔とにかく〕コントロールしようとしてくるんです。バスケットボールで試合のペースを落とそうとするときみたいに、あちこちで仕事をするんですから。私たちは、彼が辞めるのを待ちながら、持久走をする〔ように仕事をする〕んです。短距離走をすることはあまりありません」。

ヒンスキーは、第一区選出議員のアニー・ギラムが頻繁におかしなことをするのも目撃した。

「〔ギラムは〕彼女の夫がプロジェクトで仕事を得るよう求めて、バカなことを言ってきたんです」と、彼は言った。「連邦政府に通報しなければならないほどのものではなかったのですが、多少、心を乱されました。……私たちはどのプロジェクトでも、彼女が関わっていることがわかるまで、四隅に向かわなければなりませんでした。たいていの、九〇%ほどのケースでは、プロジェクトを遅れさせたりする力は彼女にはありませんでした。でも、残りの〔一〇%の〕場合には、〔彼女の〕親戚を従業員名簿に加えたり、夫の〔建設〕会社を使ったりしなければなりませんでした」。

複数の回答者たちが答えるところによれば、それら市役所からの取引を仲介していたのは、市の財務部長だったデーヴィッド・ボザニックだったという。

「ボザニックは私に、「そう、俺がアニー〔・ギラム〕に〔プロジェクトに関する利権を〕盗ませているのさ。世界平和につながるからね」と言ったんです」と、ケンプは語った。「彼はまさに〔市全体で〕何が起こっているのかを知っていて、あらゆる取引で皆が勝者になれるようにしていました。多くの人が勝って、負けは誰もいないんです。税の基盤が増え、労働者も使用者も儲かるんですから。でも、本当の敗者はあなたや私です。財産税やガス税、ナンバープレート税を払っているんですから。……敗者は納税者で、私たちはそれら〔納税者〕を急速に失っています。皆、市を離れていってしまいました。連鎖反応ですよ。腐敗した政治家は忠実かつ無能な子分を自分たちの周りに置いていきます。彼らにはヴィジョンなどなくて、言われたことをやるだけです。力のある人物が権力の座に留まると、そういう人を集める。そして、道路を舗装するとなればお金が出る、というわけです。ボザニックはギャングみたいなものですよ。彼は皆が何を望んでいて、誰が何に借りがあるかのリストを持っているんです」。

「なるほど、敗者がいるんですね」と、私は言った。「それは良くないですね」。

「あなたにはわからないと思います。彼には真実とデタラメの違いがわからないんですよ。半分正しく、半分間違っている。そして、それに善悪を感じない。長年の絶望が人を変えてしまうんです。これが資本主義システムなんです。私にシャワーを浴びて、ワインを七杯飲ませようとしない取引は〔ここには〕なく、そして私は信心深くもありません。もう、めちゃくちゃですよ。〔でも、〕うまくやれることをやるしかないのです」。

「二〇年前にボザニックのような人を擁護したかと言われれば、おそらくしなかったと思います。でも、〔今は〕それで市がまわっているんです。長いこと、私たちはずっとどん底でした。財政上の革新〔＝ヤングスタウン経済を回している賄賂システム〕がこういったことを可能にしたんです。ほかの皆もやってることですし、特権〔＝製鉄業のような基盤産業〕を奪われたコミュニティにはお金もありませんから。さしあたり、ぎりぎりの線でやっていくために、あらゆる策を使うんです。……そこには、良いことはあまりありません。ですが、そうすれば〔とにかく〕やれるんです」。

小規模な汚職への寛容さに触れつつ、ヒンスキーは言った。「それ〔＝汚職〕は長い目で見れば〔確かに〕非生産的ですよ。でも、適切なやり方をすれば、皆がうまくやって、成し遂げることができるんです。権力の集中だって、良いことのために行われればいいんです。悪いことのためにやればダメなだけです。イデオロギーも結構なことです。それだけの余裕があればの話ですがね。人々はゴミを拾ってもらい、消防士にすぐに来てもらい、排水をきれいにしてもらえることを望むんです。政府は、連邦最高裁でやっているような小難しい話に関わる必要はありません。私だって、どこであれ絶対的な権力者になることができたとしたら、慈悲深くあろうとしますよ」。

共に、孤独《アローン・トゥギャザー》

市政府による恩恵的な統治ということに鑑みて、労働者階級の回答者たちそれぞれに、誰が自分の利害を顧みてくれていると思うかについて尋ねた。典型的な回答は、「誰も顧みてくれない」、「周りの友達」、そして最も多いのが「自分自身」というものである。彼らの回答が示すのは、誇り高き独立心というよりは、あきらめや失望だ。前章で示したように、集団主義は協力によって得るものというよりも、受け取るものとして認識されるところ、ヤングスタウンの人々の社会不信の傾向によってこれが進展しているのだ。その結果、多くの白人労働者階級の市民には、従来型の組織的・制度的な集会とは疎遠である一方で、自警団的な活動の形――それは彼らが市民的善と信じるものへの裏切りなのだが——を支持する者もいる。
自警行為は建設的にも破壊的にも、個人主義的にも集団主義的にもなるが、常にもう一つの公共サービスとして追求される。建設的なものとしては、ヤングスタウンの取り壊された家のあとに残された空き地に庭を作るために集う地域グループがある。そのほか、自発的に道路の清掃をするものもある。「大半の人は、疲れ果てていますよ」と、活動家グループに属しているフレディ・クリスティヴァは言う。

「では、なぜ、あなたのミーティングに来るんですか?」と私は尋ねた。

「政府に問題を解決してもらうためにミーティングに来るのではありません。人々は……自分たちで解決するために来るんです。政府は川へのゴミ投棄を止められないので、私たちがやるんです。私たちは市役所や市長に電話〔して何かを頼むようなことは〕しません。だって、彼らは何もしないとわかってますから」。

日用雑貨店を営む四四歳のビリー・モリスは、自ら進んで、彼が住むサウスサイドの近所の芝を刈ったり、木を植えたりしている。「近所の人の中には、地域のミーティングにもっと参加するように言う人もいるけど、俺の個人的モットーは、他人が何かしてくれるのを待つな、ということだ。自分でやればいいんだよ」と、彼は言った。「政府に〔やらせろ〕という人もいるけど、俺は政府は来てくれないとわかってる。人もビジネスも、〔こうやって〕勝手に離れていくのさ」。

破壊的なものとしては、地域のギャングにさらなる暴力で対応することを選んだラルフ・ミッケルソンとその近所の人々がいる。「黒人のガキどもがこのあたりに二〇数人がかりでやってきて、庭をぐちゃぐちゃにしたり、車を叩き壊したり、喧嘩したりして、俺たちは頭を抱えている」と、彼は言う。「近所の奴は家の外でレーキ〔＝熊手〕を持って座りこんでいた。俺はポーチでショットガンを片手に掃除してたよ。奴らが警察に電話するぞと言ってきたから、俺は「やってみやがれ」と言ってやった。……自警団の正義が〔犯罪を〕抑えているのさ。俺が銃を持って座ってたら、連中はやってこない。もっとも、こんなことはバンドエイドみたいな応急処置さ。でも、それが唯一できることなんだ。連中が好まない変化を作り出さないといけない。〔連中みたいな〕マイノリティが船をコントロールしてるんだから」。

彼は続ける。「俺はあらゆる集まりから離れたよ。陸海軍ガリソンもコイン集めの同好会もね。頭をレンガの壁に打ち付けているような感じさ。つまり、みんなと同じく自己満足なんだよ。……俺たちはどこからも離れたところにいる。どうせ、しわ寄せは俺たちに来るのさ。何か手に入れるべきものがあるなら、自分でやらないとダメさ」。

ミッケルソンの心情は、蚤の市のギラン・マクフィーにも共有されている。「スペイン系のガキが俺のスタンドから時計を盗みやがったんで、そいつの車のところまで追いかけたんだ。……俺は「これでもくらえ」と言って、リアウィンドウ越しにレンガを投げつけてやったよ。自分で気を付けないといけない。それがヤングスタウンのやり方さ。……ヤクの売人がつるんで俺の家の外で売っていることに文句を言おうとして、市政府とか警察に電話しても無駄さ。自分でやらないと。何かしてほしいことがあっても、自分でやらないといけない」。

無人になって荒れ果てた建物を政府がすぐに取り壊さないときに、市民が放火することは多い。一九八〇年代に市の人口が減少し、不動産市場が底を打った後、ヤングスタウンでは平均して日に二・

三件の火事があり、年間一七三〜九〇〇万ドルの損失があったと推定されている（Lincon and Russo 2002: 223; Maharidge 1985: 35-36）。火は燃焼促進剤とガソリンを詰めたごみ袋でつけられ、消防士が現場に到着した直後に爆発し、被害者数を増やした（Lincon and Russo 2002: 223-224; Schneider and Schneider 2005: 44-45）。火事はあまりに頻繁に発生するので、消防士は「パーチング」〔訳注xxviii〕をした。すなわち、道に座り込んで、晩、火事の最初の気配がするのを待つのだ（ibid.）。

放火はヤングスタウンのもう一つの「公的サービス」となっている。保険金詐取が放火頻発の背景にある意図だという可能性はあるが、民間解体業者もこの状況から大きな利益を得ている（Lincon and Russo 2002: 224-225）。ヤングスタウンの標準的な家を取り壊すのには三〇〇〇ドルかかり、アスベストの除去が必要なときは八〇〇〇ドルが必要である。だが、家が焼けた後なら、価値のあるものが残っていれば取り除いて売られ、残った残骸は捨てられることになる（ibid.）。解体業者は火事の後でもサービスの全額を請求し、〔通常の場合に比べて〕撤去費用が減ったことを考えると、大きな利益を得られる（ibid.）。倒錯しているが、定期的に火事があることは消防士の雇用を保証するので、彼らは時折、放火が疑われるケースを正確に報告するのをためらう。この時期〔＝一九八〇年代〕の消防署の記録はあいまいで、放火と事故の区別がほとんどなされていない。

白人労働者階級の人々における自力救済の傾向は、ある意味、政治家や政府、役人の行動と酷似している。彼らは制度化された民主政治のプロセスをすり抜けるようなやり方で、要求を行っているのだ。そして、そのような迂回が広く行われて受け入れられるとき、それぞれの新参の要求者にモラル・ハザードが生じる。誰も従わない規則にどうして従うというのだろうか。どうあれ、白人労働者階級の回答者たちは行動する場合、他人と結託するのではなく単独で行動する。通常の政治におけるインナー・サークルから排除された彼らは、今では集合的権力の感覚を失うとともに、歴史的に従属的地位にあったアフリカ系アメリカ人が相対的に力を増してきたことを、目の当たりにしているのだ。

だから彼らは失われた同質性を望むのではなく、むしろ歴史的に街の多様性を構成してきた社会装置〔＝つまり製鉄所のようなもの〕を切望しているのだ。長い間アメリカ経済の周縁にあり、地方政府によって周縁化させられてきたヤングスタウンの白人労働者階級の人々は、自分たちがかつて主役だった社会に、足がかりを維持しようとしているのである。たいていの人は早い時期に教えられたものだ。近寄りすぎなければ火傷はしない、と。

原注

（1）議論の余地はあるかもしれないが、アメリカで社会経済的地位によって最も顕著に言葉が違うのはボストンだろう。ボストンでは、貧困なコミュニティではサウジー訛りとして知られている言葉が話されている。ミドルクラスの人々は北部やニューイングランドの発音に近いものの、古い貴族階級〔がルーツ〕の人々の一部によって話されている「ケイプ」とか「ハイアニス」と呼ばれるアクセントがある。言語学者はニューヨーク市にも社会経済階的地位によって違いがあると指摘する。シカゴやチャールストン、ボルティモアなども同様である。

（2）そのような高位言語と低位言語が存在する状態（ダイアグロシアと呼ばれている）では、コードの転換が伴うことが多い。すなわち、特に政治家やビジネスマンのような人々が、「限定された」リスナーの特徴に合わせて言葉を変えるのである。

訳注

xxviii パーチとは、止まり木に止まるという意味。

第五章　崩れゆく組織と政党——一党体制・乖離・社会資本

ここにエルサレムが建っていたというのか
こんな暗い悪魔のような工場のあいだに
——ウィリアム・ブレイク『エルサレム』

前章までのヤングスタウンとイーストロンドンの例は、白人労働者階級の社会的境遇がいかに周縁化されているかを具体的に理解するための出発点である。インタビューとエスノグラフィ《文化人類学的調査》をもとにしたデータが示すのは、二つのコミュニティが劇的な経済的転換と人口動態的変化を経験していること、それによって多くの人々が集団的・個人的な凋落に身をやつす状況だった。消費と生産をベースとした経済的・社会的生活が崩壊していく苦痛に耐えられなくなった人々は、自らの志向とは切り離された政府に依存し、かえって無力さを痛感するのである。この点について、我々はある重要な潮流を説明する社会的・政治的・経済的状況を厳密に検証してきた。すなわち、市民と政府との間に見られる乖離、そこに潜む胸を刺すようなノスタルジア、時に攻撃的になるネイティビズム《出生地主義》、そして、ロンドンにおけるイギリス国民党（ＢＮＰ）やイングランド防衛同盟（ＥＤＬ）のような反体制《システム》的な政治組織の興隆、ヤングスタウンにおける腐敗ぶり、である。しかしながら、我々はこうした広範かつ集合的な潮流がなぜ生まれるのか、それを支持する個人レベルの政治的選択はいかに説明できるのか、といったことを明確に理解するには至っていない。

本章は、この本の当初の問いに立ち返ってみたい。すなわち、なぜ似たような環境・条件下で似たような人々が、様々な程度において、かつ多岐にわたる方法で政治システムに関与するのだろうか。最も説得力のある説明は、〔ヤングスタウンとイーストロンドンという〕二つの場所での政治行動を規定する制度の特質に関するものである。二つの制度の間に大きな違いはあるのだろうか。また、それらはいかにして政治行動を形成・調整あるいは制限するのだろうか。まずは、回答者たちの政治的態度における目に見える変化を読み取ることから始めよう。次に、事例を通して、民主政治において問題となる潮流をもたらしている、三つの重要な制度的要素を挙げる。第一に、両都市の選挙区における一党体制という状況、第二に、各地方政府のガバナンスのあり方、そして第三に、ヤングスタウンとイーストロンドンの労働組合活動の遺産である脆弱な社会資本だ。

目に見える変化——政治行動

ヤングスタウンとイーストロンドンは、政治行動の豊かな類型を示してくれる。図5—1のそれぞれの象限は、個々のアクターが積極的か消極的か、そしてこれらの活動が自己表現のための民主的なチャネルを離れて生まれたのかチャネルを支持する過程で生まれたのか、という二つの座標軸の組合わせによって得られる、四つの行動類型である。第一象限に入るのは、今までどおりに、または変則的に政治的・市民的活動に参加する市民である。この定義は、必ずしも全てを網羅するものではないが、政治的・市民的関与の一般的な形態に準じたものである。こうした市民は、規範的、道具主義

親システム	反システム
I．**積極的**：民主的システムの制度やチャネルに参加する イーストロンドンとヤングスタウンに見られる	II．**積極的**：システムを脆弱化、混乱させ、あるいは他のシステムを求めたりシステム自体を崩壊させたりする イーストロンドン、およびヤングスタウン（エリートのみ）に見られる
III．**消極的**：システム内での無活動状態 イーストロンドンとヤングスタウンに見られる	IV．**消極的**：自覚的に活動せず、システムからも退出する イーストロンドンとヤングスタウンに見られる

図 5-1　政治行動のバリエーション

イーストロンドンとヤングスタウンにおける人々の目に見える行動を、反システム的、親システム的、消極的、積極的、に分けた四象限モデル。

的あるいは伝統主義的な理由から参加しているとしても、明らかに積極的な人々である（Held 2006: 251）。

第二象限に入るのは、積極的に政治システムを棄損・崩壊させようとする市民、つまり反システムの人々である。第三象限に入るのは、自らを、民主的な政治システムに一時的に関与していないとみなす人々である。彼らの中には、現状において政治的関与のモチベーションを全く感じていない者もいれば、そもそも忙しすぎて政治的関与の優先度が低い者もいる。また、システムに完全に満足しているか、あるいは単に政治参加の意味を理解していない者も含まれる。すでに議論したように、民主的な政府——ある程度までの——は、次のような前提に依拠している。すなわち、およそ全ての市民はどの政治的争点《イシュー》に関しても熟慮を重ねた上で参加しない、参加するとすれば「投資」に見合うと考えているか、あるいは情熱を持っているのだ、という前提である。最後に第四象限に入るのは、市民的生活の空間から永久に退出したと自覚している市民である。これらの人々は、いわば消極的な反システムの人々である。[1]重要なのは、このモデルが個人の活動と体系的な志向を、政治的・行動的な選択として捉えていることである。

民主的に政治に参加する者の積極性（第一象限）と反対者の積極性（第二象限）については、行動と所属から簡単に区別できる。しかしながら、政治に参加しない個人の消極的な行動（第三象限）と、退出という消極的な行動（第四象限）との間の違いについては、行動からは判別できない。事実、両者とも活動していないのだから。両者の違いは、消極的かつ反システム的な人々は決して積極的な民主主義者にはならないが、消極的に参加する人々は、環境や資源の変化によって積極的になるかもしれないという点である。前者は、事実上参加の機会を奪われているが、後者は権利を放棄することに慎重だ。[2]しかし、研究者にとっては観察できること全てが何かを示唆している。だから、結論が推測に留まることがないように、私は回答者たちと積極的に交流して彼らの選択の根拠と本質を捉えるようにした。ここでは、アクターの行動に対する自己認識と、客観的な評価や行動類型とを混同しないことが重要である。なぜなら、アクターの行動は、必ずしも〔彼らによって〕認識されている目的と一致しないからだ。その結果、行動の形式と、それが民主的システムの強度に対してどのように影響するかが重要な論点となる。各行動は、システムを棄損し、衰退させ、機能不全に陥らせるのか、あるいは欺くのか。それとも、システムを強化し、再生産し、維持あるいは支持するのか。[3]

消極的な反システム的行動は、ヤングスタウンとイーストロンドンの両方において広く見られるものだ。どちらにおいても、国家と公共空間とが乖離していた。ヤングスタウンでは、多くの市民が国家は脆弱である、あるいは特定の集団への不当な扱いを行っていると考えており、〔それゆえに〕公的な発言から遠ざかっていた。ディトマソは、彼らを「非政治的多数派」と呼んでいる(DiTomaso 2012)。自己充足の感覚が蔓延しているのだ。「他人に依存しちゃだめだ」。四四歳、食料品店で働くビリー・モリスは言った。「市に文句を言う身内や友人をずっと見てきたよ。でも何かが起こったためしはない。市の女性議員なんて、電話を折り返すことすらしない。人も企業も、どいつもこいつも自分のことだけさ。……いいか、誰にも頼らないようにするんだ。……俺が座ってる時間といえば、食べてるとき、運転してるとき、便所にいるときぐらいなもんだね」。それが脆弱で腐敗した政府に依存する〔ことを意味する〕わけではないのに、自らの政治資本を抗議行動に転換する住民はほとんどいない。それなのに、彼らは依然として、絶対的な責任は政府にあると考えている。

イーストロンドンでは、市民は国家が脆弱であるとは思っておらず、むしろ無限の力が与えられていると考えている。回答者たちは、国家を巨大で独断的な権力の中枢と捉えていて、そこでは、話し合いもせずに勝手に市民の要望を判断する、よくわからず予測不能な官僚制が幅を利かせていると思っている。「政府なんかクソくらえだぜ」。二一歳で失業中のカイル・ダウニーは言う。「絶望的だね。権力の中にいる奴らはそこに居続けようとする。ふざけやがって。俺たちが何を言ったところで奴らは権力を握り続けるんだよ。だから投票なんか無駄なんだ。俺も試そうとしたことはある。でもこっちがそのやり方を理解する前に、全部終わっていた。そんなもんさ」。

他方、積極的な反システム的行動は目に見えにくいが、確実に存在する。イーストロンドンでは、BNPやEDLのような集団が、政府に対する不満を助長している。ゼノフォビック《外国人嫌悪的》で人種差別的な綱領を実現するために、彼らは非暴力的な抗議や選挙活動だけでなく脅迫や暴力、その他の威圧的戦術を利用するのである。回答者たちの中には、二〇一一年のロンドン暴動に、略奪や破壊行為が横行する中、どの組織にも属さないで参加したと答える者もいる。「あいつら〔＝政治家〕がやっていることがわからないから投票しないんだ」。二二歳、フォークリフト運転手見習いのオスカー・ブラッドレーは言う。「何かを吹っ飛ばすしかない。イギリスに立ち止まって考えさせる方法はそれだけだ。前回は二〇〇五年七月七日[訳注i]だった。みんな罪を犯すものなんだよ。上の連中の気を引くためにさ。暴動は、アンダークラスがアッパークラスよりも力があるってことを見せつけたんだ。俺たちは単に一緒にやらないだけ。暴動は、単なる不満とご都合主義さ。あの状況を利用して、たまった不満を見せつけたガキもいるからな」。バーキングアンドダゲナムでは、こうした感情が老若男女問わず噴出していた。実際に、BNPの選挙基盤[訳注ii]は、単独議席の獲得には至らなかったものの、二〇一〇年、自治区において三万以上の票を獲得したのだ。

ヤングスタウンでは、積極的な反システム的行動は、主にエリート間の贈収賄という形をとって現れる。実際、ヤングスタウンの公共空間は、情実と賄賂の温床となっている。だが、白人労働者階級の回答者たちの中に、反システム的態度を示す者はほとんどいないのだ。なぜならヤングスタウンにはBNP、EDL、あるいは周縁化された人々の感情につけこむような組織がないからである。ヤングスタウン周辺の郡にはいわゆる愛国者グループや民兵、市民運動グループのような〔BNPやEDLと〕似たような組織も存在するといわれているが、どれも都市部や郊外で地歩を固めることはできていない。ヤングスタウンでの三か月の滞在後、逮捕歴を辿ってマホニング郡の似たような組織のメンバーを探したが、アフリカ系アメリカ人の市民運動に関わる事件の当事者二人のうち一人は、実刑判決を受けていた。イーストロンドンとヤングスタウンにおける労働者階級の周縁性と政治行動についての説明にあたっては、どれもこうしたバリエーションを考慮する必要があるだろう。

「制度」による説明

ヤングスタウンとイーストロンドンでの人々の政治行動にはバリエーションがあり、さらにアメリカとイギリスの統治のあり方には大きな相違がある。それにもかかわらず、白人労働者階級の人々の周縁性は非常に似通っていた。どちらの都市もトラウマを抱えた状況にある。つまり、社会経済的にある一時代を築いたが、もはや主要産業ではなくなってしまったものに、今でも縛られているのだ。二つの地に特徴的なのは、経済的な適応を妨げるようなノスタルジアであり、人々が強固な社会的境界を維持していることだ。そして、政府はそうしたローカルな白人労働者階級のコミュニティと完全に乖離してしまっている。これらの並行する流れは、三つの「制度」によって規定されている。第一に、一党体制、第二に、政治機構と市民との間に生じている距離、そして第三に、ヤングスタウンとイーストロンドンの労働組合活動が遺した脆弱な社会資本である。

訳注

i　ロンドン同時爆破事件が起こった日。

ii　たとえば、反イスラム団体や移民排斥運動に関わるメンバー。

一党体制

ヤングスタウンとバーキングアンドダゲナムは、一党体制下で投票をめぐる競争が存在せず、結果として政治家による真の意味での説明責任を欠いている。また、こうした競争の欠如は、市民生活の改善のためのアイデア創出を阻害する。市民は新たな立法を求めるような視野を持ちえないし、単一政党支配が続く限り、次期代表が現状を打破するような革新的な綱領を推進する可能性はほぼない。この政治的安定性は、両都市が工場街としてのローカルな地位を享受してきたことによるものだった。彼らの生活の大部分は各製造業に依存していたのであり、それら産業は、政治が一定数の求人や良好な雇用条件といった地域の労働者の普遍的な利益を守ってきたからこそ成立していたものだった。もっとも多くの工場は、市民の大多数を雇用してきただけではない。事務用品〔の製造〕から建設作業まで、全ての産業を維持し続け、工場の給与支払小切手はサービスや余暇、家計を下支えしていた。つまり、〔単一政党支配という〕政治的選択は、この工場街におけるほかの全ての選択と同様に、市民にとって合理的な選択だったのである。この地域特有の経済が衰退し消滅しても、システムへの順応を前提としたポリティクスは消滅していないのが現状である。

イーストロンドンでは、二〇〇六年にバーキングアンドダゲナム議会においてBNPが一二議席を獲得したが、二〇一〇年の総選挙では、票の掘り起こしに一部成功したものの全ての議席を失っている（London Borough of Barking & Dagenham 2006; London Borough of Barking & Dagenham 2010c）。現在、議席数五一のうち四七を労働党が占めているが、二〇〇六年から二〇一〇年までの期間については、バーキングアンドダゲナム議会の非労働党系の議員の数は、保守党が一三議席を獲得した一九六八年以来最大であったのだ。今日、これまでBNPに投票した人々は現在全く代表されていない。多くの人にとって、二〇一〇年の選挙は民主的な動員が自分たちの利益にならないことを露呈させたのである。こうした中、新勢力であるイギリス独立党（UKIP）への支持に傾く人々や、影響力の低下を恐れてEDL系の集団に属する人々も出てきている。〔このように〕激しい政党間競争が存在しないため、労働党は移民政策の緩和や統合プログラムのようなナショナルな綱領において、白人労働者階級の視点を考慮する必要がない。もちろん、UKIPが力をつければ、政党間競争が機能してこの地域の白人労働者階級のポピュリズムにも変化が現れる可能性はある。なお、全国レベルでは、自由民主党と保守党の連合が、東欧からの人々の流入の制限や、移民に対する社会保障給付へのより厳しい条件づけに積極的である。

ヤングスタウンにおいて、マホニング郡は過去一世紀以上にわたって民主党の地盤の一つだった。民主党の指名を受けた候補者は、ほぼ例外なくどの選挙においても勝利してきた。二〇〇〇年から二〇一二年に関しては、一〇九の市・郡・州レベルの選挙で、民主党が五度の競争を勝ち抜いている(Mahoning County Board of Elections 2013)。したがって、無党派の候補者がいても当選の見込みはなく、その多くは民主党に吸収されている。少し前には民主党系の市議会議員が所属を共和党に鞍替えしているが、理由は予備選で予想される拮抗を避けるためという単純なものだった。民主党は、市の人口構成上の変化に沿って、増加するアフリカ系アメリカ人を引き付けられるように、候補者の多様化を図っている。また、民主党は郡の代表として黒人候補者を公認するには至っていないが、この地域のアフリカ系アメリカ人が共和党への鞍替え、あるいは民主党支持からの離脱を真剣に考えることはない。つまり、政党は、何もしていなくとも選挙によって罰せられることはないのである。

以上のことから読み取れるのは、ヤングスタウンでは政治腐敗と機能不全が批判されることのないまま横行しているということである。地方紙は、二〇一三年の市長選について、この選挙がいかに市民から選択肢を奪っているかを憂鬱そうに伝えていた。

有力候補の一人、ジョン・マクナリー四世は、政治活動をめぐって刑事告発を受けている。もう一人の有力候補、デマイン・キチンは、セクシャル・ハラスメントで告訴されており、かつ脱税者である。ジョン・クレア候補は、三件の悪質な脅迫——彼は心神耗弱を理由に無実を主張しているが——の廉で告発され郡刑務所に収監されている人物である。クレアは、過去にも悪質な脅迫と治安紊乱行為で有罪判決を受けている。本選挙唯一の女性であるクローデット・ムーア候補は、立候補の理由を、神のお告げとお導きによるもの、と公言している。ちなみに、彼女は一九八九年から九一年までヤングスタウンのコカイン密売人であったことも公に認めている。おまけに、父親がマフィアに雇われた殺し屋だったことまで口にしているのである。(The Vindicator 2013)

民主党はマクナリー候補を推薦し、選挙結果は政治汚職の罪で連邦大陪審による起訴が迫っていたマクナリーに軍配が上がった。マクナリーは、一連の軽犯罪を認め、公職中にあって執行猶予処分を受けていたが、市長職に留まることばかりか、次の選挙に立候補することまで公約に含めていた。「組合依存と一党支配がこの地域をめちゃめちゃにしたんだ」。前章で紹介した駐車場係で民主党から脱退したケイレブは言う。「選挙に勝つことが前提なら、ルールなんか気にしてられるか？ 責任も党同士の競争もないところで、そもそも正しいことをしようとは思わないだろ」。

一党体制は、権力を占有する政党が独断的になりやすい。イギリス労働党の代表者らは、労働党の組合依存からの脱却を支持していた。そして彼らは、労働者階級にマイノリティ集団と移民を含めた幅広い有権者層をターゲットとした革新的な綱領を作り上げたのだ。だが、バーキングアンドダゲナムの住民は、こうした動きに同調していない。有力な野党が存在しないため、労働党は白人労働者階級の考えを聞き入れなくとも、議席を失うことはなかったのだ。他方、ヤングスタウンの民主党は、自らに都合の悪い政治的な働きかけを行う必要がなかった。なぜなら、活動自体が全くと言ってよいほどなされていないからだ。数十年もの間、政治というのは選挙民を犠牲にして私腹を肥やす政治家の手段でしかなかった。表面的には有権者の理想を体現しているように見えても、マホニング郡の民主党選出の公職者らは、腐敗しきった最悪の状態で、よく言っても活動休止状態にある。

カッツネルソン（Katznelson 1981: 18）は、アメリカに強力な労働者階級政党が存在しない理由を、職場のポリティクスとコミュニティのポリティクスとの分断にあるとしている。カッツネルソンによれば、このことは、「労働者階級をコミュニティの外に居住する支配階級から孤立させ」、「地盤内で労働者を民族的《エスニック》な境界線に沿って分断することによる社会の分裂」を促している（Katznelson 1981: 73）。注意すべきは、アメリカにおける政治空間が、限られた資源をめぐる論争と、「人種的・民族的な敵対関係を示す言葉を使うという象徴的な態度」（Katznelson 1981: 181）とによって特徴づけられるという点だ。史家エドムンド・モーガンによれば、こうした民族的分断は、植民地時代まで遡ることができる（Morgan 1975: 386）。たとえば、白人の年季奉公人は黒人奴隷を彼らの下位に置くことでレイシズムを内面化した。このレイシズムは、主にミドルクラス・アッパークラスの白人の間に浸透し、マッセイとデントンが主張するように、都市政治の分断を長期化させる「ハイパーセグリゲーション《超分断化》」へとつながった（Massey and Denton 1993: 10）。かつて民族的《エスニック》マイノリティ集団から白人労働者階級を守っていた壁は、いまや労働者階級の白人たちの政治的発言力を弱めているのである。

この点は、おそらく二〇一六年にトランプの大統領選への立候補（ある程度まではバーニー・サンダースの立候補に関しても）がアメリカ政治に最大の構造的インパクトをもたらした最も重要な部分だろう。トランプの登場は、白人労働者階級のある種の自己充足感を破壊したのである。少なくない数の有権者である彼らは、共感も信用もできない民主・共和両党の候補者に嫌気がさしていた。トランプは、彼自身が嘆いてみせる不平等や政治腐敗に無関心な富豪だった。それにもかかわらず、彼の言葉は白人労働者階級の感情に言葉を与えた。二〇一六年オハイオ州予備選の一か月前、一〇〇〇人以上のマホニング郡の民主党支持者がトランプに投票するために共和党に鞍替えしている（Skolnick 2016）。最終的にトランプは、オハイオ州が「地理的に孤立し、かつ経済的に衰退した」（Suddes 2016）地域と認定している三二の郡のうち二九の郡と同様に、マホニング郡の共和党支持者の票の五〇％以上を獲得したのだ。トランプは、共和党の中の独立した一派を創り出したのである。この一派は、おそらく民主党からの離反者も惹き付けるだろう。しかしながら、この一派が狂信的なトランプ信者であるのか、あるいは地方選挙で〔独自の〕候補者を出すまでの持続的な層となるのか——単一政党地域に別の選択肢を与えるという意味でも——は、わからない。

政治機構と市民との間に生じる距離

ヤングスタウンとイーストロンドンの白人労働者階級の投票行動は政党間競争の欠如によっては理解できない。問題は各地方政府の制度的構造が政治機構と市民との間に距離を生じさせていることにあるのではないだろうか。しかしながら、両者の環境は全く異なっており、官僚機構も全く異なった形で運営されているはずである。国際都市の一部をなすバーキングアンドダゲナムでは、議会官僚は能力の高い人材集団から同僚を採用する傾向があり、採用される者の多くは、ミドルクラスが住む郊外やロンドンの他の地域から通勤する。つまり彼らは、自身が下す決定や執行する法に、うっかり影響を受けるといった心配がない。また、彼らは〔むしろ〕ロンドンや他の地域での実務に精通しているので、地元の人々の好みよりも中央が決定する基準や規範におもねる傾向がある。

イーストロンドン

バーキングアンドダゲナムの議会官僚の中には——決して全てではないが——区議会議員や白人労働者階級の選挙民に対して見下した態度をとる者がいた。議員や選挙区民をバカにしているわけではないのだが、多くのイギリス人官僚と同様、彼らは自身が合理的で十分信用に足ると考えるフィルターを通してのみ、他者の行動を理解する。彼らはまた、意思決定において自分こそ永続的かつ権限があると思っていて、相対的に短期的な利益を代表する下院議員と対照させている。「ここじゃ、誰も住民のことなんて考えていないのよ」。専業主婦のメイシー・ドレイクは言う。「住宅は区の外から越してきた人たちにどんどん売られていくの。空地が全くない状態よ。でも、越してくる人たちは、私たちの立場で考えたりはしないの。ごみ溜めのような場所に〔私たちを〕放り出すのよ。……そうなれば、抵抗もできないし置かれた場所で満足する以外にないわ。ほかの誰でもない、自分と闘うしかないってことよ」。このような役人と市民との乖離が顕著に見られるのは、自身が「仕える」人々よりも二年から七年も多く教育を受けた平均的な役人が住むロンドン郊外のミドルクラス地区で、不動産評価が行われるときである。評価を行う側、つまり役人がその地域を贔屓しているように見えるのである。〔訳注iii〕「政府も議会も、こんなところには寄り付かないだろ」。「ミルハウス・ソーシャルクラブ」でバーテンダーをするパム・リードは言う。「このあたりで何が起きているか、〔彼らは〕見ることもないのさ。外にでかい家を買っちまってるからな」。対して、役人はこう切り返すのだ。住民は議会を、際限なく使える資源であったり、底をつくことのない万能薬だと勘違いしている、と。

政治家と有権者との間の乖離は、拡大するばかりである。バーキングの人々にとって、労働党議員のマーガレット・ホッジは、世界で最も大きな鉄鋼商社の相続人であり、弁護士でイングランド・ウエールズ高等裁判所判事も務めた故ヘンリー・ホッジ氏の妻である。彼女の爵位は、ナイトの称号を持つ夫と枢密院顧問の経験により、大英勲章第五位レディ・ホッジ議員である。イギリスの選挙規則では、国会議員は地元に住む義務がないので、ホッジはイズリントンのキャノンバリーに住んでいる。同地区は、ロンドン中心部にある高級住宅地で、彼女が以前、顧問官として活動していた地域である。ダゲナムの労働党議員、ジョン・クルダスは、地元から車で一時間の、ロンドンはウェストエンドにある流行の地区、ノッティングヒルに住み続けている。また、彼はウォリック大学で哲学の博士号を取得している。両者とも、労働党の閣僚経験があり、いまだ指導的地位に就くことを嘱望されている人材だ。

「貸借居住者連合」のメンバー、ライアン・サンプソンは、普通の人々よりも議員たちとの距離が近いにもかかわらず、議員たちに対して懐疑的な態度をとっている。「この地区には政治屋はいても、選挙民のための政治家はいません」。彼は言う。「議会活動が忙しくて、気付かなかったのかもしれませんが、労働党が今最も必要としているのは、現状改革主義です。人々は、頼りにしていた支援のシステムと一緒に国も後退してしまったおかげで、自分たちは無視されていると感じている。福祉給付は本格的に削減され始めています。これが、新たな不安と苦痛、そして恨みの感情を生じさせているのです。〔それでもなお〕彼らは船から落ちても全てが手に入るという〔楽観的な〕考えを捨てきれない。……大企業というのはつまりこの国の経営者たちのことで、どの閣僚も億万長者ですよ。エッグ・アンド・チップスなんて食べたこともない人たちなんです。彼らは、公営住宅入居希望者名簿に四年間、名前が載るということがどんなことか、わかっていない。暖房がつけられないこと、お金がなくて子供を育てられないこともね。つまり皆、労働者階級のことを忘れてしまったんですよ」。

だが私は、ホッジ氏との個人的なインタビューで違和感を持った。彼女のオフィスは小さな二階建ての山小屋にあって、バーキング地区の活気ある市場の散歩道から隠れるように立っていた。近くに

訳注
iii 役人たちの住むロンドン郊外でも、海外投資家の動向により住宅価格が高騰することがある。

は幼稚園とシーク教寺院があった。家の周りが雑草で覆われた気取らない建物で、それでもセキュリティドアとインターホンは設置されていた。スタッフが二階で働いていて、一階の一部屋は、有権者の動員に使う様々なモノの貯蔵庫になっていた。マーカーで塗られた第一七行政区の戸別訪問用の地図、大量の労働党の宣伝チラシが置かれた長いプラスチック製のテーブルがあり、壁は過去数十年分の選挙戦のポスターで飾られていた。ホッジ氏は小柄だが意志の強そうな六七歳の女性で、感受性と品格を兼ね備え、ほんの少しの自己憐憫すら漂わせていた。

「かみ合わないんです」。一緒に椅子に腰かけると、ホッジ氏は言った。「疑いの目は感じるんです。有権者は私が仕事をするからこそ尊敬してくれる。でも私は、サッカーは好きじゃないし、ウェスト・ハム[訳注iv]の試合にも行かないんです。パブに行ってちょっと酔ってしまったりということもないし、辛辣な発言も好きではありません。小児愛者の絞首刑は支持していますけども。家族はユダヤ人で、私たちはミドルクラスです。出自は違うでしょうけど、あなたの生活環境も私とそう変わらないはずですよ」。

「失礼ですけれど、食事をさせてもらってもいいかしら」。彼女は丁寧に尋ねた。私はどうぞ、と返した。「とても忙しくて。ランチもとれないほどなんです」。手渡されたサンドイッチを口に押し込みながら彼女は言う。

「バーキングアンドダゲナムには、たとえば世界で最も有能な権力者がいるかといえば、もちろんそうではありません」。サンドイッチをほおばりながら、彼女は言う。「タマニーホール[訳注v]なんですよ。六年前の労働党[訳注vi]は、職能別の熟練した白人男性のメンバーで構成されていました。いまや、とても多様化していて、年齢や文化の垣根を越えた多文化の人々によって構成されています。私たちは労働党というブランドではなく、「マーガレット・ホッジ」というブランドを確立しています。労働党は不人気だからです。問題は、旧来の議会が倹約重視でけち臭く、そのうえ国が単なるサービスの提供者だと思われていることです。ことごとく、市民社会のインフラ整備に失敗してるんです。この地区も、そのインフラが得られません。議会は、非営利の民間部門に資金提供することもやめてしまった。市民社会とは何なのか、理解されていないんです。だから公共セクターもひどくなる。今の頼みの綱は、「草の根政治」です。つまり、つながって、参加する」。

「そこに、どんな効果があるんです?」私は聞いた。

「白人労働者階級と一緒に、彼らの政治を、彼らの玄関で始めるの。彼らはとても伝統主義的で、権威に対して従順なんです。彼らは、自分たちは公営住宅で我慢するべき、と信じ込んでいます。……ここで身動きがとれない人たちは、引っ越しができない人たちです。彼らは、「今起きている変化についていけない」と私に訴えてきます。変化というのは、移民に関する条例のことです。彼らは真の意味で社会経済的なヒエラルキーの一番下にいて、多くの人は仕事に就けていません。教育程度も低いままなんです。スキルがないために、彼らの仕事は移民にとられてしまいます。これは文化的な問題です。つまり、彼らは雇用主としてのフォード社に依存し、福祉給付の出どころである政府に依存し、住宅の出どころである地方

訳注

iv　West Hum United。バーキングのサッカーチーム。

v　一九世紀後半から二〇世紀半ばまで続いたニューヨーク市の政治マシーン。

vi　労働党は二〇一〇年に総選挙で保守党に敗北していた。「六年前」とは、下野前のことを指す。

政府に依存することで、身動きがとれなくなっているんです。起業家精神はもちろん、野心や願望といったものとも縁がないんです」。

「私たちはみんなレイシストです。〔レイシズムが〕埋め込まれていると言ってもいい。〔白人労働者階級を〕ただ責めることはできないんです。移民は確かに白人労働者階級の生活に影響を与えているし、BNPはそこを利用したわけです。つまり、彼らの不安や公共インフラの欠如について、筋の通った話にしたんです。もちろん、彼らはBNPのアジェンダを理解しているかというと、そうではない。多くの人は、〔そういう急進的な話だけに耳を傾けるばかりでなく〕保守的な見解を自然と持ち合わせている。ここでは、鍵括弧付きの保守、ですけれども」。

彼女がもう一口、サンドイッチを食べようとしたとき、私は尋ねた。「でも、もしBNPが有権者の感情を利用しているとしたら、あなたはそれを見なかったことにできますか？」

「国レベルの政治家というのは、人種〔という争点〕を前にすると身動きができなくなってしまうんです」。彼女は怒りを仄めかしながら、ため息をついた。「だから、彼らはその争点を回避しようとする。どうしてもその点に触れなければならないとしたら、おそらく移民という言葉で——彼らが制御不可能なことで——表現するでしょう。だから彼らは失敗するんです。私たちが〔〔解決への〕入口につながる〕一つの道へと近づいたとしても、移民たちがどこかほかの場所で現れる。何らかの対処をしているように見せかけるなんて、全くバカげたことです。人の移動というのはグローバル化の一つの側面であって避けられるものではない、と認識すべきです。でも、バーキングアンドダゲナムの人々はそれを不公平だ、と考えています。私もそう考えています」。

「そのことについて、〔民族人種的〕マイノリティの選挙民に伝えたことはありますか?」私は尋ねた。

「もちろんです」。彼女は言い切った。「多くは私の意見に賛同してくれました」。

そういった行動とは裏腹に、労働党は移民に対して共感を示し、白人労働者階級の主張に関しては厳しさを示す。アレック・エドワーズ議員はこう推測する。「もし仮に、パキスタン出身の家族がマーガレット・ホッジのところへ行くとしたら、白人労働者階級の家族よりもずっと、話を聞いてもらえますよ。仮定の話ですが」。

「それはなぜです?」私は訝しげに聞いた。

「簡単だからですよ。大英帝国時代の〔植民地における〕人民の扱われ方について、一種の罪悪感があるんです。そういった感情は私たち自身〔=白人労働者階級のイギリス人〕には及ばない。……労働党にあるのは、傲慢さです。階級に根を下ろした傲慢さ。何かがここで達成されると、いつも〔白人労働者階級の〕不満が起こる。階級は深く、深く根付いています。劣等感、優越感、そして〔政治的〕選好、としてね」。

二〇〇五年に一二人のBNPの候補が当選したとき、バーキングアンドダゲナムの役人たちの多くは、このことが全国政治を揺るがし、白人労働者階級のニーズに関心が向くと考えていた。たとえば、成人のスキルアップ訓練への投資や、貧困問題、教育の拡充などだ。行政官のベン・バセットは言う。結局のところ、「イギリス政府の傲慢さのために、資金は下りてこなかったのです。BNPを実質、活動させないための政治的打算でしょう」。彼は〔続けて〕言う。「『ダゲナムの子供』という言葉があります。要は、脳みそはあってもろくに機能していない、という意味です。ロンドンを除いて、街の製造業は衰退の一方です。だから、成功を夢見て、ロンドンまでの一〇の停車駅に「新しいコミュニティ」〔＝新興住宅地〕が次々に形成されるんです。古いコミュニティの中には、一度も列車に乗ったことのない子供たちもいます。ここは島国みたいなものですよ。その一方で、移民の中には駐車場で働く大卒者もいるわけです」。

ヤングスタウン

ヤングスタウンの市政府は、何十年もの間、政党のエリート幹部と企業のリーダーに対してのみ、その機能を提供していた。役人らは、審議会の公開や透明性の確保といったインフラの構築に、一度も手をつけていなかった。いまだに市役所は、ダウンタウンの脇道にある人目を避けるような暗いビルで、多くの会議は非公開である。結果として、ヤングスタウンの白人労働者階級は常に、政治的に排除されている感覚を持っている。決定は――市役所においてであれ、「ゴールデン・ドーン」〔訳注vii〕の裏部屋においてであれ――〔かつて〕彼らのためになされ、このやり方は長らくうまくいっていた。ゴミはきちんと清掃車に引き取られ、消防士はしかるべき早さで到着し、廃水はしっかりと浄化処理される、という具合に。

「政治家の背後には秘密組織や談合が絡んでいて、組織犯罪とのつながりもあったんです」。ギル・マクマホンはそう回顧する。「彼らは、それを「爆弾踊り」とか、「爆弾街」などと呼んでいました。実は、多くの決定は市役所よりもダウンタウンの中心にあるレストランでの朝食の席で、覆されていたんです。その全てが、いや、九九・九％が組織犯罪がらみでした。でも、生活は良くなるし、人々には仕事がありました。私たちはただ、何が起こっているのか知らなかっただけなんです。人々はこれから常に不信感に苛まれるでしょう。……〔過去の腐敗の〕影は、昔のような不安感と組織犯罪がすぐそばで行われているという感覚を私たちに与えています。それははっきりと、政治を暗いものにしています。……マホニング・バレーの政治史は、まさにかつての腐敗したボーイズクラブ〔訳注viii〕そのものです。この不信は、世代を越えて伝えられるはずです。こうして語ることによってね」。

いまや、白人労働者階級は生活の質に不満を持ち始め、政府の機能不全が問題であることに気付いている。〔自分たちの〕活動の基盤がないことではないのだ。陰謀説が、私のインタビューに回答した人々の言葉の端々に見られた。真相はどうであれ、際立っていたのはやはり、人々が〔政府の〕統制力と透明性の欠如をしっかりと認識していたことだ。

「ここでは、抵抗したり騒ぎ立てたりしないほうがいいんです」。活動家のチャーリー・ジョンソンは言う。「私たちが公の場所では挙げない名前というのがまだあるんです。たとえば、カファロ〔訳注ix〕については、隣の人にそっと耳打ちするように話すんです。そもそも、どんな活動でも直接彼らと関わったことはありません。陰に隠れた闇の権力者なんかより、もっと近づきやすいターゲットはほかにいますから。つまり、人々が脅える見えない死角があるんです」。

訳注

vii　ローガン・アヴェニューのレストラン。第四章を参照。

viii　男性限定の非公式の社交クラブ。共通の趣味や話題を持つアッパークラス・ミドルクラスの（白人）男性を会員とし、ギャンブルや詐欺に手を染めることもあった。

ix　ヤングスタウン出身の不動産王ウィリアム・カファロと、同じくヤングスタウン出身のオハイオ州下院議員カプリ・カファロを指す。第四章で詳述。

ジョンソンは続ける。「白人労働者階級は、経済的な行き詰まりや先行きの見えない生活に脅え、戸惑っています。多くの家は売りに出され、廃墟と化し、この時期は雑草が生え放題。こういう状況は全て、繁栄の歴史の遺物です。彼らは生まれながらに、警察や政府を信用しきっていた。私たちは以前、かなりうまくやっていて、物事の裏側を見ずに平穏に過ごしていられた。〔そもそも〕そんなことに誰も気づいていなかっただけなんですけどね」。

「今では、モロトフ・カクテル〔＝火炎瓶〕のジョーク[訳注x]が飛び交っていますよ。市長のオフィスで会議を妨害してやる、とね。こんな話は、絶望感からしか出てこない。〔議員の〕マイク・レイが図表を配ってプレゼンをする会議に〔火炎瓶を投げつけるために〕行ってみたいと誰もが思っている。でも、実際にはそんなこと、誰もしないんです。彼らの目はどんよりと曇っていて、遠くの連邦政府を心から疑っています。私はいつも、彼らに聞くんですよ。同じ疑いの目を、目の前の市政府になぜ向けられないんだ？ってね。全く会合に顔を出そうとしないけれども、大きな市民グループだってあるんです。彼らは、見えない人たちなんです」。

白人労働者階級の政治行動は、間違いなく、極度の無関心によって抑制されている。ヤングスタウンの政治は長い間、談合と見えない闇の権力者によって行われており、したがって熟議や市民社会のインフラは一度も起ち上がらなかった。現状への充足感という遺産は、市民の主張する能力を衰えさせ、活動のために利用できる手段を見えなくしてしまった。政治家は、この「沈黙」をわずかに後押しすることで、彼らの仕事をうまく進めたのである。

私はウェストサイドで開かれた「ロッキー・リッジ近隣連合」の集まりに参加した。メンバーたちは、地元で収穫されたメープルシロップを配って歩いていた。終わりの時間がくると、マイク・レイが市役所のシステム更新を提案し、聴衆から質問を募った。すると、六五歳、元空軍看護師のアーニー・ルイスが立ち上がって、水圧破砕企業の規制について、もっと話し合うべきだと意見を述べた。「ここには製鉄所があったのに、経済が悪化して私たちは金属くずや汚染水と一緒に取り残されてしまったわ。市は荒廃しきっていて、世界規模のガス会社と土地の賃貸契約を結ぼうとしてる。企業は縦横無尽に動いてやりたい放題やろうとしているのよ。私たちは、自分で決定する権利を求めるべきよ。誰かが「私たちのために」決めるんじゃなくて。たとえ莫大なお金が入ってくると約束されても、ヤングスタウンに住んでいる私たちは、私たちの土地が、私たちの場所が大事なんだ、そう言うでしょう？［マホニング郡の民主党議長］デイヴ・ベトラスの家の下をガス開発エリアにすればいいのよ。そうなれば、彼はヤングスタウンには住もうともしない。私はそう思います」。

「ここはそういう意見を言う場所ではないんです」。レイは口をはさんだ。「あなたの意見はあなたの意見として尊重しますけれども、この場に適さない」。ルイスは静かに椅子に座り、別の住民が、当たり障りのない質問をした。アーニーの主張に適した場所とは一体どこであるのかはわからないが、議員のクリップボードではないことは確かだ。別の「ウェストサイド・シティズン・コアリション」[訳註xi]の

訳注

x　モロトフ・カクテルは第二次世界大戦時にフィンランド軍が使用した対戦車兵器で、フィンランドを侵攻した当時のソ連の外相モロトフにちなんでその名がつけられた。

xi　ヤングスタウン近隣の市民団体。

集まりでは、組織の理事がレイに話しかけたとき、レイはｉＰａｄを見ていてすぐに反応しなかった。

私はロッキー・リッジでの集まりのすぐあと、アーニー・ルイスをつかまえて、議員を辞めさせればいいのではないかと尋ねた。「私たちには、自己決定権がないのよ」。彼女は言う。「最後に決定に関われたのはいつだったか、遠い昔のことよ。……そういうことがずっと受け継がれてきたの。……近隣連合自体は、うまくやってきたわ。でも、私たちは、いわばボートを揺らしたくないちっぽけな群衆の一部なの。みんな怖いのよ。考えてないだけなの。メープルシロップで、コミュニティを維持したいのよ」。

ダウンタウンのユニオン・バプティスト教会での市長の公開討論では、「マホニング・バレー組織協会」のオーガナイザーらは、三〇〇人の聴衆から候補者への質問を一切求めなかった。最初の一〇分間で、現状に不満を持つ住民が立ち上がり、住宅所有の条件の見直しについて不満を漏らすと、彼女は付き添われて裏口に出されてしまった。メッセージは明らかだ。「出席者は、口を開くべからず」。

会場をあとにした私は、一人の活動家に、なぜ誰ももっと多く質問しようとしないのか、と尋ねた。「虐待を受けた犬みたいなものなんですよ」。彼は答えた。「誰かに何度もぶたれ続ければ——ぶたれるのが一度でも同じですけど——可愛がってくれる人が現れても、次はしり込みしてしまう。その感情からは逃れられないんです」。

政治的な主張をする機会の欠如と政府の恩顧主義の伝統が絡み合うと、政治運動の一つの鋳型ができる。それは住民の決定権や討議以上に、関係性や交換取引《バーター》を高く評価するというものだ。たとえわずかに影響力を行使できたとしても市民権は形骸化しているという、共通の意識があるのだ。何人かの回答者はヤングスタウンの市民活動に積極的に参加したことがあった。だが、彼らは別の意味で時間を費やしていたのである。

エヴリン：見れば見るほど、お金であらゆる抜け道を買えるってことがわかるようになったわ。起訴された保安官、軽蔑される議員、刑務所にいる検察官、見るからに信用できない市長候補。〔マホニング・〕バレーは、長らく政治腐敗に巻き込まれてきて、住民はただ、自分の身を守ることに必死なの。耐えられないわよ。自分の目で見ていなくとも、腐敗があったことは知っているんだから。

ケイレブ：無関心がはびこってるんだ。それから、どうしようもないほどのダルさもね。〔政府による〕なんらかの反応も、何かが実行されているような感覚もほとんどない。〔政治に〕参加することには全く意味がない、そう感じるんだよ。

ディディ：仲間の中にいるってことが大事なの。仲間と付き合っていくってことは、単にしゃべり続けるってことじゃない。でも、私はどこの仲間でもないの。波を引き起こしたり、立ち上がったりすることもないのよ。

人々の屈服は、最も高いレベルでもはっきりとわかる。「私たちは誰も、彼らの心を動かせないんです」。市長候補だったマクナリーは言っていた。「今年の春、一〇回ほど〔市長の〕公開討論会を行ったんですが、来るのはいつも同じ人。同じ場所で同じイベントが開かれ、同じ質問が来る。選挙期間が過ぎれば、話し合う議題すらありません。結局は、「私たちのために何をしてくれるんですか？」という話に終始します。私にも不満感はありますよ。そんなイベントに、候補者がわくわくして行くわけがない。あなたがまだ会っていない街の人々の九九％が、そういう人たちなんですよ」。

このレンズを通すと、二〇〇五年のイーストロンドンの選挙でのＢＮＰ〔の躍進〕、そして一九八五年から二〇〇二年までの間のヤングスタウンの議員ジェイムズ・トラフィカントの再選は、絶望という行動の結果として理解できるだろう。二つの反体制派は、政治的疎外に慣れきった人々に、ある囁き――ラディカルな――をしたのだ。ＢＮＰはゼノフォビア《外国人嫌悪》とレイシズムという人間の弱さにつけこんだ。つまり、金融規制緩和と政治的無責任によって引き起こされた経済的衰退の責任を移民に押しつけて不信を煽り、それを利用したのである。トラフィカントは陰謀論を、街頭から議会ホールへと向かわせた。有権者の絶望感と困惑に浸り、票を操ったのである。彼は、内国歳入局の収税官をむち打ちの刑に処すべきだと説いて回り、事あるごとに中国を非難した。そうしたことによって彼は、それぞれ各々の選挙区民とつながりを持つことになったわけであるが、他方で主流の政党政治と彼らを引き離したのである。

労働組合が遺したもの

ヤングスタウンとイーストロンドンには、かつて非常に強力な社会資本があった。両者は共に、労働組合の牙城であり、ほかにも強力な組織が数多く存在していた。工場は多くの労働者にとって相互に直接的なコミュニケーションができる場であったし、その規模が大きければ大きいほど、運命を共にしているという意識に沿って「労働者階級意識」が強化されていった。だが、一つの経済モデルが崩壊したこの数十年の間に、大衆としての彼らはすっかりその活力を奪われてしまった。果たして、盤石であった人間関係のネットワークが、〔一挙に〕その信用と効用を失うということがありうるのだろうか。

政治腐敗の遺したものが、排除に対して市民を慣れっこにさせてしまう秘密会議であったとしたら、労働組合が遺したものは、運動の手段を外部の独立した存在に頼ること、であったのかもしれない。労働組合の役割は、労働者のために集団交渉を行うだけではない。それは組合員に主張する場を提供したのである。もっとも、その場というのは——組合指導者の傲慢さを考えれば——うわべだけの場になっていたかもしれない。アドヴォカシー《権利擁護および政策提言》の過程というのは、しばしば議論を欠く労働官僚主義に一任されてしまう（Fantasia and Voss 2004: 26, 82-85）。たとえば、組合における不満や苦情の解消は、労働者の不満を吸い上げる仕組みによって実現されるのであるが、それは膨大な時間のかかる官僚的な手続きを通してなされるのである。そうした手続きは、空間的・時間的・社会的に、問題の源から不正義の種を取り除くという目的を失わせていく。つまり、職場環境改善の主要な主体になるのは、労働者ではなく、その代表者たちなのだ（Fantasia and Voss 2004: 85）。

シェフター（Shefter 1986: 197-276）の主張によれば、社会の他のセクトに対抗するアメリカの労働者階級という概念ができあがってくる背景には、一九世紀の労働組合のあり方が強く関係していた。しかしながら、一九世紀の労働者は雇用者に対して自身の権利を行使するために組合を利用したのであって、国家に対する権利の行使ではなかった。組合の意思決定の範囲がなぜかくも限定的なのかについて、シェフターは、実際の労働者の動員が制度的チャネルを通じて行われていたことを指摘する。事実、世界大戦を前に導入された企業内職種別組合は、労働者の自己規律の手段として効果的に利用されていた。組合を企業の内部に留め置くことで、企業内職種別組合は「労働者階級の連帯」から「企業内連帯」に取って代わったのだ（Fantasia 1988: 32, 69-71）。労働組合は、「管理を援助」する主体であって、彼ら自身の利益のために独立して行動する主体ではなかったのである（ibid.）。

二〇世紀の半ばまでに、山猫スト〔訳注xii〕に突入する者も現れたが、多くは現状に一定程度満足しており、労働組合の主体的活動に任せるか、あるいは行動すべき時を知らせてくれるのを待つか、であった。さらに、山猫ストを決行した者たちは仕事とともに活動の場も失い、茫然とする者も少なからずいたのである。こうした議論は、いかなるアソシエーションが社会資本を活性化するかについての確立した理解をかき乱すものだ。〔本書の〕インタビューによるデータは、アソシエーションがないところで存続しうるネットワークが組合によって醸成されるという話ではなく、むしろ組合が制度への依存を創り出していることを示している。

「労働組合員の自己満足なんだよ」。ヤングスタウンのノースサイドに住む鉄道員、ジャック・キーレイは言う。「適当な時期に給料が上がり、労働条件も良くなる。〔そしたら〕「我々の組合」から「組合」になるのはすぐだ。その組合ってのには、巨大な官僚制とそれを運営するエリートが必要だ。みんな自分の仕事は守られてると感じてるから、会合にも行こうとしない。だから、組合からも離脱するし、政府からも、離れていくんだ」。一九七〇年代初頭のヤングスタウンで、〔活動家の〕リンド夫妻は組合のオーガナイザー同士の会話を記録していた（Lynd and Lynd 2000）。

ルイス：ここに仕事で来たのは一九五〇年だ。各部門でストライキやボイコットが頻発してたよ。今じゃ、普通の鉄鋼労働者はストライキなんかできないと感じていると思うね。〔ストライキへの衝動を〕押し殺してるのさ。

マン：だから解雇されるんだ。組合は、解雇されるのを見ているだけなんだよ。

トンプソン：俺の工場は一年半前にストをやった。仕事を休んだのは二人だけだった。代表が三〇日間、幹事も三〇日間だったな……。

リッチ：それは、「組合はあなたの上にではなくあなたと共にある」っていう古い格言にはもう戻らないってことか？

マン：わからない。ここ数年間、行動するよりも考えることがありすぎる。それでも、組合は労働者にとって、自分をさらけ出す一番の場所だと思う。人と話せるし、リーフレットの発行とか運動もできるし、RAFT〔＝Rank and File Team〕〔訳注xiii〕のような組織を始めることだってできる。部屋で演説をして、自分の好きなことを何でも言える。我々にはまだ、こういう自由があるんだ。それが多くの結果を生むかどうかはわからないが、こういう自由はある。ホワイトカラーにはないかもしれない自由がね。

ファンタジアとヴォスが指摘したように（Fantasia and Voss 2004）、組合は「厳格なトップダウンの

xii　組合指導部の承認なしに行われるストライキ。第四章も参照。
xiii　一般の組合員同士で作る組織。

ヒエラルキー構造を備えていて、それが一般市民のイニシアティブを阻害している」という特徴を持つ。また、「「密室の」取引に頼る上層部の、閉鎖的なコミュニケーション回路」を促進し、「無知で受け身なメンバーを生む条件を自ら創り出している」。さらに、「積極的に行動するというよりも、むしろ雇用者側のイニシアティブに対して反応を示すだけの組合主義《ユニオニズム》」を支えている。ファンタジアとヴォスは、組合はラディカリズムに反対し、それゆえ「内部の政治的反対派を封じ込める手段」となる。結果的に、組合のメンバーは組織構造の中での自分たちの影響力に気付いていない。これこそが、全盛期に組合の力を強化したのであるが、この力は、組合の衰退とともに消滅したのである。

ヤングスタウンとイーストロンドンの経済が大企業を失うにつれ、社会は個人化していった。ファストフードや小売業、サービス業領域の新たな巨大企業が、それらに取って代わったのだが、そうした企業は、被雇用者の間に団結をほとんど涵養しないような、支店やフランチャイズが緩くつながった寄せ集めとして出来ていることが多い。さらに、そのような企業の仕事は、労働者が同僚とのチームワークや相互依存を必要とする状況を生まない。柔軟な労働力の供給は離職率の高さにつながり、基本的な業務のコンピュータ化によって、労働者間の結束力が弱まる。ヤングスタウンは一九七〇年代後半と一九八〇年代初めに製鉄所の閉鎖や深刻な経済不況を経験したが、それでも一九八六年の時点で地域の民間企業の三四・四%は依然として労働組合を有していた。その数は二〇一〇年に一〇%にまで低下した（CPS 2012）。イギリスにおいて同様の統計は、より大きな範囲〔＝全国レベル〕のものしかない。一九九五年、イギリスの民間企業の労働者の三二・四%が労働組合を有していたが、この数は二〇一三年までに一四・四%にまで低下している（Department for Business, Innovation and Skills

2015)。

社会資本のあとに

社会資本理論は、組合のような濃密で横断的なアソシエーションに、それがなければつながれなかった市民間のネットワーク構築の促進を期待するものである。最初のつながりに貢献するのは組織という場であるかもしれないが、研究者は、最終的にはそのメンバーたちが〔自ら〕相互関係を確立するであろうと期待する。つまり、相互性という規範を育て、つながり合うことの結果を理解することこそが、アソシエーションのネットワーク外での、より広範な市民参加と社会的責任を涵養するのだ、と。

だが、アソシエーションの構造が問題であるように思われる。工場や組合、そしてマフィアのような組織に特徴的な結束は、〔それぞれの〕制度的な基盤と無関係ではない。それらは全て、中央集権化されている。したがって、制度が崩壊すれば、そのメンバー間のつながりも崩壊する。組合は、既存の民族‐人種‐階級といった社会的分断を再生産するので、それぞれのつながりはむしろ弊害でしかない。

ヤングスタウンとイーストロンドンの白人労働者階級コミュニティは、歴史的に自身を非常に密な〔人間〕関係の中にいると考えてきた。同時に、行動する余地を奪われているとも感じてきた。ヤングスタウンにおけるその主な原因は、この地域の政治をめぐる秘密主義と陰謀だった。バーキングアンドダゲナムでは、身内贔屓のシステムが市民と国の諸組織とを乖離させていることに、その原因を求めることができた。おそらく、両者に共通して重要なことは、一九八〇年代と九〇年代に白人ミドルクラス、労働者階級の大量流出により〔彼らが〕相互関係の重要な核を失ったことだ。残された人々は、各地域の最盛期ですら、市民としてはつながり合うことができなかったのだ。そして人がいなくなればなるほど、過ぎ去りし組合にはほとんど関係しない〔民族文化的〕マイノリティが増えていった。

ヤングスタウンのインタビューでは、組合について回答者たちは多くの場合、その原点を裏切る腐敗した寡頭制だと表現していた。この感情が新しいものなのかどうかはわからないが（組合は一九八〇年代と九〇年代に工場の仕事に対して不正な方法で給料を要求していたといわれる）、地域の経済が衰退するにつれ、より強くなったことは確かである。

「みんな、組合が面倒をみてくれていると勘違いしていたんだ」。駐車場係のケイレブ・ジョーンズは言った。「壊滅的な経済的悲劇は、何度も経験済みさ。でも、仕事とそれが関係あるなんてことは一度もなかった。ボルトを差し込むのに一時間三〇ドルも払わなきゃならないなんて。俺たちにそこまでグローバルな競争力はないよ。それでもまだ誰かが白人労働者階級の面倒をみてくれるのか、俺にはわからないね」。

明らかに、こうした感情は組合のメンバーやかつてのメンバーにも共有されていた。「組合はもう、ここにはないも同然よ」。〔オハイオ州〕ロードスタウンのハイウェイ下にあるゼネラル・モーターズ工場の組み立てラインで初の女性労働者、マージ・ラッセルは言った。彼女は一九七〇年の夏にバッテリーとラジエーターの取り付け〔の仕事〕を始めている。「組合は、雇用者側と平等に闘えるほど力があって、不正もやってのけてきたのよ。年功序列の哲学が一貫していて、たとえ有罪判決を受けていても、薬物乱用者でも、例外はなかった。いつもお前の味方だって、そう感じさせてくれた。〔今、〕自動車産業は、めちゃくちゃな人事やシステムを乱用してきたことの報いを受けてるのよ。彼らはシステムから金を搾り取った。でも、清廉で勤勉な労働者にとって、それは公平じゃないわ」。

「団結した労働者の力を見くびっちゃいけない」。ヤングスタウンでかつて公務員として働いていたブライアント・ダニエルズは言った。「組合は選挙の動員に利用できる資源を持つ、唯一の活動だからだ。もっとも、残っている組織の中では、の話だけどね。かつては組織化された何万もの労働者がいたけど、今じゃ、中身はほとんど政府関係者と水圧破砕企業の労働者だけだ。対抗姿勢はほとんどない。産業労働者は世界経済に翻弄されて、熟練職人は法律の言いなりで交渉なんかできない。誰も、一緒にやる相手がいないいんだよ」。

組織をめぐるポリティクスの多くが、敵対心やそれによるアイデンティティの創出から生じている。組合の力が瓦解したことで、社会資本が崩壊し、集団的な自尊心、そして個人の自尊心の崩壊を招いている。製造業組合は、民族的《エスニック》なアイデンティティに依存しない市民的なあり方に基づいて、極めて同質的な白人層を組織化した。白人労働者階級は、いまや経済的苦境を〔民族文化的〕マイノリティと共有しているにもかかわらず、〔彼らとは〕別のやり方で集団的な利益を実現しようと奮闘している。組合が崩壊したとき、〔組合への〕信頼という習慣の燃え殻だけが残り、努力によって獲得してきたものは、何一つ見いだせなかった。次章で説明するように、これらの社会的な境界線は、民族的《エスニック》な境界線を越えた連帯意識――それは集団の強さにつながる――を侵食する形で、再び引き直されたのだ。

「ここは、組合をいくつも生んできたところなのよ」。製造業の事務員、二九歳のリア・ペリーは言った。「みんなそれぞれに不満を持っていて、それは自分の責任だと思ってる。で、組合がその責任を果たしてくれたらいいのに、と期待してるわけ。製鉄所に行って、タイムカードを押し、またタイムカードを押して家に帰る。退職金を受け取る。それを繰り返してきたのよ。職場の同年代はみんな、いまだに組合や工場をあてにしてる。……抵抗は必要よ。でも、それを計画したところで、集まるのは三人がいいところね」。

原注

（1）我々が通常想定するような「行動（behavior）」ではなくあえて「政治行動（political behavior）」という場合の、参加しないこと、消極的であることについては議論する必要はない。実際、「行動」そのものは積極的な態度を暗に意味しうる。しかしながら、私は棄権や退出、拒絶といった行動も、より積極的な形態と同じくらい行動的であるとみなすのが合理的だと考える。実際に、もしアクターが参加を選択しなければならないとしたら、そのとき、彼／彼女は棄権も選択しなければならない。つまり、意思が伴っているという点でどちらも行動なのである。

（2）ここでの区別は、人々が政治システムによって提供される保健サービス、福祉、教育、住宅などの公共的な財や条件を受け入れているかいないかの区別ではないことに注意されたい。消費は、道具主義を想起させるものではあっても、支持や参加を示すものではない。

（3）各個人が同時に一つ以上の類型に当てはまるときには複雑である。ボーダーラインの例は、たとえば以下のような場合だ。

類型Ⅰおよび Ⅱの両方に当てはまるのは、争点《イシュー》によっては民主的に活動したり、無関心になったりする人々である。

類型Ⅰおよび Ⅱの両方に当てはまるのは、民主的な活動に対しても、反システム的な活動に対しても積極的な人々である（たとえば、時に暴力を用いる活動家など）。

類型Ⅲおよび Ⅳの両方に当てはまるのは、どんなときも消極的であり、ある場合に将来的な活動を思い描くものの、それでも退出するような人々である。

それぞれのケースにはほぼ特異性はない。つまり、それらは習慣的なものである。それらの場合、分類を容易にするポイントを示すのがよいだろう。たとえば、ある人が積極的に反システムの行動をとる場合（類型Ⅰおよび Ⅱ）は、積極的な反システムに分類されるべきである。なぜなら、彼らがシステムに抵抗したり、異なるシステムを志向するということは、それ自体、他の行動を否定することだからだ。あるいは、今までに民主的に活動したり、ほとんど反システム的な活動をしていない場合（類型Ⅰおよび Ⅲ）は、民主的に活動する者として分類されうる。これは、選択的な活動を行っているといえるからだ。消極的に民主的活動を行う人は、一日だけ参加したことがある、という場合も含めて、やはりどんなときも消極的であると分類できるだろう（類型Ⅲおよび Ⅳ がこれにあたる）。この点は、消極的な反システム的行動には一日たりとも参加せずに〔政治から〕退出するという特徴があることを考えれば妥当である。

第六章　アイデンティティ――文化と階級のプリズム

一般的なイギリス人労働者は、自らの生活水準を低下させる競争者としてアイルランド人労働者を嫌っている。彼らはアイルランド人労働者との関係において、自分たち自身が国家を支配する一員であるかのように感じ、それゆえ自分たち自身を、アイルランドと敵対している自国の貴族や資本家の道具にしてしまう。……この敵意は、新聞、説教、漫画雑誌、つまり支配階級の思うままであるところのあらゆる手段によって人工的に維持され、強められる。この敵意は、その内実にもかかわらず、イギリス人労働者階級が重要であることの秘密である。それは資本家がその権力を維持する秘訣である。そして、その階級の人々はそのことに完全に気付いているのである。

――カール・マルクス

脱工業化の環境における白人労働者階級の人々の政治的周縁性は、制度的な説明によって文脈づけられる。もっとも、本書が考察する人々について〔制度的にではなく〕個人レベルでの差異を説明しようとする向きもある。本章では、そのようなもう一つの重要な説明を考えてみたい。すなわちそれは、白人労働者階級の人々が、強力な無産階級有権者の一部として白人と団結しえた民族的・人種的マイノリティとの対立の中で政治的なアイデンティティを確立している、という説明である。白人労働者階級の人々が二〇世紀の大部分をかけて形成してきた強力な経済的階級というアイデンティティは、民族的・人種的分断によって本当に取って代わられてしまったのだろうか。白人労働者階級の人々の非流動性や孤立化は、社会的・政治的分断の方向性をどのように変えてきたのだろうか。白人労働者階級のアイデンティティと周縁性との断層線はどこにあるのだろうか。本章では、こうした分断がどのように理解され、内面化され、社会階層へと転換されるのかという次章の議論に必要な情報を提供するために、ヤングスタウンやイーストロンドンの住民に関するこれらの疑問を扱う。

まず、ヤングスタウンとイーストロンドンにおける決定的な社会的分断として、階級の復活を論じる。また、考察対象の白人労働者階級の人々が、現代の階級の境界線の上に、より伝統的に理解される民族人種的《エスノ・レイシャル》な境界線を引いていることについて述べたい。階級と民族・人種のいずれも、社会階層をめぐる彼らの思考の中では準拠集団［訳注1］として作用する。だが、主に民族的《エスニック》マイノリティの住民で構成される地域に住む白人労働者階級の回答者たちにとっては、民族人種的《エスノ・レイシャル》な分断よりも階級的分断のほうが顕著であることがわかる。そして最後に、白人労働者階級の政治的分断については、社会的地位の問題として考えたほうがより正確であることを論じる。それはすなわち、オーバーラップする人種と階級の分断線を統合し、それらを市場、社会、政治的空間における人々の経験を体系化する語り《ナラティヴ》へと変える試みである。

分断線としての階級

過去二〇年以上にわたって研究者たちは、特にアメリカにおける貧困な白人労働者階級の社会的地位の変化について考察してきた。研究者たちはその優れた研究の中で、民族人種的《エスノ・レイシャル》な分断の持続性を記録に留め、それらが現代においても当てはまるかどうかを分析してきた。マッセイとデントン（Massey and Denton 1993）は、アメリカ社会において人種的な棲み分けが長らく存在することに注目した。マハリッジ（Maharidge 1996）は、人口動態的変化が、白人の民族的・人種的優位性が希薄化する前兆となることを示した。カウフマン（Kaufmann 2004a; 2004b; 2004c）は、多文化主義者がリベラルな平等主義的倫理を擁護してきた潮流の結果として、アングロサクソンという民族性の優位性が希薄化したことを記した。リプシッツ（Lipsitz 2006）は、アフリカ系アメリカ人と比較して白人の利益がわずかしか保護されていないことに言及した。マクダーモット（McDermott 2006）は、アドバンテージに期待しながらも低い社会的地位に甘んじる貧困な白人たちの存在を明らかにした。マッセイ（Massey 2007）は、カテゴリカルな不平等の場として階級の形成を分析し、教育、人種、ジェンダーが階級的分断を決定する際に果たす役割を考察した。そして、シルヴァ（Silva 2013）は、雇用が徐々に不足している状況や、成人への移行期における不確かな将来をめぐる競争の中で、労働者階級の白人たちがそれに慣れきってしまっていることに注目した。ヤングスタウンとイーストロンドンのケーススタディから得ら

訳注

i　学校や職場など個人の価値観や行動に強い影響を与える集団。

れた諸事実《エビデンス》は、こうした発見をほぼ支持するものだ。白人労働者階級の回答者たちは、政府やその他の社会制度から恩恵を受けているとおぼしき優勢なマイノリティ集団から疎外されたように感じ、憤っている。イーストロンドンでは、移民こそが他者だ。〔一方〕人種関係が黒人対白人という差異に根差しているヤングスタウンにおいては——特に〔イタリア系、アイルランド系、東欧系など〕多様な民族的連帯感を維持している白人コミュニティの中では——、他者とは黒人のことである。

だが私は、〔これらの地域に〕階級的分断の復活をも見いだした。実際に、同じ民族である——市場で労働者階級の人々を搾取し、経済的衰退の中で彼らを見棄てる一方で、マイノリティ集団の社会的不満には加勢する——白人エリートたちとの隔たりを、白人労働者階級の回答者たちもまた感じている。このように、階級は確立された人種的分断に取って代わるものではない。むしろ階級と人種は、階級意識の分断線が民族人種的《エスノ・レイシャル》な差異の分断線と交差するように重ね合わされる——これが、白人労働者階級の人々を、かつてないほどに萎縮した内集団〔訳注ii〕や政治的地盤になってしまうまで追い詰めたのである。このように、彼らの周縁化は二重になっているのだ。

インタビューの際に、ヤングスタウンとイーストロンドン出身の回答者たちはよく一様に〔階級と人種〕両方の分断線を同一視する。「みんな、あたかも白人が恵まれているかのように振る舞うのよ」と、ヤングスタウン西部に住む二児の母、レイチェル・ギブソンは言う。「白人だから裕福に違いないって? 私たちは仕事を掛け持ちしていて、子供たちを学校に通わせるのにも苦労しているのよ。でも白人だからその余裕があるでしょう、マイノリティ・ローンや政府の保険料割引のような援助は必要ないでしょう、ってわけよ。……あのウェストサイド・シティズン・コアリションってやつ、彼らはこのあたりを美化しようとしているのよ。どれほど多くの木を植えようと私は構わないわ――そして、彼らが私の家の前に木を植えたって構わない――。そんなことをしたって、州の外にいながらアンダークラス相手に商売をしている大家を、何ら変えることはないわ」。

「その家にはギャングの一員がいるのよ」と、彼女は怒りとともに隣家のドアを指さして言う。「その玄関に座りながら、平日なのに学校にも行ってない子供たちと一緒になって「こいつめ」とか「あいつめ」とか騒いで、私の家や犬に石を投げつけたりするの。誰が私の家の〔割れてしまった〕窓を交換してくれるっていうの？　それは黒人じゃないわ。あいつらは、このへんをダメにしてる。だから私たちは逃げ出すのよ」。

彼女は、タバコを表庭の芝生に捨てた。

「黒人の子供に触れたり、話しかけたり、脅したりしないほうがいいわよ」と、彼女は忠告した。「あいつらは、たとえ白人の子供に対してだって、したいことはなんでも言ったりしたりできるのよ。この場所は、東部のようになりつつあるの」。

レイチェルは、明らかに黒人の近隣住民に対し怒り、憤っていた。だが、近隣地域のあり方を変えていると彼女が思っている他民族の居住者よりも、彼らに部屋を貸す州外の白人大家の存在に、より非難を向けていた。彼女もまた、社会的に自分が裕福な白人大家の側に分類されることへのフラストレーションを表したのだ。

訳注

ii　自らが所属すると考える集団。

「彼らは、自分たちが虐げられてきたという感情を持ってるんだ」。今度は、ヤングスタウンの公務員として働くマックス・グリーンフィールドが言う。「たいていの人は、裕福な人や成功者を嫌う。嫉妬心は常にあるものだけど、ここには、より激しい嫉妬心があるんだよ。そして、それは表には出てこない。でも、君は一時間もしないうちにそれを聞くことになるよ、僕にはわかるんだ」。

イーストロンドンでは、キーラン・ターナーがレイチェルの意見をそっくり繰り返し、大幅な人口動態的変化の責任は白人の政府エリートたちにあるにもかかわらず、裕福なイギリス人はその変化に晒されていないと思う、と非難した。「多くの移民が引っ越してきて、今では建物内は移民だらけだ」と、彼は説明する。「政治家と一緒に引っ越させて、奴らがどれだけそれ〔=移民〕を好きか、見たらどうだ？ぜひ俺たちのたわ言に付き合ってもらおうぜ。……貧乏な大家なんざ見たことないね。でも俺は、実際に奴らのご近所さんになることなんかない。白人労働者階級は、多くを奪われてしまったんだ。かつてイギリスは連合王国とか言われていたが、もはや連合などとはいえないね。……俺たちはかつてみんな一緒に暮らしてたのに、ああいう忌々しいインディアンどもがやってきて、政府は、奴らと一緒に生きろと言う。俺たちはどうなるんだ？……ときどき、俺はただ何かをひっつかんで、ぶっ壊したくなるよ。でも、なぜかそれができないんだ。そして見てくれよ、今、俺はとても怒ってる。裕福な奴はますます裕福に、貧乏な奴はますます貧乏になってる。そのせいでみんな、爆発したくなるんだ」。

イーストロンドンにおける他の回答者たちにとって、文化的分断は実際、階級的分断と一致している。現在、公営住宅の生涯賃借人であるルー・グリフィスは、移民とその敵対者である裕福な白人とを同列に扱っている。「民間の大家〔のやること〕は悪夢のようだよ。彼らは法外な家賃をふっかけて、一つの寝室に五家族を押し込んで、修理も一切しない。ふざけてるよ。あんたは労働者階級間の分断と言うだろう。でも、こういう大家の多くは、移民なんだ！〔移民の〕流入は、不平等への判断力を失わせるんだ。雇用は、不平等を運んでくる。東欧の奴ら〔＝移民〕が、多くの犯罪、信用詐欺、売春を取り仕切ってるんだ」。テリー・ハモンドは言う。「この地域では、経済が用意してくれるまともな仕事はアジア人のためにあって、ここのイギリス人には単純労働しか残されていないんだ。インタビューを進めれば〔わかると思うけど〕、ほとんどの雇用主がアジア人だ。基本的にあいつらは俺たちを差別してるが、俺たちは最初からここにいたんだ。俺は小売業の見習いとして実習中さ。でも、俺が履歴書を提出したとき、アジア人じゃないから申し込めないと言われたことがあったよ。……俺は、彼らの下にいるんだと感じたよ」。

階級の不可視性

こうしたあまり一般的でない場合を除いても、黒人や移民が裕福な白人エリートと関わるとき、階級的分断の対象は基本的に目に見えず、わかりにくく、謎である。彼ら〔＝白人エリート〕は多くの場合、〔外見的に〕他の白人市民と似ており、イーストロンドンやヤングスタウンという労働者階級の住む地区から遠く離れた地域に住んでいる。彼らには、自分たちの物質的幸福や、経済のグローバル化の恩恵を受けているという感覚以外に、責任を問われる理由がわからない。アフリカ系アメリカ人は肌の色を変えられないだろうし、リトアニアの移民はアクセントを抑えられないかもしれないが、富裕層は自らの富や資源について控えめに言ったり、隠そうとするのかもしれない。「裕福な人と貧しい人との間には壁があるし、その中間の人々〔＝ミドルクラス〕は、彼ら〔＝貧しい人〕とはさらに隔てられた場所にいる」と、バーキング出身のオスカー・ブラッドリーは言う。「デーヴィッド・キャメロン〔首相（当時）〕は、彼のようなタイプの人たち〔＝ミドルクラス〕にだけ注意を向けてるんだ。そういう人たちは、まともな家を持つ余裕のある人たちだろ。それで、労働者階級は取り残されて、自己責任を負わされるんだ。……俺は、彼らが何をしているのか知らないけどね」。

階級とその敵対者たちの不可視性によって、労働者階級集団のアイデンティティ構築や動員が難しくなっている。工業都市〔＝ヤングスタウンとイーストロンドン〕がエリートの権力に晒されているとして、彼らはエリートによって押しつけられる不公正に、ひどく敏感だ。だが、現代の日常生活の中で回答者たちは、ヤングスタウンのような街により多様な階級的属性の人々がいた過去何十年かに彼らの祖父母が巨大製鉄産業と対峙したのと同じような意味で、社会経済的な他者と対峙するという経験を——全くとまではいえないだろうが——ほとんど持ってはいないだろう。そして、ヤングスタウン・シート・アンド・チューブのような地元企業の解体も手伝って、今日の階級間対立の矛先はより分散されている。反感を表明する場——労働者階級の人々を統合する、ますますその数を減らしつつある組織——がなければ、表出される階級間の敵意は、白人労働者階級の個人間のやり取りにおける言説では十分な強度を得ることはない。階級間の緊張はそれゆえ潜在的なものであり、人種的な差異に関する露骨かつ手軽な言論の影は薄い。

ところで、階級理論（Waters 1990; Pakulski and Waters 1996）に関するマルコム・ウォーターズの四つの命題[訳註iii]によれば、階級の理解は単なる物質的な欠乏に矮小化されてきたといえる。〔かつての階級の理解は、〕彼のような学者たちにより概念化された集団主義や流動化といったダイナミックな形ではなかったのだ。第一にウォーターズの言うように、階級が依然として、格差のある市場能力と財産所有によって特徴づけられる社会経済的現象であることは間違いない。

第二に、ウォーターズの命題には反するが、衝突が次第に先人の遺産、真正さ、権利《エンタイトルメント》をめぐるものになるとき、階級は社会の分断線や衝突の起点として、回答者たちから団結の感覚を奪ってしまう。ヤングスタウンとイーストロンドンの回答者たち〔の一部〕は、アフリカ系アメリカ人や移民との一体感を表現していた——ただしそれは、無産階級という仲間の一員としてではなく、経済状況が困難になる中で日和見的に結び付く仲間として、である。「移民は、ちょうど俺たちと同じように制度に反対しているんだ」と、イーストロンドンはテムズヴューー出身の一九歳の失業者、カラム・エバレットは認める。「でも、俺たちはほかの国に行って、ほんの少しの金のために働いて、現地の人々の仕事を奪うようなことはしないよ。それは彼らのやり方さ。彼らはここで子供を産んで、だから彼らは、子供を育てるためにここに留まる必要があると主張できるんだ」と、バーキング出身の二八歳、ヘイデン・トーマスは言う。「移民は、移住してきて、欲しいものはなんでも手に入れてるよ。僕は、そのことについて移民を非難しないよ。もし僕がどこかより良い賃金や家を得られる場所に移住できれば、僕も同じことをするだ

訳注

iii ウォーターズは、経済主義、集団性、行動的・文化的つながり、社会変革能力という四つの側面から階級の分析を試みた。第一の経済主義に関する命題は、社会の主要な分断線が経済的なものであるという前提から、階級を経済的な現象として捉えるというものである。第二の集団性に関する命題は、経済的カテゴリとしての階級がその内部で共有される文化を発展させると想定するものである。第三の行動的・文化的つながりに関する命題は、階級ごとに共有される文化的環境が政治行動を決定づけると想定するものである。第四の社会変革能力に関する命題は、階級ベースの政治行動には、社会を基本構造の改革へと導く能力が備わっていると想定するものである。

ろうし。それは誰でも欲しがるものだよ」。この感情は、スタンディングの見解と一致している（Standing 2011: 12）。「プレカリアートは、自らを団結した労働者共同体の一部だとは感じていない」と、彼は記している。「このことは、彼らがしなければならないこと〔＝労働〕に関する疎外や従属の感覚を強める。不確実性に由来する行為や態度は、日和見主義に陥る。彼らの行為には、今日、彼らが発言し、行い、感じることが、彼らの長期的な関係性に強力で拘束力のある効果を持つだろうという感覚を彼らに与えるところの「将来の影」[訳註:iv]はない。プレカリアートは、自分たちが行っていることに将来性がないため、将来の影がないことを知っている」。

第三に、ウォーターズの命題に反して、階級は〔それ独自の〕規範、価値、政治的選好を備えた一つのアイデンティティとして、行動的あるいは文化的なつながりをほとんど与えない。特にアメリカにおいては、国内メディアを通して伝えられる言論や文化の普遍的基準もまた、富裕層と貧困層との間の目に見える差異を和らげている。階級は、単に個人の〔同じ階級に属する者への〕親近感、〔政治的〕選好、世界観を示すのではなく、政治行動のきっかけとなる様々な他の要素と相互作用していると考えられる。ベネットら（Bennett et al. 2009）は、文化的な交流が、イギリスにおける将来の教育的成果および上向きの流動性との間に相互関係を示すことを発見した。イギリスの階級分裂に関するサヴェージらのモデル（Savage et al. 2013）によれば、バーキングアンドダゲナムの労働者は、〔前記第一から第三の〕三つ全ての尺度において適度に低い資本により特徴づけられる、「伝統的な労働者階級」にまで落ちぶれてしまっている。他方、イーストロンドンに住む移民集団は、経済資本は乏しいものの、社会資本や新しい文化資本の豊富さによって特徴づけられる「新興のサービス労働者」とサヴェージが定義するものに属している（see also Savage 2005）。いずれにせよこのことは、労働者階級の白人を労働者階級のマイノリティ集団に分類することが適切かどうか、という疑問につながる。

したがって第四に、そして再びウォーターズの命題に反して、白人労働者階級が沈黙し、〔政治的に〕無関心になり——おそらくより重要なことだが——断片化させられるとき、階級は、社会を変えるという目的のために人々を動員する能力を失う。「農村社会を別とすれば、グローバル化時代は、国内の階級構造の分断という結果に終わってしまった」と、ガイ・スタンディング（Standing 2011: 7）は記している。「不平等が増幅しても、そして世界が柔軟で開かれた労働市場へと移行しても、階級は消えなかった。むしろ、より分断された世界的階級構造が出現したのである」。ヤングスタウンやイーストロンドンのような場所において、こうした分断が自生的に生み出される。イングランド防衛同盟（EDL）やイギリス国民党（BNP）は共通の道徳基準の感覚を与える存在だが、それは移民、特にムスリムを中傷するような方法で行われている。彼らは、労働者階級の白人の持つ不正義の中でも最も基本的ないくつかの感覚に基づき、団結するのだ。すなわちそれは、テロリズム、暴力、愛国心、イギリス人がイギリス人たる偶然性のみを理由とする優先意識である。引越会社で働く二四歳のBNPメンバーであるハリー・カーライルは、階級的な反乱とみなされているロンドンの暴動には参加しなかったという。「俺は、一足のスニーカーを手に入れるためだけに、バカな連中に加わるつもりはないよ」と、彼は私に言った。「もしそれが何か正しいことに関するものだったなら、俺はその場にいただろう。イギ

訳注

iv　自らの行為が将来にわたって影響力を持ち続けると想定すること。

リス兵が戦争から故郷に帰ってきたときに、ムスリム集団が彼らを強姦犯と呼ぶために立ち上がったときみたいにね」。

階級、人種、ジェンダーに関する制度

階級ベースの団結による動員力を欠くこともまた、ヤングスタウンとイーストロンドンにおける市民たちの境遇の産物である。労働組合やその他の労働者階級集団は職業上の目標を追求するために一度は分断を克服したものの、労働者クラブや労働組合の集会所、パブ、クラブハウスにおけるこうした〔労働組合等の〕組織や彼らによるデモの衰退が、労働者階級としての自覚を発現させる場を失わせた。マッセイ（Massey 2007）によれば、一九四七年と一九五九年の労働法改正の結果、アメリカにおける労働運動は衰退した。マッセイはこれらの改正が、アメリカ政府が一九八〇年代に行った反組合政策と相まってアメリカの脱労働組合化の原因となったと主張する。労働統計局（Bureau of Labor Statistics 2013; Vedder et al. 2012）によれば、オハイオ州における労働組合の組織化率は、一九六五年には雇用されている賃金・給与労働者の三六・八％だったが、一九八九年には二一・三％に、そして二〇一三年には一一・八％までに下落した。それでも、オハイオ州はいまだに全国の組織化率よりも上位に位置しており、一九八九年にはおよそ一六％、二〇一二年には一一％だった。バーキングアンドダゲナムにおいては、ビジネス・イノベーション・技能省（UK Department of Business, Innovation and Skills 2013）が、ロンドンにおける労働組合の組織化率が一九九五年の二九・八％から二〇一二年の二一・五％まで減少したと報告している。これにより、ロンドンはイギリスで二番目に組合化の少ない

地域となった。同報告によれば、国内の労働組合の組織化率は、ピークだった一九八〇年の五〇%から、一九九五年には三二・四%に、そして二〇一二年には二六%にまで下落した。

マジョリティ集団の中でも比較的低い階級の成員は、職業的アイデンティティが完成されていないために、民族人種的《エスノ・レイシャル》なアイデンティティを形成する傾向にある――そのように強く主張した研究者もいる。たとえば、イフタチェル（Yiftachel 2000）は、イスラエルにおけるセファルディック系ユダヤ人［訳注v］の経済的・社会的周縁化が、セファルディック系ユダヤ人らしさを強調する政治運動を生じさせてきたと主張する。ブロッドキン（Brodkin 1994: 86-89）は、アメリカにおけるユダヤ系移民がミドルクラスへの移行の一環として、どのように白人性を受け入れたかについて論じている。ローディガー（Roediger 1991: 137）は、一八〇〇年代のアイルランド系移民が、アメリカにおける黒人労働者のアンダークラスと一括りにされることを防ぐために、どのように「自分自身の白人性や白人の覇権を主張する」ようになったかを説明している。「無教養」で、「野蛮」で、「残酷」で、「野性的」だと評されるアイルランド系移民は、政治的権利を確保し、重宝される仕事を続け、社会経済的な階梯において黒人の同僚の少なくとも一歩前に出続けるために、白人という人種的レッテルに依存してきた（Roediger 1991: 133-136）。アイルランド系移民は、「白いニガー」として未熟な白人労働者というレッテルを貼られてきたので、社会的立場の安定を確保するために、白人性という「公的、および心理的な賃金」に大いに依

訳注

v　中世にイベリア半島に居住していたユダヤ人を祖先に持つ人々。主にスペイン・ポルトガル系のユダヤ人を示す。イスラエルにおいては、白人のアシュケナジー系ユダヤ人が支配層の大半を占めている一方、セファルディック系ユダヤ人は、その大半が低賃金労働者であり、アシュケナジー系ユダヤ人から差別を受けてきた。

存した（Roediger 1991: 145）。イグナティエフ（Ignatiev 1995: 96）もまた同様に、アイルランド系移民が、賃金労働という「奴隷制」への防御策として白人性へと向かうことを論じている。そしてヴェコリ（Vecoli 1995）は、イタリア系アメリカ人が、社会経済的に有利になるために、白人としてやり直すことについて議論している。ライト（Wright 2004: 36）は、貧困層あるいはミドルクラスの白人アメリカ人が、類似の「外的特徴」（＝白い肌を持つこと）をたまたま共有するアッパークラスの人々と自らを同一視することによって、「生命維持に必要な精神的所得」を拾い集め続けていると主張する。

黒人の同僚と一括りにされることから逃れるべくアメリカにおける白人性にこうして依存することは、植民地時代の生活の実態から徐々に生じてきたものだ。モーガン（Morgan 1975: 319）は、植民地時代のヴァージニアに関する自らの論文の中で、白人の年季奉公人たちがいかに頻繁に、黒人奴隷を表すための言葉で説明されていたかを明らかにしている。〔すなわち、白人の年季奉公人と黒人奴隷の〕両者とも、「役に立たない」、「無責任」、「恩知らず」、「不誠実」とみなされていたのである。低所得層の白人と黒人奴隷がこうして一括りにされてきたことが、階級に基づくアイデンティティではなく、むしろ専ら民族人種的《エスノ・レイシャル》アイデンティティに依拠しようという〔貧困な白人たちの〕あがきを促したことは、なんら不思議ではない。同じく、イングランドの改革者であるウィリアム・コベットはかつて、イングランドの工場の白人労働者が、西インドの人々よりも厳しい状況下にある「奴隷」だと主張した。マクダーモット（McDermott 2006 : 52-54）による、マサチューセッツ州グリーンフィールドにおける人種関係に関する説明は、次のような考えを示す。すなわち、白人性を優位性のレッテルとみなしている労働者階級の白人たちが、共同生活している黒人たちからいかに身体的・社会的に距離をとろうと努めているか、ということである。

だが、これは労働組合や職業的なネットワークが歴史的に実在してきたこととは噛み合わなさそうだ。現在でさえ、警察官、製鉄所の工員、客室乗務員、消防士、刑務官、公務員として働く白人労働者階級の人々は、比較的強い職業的アイデンティティを維持している。ブラッテン（Brattain 2001: 9）によるアメリカ南部の紡織産業の隆盛に関する歴史的説明が明らかにするのは、白人性と黒人性の定義がどのように特定の職業と差別的に結び付いたのか、ということだ。そして、デーヴィス（Davis 1986 : 26）による脆弱な労働者階級の意識に関する初期の説明によって強調されるのも、多様な職業を横断する、こうした人種的分断である。

ヤングスタウンの崩壊とイーストロンドンの人口動態的変化の後、自らのコミュニティを去るという白人労働者階級の人々の動きによって、民族間を架橋する強い組織の衰退はさらに進んだ。両地域における白人のマイホーム所有者たちの脱出という選択は、〔白人が必ずしも圧倒的多数派でなくなることで〕多文化主義の共通理解を増幅し、それによって多様性が受け入れられる——ただし、白人とその他の民族とが分かれた形でだ。〔民族文化的な〕差異はこうして保存されることになるが、それは隔離——場の再生産ではなく、排除による空間の創出——という形においてである。これは、白人というマジョリティ的地位の産物でもある。経済的衰退や市民的不安感の中でも白人たちは、同胞たちの適当なコミュニティが見つかるかもしれない郊外や他の街へ移住するという、柔軟性を持っている。だが民族宗教的マイノリティは、彼らが自分たちの文化的内集団との関わり合いを続けたいと望む場合、こうした柔軟性を持たない。転居する〔民族宗教的マイノリティの〕人々は、特殊な食材や祈祷所、家族の集まりを求めて地元に帰ろうという気はないのかもしれない（Gest 2010: 81-82）[1]。

白人が歴史的に白人コミュニティと黒人あるいは移民家系の労働者のコミュニティとの間に作ろうとしてきた、いまや希薄化しつつある制度的分離は、白人男性が歴史的に家庭内で感じてきた希薄化した地位とパラレルである。男性は女性よりも、一九七八年以降大きな変動に晒されてきた建設業や製造業のような産業で雇用される傾向にあるため、二〇〇八年に始まったグレート・リセッション〔訳注vi〕は、白人男性の収入や雇用に非常に大きな影響を与えた（Hoynes, Miller, and Schaller 2012: 27-48）。一方、女性は景気循環にあまり左右されないサービス業や行政機関で雇用される傾向にあった。白人男性が政治的・社会的方向感覚を失いつつあることとも相まって、結果的に女性が徐々に家族の「稼ぎ手」となってきている。労働組合の衰退に伴い、白人男性は政治的影響力を持たなくなっている。すなわち、彼らのクラブや組織の消滅に伴い、白人男性は他の労働者階級のコミュニティから自分たちを分け難くなっている。そして、〔労働組合など〕雇用をめぐる主要な武器を失ったことに伴い、白人男性は家庭内における稼ぎ手としての地位すら、失ってしまったのである。

組織的アイデンティティの不在

民族人種的《エスノ・レイシャル》な分断が目に見える形で現れたことにより、階級的動員は議論の余地がないほど衰退しているが、それはまた、いよいよ疑わしく脆弱な白人性という動員の源に、白人たちの意識を再び向き直させる。アメリカとイギリスにおける白人性は、社会に常に存在する余白において形成される。ウォーターズ（Waters 1990: 146）は、アメリカにおけるヨーロッパ系移民の子孫が、「象徴的な民族性」

(ibid.) を支持する傾向にあると論じた。移民三世、四世は、アイルランド系アメリカ人やイタリア系アメリカ人といった外国系のアイデンティティを通して、遠い昔の民族的オプションと恣意的に結び付く。これは〔彼らを〕「特別であると同時に共同体の一部」(Waters 1990: 150) だとみなす必要性を示すものだ。こうした研究結果を敷衍すると、白人性は空虚な、あるいは満たされない民族人種的《エスノ・レイシャル》なオプションとして作用していることが示唆される。コリンズ (Collins 2004: 263) は、イギリスの白人労働者階級の歴史において、彼らはこれまで白人性そのものを強調する必要がなかったと主張する。カウフマン (Kaufmann 2004c: 19) は、アメリカにおける移民の同化が「アングロサクソンへの適合」という道のりをどのように辿ったのかということについて論じている。その道のりにおいて新参者は、最終的にアメリカ人になるために、「WASP社会」の属性を徐々に積み重ねていくことが期待されていた。ローディガー (Roediger 1991: 6) は、シリル・ブリッグス、ジェームズ・ボールドウィン、ラルフ・エリソンのようなアフリカ系アメリカ人文学の巨匠たちについて以下のように記している。すなわち彼ら巨匠たちは、白人アメリカ人が黒人という他者との対抗の中で自分自身を定義する傾向があると述べているのだ、と。彼らが強調した白人性とは、人種そのものというよりむしろ、黒人性への対抗の必然的な結果として立ち現れ、持続してきたものであった。

したがって、回答者たちにとって民族人種的《エスノ・レイシャル》な他者を定義することは可能でも、内集団を定義することは難しい。これには、いくつかのファクターが混在している。一つには、白人性の概念はヨーロッ

訳注

vi　二〇〇〇年代後半から二〇一〇年代初頭までの間に世界市場で観察された大規模な経済的衰退の時期。

パとユーラシアのエスニシティが混ざり合ったものだ、ということがある。この白人性の中の多様さというのは、白人たちの規範や文化の統一性を弱めるだけではない。時とともに変化する境界線が、集団感覚を弱めるのである。ある側面では、アイルランド系、イタリア系、ユダヤ系、スラブ系といった集団を除外するが、最も包括的な側面においては、ヨーロッパ系の血統であるレバント系やラテン系アメリカ人の集団とともに、右に挙げた集団全てを受け入れる――それが白人性である。ただでさえ変化しやすい文化的系譜が、異集団間の混血によってさらに絡みあってゆく。白人性を最も一般的に特徴づけるもの、それは、良くて必然的な多様性であり、悪ければ文化的ニヒリズムである。白人性というものはいかにも非常に多くのことを意味するため、もはや特定の何かを意味しなくなっているのだ。

このことが、同じ民族であることの意義を弱め、その結果、白人たちの結束を可能にしている紐帯(これは、移民集団とより具体的に定義されたマイノリティ(=黒人やアジア人など)のコミュニティとを結び付けているものと同じである)を弱めている。多くの国民の感覚とは裏腹に、白人たちは差別や不利益といった制度的構造に晒されていない。彼らは歴史を通じて白人性に伴う内在的「賃金」や「独占的な投資」から利益を得ている――社会におけるこうした理解が、社会的保護(それを提供するためにこそ、いろいろな組織が作られるのである)の要求を抑制し、これがいつしか、彼らの政治的主張の指向性をわかりにくいものにしていたのである。

より強い集団意識を見いだそうとする白人たちは、イデオロギー、生活様式、セクシュアリティに基づくまた別の社会的分断につながるような、さらに明瞭なアイデンティティに関係する下位文化を見つけ出すはずだ。〔社会的〕資源が少なくなり労働組合への不信感が増大するとともに、白人労働者階級のアメリカ人やイギリス人は、政治的に有意義で実現可能な代替案を捨て、集団への帰属意識こそを選びとるようになる。一方、ミドルクラスの白人たちは、成功を遂げた社会的地位〔を持つ人々〕と自らを同一視することができるため、民族的・人種的差別にのめり込むということはない。だが、白人労働者階級の人々には、それができないのだ（Kaufmann 2014）。

地域における混住化の影響

こうした白人労働者階級の人々は、民族人種的《エスノ・レイシャル》な境界よりも階級的境界に大きな意味合いを与えるわけであるが、彼らはヤングスタウンやイーストロンドンの様々な地域に住む傾向がある。大部分がアフリカ系アメリカ人や移民で構成される地域に住む回答者たちは、ヤングスタウンやイーストロンドンから郊外に去っていった白人たちよりも、黒人や外国人の近隣住民に対して親しみを感じると発言する傾向にある。だが、マイノリティの人口が少ない（しかし増加しつつある）地域に住む白人労働者階級の人々は、黒人や外国人の近隣住民に対してよりも、郊外に住む白人に対して親近感を感じる、と発言する傾向にある。これは、回答者たちの述べたところからすると、身近に感じる社会的脅威があるかどうかと関係しているように思われる。民族人種的《エスノ・レイシャル》マイノリティの成員が大半を占める地域に住む白人は増加してきたが、人口動態的変化の影響への不安が、こうしたマイノリティ人口増加の目撃者をいたずらに生じさせている。前者〔＝身近な黒人や外国人に親しみを感じる人々〕は現状にうまく適応している（そうでなければ、よその状況を全く知らない）が、後者〔＝郊外の白人に対して親しみを感じる人々」は変化に気付き、社会の変容の中にその責任をあてがう傾向にある。

ジミー・プラマーとウェンディ・ティムリンは、それぞれ過去数十年間、多くの黒人たちが居住するヤングスタウン南側の西部に住んでいる。「僕は、このへんの黒人に親近感を感じてるよ」。二六歳の便利屋、ジミーは言う。「ここは僕が育った場所で、郊外の人たちが見たり経験したことのないようなことを、たくさん経験した場所なんだ。ボードマン、ポーランド、キャンフィールド［のような郊外］出身の人たちは、いつも自分たちのほうが僕より幸せだと思ってる。でも、僕は何も変えないよ」。

ウェンディは、地元のボウリング場で働く五五歳のショートオーダーシェフだ。彼女は、ほとんどの住民が黒人の、ヤングスタウン北部の公営住宅で育った。彼女とその夫は、彼らが唯一の白人家族である通り《ストリート》に住んでいる。「私は今、自分たちがまさに黒人のようだと思ってるわ。〔私たちと違って豊かな〕白人は、私たちが薬物を売り、罪を犯し、福祉を受け続けてると思ってるのよ。私たちは福祉援助を受けたことはないけど、公営住宅でそういう人たちの近くで育ったの。それでも、いつも仕事はあったし、常に働いてたわ。自分自身以外、誰にも頼るつもりはないの」。

「では、あなたは黒人の近隣住民とヤングスタウンを去った白人たちのどちらに対して親近感を感じますか?」と、私は尋ねた。

「黒人たちのほうが親近感を感じるわ。さっきも言ったように、私は彼らと一緒に育ったの。ボウリング場に行けばこのあたりの全員と顔を合わせるわけだから、隣の家の奴らは別として、全員と仲良くしてるわ」。

近隣地域の多様化をあまり心地良く思わないと感じる人々は、より同質的な白人地域に移住する傾向にあるので、そこには重大かつ現実的な選択効果［訳注vii］も働いているだろう。別の側面から見れば、以前は白人が大多数だったものの現在はマイノリティが大半を占める地域に残ることを選択した白人たちは、おそらくこうした多様化にあまり悩まされていない。A・J・ハーディは、生徒の割合が白人五％、黒人七五％の高校に通っていた。現在二三歳の彼の交友関係においては、住民のほとんどが黒人であるヤングスタウン西部出身の白人、黒人、混血の友人たちが融けあっている。「僕の父の親友には、白人より黒人のほうが多いんだ。……父の、アフロヘアにしていた若い頃の写真を見たことがある。成長するにつれて、肌の色は全く問題じゃなくなっていったんだ。父の親友は黒人で、彼らはいつもお互いを「ブラザー」と呼びあってた。僕は八歳まで、彼らが〔本当の〕兄弟だと思ってたんだ。その男性は、うちのリビングルームに何度も泊まってたよ。高校では、みんなが人種や宗教についてモメてるとき、僕はどっちを採るべきかわからなくて〔いつも〕教室の隅でおとなしくしてたんだ。北部のレイエン高校に通ってたとき、一度、父が学校まで車で送ってくれたことがあるんだけど、そのとき、車に乗った男が僕たちの車に横付けして、「お前らもニガーだ。やつらと仲良くしてんだからな！」と怒鳴りだしたんだ」。

だが、多様化している地域に住むという決心は必ずしも選択の問題ではない。住民の大部分がマイノリティである地域に住む白人住民の大半は、どこかほかの場所に引っ越せるほど豊かではない。イーストロンドンでは、こうした人々は公営住宅団地に住む傾向にある。彼らは公営住宅がなければ転居することもできないのだ。ヤングスタウンでは、政府の支援により部屋を借りるセクション8[訳注viii]の住民

訳注

vii　個人が自らの意思により行動を選択した結果、その行動をとる人の集団ととらない集団との間で特性の差が生じること。ここでは、マイノリティに親近感を持つか否かという個人の意思が居住地域に影響を与えているという意味で用いられている。

や、郊外の住宅の異常に高い家賃を支払う余裕のない民間住宅の居住者が、こうした人々にあたるだろう。

ケイレブは四二歳の駐車場係であり、ヤングスタウン北部の南側に長年住んでいる。この場所は、過去二〇年以上の間に、ヤングスタウンにおけるいくつかの大きな人口動態的変化を経験してきた。「俺はここから逃げた奴らに共感するよ」と彼は言い、自分が移住する余裕のないことを認める。「物価が下がるにつれて、身の回りのあらゆるもの〔の水準〕も下がっていったよ。教育の質の低下、犯罪の増加、荒れ果てたインフラ。なかには、進んでこの状況を何とかしようとする奴もいるよ。つまり自衛さ。確かに、刑罰とか福祉のマイノリティ贔屓には理由があるし、それは必ずしも責められるべきことじゃない。でも、偏見を持ってると思われちまうから、そういうことについては話せない。世間の人々は、彼らと対決するんじゃなくて、いろんな問題の周りを忍び足で歩きまわってるのさ」。

ケイレブは、自分の通うカトリック教会（このカトリック教会というものは、かつての南側居住者に対していまだに求心力を持っている）を通して、〔裕福な〕白人の郊外居住者とのつながりを維持している。こうした理由から、顕著な収入格差にもかかわらず、彼は〔裕福な白人たちが住む〕郊外と自分のような人々とを結び付けている。「たとえ客観的で量的なデータを提示したって、レイシスト扱いさ。確かに、カトリックの小児性愛スキャンダルへの怒りというのはあるよ。それはカトリック教会について話すとき、みんなが真っ先に言うことだよ。でも、彼らはそれをムスリムに問うことはない。それが、選挙に勝つために貧乏人の後ろ盾となるような奴らの、リベラル・エリーティズムなのさ」。

世代の影響

アメリカとイギリス双方のケースにおいてはさらにまた、世代の影響というのもある。圧倒的に白人の多い地域に住む白人の若者でさえ、主にマイノリティの学生で構成される学校に通うことも少なくない。彼らの両親は、人口動態的変化に晒されているという実感があまりないかもしれないが、若い世代は、白人の出生率が民族人種的《エスノ・レイシャル》マイノリティよりも急速に下落していることの影響を、身をもって感じているのである。こうした理由から、両方のケースを通して、若い白人労働者階級の回答者たちは、マイノリティの人々の中にいて居心地がよいと感じ、かつ、彼らに親近感を覚えている。ルーク・ウィルキンソンは、バーキングで父親の事業である床貼りの仕事をしている二五歳である。「俺たちは、いろんな人種と一緒に育てられてきたんだ」。彼は言う。「学校には、白人のイギリス人学生と同じくらい多くの他の国籍の学生がいたよ。認めたくないのは親たちなんだ」。アシュトン・ロバーツは二四歳のアーティストで、ジャマイカ人のガールフレンドがおり、ダゲナムで様々な人種の混ざり合う友人グループに属している。「君もいろんなタイプの人と会っただろ」と、彼は言った。「いろんな人たちがいる学校に通って、いろんなバックグラウンドの人たちが周りにいることには慣れてる僕のような人がいる。でも、そういう経験がなく、その必要のない人たちもいる。そして三つ目に、自分の生活の中で黒人と関わることが全くない人もいるだろう」。

訳注

viii　アメリカ国内の住宅サポートプログラム。対象者が暮らす地域の管轄機関が家賃の一部を支払う。

インタビューを受けた中で最も若い人たちの言葉をよく聞いてみると、一種のポストレイシズム・ポリティクスが現れている。一八〜三〇歳の成人という最も新しい世代は、外国系の民族文化的ルーツを持つ人々のそばで成長し、彼らと一緒に学校に通い、彼らと友達になり、彼らとデートした。彼らは、様々な食べ物を食べ、様々な音楽を聴き、三人中二人の学生が民族的《エスニック》マイノリティのバックグラウンド（UK Department of Education 2012）を持つバーキングアンドダゲナムの学校で、様々なものの見方、味の好み、ライフスタイルに直接、晒されてきた。ただし彼らは、民族文化的な差異に対して苦痛を感じることはないものの、上の世代の苦悩にも共感している。

だが、若い大人たちのポリティクスは、外国人を追放しようというものではない。バーキングアンドダゲナムにおける社会的風景の変化をどうこうしようというものでもない。要するに、白人イギリス人の生まれながらの社会的優越性を維持しようというものではないのだ。そうではなく彼らのポリティクスは、民族文化的マイノリティ集団がかつて直面したのと同じ有形無形の差別への、不服従をめぐるものなのである。また、それは彼らに対して極めて敵対的な政府機関から自分たちの権利や資格を守ろうとするものである。「みんな、ほかの民族の人たちばかり気にかけてるって感じはするよ」。アシュトン・ロバーツは続ける。「子ども会が一〇〇人のＢＭＥ［＝ブラック・マイノリティ・エスニック］の子供をウォーターパークへ連れていくのを見たんだけど、僕は内心、なぜ彼らは僕たちのためには同じことをしてくれないのかと思ったよ」。

「でも、それに関して君には何ができると思う？」と、私は尋ねた。

「僕は、友人のほとんどが白人じゃなかったから、ＢＮＰには興味がなかったんだ。僕の親友は黒人のことが多かった。僕のガールフレンドは黒人さ。彼女はジャマイカ人だよ。だから僕は、ＢＮＰが彼らに厳しいのが嫌なんだ。……僕が黒人女性とデートをしているなら、誰も僕をレイシストと呼べないってことはわかってるよ。……僕は、異なる〔人種の〕人たちが同じ讃美歌を歌ってるとき、それは特別なことだと、本当に思うんだ。黒人やアジア人の子供たちが、僕たち白人の文化に親しみを感じて、彼らの文化の一部にすることは素晴らしいと思う。でも、奴隷制や植民地のせいで、僕は今まで見たことすらないものに罪悪感を感じないといけない――それは、僕の祖先たちが思いもよらなかったことさ」。

アシュトンの友人オリー・マークスは三〇歳の元陸軍兵士であり、彼は傷害に関するいくつかの容疑――つまり、最初は刃傷、次は銀行の現金輸送車を強奪しようとした――で、刑務所を出たり入ったりしていた。彼は若い頃、ダゲナムヒースウェイの近くで起こった凶悪な強盗事件の犠牲となり、顔と体に傷跡が残った。「ほかの人たち〔＝民族文化的マイノリティ〕も僕らと同じ機会を持つべきだとは思うけど、僕らが優先されなきゃいけない」と、彼は言った。「僕らが〔イギリス社会の〕中心にいるべきなんだ。けど、僕は外側に、中心からずっと離れたところにいるような気がするよ。……ＢＮＰやＥＤＬは、それについては間違った道を進んでる。なぜかって、彼らは人種を問題にしてるからさ。僕の〔二歳の〕息子は、コーカサスの髪、青い目、白い肌をしてる。息子の母親が黒人だと言える唯一の点は、平らな鼻と大きな〔ペニス〕を持ってることだけさ。もし彼ら〔＝ＢＮＰやＥＤＬ〕がその主張を貫き通すなら、僕の息子は国外に飛ばされてしまうだろうね。でも、世間の人たちは、彼らが発言権を得るために集まってるだけだと思ってるよ」。

こうした言説から、人種をめぐる新たなポリティクス――いわゆるポストレイシズム・ポリティクス——が浮かび上がる。それは、政府が移民にルーツを持つ人々を「排除する前に参加させる」、すなわち、徐々に不足しつつある権利《エンタイトルメント》や公的サービスへのアクセス権を得る前に、イギリスに居住し、時間やお金を費すことを要求するものである。そして、それは平等を保護するための諸法律によりあらゆる形の差別を考慮し、貧しい移民の窮状に対して、同じくらい貧しい白人家族の窮状よりも高い優先権が与えられることがないよう要求するものだ。民族文化的マイノリティの闘争に関わりあうことや、地政学的な近さや労働者階級という地位の下に〔民族文化的マイノリティと〕結束することを躊躇してきた年長世代とは違って、現世代はよりまとまっている。だが、いまや彼らはかつての部外者が部内者になっていることを目の当たりにして、疎外感を感じているのである。

ゆえにポストレイシズム・ポリティクスは、イーストロンドンにおいては二つの異なる形態をとる。第一のグループは、新たな社会的均衡を打ち立てるために、右のような主張をする。そこでは、白人と移民をルーツに持つ人々とが平等に扱われている。このグループは、古参の後者〔＝白人労働者階級〕を差し置いてでも、民族文化的マイノリティの移民に白人労働者階級のコミュニティと平等な地位を認めるべきだというほどに、イーストロンドンが着実に多様化の進んできた一枚岩の地区だと理解する。このアジェンダの支持者は、かつて白人労働者階級の人々が中心にいたことを誇張しない傾向にあり、移民の苦境をより強調する傾向にある。彼らは労働者階級の白人の周縁性を認めると同時に、控えめな権利意識を持っているのだ。

第二のグループは、かつての社会階層を復活させるために、〔同じく〕右のような主張をする。EDLやBNPは臆面もなくこうした要求をするため、バーキングアンドダゲナムにおいて発展を遂げてきたのである。BNPは威嚇や排斥〔といった手段〕を使うかもしれないし、EDLは暴力を用いるかもしれない。しかし、彼らはこうした手段を、イギリスを休眠から揺さぶり起こし、正しい社会秩序に回帰させるために必要なこととして正当化してきた。後者〔＝EDL〕のアジェンダを追求し反民主主義的な戦術を黙認する人々の存在は、労働者階級の白人たちがイギリスの社会秩序において属するはずだと思っている場所と彼らが〔実際に〕自分自身を見いだす場所との、深刻な矛盾を表している。「僕ら〔＝BNPメンバー〕はこういう街にいっぱいいるし、ここにも溢れてるよ」と、BNPメンバーのハリー・カーライルは言う。「僕らは〔周縁を通り越して〕外側に落ちてしまってるけど、〔どうせ落ちるなら〕ちょうど真ん中に落ちてるべきだ。でも僕らは、闘わずして真ん中に戻ることはないだろう。闘わなければ、僕らが外国に行くことになるのさ。自分はここにいるべきじゃないというのは、誰でも思うことだよ。誰もが、自分が自分自身の国に必要とされていないと感じてるんだ。僕はこの国で育ったし、これが僕の故郷なのにさ」。

社会的分断を理解するために

こうしたインタビューデータが注意を向けるのは、なぜイーストロンドンにおける白人集団の大部分が離脱した後になって初めてBNPやEDLのような集団が現れたのかという、多くの研究者たちの混乱の種だ。彼ら〔＝白人ミドルクラス〕は離脱するが、パーキングアンドダゲナムに残っている白人労働者階級の人々は、貧困のために郊外居住者の仲間入りをすることができないし、高齢のため〔その土地に〕根付いており移住は考えられない。こうしたプロセスにおいて、人口動態的な変化に全く苦痛を感じない人々だけではなく、近隣地域の社会的変化にとりわけ憤慨している白人集団が取り残されることになった。さらに、バーキングアンドダゲナムの家賃が低下したことで、低収入の移民を引き寄せることとなった。その移民の多くは東欧、サブサハラのアフリカ、南アジアからイギリスについ最近来た人々である。このことが引き起こしたのは、バーキングアンドダゲナムに流入してきた移民がえてしてイギリス的生活に染まらないこと、そして、郊外生活が与えてくれるような緩衝空間のない混みあった公営住宅施設で、移民たちが白人労働者階級の隣人のすぐそばで生活を営みがちなことだった。

こうした諸事実《エビデンス》は、都市環境でのゼノフォビア《外国人嫌悪》から生じる衝突の原因にまつわる仮説とは微妙に異なる。ベンジャミン・ニューマン（Newman 2012b）は、不寛容をもたらす重要な要素として人口動態的変化の速度を強調している。彼は、マイノリティ集団の急激な流入を経験したコミュニティと、異なるコミュニティ間での順応をすでに経験したコミュニティとの違いを明らかにする。ニューマンの発見は、パットナムの「避難」仮説[訳注ix]（Putnam 2007）やブラロックのパワー－脅威仮説[訳注x]のような以前の枠組みを覆すものである。これらの仮説によれば、先住者と非先住者との間の激しい政治的・経済的競争のために、移民人口が増大するにつれて不寛容が増大しているという。ニューマンの結論は、非先住者人口と比較して、初期段階の先住者人口の規模を説明することにより、集団間接触理論[訳注xi]（Hewstone and Brown 1986; Pettigrew and Tropp 2006）を発展させるものでもある。さらなる研究においてジェファリー・デニス（Denis 2012）は、ある集団が他の集団と対抗するときの論争を扱った際に、〔カナダの〕先住民と白人カナダ人がそれぞれ展開した集団的な戦略を調査した。優勢な非先住者集団によって展開された戦術、すなわち人種的な偏見や優位性の主張は、ダゲナムやバーキングが移民の増加に直面する中で形作られてきたといわれる、権利《エンタイトルメント》意識とよく似ている。かつてよりも著しく暮らし向きの悪い白人労働者階級集団の中に階級格差に基づく境界線が現れたことで、ヤングスタウンとイーストロンドンにおいて私たちは、〔かえって〕そこに重なる民族人種的《エスノ・レイシャル》な境界線の強固な特徴を目撃することになったのだ。

いま社会科学において注目を集めつつある議論は、社会や政治の成り行きについての文化vs経済構造という決定要素に関するものである。ヤングスタウンとイーストロンドンにおいて人々が実際に経験してきたのは、白人労働者階級の人々を他の民族的・人種的なバックグラウンドを持つ人々と直に触れ合わせ、時には深いつながりをもたらしたトラウマ的な経済的変化だった。とはいえその初期においては、白人労働者階級の人々の集団感覚が、同じ経済的カテゴリを占めるはずの白人と非白人との間に重要な区別を創出するという方法で作り上げられたことは明らかだ。結果的にそのことが、分断を社会的地位の問題として考えるのに役立つ。それは、前述のオーバーラップした分断を統合し、それらを市場・社会・政治の場における人々の経験を体系づける語り《ナラティヴ》に変えるのだ。次章では、こうした語り《ナラティヴ》がどのように人々の方向感覚の喪失を説明するのかについて考察する。

訳注

ix　多様化が進むにつれ住民が地域コミュニティへの関与を回避するようになるという仮説。

x　マイノリティ集団が大規模になるほど、マジョリティ集団の成員は脅威が増大しているように感じるという仮説。

xi　異なる集団間の接触は、偏見や差別を減らすのに効果的であるという理論。

原注

（1）ゼノフォビア《外国人嫌悪》の感情が民族的脅威というよりも文化的な脅威の産物だというスナイダーマンと彼の共著者の主張（Sniderman et al. 2000: 2004: 2007）は、民族人種的《エスノ・レイシャル》な境界線が越えられるならば、階級統合の障壁はあまり問題ではないだろうということを示唆している。彼は、今日の不寛容が、将来、より多くの不寛容を生み出すと主張する（2000: 143-144）。ニューマン（Newman 2012a）は、文化的脅威の認識は、収入、雇用、職業の分野のような客観的政策というよりはむしろ、言語障壁のような非経済的な具体的脅威によって説明されうると論じている。

第七章　剥奪——社会階層についてのもう一つの理解

ハードワークは大事よ。だってそれがアメリカでしょ。誰かが役立たずどもの代わりをしてくれないとね。

——四三歳、ヴァイオレット・ラミー（ヤングスタウンのトレーラーパークに住む元コカイン中毒者）

前章では、イーストロンドンとヤングスタウンの白人労働者階級が、階級と文化が重なりあって形成される社会的地位というアイデンティティ意識をどのように確立するのかについて、より明確な理解を示した。これは、政治的アイデンティティ、要するに選挙民の形成を説明するものであるが、選挙民内部での多様な個人の行動を説明するものではない。この点こそが、本書の主題であった。つまり、そもそも個人は社会的、経済的、そして政治的なヒエラルキーの中で、実に様々に自身の地位を解釈する。こうした自己理解のバリエーションを探ることで、制度や社会的境界といったレベルに現れてこない個人的な政治行動についての、より洗練された仮説を立てることができるだろう。イーストロンドンとヤングスタウンの回答者たちは、社会的境界線の引き直しと各々の経済的凋落とをどのようにつなげているのだろうか。彼らの語り《ナラティヴ》は、方向感覚の喪失と、それに続く政治行動をどのように説明するのだろうか。

本章では、回答者たちの方向感覚の喪失に関する個人的な語り《ナラティヴ》を分析し、イーストロンドンの住人とヤングスタウンの住人を取り巻く今日の社会変容と、彼らの周縁性を説明する「象徴的レパートリー」を見いだす。「象徴的レパートリー」とは、一つの集団の社会的なアイデンティティや社会化の過程を示す、共有された経験のあり方を指す。こうした集合的な表象は、集団に与えられた意味と価値から導き出され、それによって強化される。イーストロンドンの回答者たちは、出生と、それによって付与される権利《エンタイトルメント》というプリズムを通して、彼らの置かれた厳しい状況を理解していた。他方、ヤングスタウンの人々は、疑惑にまみれたエリート集団と、黒人による福祉の乱用といったステレオタイプのプリズムを通して、状況を理解していた。本章は、人々は自らの行動を正当化するようにレパートリーを用い、政治的に行動するのだと主張したい。なお、このことが個人の政治行動を説明するという一つの仮説を示すものであることに留意されたい。つまり政治行動は、個人の相対的な社会的剥奪感の程度——アメリカ、イギリスの両社会で、じわじわと進む社会的地位の喪失が他の集団に比べてどの程度生じたのか——によって説明できるのだ。以下では、そうした剝奪感が、両社会の回答者たちが属する社会階層の象徴的レパートリーと非常に密接に関係していることが、明らかになるだろう。

象徴的レパートリー

イーストロンドンとヤングスタウンの回答者たちは、いつも自問している。それは、彼らが置かれた厳しい状況と、階級と民族人種的《エスノ・レイシャル》な相違に基づく社会的境界線の引き直しを〔合理的に〕説明しようとする試みだ。彼らの間での、絶えず変化する個人的語り《ナラティヴ》のやり取りが、傷心、自暴自棄、失望、裏切りの物語――白人労働者階級が周縁化されてきた場所へと導く、長大な物語――を作り上げる。それぞれの物語を説明可能にするためには、ヤングスタウンとイーストロンドンの窮状がアメリカとイギリスの社会システムとどの程度適合しているかを理解することが必要だ。この、彼らの自問に光を当てるために、本章は各回答者の、方向感覚の喪失をめぐる個人的語り《ナラティヴ》を集めた。そして、それらの回答をまとめ、イギリスとアメリカの回答者たち双方の象徴的レパートリーを用いて彼らを取り巻く現代の社会変化や彼らの周縁性を説明している。本章ではその後、イギリス人とアメリカ人に起こった変容の質とその持続性を検証する。

イーストロンドンとその遺産

バーキングアンドダゲナムでは、階級的アイデンティティは自尊心と〔将来性の〕限界とが複雑に絡み合って生じている。社会的な平等主義が貫徹するアメリカと異なり、イギリス人にとって階級とは封建社会から脈々と続くものと考えられている。象徴的レパートリーは、階級を、受け継がれたもの――血統、言語、居住地そして外見の問題――とみなし、したがってそれは権利《エンタイトルメント》の問題と不可分なのだ。たとえば、家族とともにイーストエンドから脱出しても、バーキングアンドダゲナムの住民は相変わらず強い下町訛りの英語を話す。単語を単母音化し、母音を下げ、本来発音するはずの音をのどで飲み込む、いわゆる声門閉鎖音がその特徴だ（例として次頁の表を参照）。

アンディ・ドゥハーストは、ダゲナムに住む三一歳の報道編集者である。「労働者階級以外の人間として、自分を分類することはないです」。彼は言う。「どんな仲間ともつきあえるし、〔頑張れば〕お金も

〔声門閉鎖音の例〕

mouth	MAUF	little	LIH—oo
hero	EE—roh	Waterloo	WOH—uh—loo
brother	BRUH—vah	marrow	MAH—rah

好きなだけ持てる。でも、それは労働者階級というルーツと切り離せない。……労働者階級の少年がよく頑張った、そういうことなんです」。階級的アイデンティティは、個人的な階層間移動や時間の流れの中でそれほど変化しない。このことは、人々がアイデンティティに満足していることの現れであると同時に、他者から与えられたステレオタイプや判断がずっと続くものであることを意味している。

イギリス社会での社会的地位について言えば、私がインタビューした人々は、自分より上位の階級の他者によって拒絶される感覚を社会的な一体感と結び付けている。ドゥハーストは、若干二〇歳でロンドンの労働者階級が読む新聞、『サン』のインターンに採用された。彼が言うには、最初の勤務日、編集者らは労働者階級出身のインターンを、オーダーメイドのスーツを着て「正しい」英語を話す富裕層出身のインターンから引き離していた。ドゥハーストと、マンチェスターやボルトンの労働者階級出身のインターンは、画像・写真担当デスクに配置されたが、富裕層出身の学生たちは名誉ある報道デスクに配置された。「労働者階級の人間が成功するには、ミドルクラスの人間以上に懸命に働かなければ」。彼は過去を振り返ってそう言った。「適切な英語を話し、両親が適切な人たちと知り合いなら、チャンスはもっとやってくるし、ステップアップすることもできる。私の父親は適切な人たちと知り合いでした。もっとも、木材卸会社に就職したければの話ですがね！　労働者階級に欠点がないとは言いませんよ。私たちがミドルクラスの人たちを信用すれば、彼らのことがもっとよくわかる〔のに、それをしない〕んですから。でも、誰かが訛りなく話していたり、スーツを着ていたりすると、皆すぐに、自分が非難されているかのように考えてしまうんです」。

バーキングアンドダゲナムの古くからの労働者階級の間の自己認識は、自分よりも上位の階級に尊敬を示すことには躊躇するが、自分の願望には満足するといった心的傾向を生んでいる。学校長のフレッド・トゥルソンは言う。「イギリスに固有の白人労働者階級社会は、ある種の反知性主義的社会なんです。それは、「生まれながらに」、パブリック〔＝エリート〕スクールで支配層として教育を受ける人たちがいる、という感情とつながっている。この感情が「ダゲナムの子供」[訳注ⅰ]という呼び名を生んだのです。飢饉が起こるまで、あるいは革命が起こるまで、人々は現状を変えることには消極的です。出身地こそが、連綿と続く明白な将来予測を生んでいるのです。この国の階級システムは、お金が基準ではないのです。それは、話し方や出身学校、受け継いだもの、出身地によって決まるものです。皆、そんなシステムは存在しないと言うでしょう。しかしながら、存在するんですよ。アメリカでは、現金こそが基準の実力主義だから皆、どうにかやっているのかもしれませんが」。ゴアズブルック[訳注ⅱ]出身のパイプライン労働者で、最近解雇された二二歳のエワン・ニケルソンは言う。「俺は首相ほど価値のある人間じゃないしな。権力の中にいるってことは、やっぱり理由があるのさ。たとえば、悟りを開いた人間、とかね。会社を経営している奴、金を持っていて有名な奴もみんなそうだ。俺は大金なしで、やっとここまでやってきたん

訳注
ⅰ　脳みそはあってもろくに機能していないというニュアンスの言い回し。第五章も参照。
ⅱ　バーキングアンドダゲナムにある地名。

だがね」。

サヴェージ（Savage 2005）によれば、イギリスの労働者は信頼性と平凡さという観点から自分たちの階級を定義している。彼らは、平凡で、信頼のおける人間であることによって自尊心を獲得する。なぜなら、その点こそが彼らとミドルクラス以上の人々を分けるものだからである。ミドルクラス・アッパークラス以上の人々は、生来的な、というよりはむしろ社会的な動機から行動する。「大金持ちになったとしても、労働者階級のメンタリティは持ち続けますよ」。二五歳、ダゲナムにある父親の床工事会社で働くルーク・ウィルキンソンは話す。「もちろん、高級車だって何だって、全部欲しいですよ。でも、僕が付き合ってきた仲間はここにいるんです。〔ミドルクラス・アッパークラスの人々が多く住む〕チェルシー出身の人とは付き合えないんですよ。彼らは僕らのような、イーストエンドの下町訛りを話す人間を見下してるんですから。ここで一緒に育った僕の友人は、チェルシーで仕事を始めたんですが、チェルシーの人間は僕の友人が下町訛りで話したとたん、高飛車な態度をとるというんです。僕が同じようにチェルシーで仕事をするとしたら、彼らは僕の話し方と身なりを見て、やはり同じようにするでしょうね。彼らはトラックパンツなんてはきませんから。要するに、私たちは「チャヴ」ってことですよ」。「チャヴ」とは、イギリスの白人労働者階級の人々を指す蔑称で、気が荒く愚鈍で俗物的なカルチャーを持つという、ステレオタイプを含んだ言葉だ（Jones 2011）。

劣っているか、優っているか

このように、彼ら〔チャヴ〕はバーキングアンドダゲナムの外では蔑視されているが、自治区の白人労働者階級は、彼ら自身とアンダークラスに転落しそうな他者とを区別している。この場合のアンダークラスとは、労働の尊厳、道徳心、自己規律に欠ける白人を指すが、インタビューを受けた人々は、彼らを長期的な福祉依存者、犯罪者、アルコール依存者か薬物乱用者とみなしている。「スクラットンファームス・ソーシャルクラブ」について、地元住民のエマ・テリントンは言った。「ソーシャルクラブでは、男も女も半分はセックスのことしか頭にないよ。私は、酔っぱらいの連中を見たり、そいつらと付き合ったりしたくないの。別にお高くとまっているわけじゃないよ。自分が人よりも優れているなんて思ってないし。むしろ社交的なほうさ。でも、あいつらは庶民の中でもクソなんだ。私は、ちょっとしたパブをいくつか経営しているけど、あいつらの話し方が嫌でね。うんざりするのよ」。その先にある「ミルハウス・ソーシャルクラブ」のバーテンダー、パム・リードは言う。「俺たち白人は、仕事のためにベッドから起き上がるわけじゃない。だが外国人の中には、休むために仕事をする奴がいる。そいつは全く間違っている。仕事は仕事だ。給付金をもらっている若い男どもは、それを理解するべきだ」。

この〔道徳的な〕優越感覚が、長い間、バーキングアンドダゲナムの白人労働者階級の社会的地位――劣っているか、優っているか――そのものであった。それが、白人労働者階級こそ、欠点を含めてもやはりイギリス社会の主流なのだという感情――苦悶の中で保ってきた威厳、自身のルーツの信頼性、彼らの文化が持つモラル的な美徳、そして〔社会的階梯を〕上昇する〔民族文化的〕マイノリティに対する排他的感情――に寄与してきたのだ。これは、広く認知された階級的自尊心であり、〔社会的〕境界をなす連帯であって、一九三〇年代以来、バーキングアンドダゲナムに浸透してきたものなのである。

イギリスにおけるこの階級的自尊心と連帯について、いくつかの歴史的説明がなされている。E・P・トムソンは、現代の労働者階級のアイデンティティが一八世紀に由来することを明らかにしている（E. P. Thompson 1963）。トムソンは、フランス革命および産業革命によって引き起こされたイデオロギー的・構造的変化が、イギリスの労働者の階級意識を生んだと説明する。また、イギリスの社会変化の歴史についてのラスレットの説明も、優劣と階級の意識は産業革命以前の単一階級的社会、つまり支配的なエリート層と職業的に多様な使用人集団たる貧困層とを対抗させる社会に由来する、というものである（Laslett 1971: 53-54）。一九世紀、マルクスはイギリスの貴族政治が被抑圧集団の結束を妨げ、イギリス人労働者階級内のアイルランド人労働者に対する憎悪を助長したという議論をしている〔訳注iii〕（Marx 1870）。イギリス人労働者は、〔潜在的な同志である〕アイルランド人労働者を競争相手と認知することによって、土地貴族社会への服従をますます強くしたのである。

この非常にユニークな歴史と、生まれながらの地位をベースとした連帯を考えると、白人労働者階級の回答者たちは外国からの移民に対して、明らかに文化的な――表面的には階級的な――仲間意識を持っていない。移民は従軍歴に言及することも、イギリス軍に身を捧げることもできない。〔納税を通して〕福祉国家に長く寄与したとも言うことができない。彼らは、民族的、言語的、宗教的に、そして行動的にも、異質な存在なのだ。〔だが〕ロンドンのサービス業が、東南欧からの高技能の経済移民の受け皿になっているように、多くの移民の出自は卑下するほどのものではない。実際に私は、造園作業員としてクリークマスで土砂をすくっている、園芸学の修士号を持つ二六歳のルーマニア人に出会った。

白人労働者階級は、自らを移民と同等の困難を抱えている集団ではなく、むしろ〔移民を〕イギリス政府の雇用やサービスをめぐる競争相手だと捉えている。さらに、彼らは移民によって押しのけられていると感じるようになっている。物理的な意味だけではなく——パーキングアンドダゲナムの白人労働者階級は常に質素で、生活に変化を求めていない——地位という意味においても、そう感じているのだ。移民の存在によって労働者階級は自尊心を失いつつある。社会の主流派として、国家に対して忠誠を誓い、犠牲を払ってきたことの価値がなくなってきていると認識しているからだ。彼らは、かつてアルコールや薬物に依存し法を犯すアンダークラス——実際にはそれは外国人だったのだが——が占めていたイギリス社会の周縁へと自分たちが近づいていることに、うすうす気づいているのである。

誤解

白人労働者階級がかつて社会の主流を占めていたというのは、実は誤解だ。この解釈は、品性が出生地に起因する〔＝異質なものには品性がない〕という象徴的レパートリーから、必然的に生じている。白人労働者階級の居場所は半世紀もの間、バーキングアンドダゲナムの経済と社会の中で確保されていた。出生地は、たとえば就職口が友人や家族へと行きわたる工場の中で、特定の隣人たちを差別する労働者階級の男性限定クラブの中で、そしてイギリス人に住宅や付加給付の受給権を与えるイ

訳注
iii　第六章のエピグラフも参照。

ギリス政府の中で、いわば通貨のように機能していた。

イギリス生まれの移民排斥主義者に権利《エンタイトルメント》を与えてきたイギリスの社会システムは、白人労働者階級を一つの社会経済的階層に――理想化されているとしても――固定していた。とはいえやはり、システムはある幻想によって支えられているに過ぎない。つまり、イギリス政府は、一九二〇年代と五〇年代には世界大戦で戦った退役軍人に敬意を払い、一九六〇年代と七〇年代には組織化された労働者に訴え、そして一九九〇年代以降は増え続ける移民に圧倒されそうなイギリス人を安心させるように編成されてきたのだ、というわけである。イギリスの〔より一般的にはヨーロッパの〕同化政策は、リベラルな秩序とナショナルな生活様式へと移民が適応する〔べき〕ことを強調し（Joppke 2007）、そうした秩序や生活様式が存在・維持する価値のあるものだと信じたがる人々の心を満足させている。

イギリス政府が、出生地に対してあからさまな無関心を示し始めたのは、イギリス経済がエリート主導的、グローバル的、資本主義的な実力社会へとシフトし、不平等の拡大が目に見えてきた頃だった。他の先進諸国の潮流を映し出すように、この資本集約的な経済は、コストの低い海外に生産の場を移し、イギリス国民でもなかなか就けない熟練の地位、イギリス国民が就きたがらない非熟練の地位を埋めるために移民を採用する。かつて労働組合の下に団結した白人労働者階級が果たしていた重要な役割が、移民に取って代わられたのだ。イギリス経済における白人労働者階級の特権的な立場は、組合がかつて要求した社会的な保護とともに消え去り、〔いまや〕出生地というのは、白人労働者階級の孤立、消えゆくパブ、労働者階級にアピールする民族主義政党――今はなき記憶の中だけにある時代の擁護者――によって表現される価値となったのである。

ヤングスタウンとアメリカンドリーム

ヤングスタウンでは、回答者たちはそれぞれの経済状況下で実際の問題が生じているにもかかわらず、階級を動態的経済がもたらす一時的な状態〔に過ぎない〕と考えている。アメリカンドリームは、バックグラウンドにかかわらず全ての人々に成功するための平等な機会を提供し、懸命に働く者に社会的地位の上昇を保障し、個人に自らの人生を決定する主体性を与えるものだと考えられている。したがって、ヤングスタウンの白人労働者階級の人々は、ヤングスタウンの実力社会の結果として、尊厳のあるブルーカラーを自任していた（see DiTomaso 2012）。一方で、一世紀もの間この鉄鋼街《スティール・タウン》は、貧困者とヨーロッパ全体、さらに地中海の東側諸国出身の野心ある移民にとって魅力的な土地だった。彼らは、自分の人生の主導権を握り、家族のより良い生活と安定を提供してくれる産業に労働力を投資したいと考えたのだ。〔このように〕主体性、自己充足、そして流動性という象徴的レパートリーは、一九八〇年代以来の製鉄所の衰退という経済的現実が今も続いているにもかかわらず、ヤングスタウンの回答者らが盲目的にアメリカンドリームを信じることでなんとか持ちこたえているのである。

アメリカンドリームは、イエス・キリストやジョージ・ワシントンのように、人々が自分なりの意味や解釈を投影するレトリックの一つだ。多くの回答者たちは、試練のときにすら夢がまだ続いていることを示すために、厳しい現実をねじ曲げる。あるいは、アメリカンドリームを、自身の経験と一致するように〔都合よく〕解釈する者もいる。多くの回答者たちは精いっぱい努力しているが、自分たちの両親よりも困窮した生活を送っている。また、そうした人々は弾力的な契約で雇用されており、長期的に安定した収入が保証されておらず、公的扶助の対象となっていない。さらに、〔そこまでの〕貧困者ではないことが〔かえって〕逆境となっていて、彼らの子供たちが将来、自分たちよりも困窮するとは言わないまでも、同じ道を辿らないという保証はない。なのに多くの人々は、こうした重大な兆候にもかかわらずアメリカンドリームは存在し、勤勉は報われると、警告を無視して主張する。警告を深刻に受け止めなければ、彼らが作り上げてきたアメリカンドリームを激しく損なうことになるというのに。以下に例を挙げよう。

エヴリン：勤勉とプライドは報われるわ。三〇万ドルの家は買えないかもしれないけど、尊厳は守られる。雇い主に九時から五時まで一〇〇％の力を捧げればお給料がもらえる。そこからが人生よ。全ての人が平等な機会を持っているとは思わないけどね。生まれによっても違うし、ある人は最初から経済的に恵まれているとか、ある人はほかの人よりも知性に恵まれてるとかね。

ポール：アメリカンドリームは存在する。もっとも、ある程度まではね。どのくらい上に行けるかは、全くわからない。はじめから資産があるほうが簡単なのは確かだよ。

ティミー：勤勉さはまだ尊重されてるけど、重要なのは運と人間関係さ。

マージ：勤勉さは大事だと言いたいところだけど、それだけじゃないってことは、はっきりと思う。アメリカンドリームは、この国で夢を実現するために破産する人たちがいるからこそ、成り立ってるんだ。

タンク：勤勉さは報われる。自分がやってきたいろんな仕事を見て「知ってるか？あれは俺が作ったんだ」って言えるからな。［友人の］マニーは俺を右腕だと言ってくれる。そんな小さい誉め言葉が、クソみたいなものをみんな、価値あるものにしてくれる。クソは神様が作ったんじゃない［＝俺が作ったんだ］。

ラルフ：あるときには、勤勉さは報われる。でも、またあるときには、ほかの労働者からバカにされる。

ネリー：勤勉さは、自分のためにそうしてるときには報われるけど、ほかの誰かのためにやってるときには報われない。アメリカンドリームっていうのは、家族が安定していて、きちんとした教育を受けていて、信仰を持つ人にだけ、存在するものだと思う。福祉給付を受けて育った人には夢はない。そういう人にはチャンスがないんだ。日々を生きていくのに精いっぱいだからさ。

回答者たちは、ヤングスタウンの再生可能性については考えたくもないようだ。多くは、ヤングスタウンが全国的な水圧破砕産業の拠点となることで再生されると考えていた。それによってアメリカンドリーム、そして［上昇の］機会、［人生における］主体性、［社会経済的な］流動性という条件が今なお存在することを再確認できるはずだ、というわけである。しかしながら、水圧破砕産業が［ここヤングスタウンに］登場したときには雇用はより流動化し、作業者の安全を促進し、公正な報酬を保障し、そして環境への配慮を怠らない労働組合は弱体化してしまっていた。他方、ヤングスタウンの白人労働者階級は、アメリカンドリームを永遠に存在する現実と考えている。その現実は、権力に監視が行きわたらず、価値基準が一貫せず、人々の動員とは無関係なままだ。だから彼らは、共同責任を含意する市民的インフラ［訳注：Ⅳ］——今では多くのアメリカ人がボランタリーなものとみなしている——

を再形成しようなどとは考えない。その必要性を感じていないのである。資本主義が与え、そして資本主義が奪い去っていったものがここにある。

インタビューから、どうやら回答者たちは、ヤングスタウンの苦境を構造的な産物とはみなしたくないようだ。実際、経済が自動的に出世コースを保証してくれるものだと思っていた人々は、共通して自分自身を責めていた。四六歳、ジョン・エイヴリーは、窓を製造する工場の現場監督として二四年間働いたが、二〇〇八年に解雇された。現在小さな金属工場で働く彼は、別居中のガールフレンドとの間に九歳の娘がおり、両親とともに郊外のオースティンタウンに住んでいる。「ヤングスタウンがどこにあるのかは誰もが知ってる」。彼は言った。「世界の製鉄産業の中心として知られているし、それが人々を呼び戻してる。まだ少なからず活気のある工場が残っているのは、そういう歴史があるからだ。工場が閉鎖されたのは、労働者が会社を食い物にしたからさ。労働者は、自分たちがどれだけいい思いをしていたか、わかってなかったんだ。会社は、組合とか、労働者の望むものならなんでも与えてくれた。仕事がなくなるまではね。今の世代は、これから〔会社に〕さぞ感謝するだろうね」。ジョンは会社のかつての処遇について他の回答者たちと同じような見解を持っていた。つまり、地元の労働力に依存する営利活動を〔労働者への〕社会的保護と付加給付に変えるよう市民が自発的に要求したのではなく、むしろ企業が進んでその役を買って出てくれていたのだ、と。

個々の労働者を責めるジョンの傾向は、マクダーモットの定義と一致する（McDermott 2006: 38-49）。すなわち、白人性は「負荷」として、あるいは「劣等の烙印」として機能している。白人労働者階級は、自分が能力社会の基準に達しておらず、それをもっと成功しているミドルクラスとアッパークラスのせいにしてしまうとき、自尊心をなくし自己評価を下げてしまう。シャローン（Sharone 2013）は、自己批判に陥りやすいホワイトカラーの中にも、同様の傾向を見いだしている。つまり、能力や資格というより人格や相性、コネを重視してきたため、失業すると「システムがおかしい」と考えるのではなく、「自分がおかしい」と考えるのである。

ファンタジアとヴォス（Fantasia and Voss 2004: 9）によれば、アメリカにおいて階級組織が形成されにくいことは、労働者の結束を阻害する個人主義的なイデオロギーに起因するという。この、いわば社会的な自尊心という問題は、同じくアメリカ人のミドルクラスの信念〔の中〕にも確認できる。ダドリー（Dudley 1994: 73-79）は、ウィスコンシンにある、産業が衰退したケノーシャという街を題材に、教育を受けたミドルクラスの「能力主義的個人主義者」的な見解を実証した。〔他方で、〕労働者階級の感情とは対照的に、ミドルクラスの専門職の人々は、産業の衰退を、長引く競争力低下による不可避的な結果とみなしている。この意味において、労働者階級の人々は、経済的、社会的、そして政治的にも落第者とみなされることになったのである（ibid.）。

公職者も同じ意見である。民主党議員、リック・ハンリーは言った。「アメリカという国はまだ、弱肉強食が幅を利かせる荒っぽい国です。皆が公正な機会を獲得できるように努力しても、実現するとは限らないのですから。まだあきらめずに努力している人は多くいますが……自分の面倒は自分で見ろ、というのがアメリカの冷たい現実なんです。懸命に働いて、少しの運を手にして、そうすればなんとかなる、

訳注

iv 市民の参加によって学校や公園などを維持していく自治の習慣。

と。そうしたくないのなら、もう運命に任せるしかないでしょう」。

しかし、一番良い時代でも、ヤングスタウンの経済は記憶されていたほど能力主義的ではなかった。ムに関与していたのだ。そしてそれらは、製鉄業と同じように自分たちの利益に固執して譲らなかった。だが過酷な仕事と長時間労働に耐えても安定した生活は保証されないのだと白人労働者階級が主張することは、自らが称賛する労働を冒涜することになる。イギリスにおける出生地の重視と同じように、ヤングスタウンの白人労働者階級は将来の成功の確約をほとんど求めていない。市民的関与の衰退に伴い、彼らが労働の美徳や確実な報酬を信じられなくなれば、ほかに信じられるものはほとんどないのである。

〔というのも〕組合、マフィア、民主党の政治マシーンが、縁故主義、腐敗、精巧な情実主義のシステ

信念の問題

何世代にもわたって流動性が急激に低下し、アメリカ経済がますます不平等を拡大させていることが明らかになるにつれ、アメリカンドリームは〔もはや〕信念の問題になる。アメリカではいまや実際には、貧困家庭に生まれたり労働者階級に生まれたりすることに起因するヒエラルキーが表面化しつつある。近年のOECDの統計データによれば、アメリカのジニ係数は一九七〇年代の〇・三一六から二〇〇〇年代には〇・三五七にまで上昇している。これは、アメリカが最も不平等な先進国の一つであることを示すものだ。近年の研究は、本書の回答者たちの認識以上に経済的流動性が低下していることを明らかにしている。ピュー・チャリタブル・トラストの二〇一三年の調査によると、五分

位階級所得割合表の最低所得ランク（下位三〇％）の家庭で育ったアメリカ人の七〇％は、中間所得ランクに到達することができていない。

様々な調査で浮かび上がるのは、社会的地位の流動性と社会的統合の崩壊である。たとえばマッセイ（Massey 2007）は、アメリカの税制構造における累進性の低下を指摘する。ラードン（Reardon 2011）は、高所得世帯の子供と低所得世帯の子供との間の学力格差拡大を指摘する（もっとも、ラードンはこの傾向を、所得格差の拡大ではなく、所得と学力の相関性の高さとして説明しているのであるが）。また、アメリカにおける世代間の流動性の低下を指摘するマザンバー（Mazumber 2012）は、子供の学業成績の背景にある階級格差の拡大について、経済的流動性という観点から警鐘を鳴らしている。パットナムら（Putnam et al. 2012）によれば、流動性の低さは、若年層間の社会的信用、学業成績、課外活動といった、個人の成功に直結する要素に階級格差の拡大が影響していることの証左である。こうした矛盾の拡大についてパットナムらは、アメリカはますます「カースト制」の国になりつつあり、子供は社会的地位を親から継承していると結論づけている。〔訳注v〕

こうした経済的流動性をめぐる憂慮すべき予測は、ヤングスタウンの住民たちが強く信じているアメリカンドリームの理想を否定するものだ。だが、回答者たちの楽観主義は、全国的な潮流と一致する。二〇一三年のピュー・チャリタブル・トラストの経済的流動性に関する調査によると、実際にアメリカ人の四〇％は、貧困家庭に生まれた個人が自力で経済的階梯を昇りつめるのはごく一般的なこ

訳注

v　たとえば、子供が親の学歴や階級を超える可能性。

とであると考えている。二〇一一年には、五四％のアメリカ人が、一〇年後には生活は今より良くなる、と信じていた。

うわべは取り繕えない

実は、ヤングスタウンにも気付いている回答者がいた。「懸命に働かなくたって、育ってきた環境と出身地によってしかるべき人とのつながりを手に入れて、恵まれた生活を送っている人がたくさんいるのよ」。二九歳、製造業の事務員をしているリア・ペリーは言った。「いったいいつの時代？って感じよ。コネがいまだに機能しているなんて。そんなものはない、と言ったって、実はあるんじゃないの？どうでもいいけどクソみたいな話だわ。私と両親が受け入れてきたアメリカンドリームは、もう不可能なのよ。家を買うことも、昇給も無理。とてつもない格差があるの」。

四二歳のフリーマーケット店主、ジリアン・マクフィーは言う。「アメリカンドリームってのを実感できる奴もいれば、その日暮らしの奴もいる。夢を持てば、この街はそれをぶっ壊す方法を見つけるんだ。勤勉さが報われるのは、誰かに雇用されてないときだけさ。懸命に働けば働くほど、それを見ている誰かが、もっとそれにつけこんでくる。それがこの街なんだ」。

失業中の三人の子供の母、四九歳のイザベル・クレインは言う。「この歳でこんな生活をしてるなんて思ってもいなかったわ。夫婦で生活の全てを仕事に捧げても、アメリカンドリームをつかむことは宝くじで大当たりするようなものなのよ。それが新しいアメリカンドリームってこと。失敗ばかりだったけど、〔勤労者に対する公的〕支援は減る一方だわ。白人労働者階級にとってアメリカンドリームは、企業が安い労働力を求めて出ていった一九五〇年代と六〇年代に、過去のものになったのよ。裕福な生活なんて求めていないわ。ただ、安心感が欲しいの。請求書を支払い、子供の教育費を支払い、そして少しだけでも貯金をしたいのよ」。

三八歳の建設労働者、タンク・シュメイカーは言う。「アメリカンドリームはとっくに死んだよ。拝金主義、信仰心の喪失、リベラルのいうポリティカル・コレクトネス。これ以上どうすりゃいいんだよ。みんな生きるのに精いっぱいで、結婚しても維持できないんだ。俺の元婚約者は言ってたよ。「あなたとじゃ、やっていけないわ」ってね。でも、俺は二人でもっといい暮らしをするために働いた。俺たちだけじゃない。みんな、子供と一緒にいる時間さえ失ってる。これはアメリカの悪夢だよ。どう見たって俺たちに勝ち目なんかない。だけど、この国を動かしているのは俺たちみたいな人間なんだ。そして俺たちみたいな大勢をめちゃくちゃにしているのが金持ちの欲望ってやつだ。俺は独身の白人男。ってことは、どこでもコケにされるってことだ。夢を追えばよかったのかもな。でも、ドカタの家族に生まれちまったもんでね」。

アメリカンドリームが続いていることを疑問視するヤングスタウンの回答者たちにとっては、同胞たちが支持する資本主義的な〔実力主義という〕象徴的レパートリーによって自分の社会的地位を正当化することは、ますます難しくなっている。

イギリス、アメリカにおける白人労働者階級の歴史的な社会的地位は、それほど異なってはいない。だが、前者においては〔社会的地位が〕権利《エンタイトルメント》の産物として理解されているのに対して、後者においては勤勉さの産物として理解されている。理想化されてはいるが、イギリスの権利《エンタイトルメント》のシステムは白人労働者階級をその地位に縛りつけ、アメリカの実力社会のシステムは白人労働者階級にとって、ただ存在しているだけで実質的には機能していない。見た限り、両方の市場は全くもって、〔民族文化的〕マイノリティの地位の上昇に対しより開かれている一方、〔その他の〕全ての人々の地位の上昇はより困難になっている。そこで次節では以下について問いたい。すなわち、これらの象徴的レパートリーと政治制度が、ヤングスタウンとイーストロンドンの白人労働者階級の人々の間の政治行動におけるバリエーションと、どのように結び付くのだろうか。

社会階層はどのように表現されるのか

こうした社会階層における回答者たちの個人的な経験を収集するため、四つの同心円を用いてそれぞれの階層を示す。この図は、その社会のモデル——一番内側の円には最も支配的で重要な、影響力のある人々がおり、外側に行くに従ってその傾向が薄れていく——を説明するものである。私は、回答者たちに自分の場所を図上に指し示してもらい、自分の場所以外にはどんな人がいると思うかを聞いた。さらに、自分と同じような人が、一世代か二世代前にはどこに位置していたと思うかも尋ねた。

ここでの目的は、回答者たちに彼らが理解している社会階層秩序を視覚化・言語化するよう促すことだ。果たして回答は、白人労働者階級が彼らの社会的地位を理解するために用いる象徴的レパートリーをより強化するものだった。加えて、回答者たちの過去に対する認識を参考にすることで、この一連の作業は個人の歴史的な語り《ナラティヴ》を導き出し、彼らの社会的剥奪感の程度を明らかにすることになった。本節では、対象者の社会階層モデルのバリエーションを多くの事例から実証し、ヤングスタウンとイーストロンドンのモデルが、両社会の回答者が用いる象徴的レパートリーとどのように関連しているのかを示そう。

イーストロンドン

イーストロンドンでは、回答者たちはその属する社会集団の階層に基づいてモデルを描いた(図7―1を参照)。彼らは概して、中心にイギリスの土地貴族、あるいは文化的なアッパークラスを配置した。「女王」「王室」を口にする者もいれば、「政治家」、裕福な「銀行家」、「サッカー選手」、そして「移民」を挙げる者もいた。実際には、「東欧人」「南アジア人」「ムスリム」「アフリカ人」「その他」

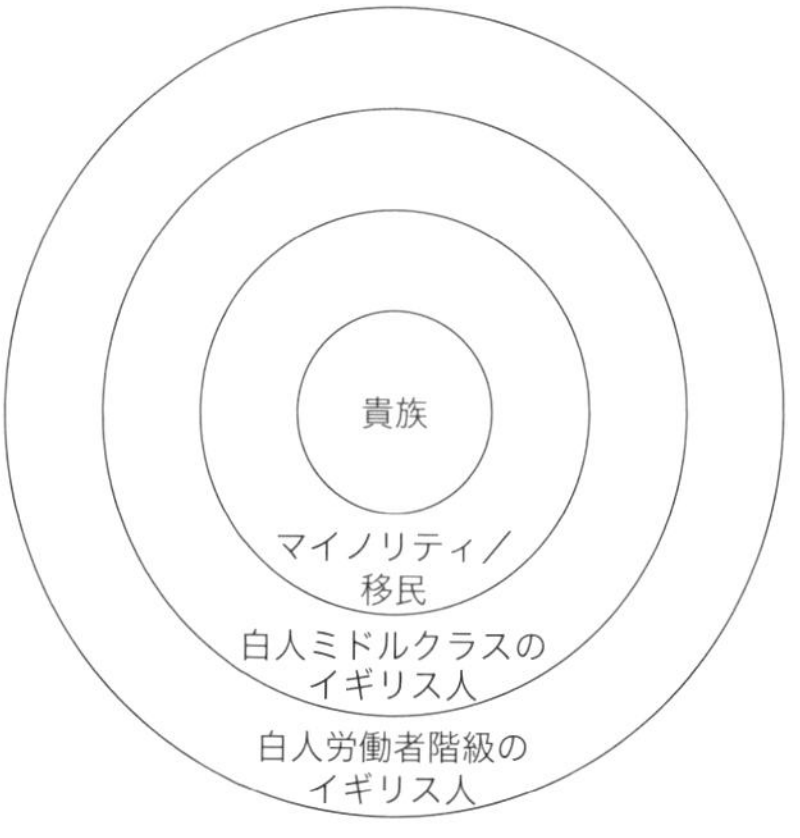

図7-1　バーキングアンドダゲナムの社会階層
回答者たちはそれぞれ、紙に書かれた四つの同心円を提示され、図は彼らの社会を示すモデルであると伝えられる。円の一番内側に最も中心的で重要かつ、影響力のある人々がおり、外側に行くに従ってそうした特徴が薄れていく。この図は、イギリスの回答者たちが〔社会階層について〕どのように捉えてきたかを説明するものである。

をごちゃまぜにしてエスニシティの階層を列挙する者もいた。少数ではあるが、〔自身の地位を〕「事務弁護士（法律家）」、「博士」そして政府機関に勤務する人々を含む専門家階級の移民よりも上位だと答える回答者もいた。

ほとんど全ての回答者が白人労働者階級の白人を一番外側の円に配置したが、〔さらに〕自身をこの一番外側の円の境界の外に配置する者もいた。驚くべきことに、この一番外側の円の境界線を越えたところを、「犯罪者」「薬物乱用者」そして「浮浪者」などから成るアンダークラスにあてがうといった例外もあった。「この社会の下のさらに一番下は浮浪者どもだ。奴らは相当嫌われてるぜ」。アシュトン・ロバーツは言った。「その上が俺たち。その上がアジア人。次に黒人。次に東欧人。その上に、ミドルクラスがくる。ミドルクラスはそこから抜け出すことができるからな。多文化主義、この理念が何よりも優先なのさ。奴ら〔＝ミドルクラス〕はそれを、誰もが成功できるって意味にしたいんだ。その代償が、イギリスの最底辺層、白人労働者階級さ」。

イギリス人の社会階層に関するこうした理解は、社会的地位を出生の問題として解釈する象徴的レパートリーを反映している。このモデルは、生まれながらの地位を恣意的に特別扱いすることによって互いに格上げ、格下げを行う。ある回答者の発言によれば、情実主義はイギリスという国の志向と一致しており、無能な権力が気まぐれに生じる大きな要因となっていたという。かつてはイギリスの白人労働者階級の出生地と献身には価値があると思われており、したがって住宅や雇用、権利《エンタイトルメント》、同質性という形をとった支援と資源が、彼らに多く与えられていた。しかし、どういうわけかその利益は移民や外国出自の人々の利益へと方向転換し、新参者のニーズに応じ、もともと住んでいた人々からそれを取り上げる社会システムへと変化したのである。

「何もできやしない」。三〇歳、オリー・マークスは言う。「自分ではどうしようもない。〔自分の運命は〕政府の中の奴らにかかっているんだ。その理由を考えてみても、ただ運が悪いってことしか考えつかない。民主主義なんか信じてない。そんなものは実質的な独裁だ」。いまだに生まれながらの地位を重視するこの「新しい」基準は、政府の給付金受給条件、国境規制、イギリスから徐々に自己決定を奪うEUへの譲歩、といった多くの場面で白人労働者階級を差別するものと理解されている。

回答者たちは、能力主義へのシステム的な転換を認めているが、この転換を移民や民族的《エスニック》マイノリティの相対的な優位性、そして白人イギリス人の相対的な剥奪感と関連づけて構造化している。多くは、イギリスの社会システムが以前は能力主義的だったと信じているが、それはそれぞれの階層の円の内部で勤勉さが報われる限りでの話だ。事実、回答者たちは頻繁に、自分の家族が組み立てラインや船渠、倉庫の床で生活費を稼ぐために奮闘し、つぎ込んだ多くの時間を引き合いに出した。今彼らは、社会システムが移民に〔自分たちと〕同様の能力主義へのアクセスを与えつつ、白人イギリス人には与えられないような利益——積極的差別是正措置《アファーマティブ・アクション》、公営住宅への優先的入居権、そして反レイシズム的政策に見せかけた情実主義など——を提供していることに苛立ちを隠せない。

「役人は言ったの。黒人でも、アジア人でも、レズビアンでも妊婦でもないなら、公営住宅は無理ですよ、って」。二三歳、レクシー・ブロウニングは言った。彼女は行政に引っ越しを求められていた。「仲間外れにされた気分だわ。とても落ち込む。いつだって物乞いのような気分よ」。

「就職の面接があったとして、もし受からなかったら、その移民は雇用者をレイシスト呼ばわりするんだ」。二二歳のニッキー・ジョセフは言う。「仕事なり、家なり、政府が俺たちイギリス人のために取っておこうとしているあらゆるものを、移民が奪っていくような気がする。彼らが最初に持ってくんだ」。

イギリスが歴史的に階級区分を認めてきたというその硬直性により、回答者たちは階級制度の序列に移民が入ってくることを受け入れられない。誰かがどんなに豊かになろうと、彼、彼女は常に階級的出自から自由ではないと考えている。したがって、一つの円から次の円に人々が移動する能力社会を想定することは、白人労働者階級にとって困難なのだ。つまり彼らには、権利《エンタイトルメント》をめぐる固定的なシステムしか見えない。そのシステムは長らく、根拠があいまいなまま人々の忠誠心を左右してきたのである。

「[アジア人は] 俺たちよりも高い地位にいるかのようにのさばってる。こちらが喜んでこの国に迎え入れてやったってのにね」。一八歳のテリー・ハモンズは言った。「みんなイラついてるよ。まるで、移民の連中を観察してるだけの外れ者みたいな気分だ。奴らと意思疎通はできない。何もできないんだ。ただ座って、成り行きに任せるだけさ」。

もっと若い世代は、こうした考えにほとんど影響を受けていない。白人労働者階級のかつての地位に対して移民が相対的に優位な地位にいることが感じられるだけの長期的な視点を、彼らは持っていないからだ。彼らは、家族の誰かが抱える過去へのノスタルジアと、出自よりも結果により関心を置く能力主義の中で生き抜く現実との、バランスをとっている。

この現実を理解している人々もいる。「外国人を責める奴は多いが、一日の終わりにはみんな平等な機会を得てるはずだ」。二二歳、建設労働者を解雇され配管工の講習を受けているエワン・ニケルソンは言った。「確かにたくさんの外国人がイギリス人以上に仕事を得てるけど、俺にはアジア人や黒人の友達もたくさんいる。俺の仕事はもっと安い賃金で働くポーランド人の塗装工に持ってかれちまったが、俺の時代はまた来る。俺はみんなとうまくやってるんだ。多様性の中で育ったからさ。これ以上は、政府を変えない限り、どうしようもないよ」。

両親や祖父母の剥奪感を再生産する人々もいる。「こんなところにいるはずじゃなかったのに」。二四歳、運送屋のハリー・カーライルは言った。「みんなを煽ってでかいことをやればいいんだ。いったん始まれば簡単には終わらない。今にも始まるよ。そんな風に国全体がツルんでるってことをバラしてやるんだ。どれだけの間みんな我慢した？　こうなったのは親たちとその世代のせいさ。変化を無条件で受け入れたんだから。それについては彼らは間違ってた。実際にはひどいレイシストだったのに、取り繕ってたんだから。もはや人種の問題にすべきじゃない。勤労倫理とシステムのあり方の問題にすべきなんだ」。

現場でのインタビューをもとにした本書の調査は、四つの同心円を描き出し、それは社会における地位および回答者たちによる円内の自分の位置（抽象的な社会的中心性）を示すというものである。表7―1は、平均的に労働者階級の人々はより外側の円に自分を位置づけていることを示している。また、表7―1は、実際には――イギリスの白人労働者階級の認識に反して――階級と所得に従って社会的に自己を配置するスライディング・スケールが存在することを示している。これらは、社会階層に関する、よりアメリカ的な思考――生まれ持った権利や遺産ではなく、所得がベースとなる――を反映しているのである。

表 7-1　社会的中心性の認識度

	イギリスでの平均	アメリカでの平均
教育		
大卒	2.29	2.73
非大卒	2.17	2.48
年齢		
18-24	2.25	2.44
25-39	2.21	2.62
40-59	2.24	2.49
60 +	2.22	2.68
自己申告による社会階級		
アッパークラス	2.35	3.02
ミドルクラス	2.24	2.67
下層ミドルクラス	2.20	2.35
労働者階級	2.05	2.75
ジェンダー		
男	2.28	2.56
女	2.18	2.54
労働者階級		
白人労働者階級	2.17	2.48
その他の白人	2.28	2.73

イギリスとアメリカの回答者たちは、本章で示された四つの同心円のうち一つに自らを配置し、社会における中心性を示すよう求められた。表は、自分たちが社会の中で重要な位置を占めていると感じている回答者たちの数値を 4、全くそのように感じていない回答者たちの数値を 1 として計算している。ここでの労働者階級は、大学教育を受けていない者、と定義する。なお、アメリカ人は「労働者階級」について画一的な理解を共有しておらず、したがって彼らが自己申告した階級データには歪みがあることに注意されたい。

ヤングスタウン

ヤングスタウンでは、回答者たちは所得階層をベースとしたモデルを構築していた（図7―2参照）。これらは概して、中心から外側への富の〔量の〕変動を示していた。重大な例外は、複数の回答者がこのスライディング・スケールの中に福祉受給者を割り込ませていることである。この場合の福祉受給者は、「福祉給付対象者」「長期給付受給者」「ウェルフェア・クイーン」〔訳注vi〕そして「愚痴っぽい貧困

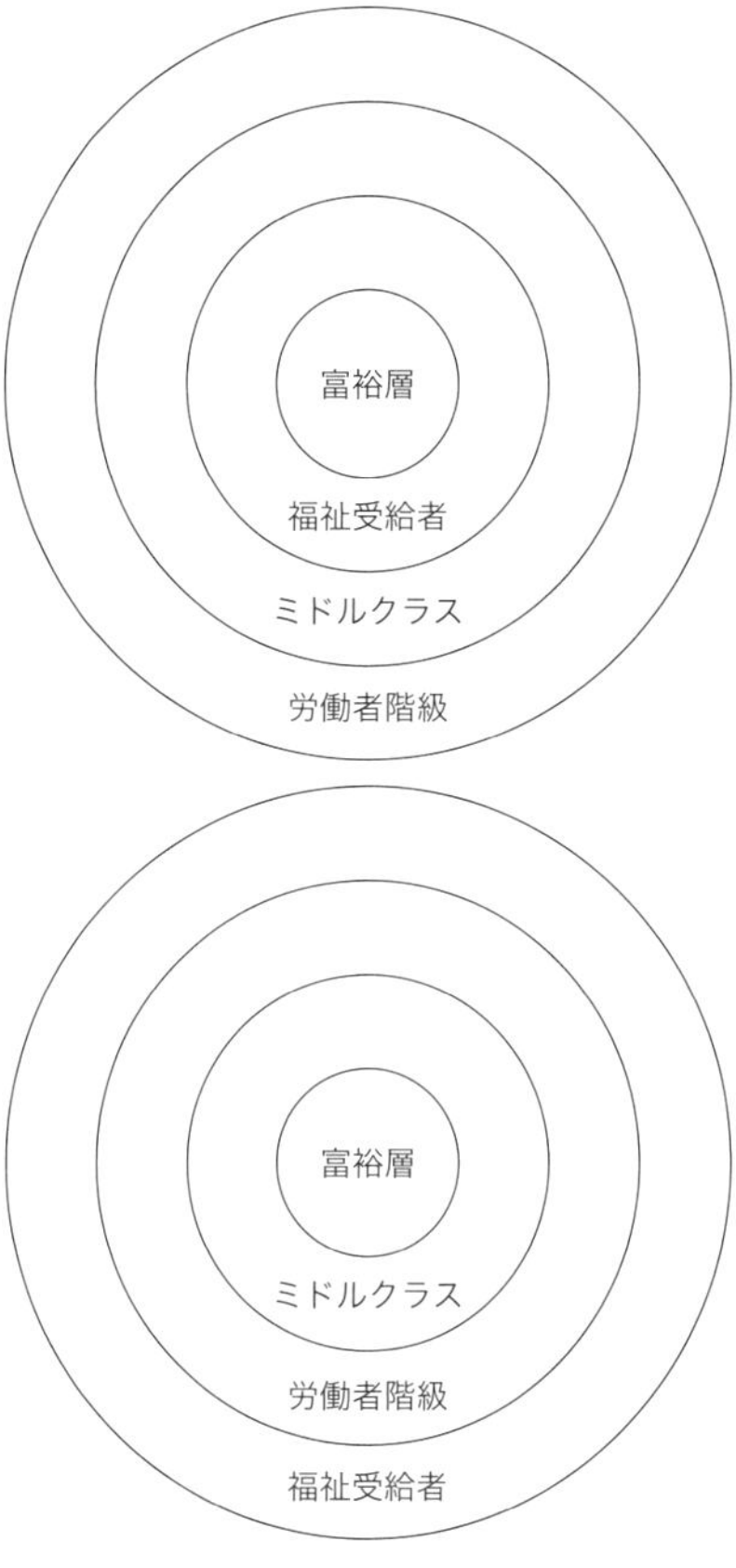

図7-2　ヤングスタウンの社会階層

回答者たちはそれぞれ、紙に書かれた四つの同心円を提示され、図は彼らの社会を示すモデルであると伝えられる。円の一番内側に最も中心的で重要かつ、影響力のある人々がおり、外側に行くに従ってそうした特徴が薄れていく。この図は、アメリカの回答者たちが〔社会階層について〕どのように捉えてきたかを説明するものである。

訳注

vi　福祉女王。福祉の不正受給によって働かずにぜいたくな生活を送る人々に対する蔑称。第四章でも言及されている。

者」などと呼ばれている。福祉受給者によって階層序列を妨げられた人々は、この〔福祉受給者〕集団を即座に「富裕層」、「政治家」、「金持ち」そして「六桁、七桁〔＝数十万～数百万ドル〕稼ぐ人たち」によって占められている中心円のすぐ外側に配置したのである。回答者たちはたいてい自らを、ミドルクラスが入る円の外側に配置したが、福祉受給者の位置づけによっては、白人労働者階級は最も外側の円か、外側から二番目の円のどちらかに入ることになる。

「権力には、教育と金がモノを言うのさ」。四八歳の組合電気工、ウィル・マクミランは言う。「白人が同心円の中心に近づける時代は終わったんですよ。それで結構。僕らは外側にいるけど、ものすごく遠い場所にいるわけじゃない。事態はもっと悪くなる気がするから、今はまだマシってことですよ。男が〔週に〕四〇時間働いて、妻と子供を持ち家に置いて、子供に大学進学の選択肢を与えていた時代は確かにありました。だが、何かが変わったんです」。

「私は外側にいると思う」。リア・ペリーは言った。「でも、これは私の選択の結果なの。二一歳で子供を産むべきじゃなかった。今の仕事をする必要もね。でも私たちが政府から受けているのは最低限の支援よ。幸運がどんどん手に入らなくなる社会、支援の手が減っていく社会になんか、誰も住まないでしょう。豊かな人が守られるだけ。私にもし資格があれば福祉給付を受けられる〔けど、白人なのでその資格がない〕。クソったれ。私がもらえるはずのものを払ってよ。税金を払ってるからって、なんだっていうの？金持ちども、その金がそのへんの道路の舗装や電灯を新しくしたからって、なんだっていうの？そりゃ、あんたの自尊心を大いにくすぐるでしょうね。まったく、カースト制ってのはこういうことよ。金持ちはフードスタンプがカットされても、保険料が上がっても、自分が所有しているわけでもない工場が閉鎖されても、なんの問題もないの。私たち外側の人間の間に、違いなんてほとんどない。福祉給付の資格がないことが、請求書を簡単に支払えるって意味にはならないからよ」。

こうしたアメリカの階層社会に関する理解は、社会的地位を物質的な富の問題として理解する象徴的レパートリーを示している。回答者たちの発言から考えると、この構造は流動性を基礎としたシステム——経済が成功するための平等な機会を提供し、個人を自らの運命を決定する主体とみなす——と一致している。〔そして〕そうしたダイナミズムは回答者たちの「アメリカンドリームはまだあるのだ」という信念を反映している。つまり彼らは、固定的な境界ではなく人生の節目を表すものとして、同心円を捉えているのだ。ラモンによれば、労働者がアメリカンドリームのおかげで獲得できた地位は、アッパークラスへのアンビバレントな感情を形作っている（Lamont 2000: 97-116）。白人労働者階級は、一方でアッパークラスの物質的な富が、彼らの野心と知性——回答者たちが素晴らしいと思っているスキル——のたまものであることを認識してはいるが、他方で、自身とアッパークラスとの間に明らかに道徳的な境界線を引いているのだ。彼らは、誠実さや責任といった、自身が属する労働者階級の価値は強調するけれども、競争力や社会関係の質といったミドルクラスの価値は拒絶するのである。

アメリカ経済の変化についてはどのように考えられているのか。ヤングスタウンの白人労働者階級は、一九五〇年代、六〇年代からの彼らの地位向上を所得の上昇によるものだと理解しており、組合や、人種差別が組み込まれた社会システムによって構造的に得をしてきたと考えてはいなかった。この結果は、マコール（McCall 2013）による以下の指摘を裏付けるものである。すなわち、アメリカ人は「不平等に関する許容範囲」を超え、あるいは「最上位と最下層の間の所得における不平等の程度が増し、多くの労働者にとって公正な賃金と適切な仕事のための広範な機会と相容れない」とき、初めて不平等を理解する（McCall 2013: 11）。「富裕に値しない人たち」（ibid.）と、「救済に値しない人たち」の存在が、ヤングスタウンの労働者階級の社会的地位を構成しているのである。

「カファロは、[訳注vii] 金をたんまり持ってミドルクラスの円の中にいる」。ティミー・バトラーは言った。「つてことは、政治家も企業家も〔奴らの〕味方さ。三番目の円にいる俺や、さらに外側の円にいる最貧困層には、誰もお構いなし。祖父が製鋼工や現場監督をやってたときは、俺の家族はたぶん、ミドルクラスに近づいていると感じてたと思う。ヤングスタウンにはそういう人間がたくさんいたんだ。……祖父の人生、つまり児童養護施設から小学六年生まで学校に行き、思い通りに家族を築き、管理職で働く――そんな人生は二度とやってこない。俺はもう頭打ちだ。ずっと労働者のまんまさ」。

白人労働者階級のアメリカ人はますます、セネットとコブ（Sennett and Cobb 1972: 23）が言うところの「その世代のアメリカにおける敬意の相反する規範[訳注viii]」の中で理解されるようになっている。ティミーのような人々は、アメリカの能力主義的イデオロギーを基軸とした「文化的な」理想を抱いておらず、同時に彼らの父や母が持っていたような勤勉さも失っている。ティミーは、自分の祖先が持っていた尊厳や、彼の世代の序列の中で上昇しようという気概もなく、ただ彼自身に「一労働者」の烙印を押しているのである。

回答者たちが頭に描くアメリカの過去に特徴的な、能力主義的な平等に照らせば、政府がそれに値しない人々に対して福祉受給を与えていることに彼らの多くが不満を持つのも当然である（see DiTomaso

2012)。回答者たちは無意識に、福祉を道徳と尊厳の問題として捉えている。つまり、職に就けないのは個人の怠惰や、やる気のなさの結果であり選択なのだ。少なくない回答者が低所得を補うために国による福祉の提供を受けているにもかかわらずである。ラモンによれば、アメリカの白人労働者階級の大多数は貧困者の不運の要因を構造的条件ではなく道徳的価値にあると考えている（Lamont 2000: 131-141）。そうすることで、彼らは記憶を手繰り寄せ、自己満足に浸り、彼らと「その下の人々」との間に明白な境界線を引くのである。もっとも、ヤングスタウンの回答者たちの多くはそうした自己満足感が社会から評価されているとは考えていない。彼らは、社会は沈滞する産業と労働者階級ではなく、福祉受給者の言い訳のほうを支持していると信じていて、それに対する憤りを隠せない。

福祉に対する回答者たちの道徳的な評価は、アメリカにおいて〔救済に〕値する貧困者と値しない貧困者を区別する一般的な傾向（Steensland 2008）と合致している。(1) これは、フードスタンプや、失業、住宅、障がい給付金ではなく現金給付のものに限って福祉とみなす一般的な認識にもつながっている。たとえばオハイオにおける低い最低賃金（中小企業で七・二五ドル、大企業で七・八五ドル）を前提に、現金給付は「生活のために働く」低賃金労働者の所得に匹敵すると考えられているのである。(2)

多くの回答者は一般的な表現で福祉受給者への不満をあらわにしたが、福祉受給者がアフリカ系アメリカ人に偏っていることを指摘する人々もいた。このことは、キンダーとカム（Kinder and Kam 2009:

訳注

vii 下院議員、不動産王である二人のカファロについては第四章で詳述されている。

viii 労働者階級であることに対する自尊心と社会的階梯を昇っていくことに対する居心地の悪さ。

182-191）の指摘を裏付けている。つまり、福祉受給打ち切りのための資産調査を支持する白人の間に、民族主義的傾向があるのだ。こうした傾向は、〔現金ではなく〕人的資本を投下するプログラム（例としてヘッドスタート）や社会保険をめぐっては見られない。ブラウン（Brown 1991）も同様に、アメリカの福祉制度が人種に基づく分断線を再生産していると主張する。救済プログラムの受益者が黒人に、社会保障の受益者が白人に固定されているのだ、と。公的福祉とアフリカ系アメリカ人との連関は、アメリカの社会構造における白人労働者階級の象徴的な地位を非常に混乱させている。福祉は、矛盾した「地位のシンボル」として機能しているのである（Gusfield 1963: 115）。

多くの白人労働者階級は福祉を非難するのだが、彼らはそれをある種の敬意を示すシンボルとみなしている。だからこそ、困窮する白人よりもマイノリティのほうが政府の支援を受けているという認識が、労働者階級から自分に価値があるという意識を奪うのだ。つまり、貧困白人の認識こそが、問題となるのである。「俺を食い物にしているマイノリティの連中は、教育も受けていないし、将来がないことも気付いている。だからセックスして〔＝妊娠して〕、支援を受け取るのさ」。フランは言う。「連中がみんなそうだとは言ってない。いや、大部分はちゃんと働いてる。でも、もし黒人なら、もしヒスパニックなら、たいていのものは手に入るんだ。俺が福祉事務所に行っても、「なぜ働かないんだ？」って目で見られるだけなのに。連中ときたら、クスリをやりながらやってきて、タダでフードスタンプや、医療、失業の扶助を受けるんだぜ。連中は赤ん坊を産んで最初の五年は福祉の世話になれるってことを知ってるんだ。だから五年ごとに子供を産む。「きしむ車輪は油をさしてもらえる〔＝騒ぎ立てる人は、要求を聞いてもらえる〕」ってことさ。俺はいつも自分のことは自分でやってきた。俺たちは一生懸命働く貧困者《ハードワーキング・プア》なんだよ」。
しかしながら、現金給付が（ほかの様々な政府の給付金とともに）白人も平等に受け取れるものだといことは彼らもわかっているため、回答者たちは不平等が埋め込まれた社会システムを頭に描いているわけではない。彼らは、政府に支援を請う資格が〔自分たちに〕あることをきちんと理解している。「多くの人は人種と福祉を結び付けるけど、全くの間違いさ」。電気工のイギー・ナジは言う。「ああ、確かにシステムを悪用する黒人はいるよ。でも白人だって同じことをしてる。労働者の賃上げ要求もその一つだ」。

さらに、アフリカ系アメリカ人をめぐる非難は、〔何らかの〕制度化された優越性にではなく、そもそも〔白人に〕道徳的な優越性があるという根拠のない意識に基づいている。イギリスの労働者階級と異なり、ヤングスタウンの回答者たちの中で、白人が政府からの支援をより多く受ける資格があると考えている者はほとんどいなかった。これは、いまやアフリカ系アメリカ人も白人の生まれながらの地位と同等な地位を獲得できるようになっているからともいえるが、それ以上に、ヤングスタウンの回答者たちの多くが移民としてのルーツを直ちに辿れることによる。排斥された「他者」としての歴史に照らして、彼らは祖先たちの社会的な優位性を、アフリカ系アメリカ人に対する偏見による底上げではなく、産業上の帰結〔＝勤勉の結果〕とみなしているのである。

社会的剥奪感と政治行動

前節までは、ヤングスタウンとイーストロンドンの回答者たちが社会階層をどのように描き出すのかを説明し、彼らの表現がいかに階級をめぐる象徴的レパートリーと密接に関係しているのかを明らかにした。ここからは、これらの〔描き出された〕階層が回答者たちの剥奪感、その結果としての政治行動をいかに構築するのかを詳しく見ていこう。回答者には、自分より前の世代の白人労働者階級と比較した自らの地位を評価してもらい、この剥奪感のありかをより正確に測定してみたい。

自分と同じような人がどこに位置しているかと聞かれた各回答者は、一世代、二世代前の〔人々があてがわれた〕同心円の中に、自らをも位置づけた。さらに、彼らが社会秩序においてどこに属しているのかということと、彼らが今どこにいると信じているのかということとの間には認識上のギャップがあり、それにも非常に多くのバリエーションがあった。社会的地位をめぐる期待と経験の「ギャップが大きい」と私がみなす人々は、〔自分がいる場所とその外側の〕同心円との違いを指摘した。社会階層的には中間にいた者が、そこから外側の円、さらに外側へと移動した場合にそう感じるのである。〔逆に〕期待と経験の「ギャップが小さい」人々は、一つの同心円中の違い、あるいはもっと些細な違いを指摘した。最後に、期待と経験の「ギャップが全くない」人々は、違いを表明しなかったか、あるいは現状から利益を得ていた。私はこの分類方法を、全ての社会階層をめぐる叙述や具体的な事例に適用している。

回答が示すのは、社会的剥奪感と実際の政治行動との間の強い関連性である。社会的地位をめぐって「ギャップが大きい」、あるいは地位が著しく後退していると説明した回答者たちは、政治的指向を示す際に非民主的な手段を用い、反体制《システム》的な政治行動をとりやすい。こうした「ギャップが大きい」回答者グループはまた、平和的な抵抗運動にもよく参加する。「ギャップが小さい」あるいは「全くな

	親システム	反システム
積極的	**関与** 社会階層における中心性への期待と認識とのギャップが「小さいか、緩やかである」	**反抗** 社会階層における中心性への期待と認識とのギャップが「大きい」
消極的	**不関与** 社会階層における中心性への期待と認識とのギャップが「小さいか、緩やかである」	**退出** 社会階層における中心性への期待が「非常に低い」

図7-3　政治行動を説明するバリエーション仮説

い」と回答した人々は、民主的な活動に参加するか、あるいは自己充足に浸る傾向が強かった。最後に、自らの社会的地位が周縁的である――常に周縁化されてきた――と理解している回答者たちは、政治と関わらない傾向にあった[3]。これらの傾向は、図7―3にまとめられている。ここからは、本章を振り返りつつ、こうした様々な自己理解が政治行動のバリエーションとどのような関係にあるのかを説明しよう。

イーストロンドン

固定化した社会的分断に基づく階層により、イーストロンドンの回答者たちの強い剥奪感は、強制的に移動させられている――つまり、ミドルクラスという貴重な地位から周縁への移動を強いられている――という認識から生じていた。多くの場合、回答者たちは自分より前の世代の〔ミドルクラスの〕地位を取り戻すことに大きな困難を感じていた。なぜなら、その地位はすでに外国出自の人々によって占められており、回答者たちがその集団に入り込む余地はほぼないからだ。彼らは、自身の出自もまた、白人ミドルクラス、あるいは専門家階級へと社会的階梯を上がっていくことができない要因だと思っている。なぜなら、階級は血統の産物だからである。労働者階級かそうでないのかを外見と話し方で判断されるということは、まさに階級的地位をめぐる理解が柔軟性に欠けることを示していよう。しかしながら、回答者たちの多くは過去にあった階級的上昇へのノスタルジアにかられるのではなく、むしろ社会的階梯を昇っていく〔民族文化的〕マイノリティから利益を取り戻すことに関心があった。回答者たちにとってマイノリティとは、労働者階級の雇用、公営住宅入居、社会階層などにおいて、白人イギリス人の居場所を奪った人々だと考えられているのである。(4)

イギリス人回答者たちの階級的地位をめぐる象徴的レパートリーを見ると、過去から受け継がれた硬直的な社会的カテゴリーが、白人労働者階級の人々を社会階層における特定の地位に留めている。そして、それが広範なあきらめを生んでいた。多くの回答者は自己決定〔の感覚〕や、自分たちの行動が政治家に影響を与えることができるという意識が全くない。こうした無力感は、最も剥奪感の強い人々の間で問題を生じさせる。なぜなら、彼らは実力を用いずに現状を変えられる方法をほとんど見いだせないからである。さらに「ギャップが大きい」と感じていた回答者たちは、反システム的な政治行動に関与し、イギリス国民党（BNP）やイングランド防衛同盟（EDL）のような反体制《システム》的組織に参加する傾向が強い。こうした集団は、平和的な方法で主張するのではなくラディカルな戦術を用いることをもって、メンバーの民主的プロセスへの不満や政府に対する無力感を映し出している。社会的な秩序が硬直化すればするほど、より過激な行動が求められるのだろう。

「ギャップが大きい」と感じている全ての回答者が積極的な反システム的行動をとるわけではないが、積極的な反システム的行動をとる回答者の全てが「ギャップが大きい」と感じていた。つまり、

〔「ギャップが大きい」という認識は反システム的行動をとらせる〕必要条件ではあるが、十分条件ではなく、よって因果関係があるわけではない。回答者たちは、経済を実力主義的に〔時に景気後退があっても〕理解していればいるほど、社会階層における大きなギャップに悩まなくなる。彼らにとって、実力主義は〔白人労働者階級と移民、白人労働者階級とミドルクラスなど〕既存の境界線によって生み出された不利益を埋め合わせるものなのだ。こうした回答者たちの思考が示すのは、構造化された社会的利益は深く埋め込まれたものであって、したがってそれはより公正な経済によって緩和される、というものだ。このような人々は自己決定の感覚を持ちあわせていて、主体性もある。しかしイギリスの白人労働者階級が直面している問題が実際には解消困難であることに失望を隠せない。だから、民主的な活動に積極的に参加することも少なくない。残りの回答者たちの中には、社会階層の外側、周縁的な地位に甘んじる人々もいた。彼らは政治システムから意図的に退出しがちだ。消極的で反システム的な回答者は、自分が同心円の中心に近づけるといった期待はほとんど抱いていない。彼らは、自らにイギリスの現状を変える力があるとは思っていないし、政府がその気持ちを汲んでくれるとも思っていないのだ。

　ほとんどギャップを感じていない回答者は、そもそもイギリスの白人労働者階級が以前のような社会的優位性を失ってしまったことを信じていない。多くは、〔民族文化的〕マイノリティや移民が社会の中で構造的に利益を得ていると不満を漏らしている。しかしながら回答者たちは、そうした利益が社会階層の入れ替わりの結果であるとは考えていない。彼らは、イギリスの白人労働者階級がイギリスの社会階層においていまだ特別な位置にいると信じて疑わないのだ。あるいは、マイノリティや移民が民族人種的《エスノ・レイシャル》な境界線をあいまいにし、代わりに富の不均衡を特徴とする社会階層を創り上げたと考えているのである。

ヤングスタウン

ヤングスタウンでは、社会階層は従来どおりに物質的な富に基づいており、拡大する不平等に直面していても、そうした構造は固定的ではないと理解されていた。結果として地位の低下は、地位が出生の問題として理解されていたイーストロンドンほどには、永続的なものと解釈されていない。移動の「見込み」があるかどうか――あるいは、それを神話に過ぎないと言う者もいるかもしれないが――は、回答者たちの周縁的な地位や地位の喪失感を合理的に説明する。したがって、階層が入れ替わるとき、自身の地位をアメリカ人よりも硬直的に捉えているイギリス人は、不屈のアメリカンドリームを信じるアメリカ人よりも強く喪失感を感じるのである。

さらに、ヤングスタウンの回答者たちは自分の社会的階級が上昇したと認識したことはほとんどなかった。彼らは、歴史的に構造化された利益ではなく、労働者の闘いの歴史をこそ認めているのだ。ヤングスタウンの白人労働者階級の回答者たちは、劣悪な労働に耐え、権利と社会保障のために闘わざるを得なかった工場労働者のレンズを通して物事を見ている。彼らは、アメリカ経済の強靭な背骨としての自己イメージをますます募らせているが、エリートによる〔自分たちへの〕さらなる承認についてはほとんど幻想を抱かない。せいぜい、いつの日かそうした承認を得るためのアメリカンドリームの追求に、あけすけな尊厳を感じるくらいである。

このように、ヤングスタウンの白人労働者階級の回答者たちは、自分の地位が低下してきたことと、以前は地位が高かったということとを歴史的に関連づけていない。ほとんど全ての回答者は、彼らが住む街や家族が一九六〇年代と七〇年代には今よりもっと豊かだったと認識している。また、福祉受給者や〈民族文化的〉マイノリティに対する政府の支援に不満を抱いている者もいる。しかしながら彼らは、変化というものを構造的なものではなく、循環的なもの――政治的ではなく個人的なもの――として理解している。それゆえに、ヤングスタウンの回答者たちは彼ら自身あるいは仲間に責任を「転嫁」する。多くの回答者は、社会的地位をめぐる期待と経験との間にほとんどギャップを感じておらず、政治的に楽観的なのである。そして、期待と経験とのギャップが大きいと感じている人々は、彼らの地位が回復するといった考えをもはや持ってはいない。

年齢の高い回答者にはいくつかの例外が見られた。彼らは若年層よりもかなりの程度、地位の低下が永続的なものであると感じている。六〇歳以上の回答者は〈期待と経験との〉「ギャップが大きい」と認識する傾向にあり、多くはイギリスと同様に、アメリカにおいていまや〈民族文化的〉マイノリティが社会的ヒエラルキーで特権的な地位を占めていると信じている。「なんだか、俺が従軍していた時代やゼネラル・モーターズで働いていた時代に近づいている気がするよ」。サウスサイドの無職、モー・ケリガンは言う。「でも今じゃ、俺なんか存在しないも同然だ。コミュニティにとって何の役にも立ちやしない。人の世話になってばかりいないで、横になって死ねばいい。同じ円の中にいる奴らが俺に対して思ってるのはそういうことだ。姿は見られても声は出すな、ってな。余計なお世話だ。円の外側に出りゃ、俺たちはマイノリティなんだよ。人種なんて関係ない。金こそが力と影響力の証明だ。ってことは、俺には誰も味方なんかいないんだ。もし俺が黒人で、問題があるならＮＡＡＣＰ〔全国有色人地位向上協会〕に電話すればいい。ユダヤ人なら、ユダヤ防衛同盟に電話だ。おっと、白人の俺には、ＫＫＫ〔＝クー・クラックス・クラン〕があるな。〔ただ〕ＫＫＫは俺たちを守ってくれるだろうが、あくまでも秘密裏に、だ。……それにＫＫＫは〔俺のような〕カトリックも大嫌いだ。ここじゃ法と平等な正義ってやつが全員に保障されてることになってるが、どうやらそれは場合によりけりらしいな」。

しかしながら、モーや他の年配の回答者たちは依然として一つの例外に過ぎない。社会的流動性〔が依然としてあるということの〕の認識と並んでアメリカンドリームが存在している限り、ヤングスタウンの回答者たちの剥奪感は低く留まるだろう。ヤングスタウンのような場で積極的な反システム的行動が見られなかったのは、反体制《システム》的組織が存在しないことからわかるように、剥奪感が欠如しているからだ。前述の市民運動や愛国者集団、ＫＫＫがヤングスタウンの周辺に存在していることはよく知られているが、過激な行動に出る理由が見当たらない住民たちの中で、足場を築くに至っていない。しかしながら、ホックシールド（Hockschild 1995）の不満を持つ黒人についての分析によれば、アメリカンドリームからの緩やかな退出は、「代替的イデオロギー」〔訳注:ix〕という選択を可能にする（Hockschild 1995: 257）。個人の環境と経験によっては、この「代替的イデオロギー」は反システム的行動を実現しうるものである（Hockschild 1995: 258）。ヤングスタウンの多くの回答者は「ギャップが小さい」と感じているか、あるいは政治から遠い周縁に自らを位置づけてきた。調査の範囲内では、インタビューのデータは、個人の政治行動の予測に際して剥奪感の重要性を示している。その剥奪感は、社会階層についての象徴的レパートリーというレンズを通した感覚だからである。

原注

（1）ニューマン（Newman 2013）によれば、経済的に苦労している友人を持つ人々は、所得の再分配を支持する傾向にある。

（2）しかしながら、先進国における不平等の程度を課税後と課税前とで比較したマッセイ（Massey 2007）によれば、アメリカにおける富の再分配はほとんど平等を促進していない。

（3）多くの回答者が〔自分の〕過去の社会階層をどのように示すのかについては証明できない。しかしそれは大きな問題ではない。彼らは自分や自分と似たような人々を同心円の中心部に配置するが、その他の集団の過去数十年の位置づけについてはわからないからだ。

（4）一九八六年から二〇〇八年のイギリスを対象とした最新の研究によれば、福祉受給者に対する態度は保守化したものの、所得階層間の富裕層に対する態度に大きな乖離はない。政治学者たちによる立証に反して、不平等の拡大にもかかわらず、所得階層間の再分配に対する態度の乖離はこの数十年間、拡大していないのである（Cavaille and Trump 2012）。

訳注

ix　アメリカンドリームに翻弄され、それを完全に否定するに至った黒人が行き着く不信と絶望の信念体系。

第八章　周縁を測る——アメリカとイギリスにおけるラディカル右派支持

フラストレーションによる攻撃のメカニズムは……重力の法則に似ている。フラストレーションを抱えた人間は、モノそれぞれの相対的な重さと互いの距離に応じて直接的にぶつかり合うのと同じく、フラストレーションの度合いに応じてその発生源に暴力を振るう自然な立場にある。

——テッド＝ロバート・ガー

これまで、過去数十年の間、著しい社会的、政治的、そして経済的な下降を経験してきたことを異口同音に唱える人々によって構成される、白人労働者の二つのコミュニティを見てきた。この段階で私たちはイーストロンドンとヤングスタウンの歴史とその状況、そしてそれに応じた政治行動の多様性を十分に理解できたと思う。また、アイデンティティ・ポリティクス、さらにこの時期の様々な制度が果たした（あるいは果たさなかった）役割についても理解できたはずだ。さらに、人々の抱く剥奪感が多様な政治行動につながってきたことも見た。

インタビューで収集した情報が、剥奪感と政治行動の様式との間に強い相関があることを示していることは、さらなる理解の手がかりとなる。図7—3にあったように、明白な地位の後退や、社会的ヒエラルキーの中で「大きな落差」があると感じる者は、政治的選好を表明するのに、非民主的な手段を用いるような、反システム的な政治行動に参加する傾向を持つ。「落差はあまりない」ないし「落差はない」と回答した者たちは、より民主的な活動に参加するか、現状に満足していた。そして、自らの社会的地位が周縁にあると理解している者——もしくは常に周縁にいた者——は政治的な退出を選択していた。

こうした発見は、以前の研究の仮説——イスラム教徒のマイノリティの政治行動に関する調査から得られたもの——を重要な形で裏付ける。それは、相対的剥奪感の意識こそ個人レベルでの政治行動にとって決定的だ、とする議論を追認するものであり、とりわけこの行動は親システムないし反システムに向かうことの説明となる。他方、この調査からは剥奪感は彼らの有する政治的影響力の差から来るものではないことがわかる。インタビューイーの白人労働者たちは、政治的影響力を追い求めているだけでなく、自身の国で失った中心性と、コミュニティ内での過去の社会的ヒエラルキーを取り戻したいと思っているのである。したがって彼らの剥奪感は影響力の問題というよりも、社会が階層化されていることの問題でもある。本章ではこうした考えを応用し、質的調査で把握できる範囲を超えて観察される政治行動を、どの程度説明できるのかを解明してみる。

人口構成を加味したサーヴェイデータの分析からは、イギリスとアメリカでは社会的・政治的な剥奪感が、人々をラディカル右派支持へと向かわせることがわかった。しかし、こうした剥奪感は他方で、人々を平和的で包摂的、そして民主的な政治行動に向かわせることもわかった。剥奪感をラディカルに表現する方法と、非ラディカルに表現する方法を分け隔てる要素を取り出してみると、ラディカル右派の支持者は突出して白人、若者、下層階級、男性、非大卒、そして保守的な思想の持ち主であることがわかった。このプロファイルに当てはまる者は、概してラディカルな政党や候補者を支持していた。調査をさらに進めると、社会的・政治的に剥奪されたと感じ、歴史的に冷遇されていた集団〔＝民族的マイノリティ《エスニック》〕が社会的に上昇していると感じる人々のほうが、疎外感を抱いていなかったり、その社会的上昇を脅威と感じていなかったりする人々と比べ、ラディカル右派を支持していることもわかった。データからは、イギリスとアメリカの白人労働者階級の社会的・政治的剥奪感こそが、彼らの感じる社会的ヒエラルキーの変化を拒むラディカル右派の支持を生んでいることがわかる。

問題を測る

システムに対する反抗やラディカリズムは周縁的なものであるため、ラディカルな政治行動が量的に測られることは稀である。実際、周縁性を測るのは難しい。退出や幻滅、孤立など、社会の周縁で起きていることを特定すること、ましてやその調査は——その定義からしても——困難だ。同じく、政治行動があっても、それが違法だったりラディカルな集団と関係していたりするとき、こうした関連性が明らかにされることもあまりない。それゆえ、こうした行動やその性質の理解に努めたり、仮説を立てたりするときには、エスノグラフィック《文化人類学的》なフィールドワークが有効となる。ただし、こうした現象をより広範に理解するためには、意識調査が用いられなければならない。

イギリスは、こうした反抗的な政治行動と社会的・経済的・政治的剥奪についての意識調査を進めるのに適している。イギリスには有名な、それなりに定着している極右組織があるためだ。イギリス国民党（ＢＮＰ）、イングランド防衛同盟（ＥＤＬ）、イギリス国民同盟（ＥＮＡ）はいずれも、時として暴力沙汰を伴う移民排斥運動を進める反抗的グループだからだ。悪名高くはあっても、その名が知られているため、調査にあたって人々はこれらを支持していることを言明しやすい。なお、本書の調査は二〇一五年の国政選挙直前に実施されたものである。

アメリカも、反エスタブリッシュメント運動のティーパーティーとラディカルなポピュリストであるトランプ候補のように、有名かつ大衆的な極右が生まれたことでイギリスと似た状況になっているとする学者もいる（Parker and Barreto 2013; Mudde 2015）。ただし、アメリカでの確実な調査の実施のため、私は「大量移民の即時停止、アメリカの雇用をアメリカ人に取り戻す、アメリカのキリスト教精神の維持、イスラムの脅威の排除」を公約とする、架空の第三の政党の存在を支持するかどうかを尋ねることにした。これはBNPの綱領を模倣したもので、こうすることによって、より正確な比較が可能となるためだ。これに、二〇一六年の予備選直前でのティーパーティーとトランプ候補支持のデータを加味した。(1)

人々が抱く剥奪感を正しく計測するため、フィールドでのインタビュー手法も応用した。これは、一から一〇までのスケールの間で、今日の経済状況、さらに三〇年前に「あなたのような人たち」の経済状況がどの程度だったかを尋ねるものである。同じく、今日において自身はどの程度政治的な影響力を持っていると思うか、三〇年前はどうだったのかについても尋ねている。また、現在と三〇年前とを比べた場合、政治家があなたのような人々をどの程度顧みているのかについても尋ねている。これは、彼らの経済的状況と政治的状況の差異の高低によって、剥奪感（あるいはその不在）を測ることを目的としている。

同様に、人々の社会的剥奪感を測る手段として、ヤングスタウンとイーストロンドンでの調査と同じく、サーヴェイ対象となった人々には、どの程度社会の中心に位置するか（＝中心性）の認識を示すモデルとして、同心円状に重なった図を提示し、現在と三〇年前に自ら（あるいは彼らのような人々）をどこに位置づけるかを指し示してもらった。私はこの図を「抽象的」な中心性を示す尺度として用いた。そして、フィールドワークのときと同じように、ムスリムや女性、若年層、移民、富裕層、白人労働者階級、非白人労働者階級、高齢者といった社会集団をこの同心円の上に位置づけてもらった。フィールドワークでも同じだが、これは回答者の自らの社会的ポジションとその変遷、その他の社会集団の位置づけを可視化させる作用を持つ（Blumer 1958; Masaoka and Junn 2013）。これを「文脈づけられた」中心性と呼ぶことにしよう。

以上のような方法によって、本書のフィールドワークによって提起された問いは、よりよく把握されることになるだろう。その問いとは、以下のようなものである。

- 剥奪感は人々のラディカル右派支持と結び付いているのか。
- 剥奪感は人々の民主的な政治的関与に結び付いているのか。
- 剥奪感は人々にどのように異なる作用を及ぼすのか。
- 剥奪感と移民の社会的中心性はどのように関連しているのか。

本章の結論部分ではこれらの問いに立ち戻ることになる。

剥奪感はラディカル右派支持につながるのか

ラディカル右派の運動や政党に参加する理由を解明する前に、ラディカル右派に参加しようとしたり、していたりする人々は、それまで支持したことがない者と比べ、なぜより大きな剥奪感を経験しているのかを問うことが重要だ。言い換えれば、剥奪感との関連性が認められるかどうか、という問いだ。イギリスでは、ＢＮＰやＥＤＬ、ＥＮＡに過去に投票したことがあるか、あるいはこれから投票すると回答した人々をラディカル右派支持者に分類した。これは全標本の七・五％を占めた。また、ゼロから一〇のスケールのうち、どの程度の確実さでイギリス独立党（ＵＫＩＰ）に投票するかも尋ねているが、これに五以上と答えた者――投票を真剣に検討しているか、そうしようとしている――は、標本の三七％を数えた。アメリカについては、ドナルド・トランプを非常に強く支持している、あるいは強く支持しているとした者（三八％）、同様にティーパーティーを支持するとした者（三五％）、架空の第三の政党を支持するとした者（六四・五％）をラディカル右派に分類した。(2)

結論から言えば、イギリスとアメリカの回答者のいずれも、ラディカル右派を支持したり、するかもしれないとしたりする者は、いずれの剥奪感のタイプと尺度においても、大きな剥奪感を抱く人々でもあった。つまり、ラディカル右派支持者は、政治的影響力の尺度では政治的剥奪感を抱き、政治家から顧みられていないという意味でも剥奪感を抱いており、経済的幸福度でも大きな剥奪感を経験しており、社会的剥奪感も大きかった。この傾向は、アメリカで架空の第三の政党、ティーパーティー、トランプ支持者、イギリスのＢＮＰ、ＥＤＬ、ＵＫＩＰ支持者の間で差異は見られなかった。いずれ

表 8-1　ラディカル右派支持に果たす剥奪感の影響

剥奪感の測定尺度	UKIP 支持	BNP/EDL 支持（英）	トランプ支持（米）	ティーパーティー支持（米）	架空の極右政党支持（米）
政治家から顧みられているか	+40	+9		+25	+50
自身の政治的影響力の高低	+35	+5 (※)			+28
抽象的な社会的剥奪感	+22	+7			
文脈づけられた社会的剥奪感				+15 (※)	
経済的剥奪感	+23		+37		

数字は、全ての変数を統御した上で、剥奪感の最低値から最高値までのラディカル右派支持のための関与や表明につながる可能性を示す。※が示す差異は p=0.10 で有意であり、空欄は統計的に有意でないことを示している。

の剥奪感の尺度においても、ラディカル右派支持者はそうでない者たちよりも、剥奪感の値が大きかったのである。

こうした結果はフィールドワークでの知見を裏付けるものであるが、これだけでは、剥奪感が実際にどう機能するのか、その違いがどのような理由によるものかはわからない。また、こうした発見は記述的なものであり、剥奪感を感じやすい者がラディカル右派を支持しやすいという因果関係を導くものでもないことに注意する必要がある。真に問われるべきは、階級やジェンダー、イデオロギーといった異なる分類による説明を除外してもなお、剥奪感がなおラディカル右派の支持につながるかどうか、だ。

こうした様々な要素を考慮するため、イデオロギー、年齢、教育歴、持ち家と配偶者の有無、社会階級といった変数を統御した上で、剥奪感とラディカル右派支持との関連を調べた(3)。その結果、

表8―1のように、イギリスでは政治的剥奪感を最も抱いている者（「政治家から顧みられているか」の尺度）は、他の変数を統御してもなお、そうではない有権者よりもＢＮＰやＥＤＬを支持する割合が九ポイント高かった。同じように、最も政治的剥奪感を感じている者（「自身の政治的影響力の高低」の尺度）および最も社会的剥奪感を感じている者（同心円のダイアグラムにおける自らの位置づけ）で、ＢＮＰやＥＤＬを支持する割合は、剥奪感を抱いていない有権者と比べ、五から七ポイントほど高かった。

他方、経済的剥奪感および文脈づけられた社会的剥奪感は、ここでは有意な要素ではなかった。以上の分析からは、イギリス人のうち、政治的・社会的剥奪感を最も感じていればいるほど、そうでない者と比べてＢＮＰとＥＤＬを支持しやすいといえる。一方で経済的剥奪感はそれほど大きなインパクトを持っていなかった。このような知見は他の研究と結論を一にする（Sniderman, Hagendoorn, and Prior 2004; Hainmueller and Hopkins 2014）。それらの研究は、経済的劣位やその剥奪感はそのまま極右支持や移民敵視にはつながらないとしている。白人たちはむしろ、社会的ヒエラルキーの再編とそれに呼応した政治的影響力といった文化的脅威に反応しているのである。

アメリカで最も社会的剥奪を感じている者（移民出身集団の中心性との関係で文脈づけられた剥奪感を抱く者）は、他の変数を統御した場合、ドナルド・トランプ候補を支持する確率が一五％高く、架空の極右政党を支持する確率も一二％高かった（もっともこちらは統計的有意性をかろうじて満たさないレベルに留まる）。アメリカでもイギリスと同じく、最も大きな政治的剥奪感を感じている者（「政治家から顧みられているか」の尺度）は、ティーパーティーと架空の第三の政党とを問わず、極右政党を支持しやすい要素となった。また、興味深いことに、ドナルド・トランプ支持については経済的剥奪感の説明のみが有意だった。

剥奪感は人々の民主的な政治的関与にどのように影響するか

同じような分析を行って[4]、人口的要素を統御しつつ、剥奪感がどの程度、平和的で包摂的、そして民主的な政治的関与に影響するのかも測定した。回答者が最低でも一つボランタリーな参加行動をとっており、極右政党に関心がないとした場合、その者を民主的な政治的関与を実践している者として数えた。こうした参加行動としては、住民自治集会への出席や選挙時の投票、コミュニティ・グループへの参加、労働組合の組合員であること、合法的なデモやストライキへの参加が含まれる。果たして、剥奪感そのもの（その他の要素を統御した場合）は、平和で民主的な政治的関与にどの程度影響しているのだろうか。

表8―2で見るとおり、最も政治的剥奪感（「政治家から顧みられているか」の尺度）を感じているイギリスの回答者は、他の変数を統御した場合でも、全く剥奪感を感じない者より、一六％も民主的活動に参加する確率が高かった。また、自身の政治的影響力のなさに由来する政治的剥奪感も民主的行為を促すが、その割合が高まるのは九％に過ぎない。さらに、経済的剥奪感、社会的剥奪感ともに有意な要素でないこともわかった。反対に、抽象的な社会的剥奪感は民主的な政治的関与を低める影響力を持つことがわかる。イギリスの分析からは、経済的剥奪感は、民主的なものであってもラディカルなものであっても、政治的関与の確率を高めず、社会的剥奪感こそが極右支持と関連していることがわかる。社会的剥奪感を抱いている者は、民主的方法によってそれが緩和されるとは考えていない。

表 8-2　民主的な活動に対する剥奪感の影響

剥奪感の測定尺度	民主的活動（英）	民主的活動（米）（架空の第三の政党への支持を含む）
政治家から顧みられているか	+16	
自身の政治的影響力の高低	+9 (※)	
抽象的な社会的剥奪感		
文脈づけられた社会的剥奪感		+25 (※)
経済的剥奪感		+44

数字は、全ての要素を統御した上で、特定点での最低と最高の剥奪レベルで民主的活動に参加する予測可能性を示している。※が示す差異は p=0.10 で有意であり、空欄は統計的に有意でないことを示している。アメリカでは、民主的活動はラディカル右派的主体（トランプ、ティーパーティー、架空の第三の政党）への支持が除外された民主的活動と定義される。トランプやティーパーティー支持は民主的活動といえるという指摘もありうるだろう。このため、ラディカル右派の架空の第三の政党への支持を除外した数字もあわせて示している。

これは重要な発見といえるだろう。イーストロンドンでのインタビューイーたちの多くは、自らが社会的周縁へと追いやられていることに無力感を抱いていた。主流から排除されていると感じる彼らは、民主的出口を見いだせずに、社会的目標を達するため異なる手段に頼っているのだ。

一方、政治的剥奪感は、民主的な政治的関与と——前の結果と同じように——極右支持との両方での促進要因となっている。この結果は、政治的資本には民主的行動とラディカルな行動の両方を導く幅の広さがあるということを示している。実際に、政治的剥奪感を持つ者こそ最も政治化されたアクターであることが、イギリスの例からもうかがえる。それは、最も激しい反抗の表現としてだけでなく、最も激しい民主的活動の表現とも関連性を有しているのだ。剥奪感のスケールで七ポイントから一〇ポイント以上だった者、すなわち最も政治的剥奪感を感じている者は、剥奪感をより弱くしか感じていない、あるいは全く感じていない者と比べて、民主的政治関与の割合が高かった。これ以外の剥奪感のタイプからは、有意なパターンを見いだせない。こうした結果は、剥奪感は実際には諸刃の剣として機能すること――民主的活動のモデルにつながる剥奪感と同程度の強度の剥奪感が、反対にラディカルなそれをも生み出すこと――を示している。アメリカでも、様々な剥奪感の表明が異なる種類の政治的関与を生み出す、両義的なものであることが示される。

しかしイギリスの民主的な活動家の中には、政治的剥奪の経験から、制度を超越する形で目標を達成しようとする、異なる種類の活動家もいる。表8―3のように、政治的剥奪のいずれの尺度であっても、組合員であること、嘆願書に署名することは民主的活動をとることの有意な予測変数[訳註i]となっている。政治的剥奪感（「自身の政治的影響力の高低」の尺度）は、合法的な抗議運動につながる有意な予測変数ともなっている。こうした活動は民主的な政治的関与のうち重要なものの一つであることは確かだが、国家に対し既存の制度の外側から影響を与えようとするものであり、ある種の異議申し立ての形態であることには違いない。

より伝統的な政治的関与の手段としては、投票行動、団体組織への所属、コミュニティ集会への参加などが挙げられる。政治的関与をめぐるこれら三つの制度的手段のうち、イギリスではコミュニティ集会への参加だけが、政治的剥奪感の克服につながっている。同じ調査からは、社会的剥奪感（抽象的／文脈づけられたもの）の欠如は、組織に参加したり、投票に赴いたりすることにつながることを示し

訳注

i　異なる変数を予測するため回帰分析で用いられる変数。

表 8-3　イギリスの政治的関与における剥奪感の影響

	政治的剥奪感（政治家から顧みられているか）	政治的剥奪感（自身の政治的影響力の高低）	社会的剥奪感（抽象的）	社会的剥奪感（文脈づけられた）	経済的剥奪感	
地域のミーティングへの参加			−	−		制度的
異なる政党への投票				−		
コミュニティ集会への参加	＋					
嘆願書への署名	＋	＋			＋	抗議
組合活動	＋	＋		＋	＋	
平和的な抗議活動		＋			−	
BNP 支持			＋			反システム
EDL ／ ENA 支持	＋	＋	＋			
UKIP 支持	＋	＋	＋		＋	

＋と－は、統御されたそれぞれのモデルにおける剥奪感の尺度における統計的な有意性、関係性を示す。＋は剥奪感が行動に対して正であること、－は負であることを示す。

表 8-4　アメリカの政治的関与における剥奪感の影響

	政治的剥奪感（政治家から顧みられているか）	政治的剥奪感（自身の政治的影響力の高低）	社会的剥奪感（抽象的）	社会的剥奪感（文脈づけられた）	経済的剥奪感	
地域のミーティングへの参加						制度的
異なる政党への投票						
コミュニティ集会への参加	−		−		−	
嘆願書への署名	＋				＋	抗議
組合活動						
平和的な抗議活動	−	−			−	
架空の第三の政党支持	＋	＋				反システム
トランプ支持					＋	
ティーパーティー支持	＋			＋		

＋と－は、統御されたそれぞれのモデルにおける剥奪感が統計的に有意もしくは正の関係（90%以上）にあるものを指す。＋は剥奪感が行動に対して正に関係していることを示す。－は、それが負の関係にあることを示している。

ている。

アメリカ（表8―4）では、制度的な政治的関与の手段よりも、政治的剥奪感（「政治家から顧みられているか」か「自身の政治的影響力の高低」の尺度）が、極右支持との強い関連を持っている。嘆願書に署名する行動と相関はあるが、政治的剥奪感は、架空の第三の政党およびティーパーティー支持とも相関している。逆に政治的剥奪感の欠如は、制度の枠内での政治的関与と民主的な抗議運動を促進しやすく、個人がコミュニティ集会に参加したり、平和的な抗議運動に参加したりしやすいといったことの要因となっている。

社会的剥奪感（他集団との関係で文脈づけられたもの）も、ティーパーティー支持と連関している。同じく、経済的剥奪感はドナルド・トランプ候補支持と結び付いていた。さらに経済的剥奪感は嘆願書への署名を促進しやすい。そして、これら剥奪感の一切の欠如は、コミュニティ集会への参加とも関連している。

強い社会的剥奪感を抱いているとした者（尺度で三以上）と、それほどの剥奪感を抱いていない者（尺度三以下）とを分類してみると、結果はさらに興味深いものとなる。前者では社会的剥奪感を感じるほどに、極右政党を支持する割合も倍となり（二〇〇%）、政治的剥奪感（「政治家から顧みられているか」の尺度）は一〇〇%、ラディカルな政治に惹かれない者と比べて、政治的剥奪感（「自身の政治的影響力の高低」の尺度）では七〇%も増えた。こうした事実はつまり、仮に政治的剥奪感が同じ程度だとしても、それが民主的な政治的関与と反抗の両方に結び付いていることを示す。それでは、これら二つの異なる種類の個人の集団、すなわち政治的関与をする人々と反抗する人々とを分け隔てるものは一体

表8-5　交互作用モデル（共和党／保守党支持者）における剥奪感の最低レベル・最高レベル

	ティーパーティー支持（米）	トランプ支持（米）	架空の第三の政党支持（米）	BNP/EDL 支持（英）	UKIP 支持（英）
社会的剥奪感（抽象的）	46.5		37.6	10.6	45.2
社会的剥奪感（文脈づけられた）	46.7		30.1		28.1
政治的剥奪感（政治家から顧みられているか）	44.1	37.8	50.6	14.4	72.3
政治的剥奪感（自身の政治的影響力の高低）	50.1	41.1	65.9	10.2	67.9
経済的剥奪感	48.6	66.9	41.7		47.9

交互作用モデルでの共和党／保守党支持者の変数における剥奪感の最低レベルから最高レベルへの移行が最初の予測差異と95％の確率のもの。

何なのだろうか。

剥奪感は人々に対し、どのように異なる作用を持つのか

右に見た極右支持へと向かう剥奪感についての調査結果は、ある意味確実なものともいえる。党派心の安定性を考えるならば（Campbell et al. 1960）、感じられる剥奪感によって、左派政党支持者が極右支持へと転向するとは考えにくい。そのため、この節では共和党支持者（アメリカ）と保守党支持者（イギリス）であると自らを位置づける者に剥奪感がどのように異なる作用を及ぼすのかを見てみる。その際には「プロファイル」された極右支持者が極右政党を実際に支持する度合いの人口的要素を加味することとする。

表8—5は共和党支持者と保守党支持

者の共変量を統御した上で、剥奪感の最低レベルから最高レベルへの移行が、ラディカル右派支持をどの程度確実なものとするのかを表したものだ。(5) 予想に違わず、他の標本と比べてこのサブターゲット集団では、剥奪感がより大きな影響を与えていることがわかる。ただ、ほかにも大きな特徴がある。まず、全てのモデルにおいて、政治的剥奪感がラディカル右派支持の強力かつ持続的な予測変数となっていることだ。これは特にアメリカ有権者のティーパーティーと架空の第三の政党への支持、イギリス有権者のUKIP支持で顕著なものとなっている。たとえば、政治的剥奪感の最低レベルから最高レベルへと移行すると、UKIP支持の値は六八%から七二%へと増加する。社会的剥奪感もティーパーティー、架空の第三の政党、UKIPのいずれの支持における予測変数となっている。また、経済的剥奪感はティーパーティーと架空の第三の政党支持の有意な予測変数でもある。こうした結果は、共和党・保守党支持者の二つの標本における結果とも符合する。

民主主義派とラディカル派とを区別するため、人口動態的な属性を考慮に入れてみよう。この中でラディカル右派を支持する、あるいは支持したとする回答者は、不均等に白人、若年、アンダークラス、男性、大卒以下、イデオロギー的に保守という結果が出た。これは「プロファイル」されたラディカル派の特徴であるが、こうした人口動態的属性そのものが、個人の選択を規定する社会的・政治的剥奪感にどう影響するかはわからない。

これを把握するため、剥奪感を抱いており、保守的で、労働階級に属し、二四〜三九歳の非大卒と

訳注

ii 他の変数と共に変化する傾向を示す要素。

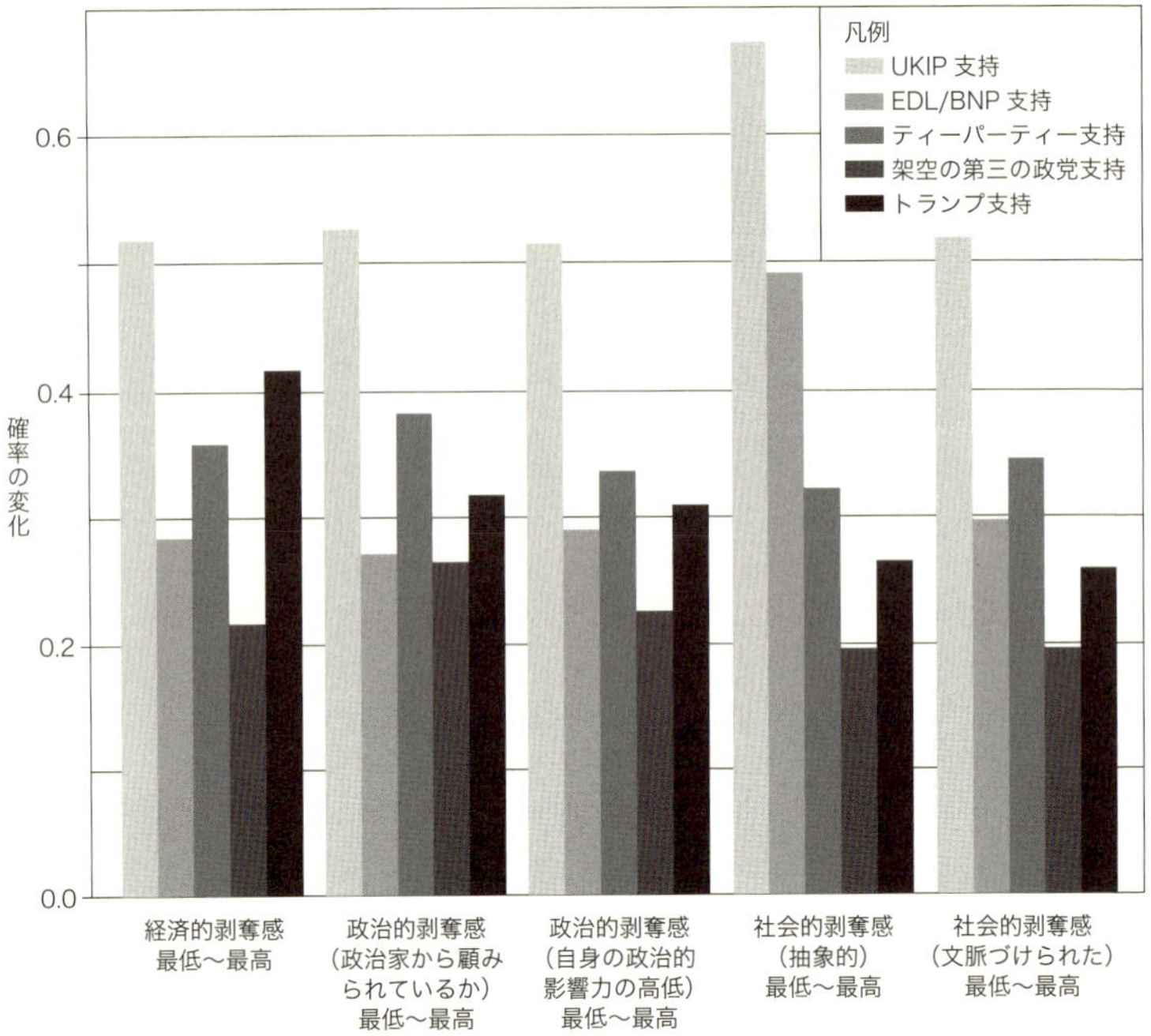

図 8-1　アメリカとイギリスの個人プロファイル

グラフは二か国における最低レベルの剥奪感を持つ平均的な白人男性と「プロファイル」された最高レベルの剥奪感を持つ白人男性までに至る、特定点で反システム的活動に参加するかそうすると表明する予測可能性の変化を表す。全ての予測は統計的に有意である。

いう「プロファイル」された白人男性が、ラディカル右派を支持する確率を調べることにした。この人口動態学分析では、個人がラディカル右派を支持する確率は飛躍的に高まるはずである。それを「平均的」なイギリス人の白人男性、すなわちその人口学的特性がその平均値（穏健なイデオロギースコア、平均的な階級、年齢、最終学歴、そして平均的な政治的剥奪感を持つこと）を持つ者と比較した。その差異は明瞭だ。図8―1はこの「プロファイル」された個人――様々な形式の剥奪感を持つ者――がイギリスとアメリカで、ラディカル右派を支持する確率がどれほど高いかを示したものだ。全てのタイプの剥奪感が影響を与えていることがわかるが、なかでもいくつかの特徴がある。まずイギリスでは、社会的剥奪感（中心性の喪失）を持つ「プロファイル」された個人は、ＢＮＰやＥＤＬを支持する確率が五一％も高かった。同じ個人がＵＫＩＰを支持する確率は六七％も高かった。次にアメリカでも、同じ傾向があらゆる剥奪感のタイプで観察された。特に社会的剥奪感を持つ者（文脈づけられた中心性）がトランプを支持する確率は二六％、ティーパーティーでは三四％、架空の第三の政党では二〇％高くなった。民主的な活動に参加することの有意な予測変数は、年齢、学歴、イデオロギー、ジェンダー、階級だった。すなわち年齢が高く、リベラルな考えを持ち、女性で高卒以上、ミドルクラスないしアッパークラスの個人が民主的な活動をする度合いが高かった。

このイギリスとアメリカのデータからは、政治的・社会的剥奪感が政治システム内で多くの者に民主的な政治的関与を促す要因である一方、同じ剥奪感がイギリスとアメリカの白人労働者階級を公共空間の周縁へと追いやっているものであることがわかる。量的データからは、その理由として二つのことが特定できる。まず、職業上のアイデンティティを喪失し、移民出身のマイノリティ集団と距離をとるイギリス人白人労働者階級が受け継いだ政治的アイデンティティが、ラディカル右派を支持するグループから生まれているということだ。次に、このグループは、ネイティブよりも移民出身のマイノリティを優先するようになった主流政党に対し、白人労働者階級の人々の避難所ないし反エスタブリッシュメントの選択肢となっていることである。つまり、より裕福で、教育を受け、リベラルな人々は、政治的疎外感を抱いていても、自らの世界観に合致する民主的なはけ口を見つけやすいといえる。こうした二つの仮説が正しいのであれば、ラディカル右派を支持する個人は、自分たちの社会における移民出自のマイノリティが社会的に上昇している、という認識を持っているということになる。この仮説は検討に値しよう。

剥奪感は移民の中心性とどう関連しているか

個人が剥奪感を感じており、歴史的に周縁的な地位にあった集団が社会の中心により近づいていると知覚しているとして、それはラディカル右派を支持する確率をどの程度高めることになるのか。言い換えるならば、歴史的に周縁化されていた集団――ムスリム、移民、そして非白人の労働者層――の社会的上昇を知覚する人々は、これらの集団がまだ劣位にあると知覚している人々と比べて、どの程度ラディカル右派を支持するのだろうか。(6)

イギリスでの調査結果を見る限り、社会的剥奪感（文脈づけられた中心性）ないし政治的剥奪感（「自身の政治的影響力の高低」の尺度）のいずれかを感じており、歴史的に周縁化させられてきた集団の上昇を知覚している人々は、剥奪感を抱いていない、あるいはそのような上昇を知覚していない人々よりも、ラディカル右派を支持する傾向が認められる。その他の剥奪感の相互作用は、有意な効果を持っていなかった。

アメリカの結果からは、もっと確証的なことがいえる。経済的・社会的・政治的疎外感を抱き、そして歴史的に劣位にある集団が社会の中心にあると感じる者は、剥奪感を抱いているものの、歴史的に劣位にある集団も同じように剥奪されていると感じる者よりも、ティーパーティーやトランプ候補を支持する傾向があった。

こうした現象の分析には、同心円の中に自分とその他の集団をどこに位置づけるかを比較するという方法を用いることもできる。もし人々が自分たちのことを歴史的に劣位にある集団よりも中心近くに位置づけるならば、ラディカル右派を支持する可能性は低くなるといえる。(7) しかし、イギリスではこの差異が認められなかった。これは、白人労働者階級の相対的地位よりも、歴史的に劣位にある集団の中心性こそが意味を持っていることを意味している。ただ、アメリカではこれとは異なる強力なパターンが見られた。すなわち、社会的な中心性の尺度で自らを周縁に、そして歴史的に劣位にある集団を中心に位置づける者がティーパーティーを支持する確率は、三二％も高かったのである。

競合するラディカリズム

これら結果が示しているのは、移民、多文化主義、イスラムといった争点をめぐって、抵抗や、場合によってはラディカルな政治行動を生み出す、白人労働者階級の周縁化および周縁化のされ方についての新たな知見だ。イギリスの調査で見たラディカル右派政党への支持は、人口動態的変化や現代イギリスの対ムスリム政策だけでは説明できない。多くの場合、白人労働者のラディカリズムは、彼らが敵視する歴史的に劣位なマイノリティによるラディカリズムとの競合関係に置かれる。シャリーア（イスラム法）の徹底を求めるデモや、アフガニスタンやイラクの帰還兵を公の場で非難するデモをラディカル右派が阻止しようとして、暴力沙汰となったこともある。ただ、一般的には極右ラディカル派とムスリムのラディカル派はそれぞれの内部でも競争しており、個々のポジションを守りつつ、仮想敵となる対称的な対抗集団と戦っているのが常だ。双方のラディカル派ともに、自らが協調的、適応的、そして民主的なエスニシティの共存を許容するマジョリティであるという、およそ実態とはかけ離れた自己認識を持っているからだ(8)。

ムスリムについての政治行動研究(Gest 2010)において私は、同じような剥奪感をイギリスのムスリムが抱いていることを指摘した。白人労働者が自らの社会的、政治的地位が失われていると主張する一方で、イーストロンドンでインタビューしたイギリスのバングラデッシュ人も、権利や自由、その他一般的なイギリス人が英国で得ているものを享受できていないと感じている。こうした観点からすると、双方のグループともに、移民やダイバーシティ、共存という課題を浮かび上がらせるとともに、過去から受け継いできたポリティクスと密接に関係する、資格《エンタイトルメント》の欠落を感じているのである。白人労働者階級に属する人々の多くは、彼らが保ってきた優位な地位から追放されること、かつて占めていた社会での中心性を失うことにフラストレーションを感じているのだ。本章で示したように、この社会的・政治的剥奪感の感覚こそが、ラディカル右派集団支持につながっている。

イギリスのムスリムは、劣位を生み出す元凶である従来からの偏見や、自らが唯一属する社会で決して中心的な地位を占められないかもしれないということへのフラストレーションを抱えている。イギリスでの調査は、こうしたフラストレーションは、民主的活動とラディカルな政治活動の双方につながることを示している。ただ、この調査では歴史的に劣位な立場にあるマイノリティ集団のラディカリズムは含まれていない。標本には非白人の回答者を若干含んでいるが、ラディカルな組織やムスリム、ないしその他マイノリティに対し、どのような主張が訴求力を持つかについては尋ねていない。

イギリスとアメリカの白人にとっての政治的・社会的フラストレーションは、後の世代に受け継がれていく可能性のある政治的資本を形成していることもわかった。それは、既存の制度の枠外にある民主的活動、他方ではラディカル右派についての支持へと転化する。距離感をもって眺めれば、そのいずれも抗議運動の一つといえる。データからは、豊かで教育もある高齢者は平和な抗議運動を好む一方、若い男性白人労働者は反システム的な活動を選択することがわかった。このラディカリズムの原動力となっているのは、計測可能な政治的剥奪感などではなく、社会的な底辺への転落を強く感じていること、イギリス社会の周縁へと移動しているという感覚であった。

回答者標本の十分な数からしても、以上のデータは本書で論じてきた現象、とりわけ政治行動に対する相対的剥奪感の影響を裏付けるものでもある。それはまた、白人労働者階級においては自らの周縁化、可視化されるマイノリティ集団においては自らのマイノリティ化が、同じものとして了解されていることを意味する。こうした分析は、周縁化とそこから生まれるラディカルな政治行動をいかに緩和すべきか、より堅実な議論をしていく土台となるはずだ。

原注

(1) アメリカにおけるラディカル右派の存在は、公的言説において主流かつ広範に受け入れられているため、ここで指摘される効果はイギリスよりも大きい。UKIPをラディカル右派政党に分類できるかもしれないが、その公約は排外主義的、人種差別的というよりは、保護主義的、出生地主義的なものといえ、さらにBNPやEDLほど戦闘的ではない。さらに私がアメリカの回答者に対して示した架空の第三の政党やBNPに見られるスティグマや忌避感を伴うものではない。このスティグマは、回答者が特異な意見を表明したくない状況につながる、社会的に望ましいものを強要するバイアスを伴う。社会的な忌避感も、実際の支持を抑圧する効果を持つ。こうした政党がアメリカで台頭した場合（トランプの立候補はそのテストケースといえる）、同じくスティグマの対象となるだろう。

（2）この第三の政党は架空のものであるということを強調しておくべきだろう。つまり、この党はイギリスのＢＮＰと同じような主張をするものの、ＢＮＰのようにレイシズムや世論からの批判といった特徴を有しているわけではない。他方で、それゆえこれらの主張が受け入れられるかどうかを測るための有益なテストと考えることもできる。予断を排除することができるためである。ただし、政党同士の競争環境で実在していたならば、避けられないメディアからのチェックや公的な批判から自由な存在であることも確かである。

（3）ここでいう階級とは、イギリスのＮＲＳ（英識字調査）の社会階層スケールに基づき、ＡＢ（上層・中層階級）、Ｃ１（下層階級）、Ｃ２（熟練労働者）、ＤＥ（単純労働者、失業者）に分類される。

（4）ここでは、それぞれの剥奪感による民主的政治関与を測るため、ロジスティック回帰分析を行っている。さらに参加行動を選択する確率がそれぞれの剥奪感からどの程度波及しているのかを測るため、シミュレーション分析を行った。

（5）最初の差異はシミュレーションによって計算されている。これは、それぞれの剥奪尺度と共和党／保守党のダミーと交互作用する効果を仮定したモデルである。回帰分析の結果は付録Ｂに再録されているので参照のこと。

（6）他の集団の中心性がどの程度知覚されているかを図るため、ここでは、ムスリム、移民、非白人労働者（歴史的な被差別集団）それぞれが、同一スケール内に位置づけられた指標を作成している。回答者が三つの集団を円の最も周縁に位置づければ、それがスケールの最低位となる。反対にこれら集団が円の真ん中に位置づけられれば、それが最高位となる。ここで提示されている仮説は、三つの集団を中心に位置づける個人の方が、ラディカル右派を支持する傾向にあるというものだ。剥奪感がどの程度までラディカル右派支持に結びつくかを調べるため、ここでもロジスティック回帰分析を行っている。ただし、ここでは歴史的な被差別集団の中心性については、個々の剥奪感と関連づけて測定している。

（7）これを測るため、回答者の自身の位置づけと歴史的な被差別集団の位置づけを差し引いた。もしこのスコアが正となれば、回答者はより中心に近いと知覚していることになり、もし負であれば、自身はより周縁にいると知覚していることになる。

（8）これらの集団がどの程度周縁にあるのかを測るため、調査結果を加重して、回答者の態度の分布を調べている。イギリスの回答者のうち、八・四％がラディカル右派支持を表明し、五九・五％が民主的活動に関与していると回答している。本章では政治的・社会的剥奪感が選択的な政治行動につながっていることが示された。しかし回答者の二七・四％が抽象的な社会的中心性における消極的な政治参加を、二〇・三％が文脈づけられた社会的中心性における消極的な政治参加をしているとしている。さらに回答者の三五・八％が政治的剥奪感は自身の政治的影響力の喪失から、四五・八％が政治家に顧みられないことからきていると回答している。したがって、こうした人々が民主的な政治的関与に参加する余地は残っているといえる。つまり、こうした剥奪感のありようは、白人回答者によるラディカル右派支持のための非常に重要な必要条件であって、十分条件ではないということを明記しておく必要がある。

アメリカでは、白人回答者の三八％がトランプを支持し、三五％がティーパーティーを支持し、さらに六五％が架空の第三の政党を支持するとし、一四％のみが民主的な政治活動に参加するとしている（ラディカル右派的な活動を支持しないとする回答者）。抽象的な社会的中心性から測られた社会的剥奪感を持つとした者は三〇％だが、移民出自のマイノリティ集団の中心性から文脈づけられた剥奪感を持つ者も二七％いた。さらに自身の政治的影響力と政治家に顧みられないことからくる政治的剥奪感を抱く者は、それぞれ四八％と五二％いた。そして、経済的剥奪感を抱く者は四六％存在した。

第九章　アンタッチャブルな人々——白人労働者たちは誰の声に耳を傾けるのか

彼らは、あなたが何を大事に思っているかを知らない限り、あなたが何を知っているかについては無関心なのだ。（ヤングスタウン州立大学フットボールチーム監督、ジム・トレッセルのロッカールーム事務室に掲げてある標語より。父リー・トレッセルの言葉とされるが、大統領セオドア・ローズヴェルトによるものともいわれる）

アメリカとイギリスの政治のあり方を白人労働者階級が決めていた時代があった。今日にあって、彼らをどう扱ったらよいのかを熟知する政治家は、ほとんどいない。白人労働者の有権者数は、とりわけラストベルト地帯では無視できない規模を誇るものの、地元の政治家も、彼らにどうアプローチするか困惑している。ポスト工業時代を迎える経済状勢で、他の有権者層の連合を遠ざけないで彼らを説得するのは困難だからだ。イギリス独立党（ＵＫＩＰ）は、この有権者層に直接アピールすることで第三党にのし上がり、労働党のジェレミー・コービンは自党を社会主義というルーツに引き戻した。しかし二大政党制をとるアメリカ政治で同様の現象は起きていない。反対に、候補者個人がより重要なアメリカでは、白人労働者階級へのポピュリスト的アピールが幅を利かせ、共和党を政治的布置における極右に近づけようとしている。

本章では、イギリスとアメリカでの政党布置を確認した後、白人労働者階級と政党との間の困難な関係が、歴史的にどう展開してきたのかを確認する。特にＵＫＩＰと二〇一六年アメリカ大統領選で指名候補者となったドナルド・トランプの台頭に注目する。そして、白人労働者階級を政治の場に招き寄せたいと思う組織や候補者にとって、何が重要なのかを指摘してみたい。

ＵＫＩＰに未来はあるか

今日のイギリスにおいて、ＵＫＩＰはこれまで見てきたような政治姿勢をすでに我が物としてきた。二〇一〇年総選挙には参入しなかったものの、二〇一五年総選挙では全国で得票率一二・五％を実現した（BBC News 2015）。イギリスの選挙制度が小党に不利な小選挙区制のため、獲得議席は一議席に留まったが、その反移民政策とＥＵ懐疑主義が支持を集め、同選挙と続くＥＵ残留をめぐる国民投票で、ＵＫＩＰは無視しえない役割を果たした。こうして、二〇一五年の総選挙で保守党は自らの右側を埋めるプレッシャーに晒され、ＵＫＩＰは自由民主党に失望した左派の有権者の票を労働党と奪い合った。バーキングでＵＫＩＰは二〇一〇年にニック・グリフィンを公認したイギリス国民党（ＢＮＰ）に押され、一二・二％の得票率に留まったものの、反対にダゲナムでは保守党と自由民主党支持者を多く含む二九・八％を獲得している（Telegraph 2015）。

反エスタブリッシュメント層と労働者層が、今のイギリス社会に対するフラストレーションを平和裏にかつ民主的な形で表現することを、公党たるＵＫＩＰが可能にしているのは事実だ。選挙結果の追い風を受けたＵＫＩＰは、二〇一〇年から自由民主党支持者からの支持も受け、今では労働党と保守党双方の支持者から支持を奪う態勢にすらある。ＵＫＩＰのアピールは、ＢＮＰの暴力的で過度に人種差別的な訴えを忌避する極左の孤立主義者（しばしば旧組合員である）、さらに極右のネイティビスト《出生地主義者》双方に響く。ＵＫＩＰは海外援助の削減、ＮＨＳ（国民保険制度）支出の拡充、低賃金労働者の非課税などを政策として掲げた。同党が伸張するまで、労働党は伝統的な労働者層支持に代えて、都市部のコスモポリタン層と民族的《エスニック》マイノリティ層の支持を統合しようと葛藤していた。一方、保守党はネイティビスト的な主張によって穏健な支持層が遠ざかることを懸念しており、長年〔労働組合とは〕敵対的な関係にあったため、組合員からは嫌われている。つまりＵＫＩＰの台頭により、保守党と労働党が奪い合う有権者の票が縮減し、イギリスの政治風景は一変する可能性がある。

保守党の長きにわたる欧州懐疑主義によって極右は封じ込められていたため、二〇一五年総選挙で敗北した労働党は、党首に社会主義者ジェレミー・コービンを選出、極左を封じ込めるとともに、労働者層の歴史的な支持を回復しようとした。しかし、こうした動きはまさにアメリカの民主党と共和党が避けようとしていた賭けに打って出たことを意味していた。保守党のキャメロン首相が環境保護やゲイの権利、最低賃金導入といった、進歩的な政策でもって中道を占める機会を提供することになったからだ。しかし、キャメロン首相も、保守党のナショナリスティックな平議員に以前から約束していた国民投票で敗北し、退陣を余儀なくされた。ＥＵ離脱が現実となり、首相が辞任したことで、両党が政治の右と左の端に追いやられた結果、中道はがら空きとなり、政治は不安定になった。イギリスのこうした経験は、アメリカの両党の政治家にとっての教訓となるだろう。保守党は組織の分裂にどう対処したのか。労働党は政治的中道の位置を占めることができるのか。ＵＫＩＰを支持し、マイノリティの権利拡張に疎外感を抱く白人労働者階級を、労働党は取り戻すことができるのか。いずれにしても、アメリカのように歴史的な二大政党制をとらないイギリスで、ＵＫＩＰは第三極として生き残ることになるだろう。これに対してアメリカの政党が、白人労働者のより一層の政治的関与を許容する位置や戦略をとる必然性はあまりない。

アメリカにおける候補者競争

二〇一二年のアメリカ下院選が行われる三週間前、共和党の副大統領候補ポール・ライアンは、オハイオ州ヤングスタウンでのセントヴィンセント＝デポール協会が催した炊き出しの集会に出かけた。ダイニングホールは空っぽ、ホームレス支援者のみが飲食するだけで、テーブルに食事はなく、ボランティアたちも集まっていなかった。空港に向かう道中、ライアン候補とスタッフたちは一五分間だけ、写真を一緒に撮る人を探すため、ここに立ち寄ったのだった。居合わせた支援者によると、まばらなボランティアたちに紹介をされたライアンは汚れていない皿を手渡され、写真を撮影するためにそれを洗うふりをしただけという（Montopoli 2012）。

アメリカ大統領選の候補者なら、誰しもが支持を求めてヤングスタウンに足を運んだ時代があった。ヤングスタウンが鉄鋼街《スティール・タウン》としてまだ知られていたとき、そこはアメリカ製造業のハブでもあった。それ以来、ヤングスタウンはバラ色の公約を掲げる政治家たちで溢れかえるようになった。しかし、この住民たちは公約によって何も改善していないと感じるのみだ。［訳注-1］

ヤングスタウンをはじめ、国政選挙でのスウィング・ステートを擁する北中西部と五大湖には、ポスト工業時代の白人労働者階級が――地域全体に散らばってはいるものの――集積している。具体的にはペンシルヴェニア、ウェストヴァージニア、オハイオ、インディアナ、ミシガン、ウィスコンシンの各州だ。尺度は異なるものの、様々な調査によると、白人労働者階級はミシガン州で有権者の約五三％を占め、ペンシルヴェニア州では五五％、ウィスコンシン州では五八％、オハイオ州では六二％、インディアナ州では六六％、ウェストヴァージニア州では七〇％ほどを占めている（Judis 2007; The Democratic Strategist 2011: Olsen 2010）。そのため、この有権者の一群は、選挙結果を左右する主要な要因ではあるものの、他方であまり把握されず、彼らの投票率そのものも高くはなかった。近年の選挙でも、白人労働者階級の投票率は総人口比で低いままに留まっている（CNN 2008; 2010）。この事実は、平均してより若い非白人アメリカ人と比べて白人アメリカ人が選挙権年齢に達している割合が不釣り合いに高いことを割り引いても、なお当てはまる。

共和党が南部の白人労働者階級の支持を拡大し続けているのに比例するかのように、民主党は北中西部の白人労働者階級の支持獲得に成功し、近年の州選挙と国政選挙で勝利してきた（Edsall 2012）。もっとも、労働組合との密な関係でもって成り立っていたこうした無条件の党派性は衰退しつつあり、両党ともにラストベルト地帯の白人労働者階級の支持をどのように集めるか、それが伝統的な支持基盤との関係にどう影響するかについての確固たる方針は持ち合わせていない。

調査員やキャンペーン担当者、現場の支援者たちは、ヤングスタウンの有権者が政治から恒常的に

訳注

i　共和党と民主党の支持が入れ替わる、いわゆる接戦州。

退出してしまったのかどうか、政府に対する信頼を失ってしまっているのかどうかについて、明瞭には把握していない。しかし、ヤングスタウンの市民――そしてラストベルトのポスト・トラウマ状態にあるその他都市――が、支持できるような政党や組織を待ち望んでいる事実は、これまで見てきたとおりだ。ヤングスタウンには市民意識の高い人々も多い。しかし彼らは、汚職にまみれ、無能とされてきた政治に関与することを嫌ってもいる。今日の労働者層、ラストベルトの有権者たちは、支配欲と停滞に満ちているかに見える政治と経済状況に辟易しているだけで、実際には自分たちの大義を主張してくれる者を待ち望んでいるのだ。

民主党のジム・トラフィカント

こうした見棄てられている感覚と、政府に対する不信から支持を得ることになったのは、これまでヤングスタウンで最も人気のあった政治家、ジム・トラフィカント議員だった。下院議員を九期務め、FBIの訴追を二〇年もの間逃れ続けた後の二〇〇二年、彼は一〇件もの横領と汚職疑惑で有罪判決を受けた。議員資格を剥奪され、刑期も務めたが、第四章で見たように、多くのヤングスタウン市民から親しまれてきた政治家だった。悪事にもかかわらず、トラフィカントは権力の向こうを張って真実を話す者として、白人労働者階級に彼らの代表と同一化しているかの感覚を与えることができたからだ。多くの住民は「彼は〔自分たちのことを〕気にかけてくれていた」と証言する。労働者層の苦労のみならず、陰謀論についてまでも耳を傾け、それは白人労働者階級の支持を集めるための青写真ともなった。彼らの信頼を集め、彼らの言葉遣いを用い、有権者とともに労働者の共同事業に参加する

――それは労働者階級だけに向けられたものでもなかった。ヤングスタウンの有権者はこうした候補者をずっと待ち望んでいたし、こうした候補者が稀有な存在でもあったからこそ、彼らはトラフィカントの犯罪や偏屈、非行を大目に見たのである。トラフィカントは白人労働者階級に属しながらも公職に就いている、最後の一人とみなされていたのだ。

トラフィカントは、全国政党に服従しない政治のあり方も作り上げた。彼同様、ヤングスタウンの市民は、数十年にわたって民主党を支持してきたが、その政治的選好は党幹部と食い違うようになっていた。民主党が勝ち続けることができたのは、単に異なる選択肢が提示されてこなかったからに過ぎない。共和党は歴史的にエリート主義的で反労組とみなされてきた――これはヤングスタウンの工場群が閉鎖されてから三〇年が経って、その影響が薄れてきたにもかかわらず、二〇一二年のオバマ候補のキャンペーンでも繰り返し主張されていた。

自党を労働者の党と位置づけつつも、民主党議員らは実際のところ、エリートにほかならない。前述のように、議員は選挙区有権者と比べてはるかに裕福であり（Whoriskey 2011）、労働者階級出身の議員は全体の二%を占めるに過ぎない（Carnes 2012）。政治資金の増大と選挙キャンペーン資金についての規制緩和があったため、激しくなった選挙戦に際して、両党とも資金を自己調達できる候補者に依存するようになったことが理由の一つだ。他方、候補者が当選に要した額は一九七六年時点と比べて四倍（インフレ調整済）にも及ぶと、ある調査は指摘している。かのトラフィカント議員も、実際には大卒であった。

ヤングスタウンの白人有権者の社会的な保守性、経済的停滞に対する不満、白人労働者階級を代表する民主党議員の無策をもってなお、共和党は彼らの支持を得られるような策を打ってこなかった。そして、ヤングスタウンでのこの共和党の消極的姿勢が、地域で党の抱える問題を悪化させていった。地元有権者は共和党議員との接触をさほど持たないため、共和党は労働者ではなく企業寄りの党であるという、とりわけマホニング群とラストベルトの白人有権者からの共和党政治家についての歴史的なステレオタイプが持続することになったからだ。

二〇一六年下院選に向けて、全米を反エスタブリッシュメントの波が襲う中、バーモント州のバーニー・サンダース上院議員は、こうした有権者からの支持を元ファーストレディでニューヨーク州上院議員、そして国務長官を務めた本命候補のヒラリー・クリントンと競い合った。サンダース候補は経済的不平等、保護主義的な通商政策、選挙資金規制などを求める左派ポピュリズムを支持する白人労働者階級に訴えかけた。民主党の大統領候補者指名予備選でサンダースが最後まで残ったことは、その後に続く大統領選での混乱で見られた革命的感情の予兆でもあったのだ。

トランプという実験

そして、ドナルド・トランプが大統領となった。強欲なまでに成功の階段を昇り詰めてきた彼は、二〇一五年六月に大統領選に出馬する際に主張した反移民、保護主義的な政策でもって白人労働者階級の耳目を集めた。トランプの参入によって、大統領選はそれまでと大きく性格を異にした。トランプの出馬宣言まで、共和党の予備選は、それまでのアメリカ政治の常連でもって占められていた。ジョージ・W・ブッシュの弟でフロリダ州知事のジェブ・ブッシュ、ウィスコンシン州知事スコット・

ウォーカー、そして共和党の将来を担うとされたフロリダ選出の第一期議員のマルコ・ルビオなどが候補者として出揃った。しかしトランプの参戦後、ブッシュの選挙キャンペーンは息切れ、ウォーカーは辞退し、そしてルビオも地元で敗れ、ミネソタ州を除く予備選で敗退し、撤退を余儀なくされた。代わりにトランプが、オハイオ州知事のジョン・ケーシックとテキサス州知事の風雲児テッド・クルーズ——彼はトランプの反ワシントン、既成政治家批判を真似た——に世論調査で優位に立つことになる。

共和党予備選でのトランプ急浮上と候補者指名は、高卒白人の熱烈な支持によるものだった。予備選前から共和党員の支持を集めることに腐心していたトランプだが、白人労働者階級からの早い支持は、他の一六人の予備選候補者を上回った。「投票性向の低い有権者」と呼ばれる層からの支持を集めたことで、彼はそれまで候補者選びに無関心か、あるいは投票に行かないような、眠れるアメリカ有権者の揺り起こしに成功した。こうした有権者がなぜトランプに惹かれたのかについては、本書の分析から明白だろう。

まず、白人労働者に対する共和党主流派の及び腰な態度、ポスト工業化の中で取り残されているとの有権者の感覚は、ワシントンに対する怒りを呼び覚ました。ヤングスタウン北部住民のボブ・キャンベラは「トランプのいいところは、どっちからも嫌われていることだ」と言った。こうした感情は、共和党の支持基盤に共通している。共和党が上下両院の多数派であるにかかわらず、ワシントンで自らが代表されていると回答したのは共和党員の一六%のみであり、彼らは大挙してトランプ支持に回ったのである（CNN/ORC 2015）。企業や寄付者と結託するライバルたちは腐敗しているというトランプの主張は（それは彼自身もだが）、工場閉鎖や労働者の解雇、賃下げと脱税のため海外投資を進める既得権益が政治システムを乗っ取っているという、白人労働者有権者の感覚にお墨付きを与えるものだった。

次に、トランプは沈黙を余儀なくされていると感じている人々に語りかけた。彼は金持ち政治家の一人であったが、それでも各地で陰謀論を口にすることで、多くの一般有権者の考えを代弁することに成功した。女性やマイノリティへのあからさまな攻撃、「鼻もちならない奴ら」に対する憤り、メキシコによる確信犯的な犯罪者の流入といった根拠のない主張は、こうした感覚に寄り添うものだった。ヤングスタウンのジム・トラフィカントと同じく、トランプがこうした感覚を大げさに強調したことは、それまで顧みられていないと感じていた有権者に聞き入れられた。トランプは自身の支持者こそ「サイレント・マジョリティ」だと、繰り返し謳いあげた。

三つ目に、トランプは白人労働者階級の抱える喪失の感覚に明確に訴えかけた。これこそ、彼のラディカルな言説を説明する。あたかもオリンピックでアメリカのバスケットボールチームが負けたかのように、中国、メキシコ、日本との経済戦争に負けたとするトランプの物言いは、極めてシンプルかつ直截だった。自身の成功を自慢して、彼はその体験を国に投影し、製造業を空洞化させている企業を罰するとしたが、これはラストベルトへの直接的なアピールだった。彼の選挙スローガンで頻出した「アゲイン」、つまり「アメリカを再び偉大にする」という言葉は、ノスタルジアに訴えかけ、より良い時代に戻ろうと呼びかけるものだった。ヤングスタウンのカンパネラは「前あったとおりに物事が戻ってほしいと思ってる」と語った。「風変りで粗雑だけど、彼の言うことは筋が通ってるわ。彼が女性を蔑視してることも知ってるし、自由化が過去四〇年に私たちにした仕打ちをチャラにできないことも知ってる。でも、彼は国の平穏を取り戻して、また軌道に乗せたいと言ってる。……以前のように全てが元どおりにならないのはわかってる。でも、この国をなんとかしないといけない。途上国の生活が良くなっているのに、アメリカの生活は悪くなるばかり。他人の国の問題まで手に負えないわ」。

トランプ支持の高まりで特徴的だったのは、それが特定の、しかし相対的には広範で多様な支持者によるものだったことだ。その支持母体——白人労働者階級が主たる部分を占めた——は、選挙結果を左右するのに決定的な数を有したが、しかし結果が確定的なものとなったのは、より広範な連合があったからだ。白人労働者階級は周縁に位置していたため、中道寄りの有権者に合流するのは難しい。有権者登録を済ませている共和党員の多くは、トランプが候補者になれば投票しないと表明していた。実際に、指名候補者として彼が勝ち得た支持率は異例なほど低かった。

このトランプのポジションは、イギリスのＢＮＰと似通っている。ＢＮＰの政策をアメリカに当てはめたもの〔＝架空の第三の政党〕に対する支持調査では、意外なまでに支持の度合いが高いということもわかった。白人を代表する標本の六〇％以上が「大量移民の即時停止、アメリカの雇用をアメリカに取り戻す、アメリカのキリスト教精神の維持、イスラムの脅威の排除」を掲げる政党に投票する、あるいは投票するかもしれないと回答したのだ。したがって、トランプ支持の急上昇は、かつて周縁に留まっていた白人労働者有権者たちによる熱心な支持によるものだったにしても、世界的な経済危機と経済再建の遅れから生まれた、潜在的なポピュリズム（そしてワシントンの既成政治家に対する不信）への訴えかけでもって実現したのだ。

他方で、例外的な存在だったトランプ候補は、アメリカ選挙政治での候補者志向の結果であることも否定できない。彼の意外な勝利は、そのユニークさによってもたらされたものだ。自分の考えに基づく自由な発言をし、ロビイストと寄付者に操られる政治家たちに依らない政策を実行することを可能にするかにみえるトランプの自律性からくる魅力は、彼のライバルたちが望めないものだった。自身の多額の資産、批判をものともしないその姿勢は、白人労働者コミュニティの支持を求めたいずれの党の候補者にとっても参考にはならなかった。しかし白人労働者階級の怒りは――トランプはそれを増幅させた――、彼らの国政での役割を大きなものにした。かつては決定的な力だったのが、今では破壊的な力となって、白人労働者階級は自分たちの役割を再び取り戻し始めた。そして、トランプのような性格と資産は持たなくとも、将来の候補者が白人労働者階級の支持を求めるのであれば、この行き場をなくした有権者層に慣れ親しむ必要がある。

アメリカとイギリスの白人労働者階級の概観

イギリスとアメリカのラストベルトにおける白人労働者階級を理解するためには、その政治的な概観に共通するものが何かを知る必要もある。

経済的側面

多くの白人労働者階級の人々は、大企業に対して敵意を抱いている。製造業で働いてきたことから、白人労働者階級は富裕層を信頼せず、エリート層の利得に敏感だ。彼らは労働搾取の長い歴史とストライキや組合交渉という闘いの記憶を有しているのだから。

他方、アメリカの白人労働者階級は、経済を立て直すことのできる新たな産業を待ち望んでいる。ヤングスタウンの回答者たちの多くは、その発掘作業の危険性や州外からの労働者流入、環境汚染の可能性があるにもかかわらず、シェールガス開発ないし水圧破砕事業に期待している。シェールガス開発については、ヤングスタウンは工場街としての過去をめぐって住民投票を経験しているが、多くの市民がその再現を望んだ。これに代わる新たな産業モデルが見いだせないためだ。私がインタビューしたイギリス人たちも、工場が操業していた古き良き時代に戻りたいと考えているものの、多くは政府が経済問題を解決し、産業転換を後押ししてくれることを望んでいる。

労働組合

労働組合の組織率が下がる一方、多くの白人労働者階級は、政治的動員の手段として依然、組合に依存している。これは多くの選挙での低投票率につながっている。労働組合が弱体化すれば、白人労働者階級の政治的表出のための手段も弱まるためだ。

もっとも、アメリカとイギリスの回答者たちの中には、今日の労働組合を快く思わない者も多い。数十年間組合員として過ごした白人労働者の多くは、いまや組合は信頼できず、政界や財界のように腐敗していると感じている。

移民問題

移民をルーツに持つヤングスタウンの住民たちは、アメリカのマイノリティ集団が抱えている問題には同情的だ。また、アメリカの白人労働者階級はイタリア、アイルランド、スロヴァキア、ギリシャといった出身国の移民文化を誇りに思っている。今日の移民たちがアメリカン・ドリームを目指して社会で汗水流して働いていることを尊敬し、感謝さえしている。他方で、法定賃金以下で働き、賃下げを引き起こす不法移民に対しては、政府が厳しく対処しないことに不満を抱いている。

イギリスの回答者たちは、実際にはそうであったとしても、こうした移民の血筋を認めることはない。移民問題はイギリス政治、そしてヨーロッパ政治でも最も大きな争点となっている。こうした感覚は、二〇〇八年の世界的な景気後退から増大し、二〇一五年の難民危機でもって強化された。そして、移民は雇用を奪う存在であり、元来イギリス人に限定されるべき社会保障の受給権《エンタイトルメント》を享受しているだけでなく、社会の同情と根拠なき優位性を享受しているとする点で、意見の一致を見ている。

アメリカの回答者たちも、自分たちがマイノリティの地位へと追いやられていると感じている。そして両国の回答者ともに、人口構成が変化する中で、移民の数が地域でも、全国でも、多すぎると感じている。彼らは自国産業を支えてきたにもかかわらず、国内の序列の中で周縁に追いやられているとも感じている。そして、積極的差別是正措置《アファーマティブ・アクション》や多様化を進める政策によって、自らは差別されていると感じているのだ。だから、この不正義の感覚を表明する際に、彼らは公民権運動の言葉（平等）を用いることになる。

文化戦争

社会的には保守的であるにもかかわらず、私がインタビューしたアメリカの回答者たちは、文化戦争〔＝価値観の対立〕に関心を寄せていなかった。ヤングスタウンでは、回答者たちの多くは敬虔なクリスチャンであり、その他の者も、カトリック教会や慈善団体との関係を持っていた。結果として、彼らは社会問題について相対的に保守的な価値観を持つ。しかし彼らは、こうした争点についての候補者の意見によって投票先を決めてはいない。回答者たちの多くは、自分らの家族を含め、候補者の経済政策のほうが文化的争点よりも大事だとみなしてきたという。これは、ドナルド・トランプが中絶や同性愛、キリスト教についてあいまいな態度をとり続けたにもかかわらず、なぜ勢いを保つことができたのかを説明する。つまり、彼が最も頼った支持基盤は、彼のネイティビズム《出生地主義》と保護主義こそを支持したのだ。

それでも、アメリカの白人労働者階級は自分たちに同化していないとみなされる者が福祉受給権《エンタイトルメント》を有することに批判的だ。白人労働者階級における社会福祉、フードスタンプ、障がい者給付、失業保険の受給割合は、人種的マイノリティよりもかなり高い（Jones and Cox 2012）。しかしヤングスタウンの白人労働者たちにとって、「福祉」は現金給付を意味する。その結果、セーフティネット的な福祉の受給者であっても、福祉受給者は怠け者で不誠実な人々であるとみなされ、フルタイムで働く者と同額の金銭を働かずして受け取っているとみなされる。つまりこの問題は、人種的というよりも、道徳上の問題と解釈されているのであり、それは白人労働者階級が勤労と自立の価値を尊んでいることの帰結でもある。

アンタッチャブルな人々

政治家が白人労働者階級に主張を届けたいと思うならば、彼らの住む地域に直接的かつ定期的に赴かなければならない。アメリカでは特に、政治家がこうした行動をとることは稀だ。

白人労働者階級の行き場をなくした世界観を見れば、共和党も民主党も、彼らをどうすれば動員できるか、戸惑うことだろう。だからこそ、彼らは見放され続けてきたのだ。ヤングスタウンは民主党の票田であり続けているが、議員が市民の生活水準や経済的状況に改善をもたらせたとはいえない。それればかりか、支持基盤と市議会多数派を有して、公職者は汚職にまみれ、怠慢なままだった。それゆえトランプが台頭するまで、有権者は選択肢を与えられてこなかった。いずれの政党も労働者階級に向けた公約を発表しなかったし、労働者階級出身の候補者を発掘しようともしなかった。

マホニング群での共和党支持はほぼ皆無で、民主党の固い支持基盤に食い込む術も持たなかった。民主党の勝利が確実な地だとはいえ、共和党は財界ロビーとの関係を反故にせず、白人労働者階級にアピールしようとしてこなかった。

他方、全国民主党の執行部は、この地域を不可解な問題とみなしていた。州選出議員は隔年で一一月に地元を義務的に訪問するが、しかしそれ以外の場面では、関係をなるべく持とうとしてこなかった。大きな政府に不信を持つ有権者の投票率をいかに上げたらよいのか、そして一般の民主党支持者より文化的に保守的な価値観を持つ有権者をどう扱ったらよいか、手を焼いていたのだ。

これでは有権者に対するアピールにならない。両党ともに、白人労働者階級の票は、すでに存在する政治連合を危うくするだけとみなした。民主党は（白人と非白人の）労働者層の支持をまとめることで短期的には利益を得ることができるかもしれない。しかしこれは二〇〇六年からの復権を可能にした、社会的によりリベラルで、多様な有権者層からの支持を失うことになる。さらには、階級間の分断を恐れる穏健エリートの支持までを失う可能性もある。結果として、両党執行部ともに、白人労働者階級を支持基盤へと組織化することに消極的になる。彼らはアンタッチャブル《不可触民》とみなされたのだ。

ドナルド・トランプの立候補は、この論理に直接的な課題を投げかけるものだった。党エリートがマジョリティを統合しようとして白人労働者階級を無視し、彼らへの直接的なアピールを避けようとする中、トランプはこの無視された有権者層の関心を掘り起こしたからだ。共和党が主流派の候補の下にまとまっていたこれまでの予備選では、こうした有権者からの支持は勝利につながらなかったかもしれない。しかし、保守派による歴史的な連合をティーパーティーが分極化させて支持者層が寸断された状況は、トランプ有利に働いた。二〇一六年の反エスタブリッシュメント運動の局面にあっては、ポピュリズムだけが、共和党が大統領選を主導できる頭数をかき集めることのできる手法だったのである。

白人労働者階級に働きかける

アメリカとイギリスの主流派政党が直面した問題とは、これまで政治に関心を持っておらず、選挙キャンペーンを通じて働きかけられる経験もなかった広範な有権者層の存在だった。アメリカのラストベルトの白人労働者階級は通常、投票行動が予見不可能で、全国的に見れば支持政党への忠誠心が低いため、移り気な存在とみなされていた。しかし、彼らを支持基盤に持続的な形で組み込みたいという誘因は、いずれの国でも大きい。共和党と保守党は、人口動態によって有利になる民主党と労働党に対抗するためにも、支持基盤の拡大を目論んでいた。反対に、特に民主党は、より広範な労働者層を惹きつけることで全国的な優勢を確実なものとすることができることになる。政党を問わず、こうしたアピールを現実のものとしたいのであれば、将来のリーダーたちが埋めなければならない溝がいくつか存在する。

非エリート層から候補者をリクルートすること。 大企業の影響を食い止め、エリートの腐敗を除去するだけでは不十分だ。労働者階級は自分たちの階級からの候補者を欲している。民主党は、共和党が常に民間の大資本家の支配下にあるとみなすべきではない。二〇一二年の段階で見ても、共和党はより労働者寄りになっている。反対に下院の民主党議員の所得の中央値を見ると、二〇〇四年から二〇〇九年にかけて、インフレ調整後でも、二〇万ドルも上昇している（Center for Responsive Politics 2013）。他方、共和党のそれは、同じ期間でほぼ同額減少しており、両党議員の所得格差は一〇万ドル以下にまで縮まっている（ibid.）。イギリスの選挙法では、議員が選挙区に居住しなくともよいことになっているため、バーキング選出のマーガレット・ホッジ議員はイズリントンの閑静な郊外に住んでいるし、ダゲナムのジョン・クルダスはノッティングヒルに住んでいる。白人労働者階級は、自身の手を汚せとは言わずとも、肉体労働が何であるかを理解できる政治家にこそ、自分たちの考えを代表してもらいたいと望んでいる。自分の家系にミドルクラスや労働者階級がいることで満足するような、古きミドルクラスにアピールする候補者を発掘するだけでは不十分だ。アフリカ系アメリカ人、ヒスパニック系、そしてレズビアンやゲイコミュニティも党執行部で代表されなければならないだろう。ならば、そこに白人労働者階級が含まれても当然のはずだ。

労働者階級の言葉遣いを用いること。候補者が労働者階級出身ではないにせよ、彼らの言葉遣いやライフスタイルを介して、親近感を示すことはできる。それは彼らの不安定な雇用、減る一方の賃金と福祉、抱えることになる家庭問題といった現実に言及することを意味する。それはまた、皆が特定の職に就き、週四〇時間働き、家族の面倒をみるという、共通の目標を強調することでもある。労働者階級の有権者は、政党が自分たち以外のコミュニティ集団と接触するのを見て、自分たちにも同じくらいの注目と働きかけがあってしかるべきだと考えている。彼らを直接的に包摂する言葉には耳を傾けてくれるに違いない。そうすれば、彼らを当然の支持基盤とみなして安住している政治家よりも、支持を集めることができるだろう。

労働者階級と困窮者を混同しないこと。労働者層の人々の多くは最低賃金で働いているわけではなく、あるいは自らが政府からの福祉受給者だとも思っていない（実際には恩恵を受けているにせよ）。彼らは自立し、自らの手で暮らしており、また勤労者として尊重されることを望んでいる。それゆえ、保護や貧困支援、最低賃金の引き上げを約束する候補者や政党では満足しないだろう。彼らは自分たちの政治リーダーが、現在抱えている葛藤を理解し、所得水準の階段を下降している人々とは違う、ということを知ってもらいたいのだ。

労働組合を労働者階級と同一視しないこと。時代は変わり、白人労働者階級の人々のほとんどは、もはや組合員ではない。いずれの政党や候補者も、組合やその関係者に依存するのではなく、ショートカットをして選挙区民に直接、訴えかけることが求められる。特に本書が示したように、有権者が組合のあり方をいまや疑問視していることを考えれば、なおさらである。

希望でもってノスタルジアを克服すること。本書は、ノスタルジアがいかに動員力を持つのかを示してきたが、それはまた破壊的な結果をもたらすことも見てきた。いずれの政党も時計の針を巻き戻すことができないのであれば、政治リーダーは白人労働者階級をグローバル経済に統合し、民族的《エスニック》マイノリティと共存できるような未来を構想しなければならない。特に労働基準を引き上げ、同時に社会保障を強化できれば、左派リーダーが白人労働者階級にアピールできるチャンスは十分にあるだろう。あるいは勤労と起業に報いる、平等な能力主義を信じる保守派リーダーにとっても、出自に関係なく懸命に働けば成功できる条件を整えることができれば、チャンスは訪れるだろう。

結局のところ、印象と異なり、白人労働者階級は合理的な存在なのだ。彼らは、自分たちの苦境に耳を傾けてくれる代表を求めていた。苦境から抜け出すことのできる政策を求めていた。そして彼らは、自分たちに時間と資源と候補者をあてがってくれる政党と組織を優先しただけなのだ。これは、一般の有権者層の態度と何ら変わるものではない。唯一異なるのは、アメリカでもイギリスでも、それまで社会の主流を占めていたにもかかわらず、人口動態から周縁に追いやられていると感じるまでに、社会的・経済的勢力が白人労働者階級を政治的に孤立させていたことだ。この強力な有権者たちを無視し続けてきたことのツケは、いまやポピュリスト政治家が生まれたことで支払われようとしている。

訳者あとがき

本書は、Justin Gest, *The New Minority: White Working Class Politics in an Age of Immigration and Inequality.* (Oxford University Press, 1st edition, 2016) の全編を訳出したものである。

原著が公刊された二〇一六年は、イギリスのEU離脱を決めた国民投票、ドナルド・トランプ共和党候補のアメリカ大統領選での勝利など、世界が驚き、大きく揺れた年でもあった。著者のジャスティン・ゲストは、それ以前から英イーストロンドンのバーキングアンドダゲナム自治区、米オハイオ州ヤングスタウンにおける白人労働者階級の政治・社会意識をフィールドワークでもって精査していた。本書に登場する人々は、いわばブレグジットとトランプ大統領を生んだ人々でもあるが、早くからこうした「新たなマイノリティ」についての調査研究を進めていたことは、収められている結果が予断や偏見のないものであることの証左であり、一層の学術的価値を有しているといえる。

本書を要約するのはここでの役割ではないが、内容を簡単に紹介すれば、以下のようなものとなろう。

すなわち、英米両国では、製造業を中心とした白人労働者階級は、それぞれの社会の政治的、経済的、文化的次元において、マジョリティを占めていた。しかし、政治的・社会的次元での多様化（移民増加とそれに伴う多文化主義）や経済的次元でのグローバル化（産業転換を伴うサービス産業の伸張）は、そのマジョリティとしての地位を喪失させ、彼らに剥奪感を募らせるに至った。予備的考察と課題設定を行う第一章と第二章に続く、本書の第三章と第四章からは、こうした「声を奪われた」市井の人々の息遣いが聞こえてくる。こうした剥奪感は、どのような政治的意識につながり、なぜラディカルな政治への支持や投票を生んでいったのか。それを解明するのが第五章から第六章の内容だ。続く第七章と第八章では、この剥奪感の具体的な形態が説明される。

英米の民主主義の政治的、経済的、文化的基盤でもあった白人労働者は、本書での表現を借りれば、多文化主義を非難すればレイシストと批判され、グローバル経済を嫌がれば怠け者と批判され、行き場をなくすようになった。その意識が何か政治的表現を求めるとすれば、それは過去を懐かしむこと、すなわちノスタルジアということになる。そこに目を付けたのが、極右政党やトランプ流のポピュリズムということになる。かくして「新たなマイノリティ」が可視化されるに至るのである。

著者のゲストは、二〇〇四年にハーバード大学を卒業後、二〇〇六年にロンドン・スクール・オブ・エコノミクス（LSE）から修士号（国際関係）を、二〇一〇年に博士号（行政学）を授与されている。二〇一四年からはジョージ・メイソン大学公共政策行政学部（School of Policy and Government）で助教授（Assistant Professor）の職にある。専門領域は、先進国の移民政策・移民統合や移民の政治アイデンティティ論であり、その成果の一つは最初の単著 *Apart: Alienated and Engaged Muslims in the West* (Columbia University Press, 2010) で披露されている。移民研究といっても、その問題意識は移民問題というよりも、異なるアイデンティティを持つ共同体の構成員の政治意識や行動がどのように、なぜ変化するのかという、政治行動論・社会心理学の応用にあるともいえるだろう。前著で、ロンドンのバングラデッシュ系移民とマドリッドのモロッコ系移民の「疎外感」がどのような反システム的行動に結び付くのかを、やはりフィールドワークを通して明らかにした著者が、今度は別様に「剥奪感」を抱く白人労働者がどのようにして、なぜ、反システム的行動をとることになったのかを、政治社会学的アプローチと文化人類学的アプローチの融合でもって明らかにしたのが本書ということになる。広義の文化的アイデンティティと政治行動がどのように結び付くのかは、政治行動論などにおいても手がつけられたばかりの分野であり、移民問題がかつてないほどに政治的にフォーカスされ、現実政治で重みを増している現在にあって、新たなマイルストーンとなる研究といえるだろう。なおトランプ大統領の誕生を受けて、ゲストは本書の背景知識を提供する、アメリカの白人労働者階級に焦点を当てた *The White Working Class: What Everyone Needs to Know*（Oxford University Press, 2018）も著している。

以上を踏まえた上で、学術的観点からの評価と含意を若干付記してみたいと思う。

一つは、本書で取り上げられる白人労働者階級という存在についてだ。ブレグジットやトランプ大統領が実現した必要条件の一つが、製造業に就いていた／就いている白人労働者層だったことは多くの調査からも明らかになっているが、欧米（日本を含めて）のリベラル側のメディアは、このような有権者の意識を時代遅れかつ差別的だとして、批判的に紹介するか、あるいはその意識を経済的不平等や格差拡大などの経済的要因に求める傾向があった。

それに対して本書の仔細なフィールドワークと分析からは、そのような一方的な解釈が不十分なものであることを示している。白人労働者が一般的に保守的な考えを持つことは明らかだとしても、本質的にレイシストであったり、排外主義的であったりするわけではない。それ以前に、経済的、文化（規範・習慣）的な変容があり、その過程で失われていった政治的代表性を回復したいという意識が、結果として人種差別的行動や意識として表れたといってもよいだろう。すなわち、本書が明らかにしているのは、代表制民主主義が機能不全に陥っていることの実態でもある。ここには移民であれ、白人男性であれ、誰しもがマイノリティとしての疎外感や剥奪感を抱いている社会において、民主主義はもはや機能しえない、という含意がある。本書の最終章が、この代表性をどのようにしたら回復できるのかという提言で締めくくられているのは偶然ではない。

もう一つは、本書で詳述される様々な剥奪感の原因だ。欧米のいわゆるポピュリズム政治は、「グローバル化の敗者」たる白人労働者層（旧ミドルクラス）が主たる支持者であることが多いが、その原因については、上述のように、経済的な格差（グローバルな経済）に求める議論、あるいは移民問題（グローバルな社会）に求める議論が並立してきた。これはそのまま、こうした階級・階層の投票行動が何に結び付くのかについて推論する場合の前提ともなってくる。

本書からは、こうした経済的、社会的意識が簡単には切り離せないものだということがうかがえる。なぜならば、白人労働者たちが経験してきた旧世界は労働を通じた文化的な意識を作り上げていたのであり、文化的意識がまた政治意識を規定することになっていたからだ。しかし、このような「労働＝文化」の一体性が崩壊してしまっているのが現代社会の特徴なのであり、それゆえに、問題の深刻さを浮かび上がらせるものであるといえる。

以上の視点は、明示的であれ、暗示的にではあれ、白人労働者たちの文化を扱った少なくない近年の評論や研究でも、つとに指摘されている。最近訳出されたものだけでも、たとえばA・R・ホックシールド（布施由紀子訳）『壁の向こうの住人たち――アメリカの右派を覆う怒りと嘆き』（岩波書店、二〇一八年）、ナンシー・アイゼンバーグ（渡辺将人監訳、富岡由美訳）『ホワイト・トラッシュ――アメリカ低層白人の四百年史』（東洋書林、二〇一八年）、話題になったJ・D・ヴァンス（関根光宏・山田文訳）『ヒルビリー・エレジー――アメリカの繁栄から取り残された白人たち』（光文社、二〇一七年）、ジョーン・C・ウィリアムズ（山田美明・井上大剛訳）『アメリカを動かす「ホワイト・ワーキング・クラス」という人々』（集英社、二〇一七年）、本書でも引用されているチャールズ・マレー（橘明美訳）『階級「断絶」社会アメリカ――新上流と新下流の出現』（草思社、二〇一三年）、イギリスについては部分的にオーウェン・ジョーンズ（依田卓巳訳）『チャヴ――弱者を敵視する社会』（海と月社、二〇一七年）などが挙げられよう。これに、日本のジャーナリストによる優れた一連のルポルタージュである金成隆一『記者、ラストベルトに住む』（朝日新聞出版、二〇一八年）、同『ルポ　トランプ王国――もう一つのアメリカを行く』（岩波新書、二〇一七年）を付け加えてもよいだろう。

もっとも、本書は単独の著者による大西洋を挟んだ英米両国によるフィールドワーク比較、さらにそこから得られた知見を回帰分析といった計量的手法でもってより精密にするなど、類似書と比較して、学術的なアドバンテージを有しているのは間違いない。学術書であるため、比較して読みにくさがあることは否めないが、白人労働者階級の有する政治的、社会的意味については、より大きな含意を持っているはずだ。

こうした独特のアプローチを有する書であるため、訳出は簡単な作業ではなかった。出版の経緯はといえば、訳者の一人である吉田が原著の公刊された際、自身のフェイスブック・アカウントで本書を推薦したところ、弘文堂編集部の登健太郎氏が版権獲得を前提に、二〇一七年二月に吉田に翻訳を持ちかけたところから始まった。アメリカについて吉田は門外漢であるため、止む無くもう一人の訳者となることを決意する西山に協力を依頼し、さらに西山が河村に、吉田が石神に翻訳分担を依頼するという形に落ち着いた。言い換えれば、訳出はチームワーク、もしくは負担の分かち合いの産物でもあった。結果として、吉田が第三章、第八章、第九章、西山が序、第一章、第二章、第四章、謝辞、付録、河村が第六章、石神が第五章、第七章を担当し、さらに全体の訳を協働して整えた。もちろん、このチームの中には、言い出しっぺとはいえ、企画段階、次いで見事としか言いようがない編集作業とスケジュール管理を一手に担った登氏も含まれる。役割上、名前が表に出ることはないものの、登氏は実質的な訳者の一人に数えられる。

社会科学分野での翻訳の常とはいえ、Working Class（労働者階級）、Institution（制度）、Engagement（関与）、Entitlement（権利）、Nativism（ネイティビズム）、Politics（ポリティクス）、contextualized（文脈化）等々、頻出する語彙をどのように訳出するかについては、一同頭を悩ました。これらには原則として同じ訳を当てたが、例外的に文脈に応じて意訳した部分もある。また、インタビュー・会話部分や聞きなれない地名、統計専門用語など、その他の訳文も困難を極めた。これらの訳については、金澤悠介、小舘尚文、小濱祥子、平野淳一、中野耕太郎、兼子歩の各氏の助言を得たことも付記して感謝したい。もちろん、訳文に誤りがあるとすれば、それは訳者の責任である。

本書は、英米を対象にした研究だが、ほかの多くの国でも第二次世界大戦後に形成されてきた政治的・社会的秩序や組織は崩壊過程にあり、その結果、それまでの党派性や政党制が再編を余儀なくされ、いわば社会の「地」が頭を覗かせるようになっている。日本でも、経済的な不平等は進展し、移民は増えることはあっても、減ることはない。状況が変化すれば、それに剥奪感や疎外感を抱く者は必ず出てくるし、日本社会でもそうした層が確実に存在することは、社会学の調査でも明らかになっている。グローバル化と超多様化社会を先んじて生きる欧米社会の経験を、日本はどのように活かすことができるのか――その答えは読者だけが持っている。そのために本書が役立てられるのであれば、訳者たちの想いは通じたことになる。

訳者一同

二〇一九年五月

付録A　方法

リサーチクエスチョン

本研究の主なリサーチクエスチョンは、似たような社会的、経済的環境下で生活している白人労働者階級の人々を、政治活動に関して異なった強さや方向性に導くのは何かということである。この付録では、この問いに答えるために私が用いた方法論について検討し、説明する。

図A—1によれば、四つの異なった結果が生じている。（1）民主的「関与」は、他の市民や公職者、統治機構に影響を与えようとする平和的で包摂的な政治活動である。これらの活動は制度化されたもの（投票、政党への加入、選挙戦への関与、公的サービス、集会への参加、その他民主的制度の枠内での活動）もあれば、制度外の活動（抵抗、ボランティア活動、嘆願書への署名、ボイコット、組織への加入、その他、民主的制度の枠外での平和的活動）。（2）「反抗」は、暴力や脅迫、その他平和的な主張についての民主的チャネルを迂回する方法で政治的課題を追求する活動である。これらの活動は政治的暴力、強制、腐敗、または排他主義的組織への参加や支持などを含む。（3）「不関与」は民主的政治システムを支持し、再び関与する意思はあるものの、そうしていない個人による一時的な活動停止状態である。彼らの不関与は資源（収入、技術、時間など）の不足という制約のためかもしれない。（4）「退出」は民主的システムへの支持を喪失したがゆえの活動停止である。退出は意図的で、時期の定めのない活動停止である。

	親システム	反システム
積極的	(1) 関与	(2) 反抗
消極的	(3) 不関与	(4) 退出

図A-1　政治行動の類型　これは観察可能な政治行動のモデルの四類型を簡略化したものである（第二章参照）。

観察された政治行動のバリエーションを説明するために私が立てた主な仮説は、個人の政治行動についての活動や方向性は、相対的価値剥奪の可変的感覚——つまり、彼らの地位に関する期待と、その達成度についての主観的認識の間の食い違いによって導かれるというものである。本研究の一つの貢献は、主観的な地位の剥奪を、経済的（H_1）、政治的（H_2）、社会的（H_3）地位の達成の問題と捉えたことにある。諸個人のこれらの地位の形態決定のダイナミズムについて調査するため、私は二つのエスノグラフィを行い、合計一二〇のインタビューを実施した。本研究は、私の最初の仮説を洗練させ、発展させるために、異なる事例の背景や政治的態度の幅、政治行動の幅をよりよく理解するために行われた。そしてイギリスのサーヴェイデータの分析を行った。本付録では、これらの方法論の選択と実施についての概略を示し、検討している。

エスノグラフィの事例選択

関連する社会経済的環境にあるアクターに出会うため、本研究は、（a）類似した政府のシステム、（b）類似した社会経済環境を持ちつつ、（c）比較可能な社会的地位にある重要な白人労働者階級コミュニティという特徴を備えた二つの事例について調査した。それに加えて、本研究は事例の比較研究を目指しているため、各地方の人口集団は分析可能な政治行動の幅を持つ必要がある（たとえば、専ら民主的な関与がなされていたり、ほぼ全てが退出しているような地域では役に立たない）。

本研究の関心は主観的な地位の剥奪にあるため、社会の階層秩序が異なっている事例について検討する必要がある。第六章と第七章で詳しく論じるように、アメリカとイギリスは階級的分断について異なる歴史を有している。アメリカのシステムがより流動的なのに対し、イギリスのシステムはより厳格で継承性が高い。イギリスとは違い、アメリカのシステムは移民の出身地についてはあまり気にしない(とりわけ、ヨーロッパに起源を持つ白人の移民についてはそうである)。それゆえ、国家間比較をすることで、本研究がポスト工業都市における白人労働者階級の人々に焦点を当てることを可能にする背景の類似性を損なうことなく、望ましい方法で重要なバリエーションを検討することができる(Bloemraad 2005)。

北アメリカとヨーロッパにおける労働者階級の白人の社会的、政治的周縁性は二一世紀初頭に顕著になり、国政選挙や公共政策に重要な影響を与えるようになっている。なので、顕著に周縁化された労働者階級の白人の人口をそれなりに擁するコミュニティは多い(第一章のポスト・トラウマ都市についての議論を参照)。この点を念頭に置いても、ヤングスタウンとイーストロンドンは特定の趨勢について調査するための特異な事例というわけではない。むしろ、これらは多く見られる標準的な事例である。これらは、グローバルな経済危機によって大きく影響されたポスト工業経済を持つ、歴史的に安定した民主主義国で起こっている。各集団は人口動態上の多様性が増し、ネイティブの出生率は低い時代にありながらも、各国で中心となる民族宗教的な有権者と通例考えられてきた。各集団は、未達成、無知、それとともに文化的真正さによって外因的に特徴づけられる準都市の社会的環境の中で類似した社会的地位を占めている。

だが私は、ポスト工業時代のオハイオとイーストロンドンの相違にも気を配っている。いくつかの変数が存在し、それらは政治的態度と行動の相違の理由として認識されねばならない。イーストロンドンのバーキングアンドダゲナム自治区は、現代の大きな社会的・人口動態的、経済的変化を縮図的に示すグローバル都市の周縁にある。イーストロンドンの住民はこれらの変化を目撃するとともに、それによって直接的に影響を受けている。多くは、わずか一〇マイル西にあるロンドンのイーストエンドの生活を特徴づけていたロンドンっ子である。彼らは、イーストエンドの繊維工場と自動車工場が閉鎖して海外に移転したため職を失った。労働組合が解散し、諸産業が民営化されたため、彼らは政治的影響力を失った。彼らは、増大する移民が公営住宅団地に集住し、共同体の生活を変えてしまったため、イーストエンドのストリートと社会的アイデンティティを統制することができなくなった。「もともとの」イーストエンダーはほぼ全員がそれ以来、東に移住した。その後、その多くはイギリス国民党(BNP)——公然たる人種差別的で非宗教的な組織であり、その構成員は暴力を用いることで知られている——の掲げる排他主義、孤立主義、経済的ポピュリズムによって動員されている。イギリスは福祉国家がより寛大で使いやすく、地方政府部門が介入主義的で、移民の歴史はより短く、あまり知られていない。

ヤングスタウンとマホニング・バレーは、イリノイ州シカゴからペンシルヴェニア州エリーまで広がるアメリカのラストベルトの中心地だった。地域周辺の丘陵や盆地は、アメリカの石炭や材木、陶器関連製品の多くを生み出していた。国の産業の中核部分が丘陵地帯の資源とともに衰退すると、その地域はアメリカの意識の周縁部分に置かれることとなった。

オハイオの都市は今日急速に縮小しており、周辺地域は政府の福祉や違法な麻薬取引――これもグローバルな変容に伴う影響である――に急速に依存するようになっている。イーストロンドンの人々と同様に、オハイオ住民も政治的ポピュリズムや「愛国集団」の民兵の主張する排他主義に影響されやすい。だが、変化する社会によってこの集団は、中傷されるのではなく、無視されているようだ。彼らはアメリカの沿岸地域の都市の激しい変化から離れたところで活動停止状態にありながらも、これら周縁化された人々は自らのキリスト教的な、そしてアメリカ人としてのアイデンティティの基盤として「民主主義」を雄弁に賛美する。彼らは、多様性や無神論、エリート主義という嘆かわしいものにほとんど関わらない。とはいえ、アメリカ人は自らの移民の歴史から遠く離れてはいない。イギリスとは違い、アメリカの政府は、擁護する流動性を支持するために、公的資源をほとんど投じていない。

事例研究は、これらの変数を認識した上で比較可能な事例の間の政治的認識や行動の差を説明するために実施しており、ほかに効果を及ぼすかもしれない他の変数によっても条件づけられていることを念頭に置いている。このような違いがあるにもかかわらず、オハイオの労働者階級の白人の周縁性は北アメリカの似たような人々に特徴的なものであること、そして、バーキングアンドダゲナムの人々の疎外は西ヨーロッパ、北欧の同様の人々に特徴的なものであることに触れておくのは、意味があるだろう。

インタビュー対象者の選定

代表的サンプリングは、二つの質的事例研究を実施する上では実現不可能な基準である。そうではなく、私はフィールドに出て――政治行動の差の存在に気付き――本研究の従属変数、すなわち、政治行動の広範なバリエーションを代表する、全部で一二〇の対象者にインタビューを行った（King, Keohane, and Verba 1994: 129, 141）。もちろん、本研究は白人労働者階級の人々の間の政治行動の形態の違いを記述し、相関を推論しようとしているので、民主的活動から自己充足まで、また、抵抗から退出まで、いずれも事例選択から外れることがないように、政治行動の幅を示す対象者に確実にインタビューし、観察する必要があった。

資料集成理論のパラドックス（Bauer and Gaskell 2000: 29-31）に対応するために、私は結果のバリエーションの幅――すなわち、民主的、そして反システム的行動の異なる形態――を明らかにすべく、予備調査と二次資料調査を行った。私はまた、以前行ったヨーロッパのムスリムに関する研究の結果にも依拠したが、それは私が考慮した結果の差異についての情報を与えてくれた。私はまた、ヤングスタウンとイーストロンドンで、アメリカ生まれで白人の労働者階級の人々を検討するに際し、私の関心に適合するよう調査対象者の範囲を狭めた。遺伝的に白人だと自己を認識している者については、そのように扱った。これはイーストロンドンでは相対的に明快だったが、ヤングスタウンにおいては、様々な民族的背景を持つ者（例：アイルランド系、イタリア系、ギリシャ系、スロヴァキア系、ハンガリー系、さらにはパレスチナ系やレバノン系）が含まれていた。分類上の区分として「労働者階級」は主観的に理解されて継承されてきた階級かもしれないため（イーストロンドンではしばしばそうだった）、より主観的な区分である。だが、年収や教育水準、肉体労働への従事などはより測定可能かもしれない。より多くの対象者を含むべく、私は、これらいずれの意味でも労働者階級に含まれうる個人にインタビューを実施した。時折、その結果として、雑貨店でレジ打ちをしている大学教育を受けた人なども含むことになった。

事例研究は二〇一二年の四月から六月にかけて（イーストロンドン）と、二〇一三年五月から七月にかけて（ヤングスタウン）実施した。両方の場所において、詳細なインタビューと観察を補完的に実施した。いずれの場合においても、私は、インタビュー対象者に調査と観察を目的としているのだと伝えた。インタビューの前に、対象者にこの点を確認するとともに、全ての発言は記録されるが、発言者を明らかにすることはしないと説明した。本書では、名前の記載を許可してくれたヤングスタウンの市長候補（現在は市長〔＝二〇一六年当時〕）のジョン・マクナリーと、バーキングの下院議員であるマーガレット・ホッジを除いて、仮名を用いている。

インタビューはトピック指針に基づき、記述的で相関的な推論を行うのに必要な、適切なデータを集めることができるように組み立てられた。インタビューの構造は、二つの検証を矛盾なく実施することができるように、ユニットと場所を超えても一貫させた。繰り返し質問を行う場合は、手続きの信頼性を確保した（King, Keohane, and Verba 1994: 25）。だが、質問は、インタビュー対象者の反応や報告された行動に合わせて順番や方法を変えて行った。これは、外見上は最もざっくばらんなやり方で、議論の有益な脈絡について深く問うことを可能にした。

インタビュー対象者と出会うために、私は多次元で芋づる式の人脈作りを行った。イーストロンドンとヤングスタウンの両方で、人脈のある人に接近するとともに、コミュニティの拠点を訪れた。イーストロンドンではテナント・住民協会《アソシエーション》の会合や地域の催しに参加するとともに、仕事場や鉄道駅、パン屋、コミュニティ・センター、図書館で時間を過ごした。これらの場所や人脈のある人とも関わりの薄い人に近づくため、かなりの時間をパブで過ごした（ビールを飲まない研究者にとっては居心地が悪かった）。ヤングスタウンでは、同様に地域の会合や蚤の市、金属工場、コミュニティ・センター、食堂を訪れ、ヤングスタウンYMCAやディフェンド・ヤングスタウン《ヤングスタウンを守れ》・ストア〔＝ヤングスタウンの住民が中心になって作っている小物店〕やヴィンテージ・ショップのグレイランドで多くの時間を過ごした。

両方の事例研究のデータは（インタビュー対象者がリラックスできるように）手書きで記録した。インタビューは人種や偏見、収入、家族などに何度も触れることになるので、録音すると、意識的にせよ、無意識にせよ、防衛的なメカニズムが働き、インタビュー対象者の率直さを損なってしまうのではないかと心配した。

観察は両方のコミュニティで日常的に完全に潜入することで実施可能となった。ヤングスタウンの場合、私はマデラ・アヴェニューのノースサイドに居を構えた。観察は地域の生活に溶け込むことによって実施した。イーストロンドンの場合は、公営住宅団地と地元のパブに日常的に通うことで観察を行った。

エスノグラフィと再現性

本研究を再現することは、量的研究の場合ほど単純ではないし、特定のエリートに焦点を当てる質的研究ほど容易でもない（この問題に関しては、King, Keohane, and Verba 1994: 26-27で論じられている。その批判としては、Brady and Collier 2004）[1]。だが、同様に計画された研究が同様の結果を生むと期待することは理に適っている。正確な再現性を妨げる主な要因が二つある。第一に、上述の計画に基づいて調査対象者は選ばれているが、対象者にはしばしばランダムに出会う。第二に、調査対象の性質ゆえに、また、一部の者は相当な不信と疑いを抱いているために、ほぼ全ての対象者は匿名である（誰の発言かを明らかにしない）。バーキングの国会議員であるマーガレット・ホッジとヤングスタウンのジョン・マクナリー市長――発言の性格を考えれば人物を隠すのは不可能ということもあり、共に公表を前提として話をしてくれた――のような公選者を除けば、公刊後の選挙や人々の反応を考えずに自由に発言することができるよう、政治的リーダーやコミュニティのリーダーにも匿名性を保証した。

統計分析

私は二〇一五年五月にイギリスを、二〇一五年一二月にアメリカを対象として、独自のサンプル調査を実施した。それぞれYouGovとSSIによって実施されたインターネット調査で、調査対象者は様々な質問を受けた。本調査は本研究の主要なアイディアのうち三つに関係している。

・あなたは経済的にどれほど裕福だと思いますか？
・あなたのような人はどれだけの政治的影響力を持っていますか？
・政治家はあなたのような人のことをどれほど顧みていますか？

剥奪感を確認するために、調査対象者は「あなたのような人は三〇年前に」として同じ質問について再度問われた。この方法により、調査対象者に「あなたのような人」が誰かを定義させ、経済的、政治的地位の喪失感を問うことができる。一〇段階に分かれた評価により、剥奪をより正確に測定することができる。

第二に、私は調査対象者の社会的剥奪感を、フィールドワークを通じて構築した社会的中心性の概念に基づいて測定しようとした。フィールドでのインタビューで行ったように、社会における地位のモデルを示す四つの同心円を示し、抽象的に社会的中心性を測定するべく、円のどこに自らが位置するか、対象者に尋ねた。後に、同じダイアグラムを提示し、調査対象者に、他の多様な集団とともに自らをどこに位置づけるか尋ねた。

・イスラム教徒
・女性
・若者
・移民
・富裕者
・白人労働者階級
・非白人の労働者階級
・高齢者
・三〇年前のあなたのような人

これは社会的中心性が文脈化されている度合いを想定する基準となる。現地調査で、この手法は回答者が自らの社会的位置、経時的な移動、参照集団の背景を具体化させる（Blumer 1958; Masaoka and Junn 2013）。これは、他者の相対的な位置づけを説明するとともに、個々人の社会的剥奪の分析を可能にするのである。

第三に、諸個人がとる方向性を決定づけるものをよりよく理解するために、政治行動を様々な形で測定しようとした。私は一般的な政治行動のリストを提示し、回答者に「この一二か月、あなたの利益関心や政治的選好について、政治家の働きぶりに対して感じた不満を示すために行った」のはどれかを尋ねた。そのリストに含まれるのは、以下のとおりである。

・嘆願書に署名する。
・近隣の会合に参加する。
・投票をやめる。
・違う政党に投票する。
・町内会に参加する。
・労働組合に参加する。
・平和的な抗議集会やストに参加する。
・イギリス国民党（BNP）に投票したり選挙戦に加わる（イギリスのみ）。
・イングランド防衛同盟（EDL）やイギリス国民同盟（ENA）の抗議集会やデモに参加する（イギリスのみ）。

このアプローチは社会的望ましさのバイアス――つまり、回答者の嗜好性や自己負罪に対する懸念から真の行動を伝えないということ――を減じるために、システム補強的な選択肢の間に反システム的行動の選択肢を埋め込んでいる。回答者には、「この一二か月で行ったことがある」「行っていないが将来するだろう」「決してしないだろう」と回答する選択肢も与えている。本研究の目的にとっては、反システム的行動をとる意思を示したり、可能性を示したりすることは、実際にそのような行動をする場合と同様に重要であり、回答者に極右的傾向を表現させる方法を提供しているのである。

アメリカにおいては、回答者はティーパーティーを、そして別の問いとして、ドナルド・トランプが大統領候補となることを、どの程度支持するか、あるいはしないかを問うている。アメリカの回答者にはまた、BNPの選挙綱領に対応する綱領――「大量移民の即時停止、アメリカの雇用をアメリカ人に取り戻す、アメリカのキリスト教精神の維持、イスラムの脅威の排除」――を掲げる架空の第三の政党を支持する可能性がどれくらいあるかを問うている。

調査は二〇一五年四月二七日から五月六日の間に四七四二人のイギリスの成人を、また、二〇一六年一二月一六日から一月一日の間に一〇〇五人のアメリカ人を対象として実施した。イギリスの調査は二〇一五年の総選挙の直前、そして、アメリカの調査は大統領選挙の予備選挙が始まる一か月前という、政治行動が高まる時期に実施した。そのような環境は一部の回答者には自らの周縁性に不満を感じさせたり敏感にさせることがあるかもしれないが、支持を求めている政治家からいつもと違う量の注目を集めている可能性もある。調査が（予測不能な）選挙結果が発表される前に行われているので、回答者は失望したり自己正当化することはない。

イギリスの調査対象者の九三％が白人だと回答している。五一％が女性、二八％が労働者階級、四二％が大卒者である。回答者の平均は標準偏差がおよそ一七年で、四六歳である。本調査では、政治的な無活動と、自己充足あるいは多忙な者を区別することができないため、「退出」や「不関与」と回答した者の分析をすることはできない。

原注

（1）出典はGest 2010。

付録B　回帰分析の結果

表 B-1　表 8-1 の回帰分析

	従属変数				
	イギリスにおける反システム				
	(1)	(2)	(3)	(4)	(5)
政治的剥奪(影響力)	-0.044* (0.025)				
政治的剥奪(政治家)		-0.077*** (0.023)			
社会的剥奪(抽象的)			-0.219*** (0.078)		
社会的剥奪(文脈)				0.020 (0.077)	
経済的剥奪					-0.011 (0.024)
保守	0.353*** (0.055)	0.374*** (0.055)	0.443*** (0.064)	0.424*** (0.062)	0.377*** (0.055)
年齢	-0.485*** (0.087)	-0.496*** (0.089)	-0.515*** (0.106)	-0.403*** (0.100)	-0.497*** (0.088)
大卒	-0.591*** (0.149)	-0.574*** (0.151)	-0.505*** (0.175)	-0.472*** (0.167)	-0.588*** (0.151)
女性	-0.123 (0.134)	-0.189 (0.135)	-0.407** (0.162)	-0.364** (0.153)	-0.110 (0.135)
自宅所有	-0.206 (0.155)	-0.127 (0.157)	-0.342* (0.183)	-0.419** (0.173)	-0.323** (0.156)
婚姻	0.019 (0.145)	-0.020 (0.145)	0.132 (0.174)	0.058 (0.165)	0.069 (0.146)
白人	-0.139 (0.284)	-0.190 (0.285)	-0.341 (0.302)	-0.313 (0.285)	-0.076 (0.293)
階級	-0.160** (0.063)	-0.140** (0.063)	-0.127* (0.074)	-0.121* (0.070)	-0.152** (0.063)
定数	-1.571*** (0.428)	-1.725*** (0.430)	-1.736*** (0.481)	-1.838*** (0.462)	-1.624*** (0.440)
標本数	3,265	3,231	2,363	2,569	3,239
対数尤度	-837.170	-829.739	-597.041	-661.759	-832.034
赤池情報量規準	1,694.340	1,679.479	1,214.082	1,343.517	1,684.068

注：ロジスティック回帰係数の点推定。カッコ内は標準誤差。*p<0.1; **p<0.05; ***p<0.01

	従属変数				
	トランプ支持				
	(1)	(2)	(3)	(4)	(5)
政治的剥奪(影響力)	-0.018 (0.030)				
政治的剥奪(政治家)		-0.024 (0.029)			
社会的剥奪(抽象的)			0.018 (0.073)		
社会的剥奪(文脈)				0.023 (0.065)	
経済的剥奪					-0.088*** (0.028)
保守	0.349*** (0.035)	0.349*** (0.035)	0.350*** (0.034)	0.350*** (0.034)	0.356*** (0.035)
年齢	0.007 (0.004)	0.007 (0.004)	0.007 (0.004)	0.007* (0.005)	0.006 (0.004)
大卒	-0.491*** (0.168)	-0.490*** (0.167)	-0.504*** (0.167)	-0.505*** (0.167)	-0.435*** (0.169)
女性	-0.397*** (0.145)	-0.393*** (0.144)	-0.391*** (0.144)	-0.389*** (0.145)	-0.410*** (0.145)
自宅所有	0.400** (0.164)	0.402** (0.164)	0.398** (0.164)	0.395** (0.164)	0.432*** (0.166)
婚姻	0.230 (0.159)	0.233 (0.159)	0.237 (0.160)	0.237 (0.159)	0.260 (0.161)
定数	-2.216*** (0.251)	-2.214*** (0.251)	-2.223*** (0.251)	-2.232*** (0.254)	-2.309*** (0.255)
標本数	1,004	1,004	1,004	1,004	1,004

対数尤度	−611.172	−610.923	−611.296	−611.352	−606.742
赤池情報量規準	1,238.343	1,237.845	1,238.592	1,238.704	1,229.484

注：ロジスティック回帰係数の点推定。カッコ内は標準誤差。*p<0.1; **p<0.05; ***p<0.01

	従属変数				
	ティーパーティーへの支持（アメリカ）				
	(1)	(2)	(3)	(4)	(5)
政治的剥奪（影響力）	−0.029 (0.030)				
政治的剥奪（政治家）		−0.060** (0.029)			
社会的剥奪（抽象的）			−0.069 (0.073)		
社会的剥奪（文脈）				−0.108* (0.066)	
経済的剥奪					−0.043 (0.028)
保守	0.319*** (0.035)	0.318*** (0.035)	0.321*** (0.035)	0.321*** (0.035)	0.323*** (0.035)
年齢	−0.011** (0.005)	−0.011** (0.005)	−0.010** (0.005)	−0.011** (0.005)	−0.010** (0.005)
大卒	−0.085 (0.167)	−0.071 (0.167)	−0.094 (0.166)	−0.087 (0.166)	−0.068 (0.168)
女性	−0.546*** (0.145)	−0.542*** (0.145)	−0.538*** (0.145)	−0.550*** (0.145)	−0.546*** (0.145)
自宅所有	0.458*** (0.166)	0.467*** (0.166)	0.460*** (0.166)	0.475*** (0.166)	0.468*** (0.166)
婚姻	0.377** (0.161)	0.380** (0.161)	0.376** (0.161)	0.371** (0.161)	0.395** (0.161)
定数	−1.619*** (0.243)	−1.614*** (0.244)	−1.608*** (0.244)	−1.562*** (0.246)	−1.659*** (0.245)
標本数	1,004	1,004	1,004	1,004	1,004
対数尤度	−605.482	−604.138	−605.537	−604.717	−605.268
赤池情報量規準	1,226.964	1,224.276	1,227.073	1,225.435	1,226.537

注：ロジスティック回帰係数の点推定。カッコ内は標準誤差。*p<0.1; **p<0.05; ***p<0.01

	従属変数				
	架空の第三の政党への支持（アメリカ）				
	(1)	(2)	(3)	(4)	(5)
政治的剥奪（影響力）	−0.065** (0.030)				
政治的剥奪（政治家）		−0.123*** (0.030)			
社会的剥奪（抽象的）			−0.083 (0.071)		
社会的剥奪（文脈）				−0.092 (0.064)	
経済的剥奪					−0.051* (0.028)
保守	0.251*** (0.034)	0.249*** (0.034)	0.253*** (0.034)	0.253*** (0.034)	0.256*** (0.034)
年齢	0.0004 (0.004)	−0.001 (0.004)	0.001 (0.004)	0.001 (0.004)	0.001 (0.004)
大卒	−0.372** (0.158)	−0.361** (0.158)	−0.396** (0.157)	−0.395** (0.157)	−0.369** (0.158)
女性	−0.024 (0.141)	0.001 (0.142)	−0.0003 (0.141)	−0.007 (0.141)	−0.005 (0.141)
自宅所有	0.167 (0.160)	0.176 (0.161)	0.166 (0.160)	0.178 (0.161)	0.176 (0.161)
婚姻	0.513*** (0.158)	0.524*** (0.159)	0.514*** (0.158)	0.513*** (0.158)	0.536*** (0.159)
定数	−0.584** (0.231)	−0.565** (0.232)	−0.570** (0.231)	−0.540** (0.233)	−0.635*** (0.232)
標本数	1,004	1,004	1,004	1,004	1,004
対数尤度	−623.692	−618.183	−625.134	−624.653	−624.829
赤池情報量規準	1,263.383	1,252.367	1,266.269	1,265.305	1,265.657

注：ロジスティック回帰係数の点推定。カッコ内は標準誤差。*p<0.1; **p<0.05; ***p<0.01

表 B-2　表 8-2 の回帰分析

	従属変数				
	イギリスにおける親システム				
	(1)	(2)	(3)	(4)	(5)
政治的剥奪(影響力)	−0.021				
	(0.015)				
政治的剥奪(政治家)		−0.034**			
		(0.014)			
社会的剥奪(抽象的)			0.061		
			(0.045)		
社会的剥奪(文脈)				−0.020	
				(0.045)	
経済的剥奪					0.004
					(0.014)
保守	−0.207***	−0.199***	−0.221***	−0.217***	−0.209***
	(0.031)	(0.031)	(0.036)	(0.035)	(0.031)
年齢	0.129**	0.133**	0.234***	0.265***	0.108**
	(0.052)	(0.052)	(0.061)	(0.058)	(0.052)
大卒	0.196**	0.185**	0.188*	0.243***	0.206**
	(0.082)	(0.083)	(0.096)	(0.092)	(0.082)
女性	−0.125	0.012	0.036	0.022	0.022
	(0.188)	(0.187)	(0.202)	(0.192)	(0.186)
自宅所有	0.176**	0.138*	0.164*	0.180**	0.115
	(0.077)	(0.077)	(0.090)	(0.086)	(0.077)
婚姻	0.014	0.014	−0.111	−0.121	0.045
	(0.096)	(0.096)	(0.112)	(0.107)	(0.097)
白人	−0.083	−0.042	−0.031	−0.070	−0.049
	(0.083)	(0.083)	(0.098)	(0.094)	(0.083)
階級	0.036	0.052	0.047	0.080**	0.047
	(0.036)	(0.036)	(0.042)	(0.040)	(0.036)
定数	0.817***	0.535**	0.390	0.122	0.685**
	(0.268)	(0.268)	(0.297)	(0.284)	(0.271)
標本数	3,011	2,978	2,177	2,366	2,985
対数尤度	−1,954.128	−1,941.769	−1,426.041	−1,557.329	−1,948.576
赤池情報量規準	3,928.257	3,903.539	2,872.082	3,134.657	3,917.152

注：ロジスティック回帰係数の点推定。カッコ内は標準誤差。*p<0.1; **p<0.05; ***p<0.01

	従属変数				
	アメリカにおける親システム（架空の第三の政党を除く）				
	(1)	(2)	(3)	(4)	(5)
政治的剥奪(影響力)	−0.061				
	(0.048)				
政治的剥奪(政治家)		−0.078			
		(0.049)			
社会的剥奪(抽象的)			−0.033		
			(0.115)		
社会的剥奪(文脈)				−0.185*	
				(0.111)	
経済的剥奪					−0.097**
					(0.047)
保守	−0.100*	−0.095	−0.107*	−0.107*	−0.097
	(0.059)	(0.060)	(0.059)	(0.059)	(0.060)
年齢	0.013*	0.013*	0.014*	0.012	0.014*
	(0.007)	(0.007)	(0.007)	(0.007)	(0.007)
大卒	0.036	0.056	0.019	0.022	0.078
	(0.250)	(0.251)	(0.249)	(0.250)	(0.252)
女性	−0.205	−0.229	−0.218	−0.226	−0.190
	(0.222)	(0.223)	(0.222)	(0.222)	(0.223)
自宅所有	−0.134	−0.119	−0.122	−0.079	−0.114
	(0.263)	(0.263)	(0.263)	(0.265)	(0.264)
婚姻	0.136	0.124	0.139	0.127	0.142
	(0.254)	(0.254)	(0.253)	(0.254)	(0.254)
定数	−0.127	−0.153	−0.083	−0.002	−0.250
	(0.364)	(0.365)	(0.361)	(0.366)	(0.371)
標本数	348	348	348	348	348
対数尤度	−235.596	−235.103	−236.366	−235.009	−234.149
赤池情報量規準	487.193	486.207	488.732	486.018	484.298

注：ロジスティック回帰係数の点推定。カッコ内は標準誤差。*p<0.1; **p<0.05; ***p<0.01

表 8-3 と表 8-4 の回帰分析

これらの表の各セルは個人単位の回帰分析の結果である。紙幅が限られているため、個々の回帰分析の結果は筆者に問い合わせていただきたい。

表 B-3　表 8-5 の回帰分析

	従属変数				
	ティーパーティー支持との交互作用				
	(1)	(2)	(3)	(4)	(5)
社会的剥奪(抽象的)	0.064 (0.098)				
社会的剥奪(文脈)		0.014 (0.089)			
政治的剥奪(政治家)			0.073* (0.044)		
政治的剥奪(影響力)				−0.024 (0.043)	
経済的剥奪					0.025 (0.040)
共和党支持	1.382*** (0.146)	1.414*** (0.146)	1.165*** (0.161)	1.314*** (0.157)	1.309*** (0.151)
年齢	−0.012** (0.005)	−0.012*** (0.005)	−0.011** (0.005)	−0.012*** (0.005)	−0.012** (0.005)
大卒	−0.148 (0.166)	−0.129 (0.166)	−0.141 (0.167)	−0.124 (0.166)	−0.125 (0.167)
女性	−0.498*** (0.145)	−0.520*** (0.146)	−0.486*** (0.146)	−0.512*** (0.145)	−0.517*** (0.146)
自宅所有	0.424** (0.168)	0.436*** (0.168)	0.435*** (0.168)	0.444*** (0.167)	0.446*** (0.168)
婚姻	0.374** (0.162)	0.363** (0.162)	0.367** (0.163)	0.383** (0.162)	0.405** (0.162)
社会的剥奪(抽象的) ※共和党	−0.378** (0.150)				
社会的剥奪(文脈) ※共和党		−0.302** (0.132)			
政治的剥奪(政治家) ※共和党			−0.198*** (0.062)		
政治的剥奪(影響力) ※共和党				−0.074 (0.058)	
経済的剥奪 ※共和党					−0.135** (0.058)
定数	−0.802*** (0.212)	−0.779*** (0.214)	−0.785*** (0.211)	−0.833*** (0.212)	−0.827*** (0.213)
標本数	1,004	1,004	1,004	1,004	1,004
対数尤度	−601.315	−601.211	−599.294	−601.766	−601.626
赤池情報量規準	1,220.630	1,220.422	1,216.589	1,221.531	1,221.251

注：ロジスティック回帰係数の点推定。カッコ内は標準誤差。*p<0.1; **p<0.05; ***p<0.01

	従属変数				
	トランプ支持との交互作用				
	(1)	(2)	(3)	(4)	(5)
社会的剥奪(抽象的)	−0.054 (0.096)				
社会的剥奪(文脈)		−0.013 (0.087)			
政治的剥奪(政治家)			0.044 (0.042)		
政治的剥奪(影響力)				0.027 (0.042)	
経済的剥奪					−0.020 (0.038)
共和党支持	1.568*** (0.145)	1.558*** (0.145)	1.412*** (0.160)	1.452*** (0.155)	1.472*** (0.151)
年齢	0.007 (0.004)	0.007 (0.005)	0.006 (0.005)	0.006 (0.005)	0.005 (0.005)
大卒	−0.562*** (0.167)	−0.566*** (0.168)	−0.550*** (0.168)	−0.544*** (0.168)	−0.493*** (0.168)
女性	−0.366** (0.145)	−0.362** (0.145)	−0.348** (0.146)	−0.367** (0.145)	−0.381*** (0.146)

自宅所有	0.375** (0.166)	0.372** (0.166)	0.371** (0.166)	0.377** (0.166)	0.399** (0.168)
婚姻	0.229 (0.160)	0.233 (0.160)	0.223 (0.161)	0.238 (0.161)	0.270* (0.162)
社会的剥奪(抽象的)※共和党	0.100 (0.147)				
社会的剥奪(文脈)※共和党		0.051 (0.130)			
政治的剥奪(政治家)※共和党			−0.122** (0.060)		
政治的剥奪(影響力)※共和党				−0.104* (0.058)	
経済的剥奪※共和党					−0.151*** (0.058)
定数	−1.408*** (0.216)	−1.407*** (0.218)	−1.354*** (0.215)	−1.367*** (0.215)	−1.400*** (0.219)
標本数	1,004	1,004	1,004	1,004	1,004
対数尤度	−606.556	−606.759	−604.670	−605.023	−597.790
赤池情報量規準	1,231.113	1,231.517	1,227.341	1,228.047	1,213.580

注：ロジスティック回帰係数の点推定。カッコ内は標準誤差。*p<0.1; **p<0.05; ***p<0.01

	従属変数				
	架空の第三の政党支持との交互作用				
	(1)	(2)	(3)	(4)	(5)
社会的剥奪(抽象的)	−0.021 (0.082)				
社会的剥奪(文脈)		−0.067 (0.075)			
政治的剥奪(政治家)			−0.010 (0.035)		
政治的剥奪(影響力)				−0.073** (0.037)	
経済的剥奪					−0.018 (0.033)

共和党支持	1.297*** (0.162)	1.292*** (0.161)	1.086*** (0.169)	1.172*** (0.166)	1.222*** (0.162)
年齢	0.0002 (0.004)	0.0001 (0.004)	0.0002 (0.004)	−0.001 (0.004)	0.001 (0.004)
大卒	−0.428*** (0.157)	−0.425*** (0.157)	−0.412*** (0.157)	−0.395*** (0.158)	−0.406*** (0.157)
女性	0.018 (0.142)	0.002 (0.142)	0.011 (0.143)	0.007 (0.143)	0.006 (0.142)
自宅所有	0.112 (0.161)	0.130 (0.162)	0.119 (0.161)	0.129 (0.162)	0.129 (0.162)
婚姻	0.506*** (0.159)	0.503*** (0.159)	0.506*** (0.159)	0.522*** (0.160)	0.539*** (0.159)
社会的剥奪(抽象的)※共和党	−0.377** (0.166)				
社会的剥奪(文脈)※共和党		−0.152 (0.144)			
政治的剥奪(政治家)※共和党			−0.185*** (0.068)		
政治的剥奪(影響力)※共和党				−0.178*** (0.069)	
経済的剥奪※共和党					−0.115* (0.062)
定数	0.028 (0.201)	0.037 (0.203)	0.016 (0.201)	0.015 (0.202)	−0.031 (0.202)
標本数	1,004	1,004	1,004	1,004	1,004
対数尤度	−615.289	−617.240	−612.895	606.910	616.284
赤池情報量規準	1,248.577	1,252.480	1,243.790	1,231.819	1,250.568

注：ロジスティック回帰係数の点推定。カッコ内は標準誤差。*p<0.1; **p<0.05; ***p<0.01

	従属変数				
	イギリスのラディカル右派支持との交互作用				
	(1)	(2)	(3)	(4)	(5)
社会的剥奪(抽象的)	−0.063 (0.121)				

社会的剥奪（文脈）		0.295** (0.117)			
政治的剥奪（政治家）			−0.024 (0.035)		
政治的剥奪（影響力）				0.003 (0.037)	
経済的剥奪					0.002 (0.034)
共和党支持	0.823*** (0.189)	0.745*** (0.156)	0.666*** (0.159)	0.705*** (0.143)	0.645*** (0.135)
年齢	−0.437*** (0.100)	−0.331*** (0.095)	−0.476*** (0.084)	−0.450*** (0.083)	−0.455*** (0.083)
大卒	−0.747*** (0.176)	−0.685*** (0.168)	−0.852*** (0.152)	−0.866*** (0.150)	−0.860*** (0.150)
女性	−0.374** (0.158)	−0.320** (0.151)	−0.191 (0.133)	−0.125 (0.132)	−0.119 (0.132)
自宅所有	−0.420** (0.176)	−0.480*** (0.167)	−0.178 (0.150)	−0.270* (0.149)	−0.332** (0.149)
婚姻	0.018 (0.172)	−0.076 (0.164)	−0.060 (0.144)	−0.032 (0.143)	0.0003 (0.144)
社会的剥奪（抽象的）※共和党	−0.102 (0.157)				
社会的剥奪（文脈）※共和党		−0.300* (0.155)			
政治的剥奪（政治家）※共和党			−0.052 (0.046)		
政治的剥奪（影響力）※共和党				−0.055 (0.049)	
経済的剥奪※共和党					−0.031 (0.046)
定数	−0.826*** (0.298)	−0.974*** (0.281)	−0.788*** (0.253)	−0.811*** (0.243)	−0.702*** (0.244)
標本数	2,235	2,426	3,084	3,115	3,092
対数尤度	−629.606	−689.731	−875.430	−881.268	−884.607
赤池情報量規準	1,277.213	1,397.461	1,768.859	1,780.536	1,787.215

注：ロジスティック回帰係数の点推定。カッコ内は標準誤差。*p<0.1; **p<0.05; ***p<0.01

図 8-1 の回帰分析

推定スコアは表 8-1 の回帰分析による推定値から計算した。

表 B-4　第八章の交互作用モデルのための回帰分析

	従属変数				
	反システム				
	(1)	(2)	(3)	(4)	(5)
政治的剥奪（影響力）	0.094 (0.087)				
政治的剥奪（政治家）		−0.134* (0.078)			
社会的剥奪（抽象的）			−0.325 (0.229)		
社会的剥奪（文脈）				0.410* (0.231)	
経済的剥奪					0.003 (0.080)
周縁か中心か	−0.108** (0.042)	−0.063 (0.045)	−0.022 (0.044)	−0.060* (0.035)	−0.075** (0.038)
保守	0.428*** (0.067)	0.475*** (0.067)	0.426*** (0.065)	0.402*** (0.063)	0.435*** (0.066)
年齢	−0.601*** (0.109)	−0.575*** (0.109)	−0.555*** (0.108)	−0.430*** (0.101)	−0.557*** (0.109)
大卒	−0.506*** (0.178)	−0.483*** (0.179)	−0.459*** (0.176)	−0.412** (0.169)	−0.527*** (0.179)
女性	−0.285* (0.165)	−0.346** (0.165)	−0.370** (0.164)	−0.329** (0.156)	−0.218 (0.163)
自宅所有	−0.321* (0.187)	−0.277 (0.186)	−0.291 (0.185)	−0.398** (0.176)	−0.448** (0.185)
婚姻	0.060 (0.175)	0.032 (0.175)	0.143 (0.176)	0.067 (0.167)	0.078 (0.175)

白人	−0.134	−0.203	−0.351	−0.279	−0.195
	(0.325)	(0.326)	(0.303)	(0.292)	(0.324)
階級	−0.104	−0.080	−0.126*	−0.117	−0.097
	(0.075)	(0.075)	(0.075)	(0.072)	(0.076)
政治的剥奪 1（× 周縁か中心か）	−0.027**				
	(0.013)				
政治的剥奪 2（× 周縁か中心か）		0.004			
		(0.012)			
社会的剥奪 1（× 周縁か中心か）			0.015		
			(0.034)		
社会的剥奪 2（× 周縁か中心か）				−0.064*	
				(0.034)	
経済的剥奪（× 周縁か中心か）					−0.004
					(0.012)
定数	−0.923	−1.585***	−1.458**	−1.382***	−1.104*
	(0.579)	(0.596)	(0.567)	(0.531)	(0.582)
標本数	2,214	2,208	2,275	2,466	2,202
対数尤度	−569.459	−571.636	−581.922	−640.834	−573.743
赤池情報量規準	1,162.919	1,167.272	1,187.844	1,305.668	1,171.486

注：ロジスティック回帰係数の点推定。カッコ内は標準誤差。*p<0.1; **p<0.05; ***p<0.01

	従属変数				
	トランプ支持（交互作用モデル）				
	(1)	(2)	(3)	(4)	(5)
政治的剥奪（影響力）	−0.046				
	(0.090)				
政治的剥奪（政治家）		−0.070			
		(0.091)			
社会的剥奪（抽象的）			0.013		
			(0.234)		
社会的剥奪（文脈）				0.387*	
				(0.204)	
経済的剥奪					−0.217**
					(0.086)
周縁か中心か	0.042**	0.045**	0.040**	0.040**	0.049***
	(0.017)	(0.018)	(0.016)	(0.016)	(0.017)
共和党支持	0.349***	0.349***	0.350***	0.349***	0.359***
	(0.035)	(0.035)	(0.035)	(0.035)	(0.035)
年齢	0.007	0.007*	0.008*	0.007	0.007
	(0.005)	(0.005)	(0.005)	(0.005)	(0.004)
大卒	−0.491***	−0.491***	−0.502***	−0.520***	−0.440***
	(0.168)	(0.168)	(0.168)	(0.168)	(0.169)
女性	−0.411***	−0.418***	−0.410***	−0.404***	−0.435***
	(0.145)	(0.145)	(0.145)	(0.146)	(0.146)
自宅所有	0.395**	0.395**	0.393**	0.414**	0.428**
	(0.165)	(0.165)	(0.165)	(0.166)	(0.166)
婚姻	0.243	0.239	0.243	0.218	0.279*
	(0.160)	(0.160)	(0.160)	(0.161)	(0.162)
政治的剥奪 1（× 周縁か中心か）	0.002				
	(0.006)				
政治的剥奪 2（× 周縁か中心か）		0.004			
		(0.006)			
社会的剥奪 1（× 周縁か中心か）			−0.001		
			(0.015)		
社会的剥奪 2（× 周縁か中心か）				−0.027**	
				(0.013)	
経済的剥奪（× 周縁か中心か）					0.010
					(0.006)
定数	−2.836***	−2.887***	−2.814***	−2.771***	−3.024***
	(0.362)	(0.369)	(0.354)	(0.351)	(0.368)
標本数	1,004	1,004	1,004	1,004	1,004
対数尤度	−607.177	−607.209	−607.666	−605.489	−602.112
赤池情報量規準	1,234.354	1,234.419	1,235.333	1,230.977	1,224.225

注：ロジスティック回帰係数の点推定。カッコ内は標準誤差。*p<0.1; **p<0.05; ***p<0.01

	従属変数				
	ティーパーティー支持（交互作用モデル）				
	(1)	(2)	(3)	(4)	(5)
政治的剥奪（影響力）	-0.032 (0.092)				
政治的剥奪（政治家）		-0.049 (0.094)			
社会的剥奪（抽象的）			-0.332 (0.243)		
社会的剥奪（文脈）				-0.176 (0.205)	
経済的剥奪					-0.189** (0.089)
周縁か中心か	0.050*** (0.017)	0.055*** (0.018)	0.057*** (0.016)	0.057*** (0.016)	0.063*** (0.017)
共和党支持	0.320*** (0.035)	0.321*** (0.035)	0.324*** (0.035)	0.323*** (0.035)	0.328*** (0.035)
年齢	−0.011** (0.005)	−0.010** (0.005)	−0.010** (0.005)	−0.011** (0.005)	−0.010** (0.005)
大卒	-0.067 (0.168)	-0.080 (0.168)	-0.075 (0.168)	-0.079 (0.168)	-0.072 (0.169)
女性	−0.567*** (0.146)	−0.572*** (0.146)	−0.569*** (0.146)	−0.580*** (0.147)	−0.580*** (0.147)
自宅所有	0.462*** (0.167)	0.453*** (0.167)	0.448*** (0.167)	0.474*** (0.168)	0.466*** (0.168)
婚姻	0.388** (0.162)	0.386** (0.162)	0.389** (0.162)	0.381** (0.163)	0.416** (0.163)
政治的剥奪 1 （× 周縁か中心か）	-0.002 (0.006)				
政治的剥奪 2 （× 周縁か中心か）		0.001 (0.006)			
社会的剥奪 1 （× 周縁か中心か）			0.016 (0.016)		
社会的剥奪 2 （× 周縁か中心か）				0.003 (0.013)	
経済的剥奪 （× 周縁か中心か）					0.011* (0.006)
定数	−2.364*** (0.361)	−2.434*** (0.367)	−2.476*** (0.353)	−2.393*** (0.348)	−2.592*** (0.363)
標本数	1,004	1,004	1,004	1,004	1,004
対数尤度	−598.478	−599.792	−599.093	−598.428	−598.039
赤池情報量規準	1,216.957	1,219.583	1,218.186	1,216.856	1,216.078

注：ロジスティック回帰係数の点推定。カッコ内は標準誤差。*p<0.1; **p<0.05; ***p<0.01

	従属変数				
	架空の第三の政党支持（交互作用モデル）				
	(1)	(2)	(3)	(4)	(5)
政治的剥奪（影響力）	−0.143 (0.092)				
政治的剥奪（政治家）		−0.087 (0.090)			
社会的剥奪（抽象的）			−0.073 (0.226)		
社会的剥奪（文脈）				−0.082 (0.193)	
経済的剥奪					−0.153* (0.084)
周縁か中心か	0.009 (0.016)	0.010 (0.017)	0.010 (0.016)	0.012 (0.016)	0.014 (0.016)
共和党支持	0.249*** (0.034)	0.251*** (0.034)	0.253*** (0.034)	0.253*** (0.034)	0.257*** (0.034)
年齢	−0.001 (0.004)	0.001 (0.004)	0.002 (0.004)	0.001 (0.004)	0.002 (0.004)
大卒	−0.363** (0.158)	−0.373** (0.158)	−0.397** (0.157)	−0.395** (0.157)	−0.375** (0.158)
女性	−0.002 (0.142)	−0.028 (0.141)	−0.004 (0.141)	−0.012 (0.141)	−0.009 (0.141)
自宅所有	0.173 (0.161)	0.165 (0.160)	0.164 (0.161)	0.176 (0.161)	0.174 (0.161)

婚姻	0.525*** (0.159)	0.513*** (0.158)	0.512*** (0.159)	0.511*** (0.159)	0.542*** (0.159)
政治的剥奪 1 (× 周縁か中心か)	0.002 (0.006)				
政治的剥奪 2 (× 周縁か中心か)		0.002 (0.006)			
社会的剥奪 1 (× 周縁か中心か)			−0.001 (0.015)		
社会的剥奪 2 (× 周縁か中心か)				−0.001 (0.013)	
経済的剥奪 (× 周縁か中心か)					0.008 (0.006)
定数	−0.705** (0.333)	−0.736** (0.336)	−0.711** (0.327)	−0.704** (0.325)	−0.830** (0.333)
標本数	1,004	1,004	1,004	1,004	1,004
対数尤度	−617.880	−623.443	−624.813	−624.232	−623.958
赤池情報量規準	1,255.760	1,266.887	1,269.626	1,268.463	1,267.917

注：ロジスティック回帰係数の点推定。カッコ内は標準誤差。*$p<0.1$; **$p<0.05$; ***$p<0.01$

付録C　インタビュー主題一覧

［調査対象者となることへの同意］

［導入と人口動態］

［イーストロンドン／ヤングスタウンに］住んでいて、何が気に入っていますか？

［イーストロンドン／ヤングスタウンに］住むことで、何を変えようとしていますか？

あなたが育ったとき、［イーストロンドン／ヤングスタウン］はどのようなところでしたか？

［イーストロンドン／ヤングスタウンは］どのように変わりましたか？

何が変化をもたらしてきたのでしょうか？

この状態を改善するために何をしますか？

そのアイディアを誰かほかの人に伝えましたか？ この状態を変えようとしましたか？ どのようなこと［＝政治活動］をこれまでにしましたか？

なぜしなかったのですか？／インパクトを与えたと思いますか？［与えなかったとすれば］それはなぜですか？

これから概略図を描きます。これらの円を［イーストロンドン／ヤングスタウンの］社会のモデルだと考えてください。円の中心の人は最も重要で影響力があり、中心部から離れるほどに、その度合いが下がります。あなたは自分をどこに位置づけますか？

あなたのような人は30年前にはどこに位置していましたか？

円上のほかの場所にいるのはどのような人だと思いますか？

なぜそう思いましたか？

あなたは［社会的上昇／アメリカンドリーム］のようなものがあると思いますか？

民主主義は機能していると思いますか？

SC: The History Press.
Whoriskey, Peter. 2011. "Growing Wealth Widens Distance Between Lawmakers and Constituents." *The Washington Post*, December 26, http://www.washingtonpost.com/business/economy/growing-wealth-widens-distance-between-lawmakers-and-constituents/2011/12/05/gIQAR7D6IP_story.html.
Wilcox, W. Bradford. 2010. "When Marriage Disappears: The New Middle America." The State of Our Unions, http://stateofourunions.org/2010/when-marriage-disappears.php.
Willamson, Kevin. 2016. "The Father- Führer." *National Review*, March 28, https://www.nationalreview.com/nrd/articles/432569/father-f-hrer.
Willis, Paul. 1977. *Learning to Labor: How Working Class Kids get Working Class Jobs*. New York: Columbia University Press.
Wilson, William Julius. 1987. *The Truly Disadvantaged: The Inner City, the Underclass, and Public Policy*. Chicago: University of Chicago Press. 〔川島正樹＝竹本友子訳『アメリカ大都市の貧困と差別―仕事がなくなるとき』(明石書店・1999年)〕
Wirth, Louis. 1940. "The Problem of Minority Groups." In *The Science of Man in the World Crisis*, edited by Ralph Linton. New York: Columbia University Press.
Wray, Matt. 2006. *Not Quite White: White Trash and the Boundaries of Whiteness*. Durham, NC: Duke University Press.
Wright, Theodore P. 2004. "The Identity and Changing Status of Former Elite Minorities: The Contrasting Cases of North Indian Muslims and American WASPS." In *Rethinking Ethnicity: Majority Groups and Dominant Minorities*, edited by Eric P. Kaufmann, 31–38. New York: Routledge.

【Y】

Yiftachel, Oren. 2000. " 'Ethnocracy' and its Discontents: Minorities, Protest and the Israeli Polity." *Critical Inquiry* 26: 725–756.

【Z】

Zaller, John. 1992. *The Nature and Origins of Mass Opinion*. Cambridge, UK: Cambridge University Press.
Zweig, Michael. 2000. *The Working Class Majority: America's Best Kept Secret*. Ithaca, NY: ILR Press.

UK Department of Education. 2012. "2012 School Census: Schools, Pupils and their Characteristics." http://www.education.gov.uk/researchandstatistics/statistics/allstatistics/a00209478/schl-pupil-charac-jan-2012.

UK Office for National Statistics. 2012. "Under 18 Conception Rate per 1,000 Women in Age Group (Barking and Dagenham Compared with England and Wales)." http://www.neighbourhood.statistics.gov.uk/HTMLDocs/dvc22/conception.html.

UK Parliament. 2000. "Select Committee on Trade and Industry- II Recent Events." http://www.publications.parliament.uk/pa/cm200001/cmselect/cmtrdind/128/12807.htm.

US Census Bureau. 1963. "Characteristics of the Population, for Standard Metropolitan Statistical Areas, Urbanized Areas, and Urban Places of 10,000 or More: 1960." *Census of the Population: 1960*, Vol. 1 Characteristics of the Population, Part 37 Ohio. https://www.census.gov/prod/www/decennial.html.

US Census Bureau. 1973. "Race by Sex for Areas and Places: 1970." *1970 Census of the Population*, Vol. 1 Characteristics of the Population, Part 37 Ohio. https://www.census.gov/prod/www/decennial.html.

US Census Bureau. 1983. "Race by Sex: 1980: Places of 2,500 or More." *1980 Census of the Population*, Vol. 1 Characteristics of the Population, Chapter C General Social and Economic Characteristics, Part 37 Ohio. http://www2.census.gov/prod2/decennial/documents/1980/1980censusofpopu80137un_bw.pdf.

US Census Bureau. 1990. "1990 Census of Population and Housing Public Law 94-171 Data (Official) Age by Race and Hispanic Origin." http://censtats.census.gov/cgi-bin/pl94/pl94data.pl.

US Census Bureau. 2000. "Profile of General Demographics Characteristics 2000: Youngstown City, OH." http://factfinder2.census.gov/faces/tableservices/jsf/pages/productview.xhtml?src=CF

US Census Bureau. 2010. "Race and Hispanic or Latino Origin: 2010: Youngstown City, OH." http://factfinder2.census.gov/faces/tableservices/jsf/pages/productview.xhtml?src=CF.

US Census Bureau. 2015a. "Educational Attainment." *Current Population Survey*. https://www.census.gov/hhes/socdemo/education/data/cps/historical/.

US Census Bureau. 2015b. "Historical Incomes Table: People." *Current Population Survey*. https://www.census.gov/hhes/www/income/data/historical/people/.

US Census Bureau. 2015c. "Millennials Outnumber Baby Boomers and Are Far More Diverse, Census Bureau Reports." http://www.census.gov/newsroom/press-releases/2015/cb15-113.html.

Usherwood, Bob. 2007. *Equity and Excellence in the Public Library: Why Ignorance is Not our Heritage*. Hampshire, UK: Ashgate.

【V】

Van der Waal, Jeroen, Peter Achterbergand, and Wim Van Oorschot. 2011. "Why Are in Some European Countries Immigrants Considered Less Entitled to Welfare?" Paper presented at the Norface Conference, London, April 6–9.

Vecoli, Rudolph. 1995. "Are Italian Americans Just White Folks?" *Italian Americana* 13 (2): 149–161.

Vedder, Richard, Matthew Denhart, and Jonathan Robe. 2012. "Ohio Right- to- Work: How the Economic Freedom of Workers Enhances Prosperity." Columbus, OH: The Buckeye Institute for Public Policy Solutions.

Verba, Sidney, and Norman H. Nie. 1972. *Participation in America: Political Democracy and Social Equality*. New York: Harper and Row.

Verba, Sidney, Norman H. Nie, and Jae- on Kim. 1978. *Participation and Political Equality: A Seven-Nation Comparison*. Chicago: University of Chicago Press. 〔三宅一郎監訳『政治参加と平等—比較政治学的分析』(東京大学出版会・1981 年)〕

Verba, Sidney, Kay Lehman Schlozman, and Henry E. Brady. 1995. *Voice and Equality: Civic Voluntarism in American Politics*. Cambridge, MA: Harvard University Press.

Vickers, Ian. 2012. "Barking and Dagenham Local History." http://www.barkingdagenhamlocalhistory.net/index.html.

The Vindicator. 2013. "Youngstown Mayor's Race Leaves a Lot to be Desired." *The Vindicator*, October 27, http://www.vindy.com/news/2013/oct/27/youngstown-mayors-race-leavesa-lot-to-b/?print.

The Vindicator. 2012. "A perversion of a system meant to promote good." *The Vindicator*, July 27. http://www.vindy.com/news/2012/jul/27/a-perversion-of-a-system-meant-to-promot/.

【W】

Wacquant, Loïc. 2008. *Urban Outcasts: A Comparative Sociology of Advanced Marginality*. Cambridge, UK: Polity Press.

Waters, Mary. 1990. *Ethnic Options: Choosing Identities in America*. Berkeley: University of California Press.

Welsh, Tom. 2009. "Don Hanni: Remembering Mahoning County's Bombastic Democratic Party Boss." In *Remembering Youngstown: Tales from the Mahoning Valley*, edited by Mark C. Peyko, 78–84. Charleston,

British Class Survey Experiment." *Sociology* 47 (2): 219–250.
Schlozman, Kay Lehman, Sidney Verba, and Henry E. Brady. 2013. *The Unheavenly Chorus: Unequal Political Voice and the Broken Promise of American Democracy*. Princeton, NJ: Princeton University Press.
Schneider, Jane, and Peter Schneider. 2005. "The Sack of Two Cities: Organized Crime and Political Corruption in Youngstown and Palermo." In *Corruption: Anthropological Perspectives*, edited by Dieter Haller and Cris Shore, 29–46. London: Pluto Press.
Schudson, Michael. 1999. *The Good Citizen: A History of American Civic Life*. Cambridge, MA: Harvard University Press.
Sennett, Richard, and Jonathan Cobb. 1972. *The Hidden Injuries of Class*. New York: Alfred A. Knopf, Inc.
Shefter, Martin. 1986. "Trade Unions and Political Machines: The Organization and Disorganization of the American Working Class in the Late Nineteenth Century." In *Working- Class Formation: Nineteenth-Century Patterns in Western Europe and the United States*, edited by Ira Katznelson and Aristide R. Zolberg. Princeton, NJ: Princeton University Press.
Sharone, Ofer. 2013. "Why do Unemployed Americans Blame Themselves while Israelis Blame the System?" *Social Forces* 91 (4): 1429–1450.
Silva, Jennifer M. 2013. *Coming Up Short: Working- Class Adulthood in an Age of Uncertainty*. New York: Oxford University Press.
Singer, Audrey. 2013. "Contemporary Immigrant Gateways in Historical Perspective." *Daedalus* 142 (3).
Skeggs, Beverly. 2004. *Class, Self, Culture*. New York: Routledge.
Skidelsky, Robert. 2013. "Meeting our Makers: Britain's Long Industrial Decline." *New Statesman*, January 24, http://www.newstatesman.com/culture/culture/2013/01/meeting-ourmakers-britain%E2%80%99s-long-industrial-decline.
Skolnick, David. 2016. "Mahoning Co. Sees 1K Dems Defect to GOP." *The Vindicator*. 3 March 2016. Accessed via http://www.vindy.com/news/2016/mar/03/mahoning-co-sees-kvoters-defect-to-gop/.
Sniderman, Paul, and Louk Hagendoorn. 2007. *When Ways of Life Collide*. Princeton, NJ: Princeton University Press.
Sniderman, Paul, Louk Hagendoorn, and Markus Prior. 2004. "Predisposing Factors and Situational Triggers: Exclusionary Reactions to Immigrant Minorities." *American Political Science Review* 98 (1): 35–49.
Sniderman, Paul M., Pierangelo Peri, Rui de Pierangelo, Figuieredo, Jr., and Thomas Piazza. 2000. *The Outsider: Prejudice and Politics in Italy*. Princeton, NJ: Princeton University Press.
Standing, Guy. 2011. *The Precariat: The New Dangerous Class*. New York: Bloomsbury Academic.〔岡野内正監訳『プレカリアート―不平等社会が生み出す危険な階級』（法律文化社・2016年）〕
Steele, Claude M. 1997. "A Threat in the Air: How Stereotypes Shape Intellectual Identity and Performance." *American Psychologist* 52 (6): 613–629.
Steensland, Brian. 2008. *The Failed Welfare Revolution: America's Struggle Over Guaranteed Income Policy*. Princeton, NJ: Princeton University Press.
Suddes, Thomas. 2016. "Donald Trump Won in Hurting Ohio Counties that Favor Political Outsiders: Thomas Suddes." *Cleveland Plain Dealer*, March 20,http://www.cleveland.com/opinion/index.ssf/2016/03/donald_trump_won_in_hurting_oh.html.
Sunak, Rishi, and Saratha Rajeswaran. 2014. "A Portrait of Modern Britain." London: *Policy Exchange*. http://www.policyexchange.org.uk/images/publications/a%20portrait%20of%20modern%20britain.pdf.
Sveinsson, Kjartan Páll, ed. 2009. *Who Cares About the White Working Class?* London: Runnymede Trust.

【T】
Tames, Richard. 2002. *Barking Past*. Chichester, UK: Phillimore and Company.
Tarrow, Sidney. 1998. *Power in Movement*. Cambridge, UK: Cambridge University Press.
Telegraph. 2015. "General Election Results." http://www.telegraph.co.uk/news/general-election-2015/parliamentary-constituencies/.
Templeton, Fredric. 1966. "Alienation and Political Participation: Some Research Findings." *The Public Opinion Quarterly* 30 (2): 249–261.
Thompson, E. P. 1963. *The Making of the English Working Class*. New York: Vintage Books.〔市橋秀夫＝芳賀健一訳『イングランド労働者階級の形成』（青弓社・2003年）〕

【U】
UK Department for Business, Innovation and Skills. 2015. "Trade Union Membership 2014." https://www.gov.uk/government/uploads/system/uploads/attachment_data/file/431564/Trade_Union_Membership_Statistics_2014.pdf.

Princeton University Press.
NEOSCC. 2013. "My Vibrant Daily Blog." Northeast Ohio Sustainable Communities Consortium Initiative, May 1, http://vibrantneo.org/.
Neville, John. 2009. "Ford Dagenham's 80 Year History." BBC Essex, October 6, http://news.bbc.co.uk/local/essex/hi/people_and_places/history/newsid_8292000/8292277.stm.
Newman, Benjamin J. 2013. "My Poor Friend: Financial Distress in One's Social Network, The Perceived Power of the Rich, and Support for Redistribution." *Journal of Politics* 76 (2): 126–138.
Newman, Benjamin J. 2012a. "Acculturating Contexts and Anglo Opposition to Immigration in the United States." *American Journal of Political Science* 57 (2): 374–390.
Newman, Benjamin J. 2012b. "Foreign Language Exposure, Cultural Threat, and Opposition to Immigration." *Political Psychology* 33 (5): 635–657.

【O】

OECD. 2010. *Economic Policy Reforms: Going for Growth.* Paris: OECD. http://www.keepeek.com/Digital-Asset-Management/oecd/economics/economic-policy-reforms-2010_growth-2010-en#page1.
Olsen, Henry. 2010. "GOP Heaven, West Virginia?" National Review Online, October 1, http://www.nationalreview.com/articles/248274/gop-heaven-west-virginia-henry-olsen.
Olson, Joel. 2002. "Whiteness and the Participation- Inclusion Dilemma." *Political Theory* 30 (3): 384–409.
Olson, Joel. 2008. "Whiteness and the Polarization of American Politics." *Political Research Quarterly* 61 (4): 704–718.

【P】

Packer, George. 2013. *The Unwinding: An Inner History of the New America.* New York: Farrar, Straus and Giroux.
Pakulski, Jan, and Malcolm Waters. 1996. *The Death of Class.* London: Sage.
Parker, Christopher S., and Matt A. Barreto. 2013. *Change They Can't Believe In: The Tea Party and Reactionary Politics in America.* Princeton, NJ: Princeton University Press.
Pettigrew, Thomas F., and Linda R. Tropp. 2006. "A Meta- Analytic Test of Intergroup Contact Theory." *Journal of Personality and Social Psychology* 90 (5): 751–783.
The Pew Charitable Trusts. 2013. "Moving On Up: Why Do Some Americans Leave the Bottom of the Economic Ladder, but Not Others?" http://www.pewstates.org/research/reports/moving-on-up-85899518104.
Peyko, Mark C., ed. 2009. *Remembering Youngstown: Tales from the Mahoning Valley.* Charleston, SC: The History Press.
Pierce, Justin R., and Peter K. Schott. 2012. "Concording U. S. Harmonized System Codes Over Time." *Journal of Official Statistics* 28 (1): 53-68.
Putnam, Robert D. 2007. "E Pluribus Unum: Diversity and Community in the Twenty- first Century." *Scandinavian Political Studies* 30 (2): 137–174.
Putnam, Robert D., Carl B. Frederick, and Kaisa Snellman. 2012. "Growing Class Gaps in Social Connectedness among American Youth." In *The Saguaro Seminar: Civic Engagement in America.* Cambridge, MA: Harvard Kennedy School of Government.

【R】

Reardon, Sean F. 2011. "The Widening Achievement Gap Between the Rich and the Poor: New Evidence and Possible Explanations." In *Whither Opportunity? Rising Inequality, Schools, and Children's Life Chances,* edited by Greg J. Duncan and Richard J. Murnane, 91–116. New York: Russell Sage Foundation.
Roediger, David R. 1991. *The Wages of Whiteness: Race and the Making of the American Working Class.* London: Verso.
Rotter, Julian B. 1990. "Internal Versus External Control of Reinforcement: A Case History of a Variable." *American Psychologist* 45 (4): 489–493.

【S】

Saffran, Dennis Jay. 1977. *Social Issues, Economic Issues and White Workers: The Effect of the Recession on White Working Class Political Behavior.* Cambridge, MA: Harvard University Press.
Savage, Mike. 2005. "Working- class Identities in the 1960s: Revisiting the Affluent Worker Study." *Sociology* 39 (5): 929–946.
Savage, Mike, Fiona Devine, Niall Cunningham, Mark Taylor, Yaojun Li, Johs Hjellbrekke, Brigitte Le Roux, Sam Friedman, and Andrew Miles. 2013. "A New Model of Social Class? Findings from the BBC's Great

University Press of Kansas.
Lipsitz, George. 2006. *The Possessive Investment in Whiteness: How White People Profit from Identity Politics*. Philadelphia: Temple University Press.
London Borough of Barking & Dagenham. 2013. "Local Council Elections."
London Borough of Barking & Dagenham. 2011a. "Joint Strategic Needs Assessment—Educational Attainment 2011."
London Borough of Barking & Dagenham. 2011b. "Joint Strategic Needs Assessment Summary 2011."
London Borough of Barking & Dagenham. 2010a. "General Election Results 2010."
London Borough of Barking & Dagenham. 2010b. "Joint Strategic Needs Assessment—Perceptions of Community Safety 2010."
London Borough of Barking & Dagenham. 2010c. "Local Election Returns— Thursday 6 May 2010."
London Borough of Barking & Dagenham. 2006. "Local Election Returns— Thursday 4 May 2006."
Lynd, Alice, and Staughton Lynd. 2000. "A Common Bond." In *Rank and File: Personal Histories by Working- Class Organizers*, edited by Alice Lynd and Staughton Lynd, 283–284. Chicago: Haymarket.

【M】

Maharidge, Dale. 1996. *The Coming White Minority: California's Eruptions and America's Future*. New York: Random House.
Maharidge, Dale. 1985. *Journey to Nowhere: The Saga of the New Underclass*. Garden City, NY: Doubleday.
Mahoning County Board of Elections. 2013. "General Election Results." http://www.mahoningcountyoh.gov.
Marx, Karl. 1975. "Letter Written 9 April 1870 to Sigfrid Meyer and August Vogt in New York." In *Selected Correspondence by Karl Marx and Friedrich Engels*, 220–224. Moscow: Progress Publishers.
Masaoka, Natalie, and Jane Junn. 2013. *The Politics of Belonging: Race, Public Opinion and Immigration*. Chicago: University of Chicago Press.
Massey, Douglas. 2007. *Categorically Unequal: The American Stratification System*. New York: Russell Sage Foundation.
Massey, Douglas S., and Nancy A. Denton. 1993. *American Apartheid: Segregation and the Making of the Underclass*. Cambridge, MA: Harvard University Press.
Maynes, Mary Jo, Jennifer L. Pierce, and Barbara Laslett. 2008. *Telling Stories: The Use of Personal Narratives in the Social Sciences and History*. Ithaca, NY: Cornell University Press.
Mazumder, Bhash. 2012. "Is Intergenerational Economic Mobility Lower Now than in the Past?" The Federal Reserve Bank of Chicago, 297.
McAdam, Doug. 1999. *Political Process and the Development of Black Insurgency, 1930–1970*. Chicago: University of Chicago Press.
McCall, Leslie. 2013. *The Undeserving Rich: American Beliefs about Inequality, Opportunity, and Redistribution*. Cambridge, UK: Cambridge University Press.
McDermott, Monica. 2006. *Working- Class White: The Making and Unmaking of Race Relations*. Berkeley: University of California Press.
Meyer, David S. 2004. "Protest and Political Opportunities." Annual Review of Sociology 30: 125–145.
Milbrath, Lester W. 1965. *Political Participation: How and Why Do People Get Involved in Politics?* Chicago: Rand McNally College Publishing Company.
Milliken, Peter H., and David Skolnick. 2012. "Documents Here: Oakhill Documents Reveal Web of Conspiracy." *The Vindicator*, July 27, http://www.vindy.com/news/2012/july/27/by-peter-h-milliken/.
Montopoli, Brian. 2012. "Charity President: Paul Ryan "Did Nothing" at Soup Kitchen Photo- Op." CBS News, October 16, http://www.cbsnews.com/news/charity-presidentpaul-ryan-did-nothing-at-soup-kitchen-photo-op/.
Morgan, Edmund S. 1975. *American Slavery, American Freedom: The Ordeal of Colonial Virginia*. New York: W.W. Norton.
Mudde, Cas. 2015. "The Trump Phenomenon and the European Populist Radical Right." *Washington Post*, August 26, https://www.washingtonpost.com/blogs/monkey-cage/wp/2015/08/26/the-trump-phenomenon-and-the-european-populist-radical-right/.
Murray, Charles. 2012. *Coming Apart: The State of White America, 1960–2010*. New York: Random House.〔橘明美訳『階級「断絶」社会アメリカ—新上流と新下流の出現』(草思社・2013 年)〕

【N】

National Equity Panel. 2010. "An Anatomy of Economic Inequality in the UK: Report of the National Equity Panel." http://news.bbc.co.uk/2/shared/bsp/hi/pdfs/27_01_10_inequalityfull.pdf.
Nelson, Bruce. 2001. *Divided We Stand: American Workers and the Struggle for Black Equality*. Princeton, NJ:

者を敵視する社会』（海と月社・2017年）〕
Jones, Robert P., and Daniel Cox. 2012. "Beyond Guns and God: Understanding the Complexities of the White Working Class in America." Public Religion Research Institute, September 20, http://publicreligion.org/research/2012/09/race-class-culture-survey-2012/.
Joppke, Christian. 2007. "Beyond National Models: Civic Integration Policies for Immigrants in Western Europe." *West European Politics* 30 (1): 1–22.
Joppke, Christian. 2010. "Minority Rights For Immigrants? Multiculturalism Versus Antidiscrimination." *Israel Law Review* 43 (1): 49–66.
Jost, John, and Orsolya Hunyady. 2005. "Antecedents and Consequences of System- Justifying Ideologies." *Current Directions in Psychological Science* 14 (5): 260–265.
Jost, John, Mahzarin Banaji, and Brian Nosek. 2004. "A Decade of System Justification Theory: Accumulated Evidence of Conscious and Unconscious Bolstering of the Status Quo." *Political Psychology* 25 (6): 881–919.
Judis, John. 2007. "Back to the Future." *The American Prospect*, June 17, http://prospect.org/article/back-future.

【K】
Katznelson, Ira. 1981. *City Trenches: Urban Politics and the Patterning of Class in the United States*. Chicago: University of Chicago Press.
Kaufmann, Eric P. 2004a. "The Decline of the WASP in the United States and Canada." In *Rethinking Ethnicity: Majority Groups and Dominant Minorities*, edited by Eric P. Kaufmann, 61–83. New York: Routledge.
Kaufmann, Eric P. 2004b. "Introduction: Dominant Ethnicity: From Background to Foreground." In *Rethinking Ethnicity: Majority Groups and Dominant Minorities*, edited by Eric P. Kaufmann, 1–14. New York: Routledge.
Kaufmann, Eric. 2004c. *The Rise and Fall of Anglo-America*. Cambridge, MA: Harvard University Press.
Kaufmann, Eric P. 2014. Personal Correspondence with Author. July 23.
Kelly, Nathan, and Peter Enns. 2010. "Inequality and the Dynamics of Public Opinion: The Self-Reinforcing Link between Economic Inequality and Mass Preferences." *American Journal of Political Science* 54 (4): 855–870.
Kennedy, Liam. 1996. "Alien Nation: White Male Paranoia and Imperial Culture in the United States." *Journal of American Studies* 30 (1): 87–100.
Kinder, Donald R., and Cindy D. Kam. 2009. *Us Against Them: Ethnocentric Foundations of American Opinion*. Chicago: The University of Chicago Press.
King, Vary, Robert O. Keohane, and Sidney Verba. 1994. *Designing Social Inquiry: Scientific Inference in Quantitative Research*. Princeton, NJ: Princeton University Press.〔真渕勝監訳『社会科学のリサーチ・デザイン―定性的研究における科学的推論』（勁草書房・2004年）〕
King, Gary, Michael Tomz, and Jason Wittenberg. 2000. "Making the Most of Statistical Analyses: Improving Interpretation and Presentation." *American Journal of Political Science* 44: 341–355.
Kobler, John. 1963. "Crime Town USA." *Saturday Evening Post*, March.
Krouse, Peter. 2010. "State Sen. Capri Cafaro's Dad Admits Making Illegal Contribution to her Unsuccessful Bid for Congress." Cleveland.com, February 22, http://blog.cleveland.com/metro/2010/02/state_sen_capri_cafaros_dad_ac.html.

【L】
Labov, William. 2006. *The Social Stratification of English in New York*. Cambridge, UK: Cambridge University Press.
Lamont, Michèle. 2000. *The Dignity of Working Men*. Cambridge, MA: Harvard University Press.
Lamont, Michèle, Caitlin Daniel, and Eleni Arzoglou. 2011. "European Workers: Meaning-Making Beings." In *Comparing European Workers Part B: Policies and Institutions*, edited by David Brady, 287–312. Bingley, UK: Emerald Group Publishing Limited.
Laslett, Peter. 1971. *The World We Have Lost*. London: Methuen & Co. Ltd.
Laurin, Kristin, Grainne Fitzsimons, and Aaron Kay. 2010. "Social Disadvantage and the Self-Regulatory Function of Justice Beliefs." *Journal of Personality and Social Psychology* 100 (1): 149–171.
Leith, Dick. 1997. *A Social History of English*. London: Routledge.
Levison, Andrew. 2013. *The White Working Class Today: Who They Are, How They Think, And How Progressives And Regain Their Support*. Democratic Strategist Press.
Linkon, Sherry Lee, and John Russo. 2002. *Steeltown U.S.A.: Work and Memory in Youngstown*. Lawrence:

Ford, Robert, and Matthew Goodwin. 2010. "Angry White Men: Individual and Contextual Prediction of Support for the British National Party." *Political Studies* 58: 1–25.
Ford News. 2011. "100 Years: Celebrating Ford's Centenary in Britain: From the Model T at Trafford Park to Today's UK Market Leader." Ford News, March, http://www.at.ford.com/news/Publications/Publications/2009_FOE/112/@Ford112%20-%20March%202011%20-%20Fordnews.pdf.
Freeman, Gary. 2009. "Immigration, Diversity, and Welfare Chauvinism." *The Forum* 7 (3): Article 7.

【G】
Gaventa, John. 1980. *Power and Powerlessness: Quiescence and Rebellion in an Appalachian Valley.* Champaign: University of Illinois Press.
Gelman, Andrew. 2009. *Red State, Blue State, Rich State, Poor State: Why Americans Vote the Way They Do.* Princeton, NJ: Princeton University Press.
Gest, Justin. 2010. *Apart: Alienated and Engaged Muslims in the West.* New York: Columbia University Press.
Gest, Justin. 2015. "Pro- and Anti- System Behavior: A Complementary Approach to Voice and Silence in Studies of Political Behavior." *Citizenship Studies* 19 (5).
Gilens, Martin. 2005. "Inequality and Democratic Responsiveness." *Public Opinion Quarterly* 69 (5): 778–796.
Gilens, Martin. 1999. *Why Americans Hate Welfare: Race, Media and the Politics of Antipoverty Policy.* Cambridge, UK: Cambridge University Press.
Givens, Terri. 2005. *Voting Radical Right in Western Europe.* Cambridge, UK: Cambridge University Press.
Goodwin, Matthew. 2011. *Right Response: Understanding and Countering Populist Extremism in Europe.* London: Chatham House Report.
Green, Donald P., and Ian Shapiro. 1994. *Pathologies of Rational Choice Theory: A Critique of Applications in Political Science.* New Haven, CT: Yale University Press.
Gurr, Ted Robert. 1970. *Why Men Rebel.* Princeton, NJ: Princeton University Press.
Gusfield, Joseph R. 1963. *Symbolic Crusade: Status Politics and The American Temperance Movement.* Urbana: The University of Illinois Press.

【H】
Hainmueller, Jens, and Daniel Hopkins. 2014. "Public Attitudes toward Immigration." *American Political Science Review* 17: 225–249.
Harris, Cheryl I. 1993. "Whiteness as Property." *Harvard Law Review* 106 (8): 1707–1791.
Held, David. 2006. *Models of Democracy.* Cambridge, UK: Polity.〔中谷義和訳『民主政の諸類型』(御茶の水書房・1998年)〕
Hewstone, Miles E., and Rupert Brown, eds. 1986. *Contact and Conflict in Intergroup Encounters. Social psychology and society.* Cambridge, MA: Basil Blackwell.
Hirsch, Barry T., David A. Macpherson, and Wayne G. Vroman. 2001. "Estimates of Union Density by State." *Monthly Labor Review* 124 (7): XX–XX.
Hirschman, Albert O. 1970. *Exit, Voice, and Loyalty: Responses to Decline in Firms, Organizations, and States.* Cambridge, MA: Harvard University Press.〔矢野修一訳『離脱・発言・忠誠―企業・組織・国家における衰退への反応』(ミネルヴァ書房・2005年)〕
Hochschild, Jennifer L. 1991. "The Politics of the Estranged Poor." *Ethics* 101 (3): 560–578.
Hochschild, Jennifer L. 1995. *Facing Up to the American Dream: Race, Class, and the Soul of the Nation.* Princeton, NJ: Princeton University Press.
Hofstadter, Richard. 1967. *The Paranoid Style in American Politics: And Other Essays.* Vintage Books. http://www.amazon.com/The-paranoid-style-Americanpolitics/dp/B0007EB90E.
Hoynes, Hilary W., Douglas L. Miller, and Jessamyn Schaller. 2012. "Who Suffers During Recessions." NBER Working Paper No. 17951.
Hudson, Paul. 2009. "80 Years of Ford at Dagenham." *The Telegraph*, May 15. http://www.telegraph.co.uk/motoring/classiccars/5318900/80-years-of-Ford-at-Dagenham.html.

【I】
Ignatiev, Noel. 1995. *How the Irish Became White.* New York: Routledge.
Inglehart, Ronald, and Christian Welzel. 2005. *Modernization, Cultural Change, and Democracy: The Human Development Sequence.* Cambridge, UK: Cambridge University Press.

【J】
Jones, Owen. 2011. *Chavs: The Demonization of the Working Class.* London: Verso.〔依田卓巳訳『チャヴ―弱

Case, Anne, and Angus Deaton. 2015. "Rising Morbidity and Mortality in Midlife among White Non- Hispanic Americans in the 21st Century." *PNAS* 112 (49): http://www.pnas.org/content/112/ 49/15078.full.pdf.
Cavaille, Charlotte, and Kris- Stella Trump. 2012. "Redistributive Attitudes in Hard Times." Presented at "The State and Capitalism since 1800" workshop. Cambridge, MA: Harvard University.
Center for Responsive Politics. 2013. "Millionaire Freshmen Make Congress Even Wealthier." http://www.opensecrets.org/news/2013/01/new-congress-new-and-more-wealth/.
Chetty, Raj, Nathaniel Hendren, Patrick Kline, Emmanuel Saez, and Nicholas Turner. 2014. "Is the United States Still a Land of Opportunity? Recent Trends in Intergenerational Mobility." NBER Working Paper 19844. http://www.equality-of-opportunity.org/images/mobility_trends.pdf.
Closed Pubs. 2012. "The Lost Pubs Project." http://www.closedpubs.co.uk/essex/barking.html.
CNN. 2008. "Exit Polls." http://www.cnn.com/ELECTION/2008/results/polls/#val=USP00p1.
CNN. 2010. "Exit Polls." http://www.cnn.com/ELECTION/2010/results/polls/#val=USH00p1.
CNN/ORC. 2015. "Poll August 18, 2015." http://i2.cdn.turner.com/cnn/2015/images/08/17/rel8a.-.gop.2016.pdf
Cobain, Ian. 2006. "Exclusive: Inside the Secret and Sinister world of the BNP." *The Guardian*, December 21.
Collins, Michael. 2004. *The Likes of Us: A Biography of the White Working Class*. London: Granta Books.
Corak, Miles. 2013. "Income Inequality, Equality of Opportunity, and Intergenerational Mobility." *Journal of Economic Perspectives* 27 (3): 79–102. http://pubs.aeaweb.org/doi/pdfplus/10.1257/jep.27.3.79.
CPS. 2012. "Union Data Compilations from 2012." http://www.unionstats.com/ .

[D]

Dancygier, Rafaela. 2010. *Immigration and Conflict in Europe*. New York: Cambridge University Press.
Davis, Mike. 1986. *Prisoners of the American Dream: Politics and Economy in the History of the US Working Class*. London: Verso.
Dawson, Michael. 1995. *Behind the Mule: Race and Class in African- American Politics*. Princeton, NJ: Princeton University Press.
Demie, Feyisa, and Kirstin Lewis. 2010. *Raising the Achievement of White Working Class Pupils: Barriers and School Strategies*. London: Lambeth Council.
The Democratic Strategist. 2011. "Teixeira on Obama's White Working Class Threshold." http://www.thedemocraticstrategist.org/strategist/2011/06/teixeira_on_obamas_white_worki.php.
Dench, Geoff, Kate Gavron, and Michael Young. 2009. *The New East End: Kinship, Race and Conflict*. London: Profile.
Denis, Jeffrey S. 2012. "Transforming Meanings and Group Positions: Tactics and Framing in Anishinaabe—White Relations in Northwestern Ontario, Canada." *Ethnic and Racial Studies* 35 (3): 453–470.
Department for Business, Innovation & Skills. 2013. "Trade Union Membership 2012." https://www.gov.uk/government/uploads/system/uploads/attachment_data/file/204169/bis-13-p77-trade-union-membership-2012.pdf.
DiTomaso, Nancy. 2012. *The American Non- Dilemma: Racial Inequality without Racism*. New York: Russell Sage Foundation.
Douthat, Ross, and Reihan Salam. 2008. *Grand New Party*. New York: Doubleday.
Dudley, Kathryn Marie. 1994. *The End of the Line: Lost Jobs, New Lives in Postindustrial America*. Chicago: The University of Chicago Press.

[E]

Edsall, Thomas B. 2012. "White Working Chaos." The New York Times, June 25, http://campaignstops.blogs.nytimes.com/2012/06/25/white-working-chaos/.
European Parliament. 2015. "Results of the 2014 European Elections." http://www.europarl.europa.eu/elections2014-results/en/country-introduction-2014.html.

[F]

Fantasia, Rick. 1988. *Cultures of Solidarity: Consciousness, Action, and Contemporary American Workers*. Berkeley: University of California Press.
Fantasia, Rick, and Kim Voss. 2004. *Hard Work: Remaking the American Labor Movement*. Berkeley: University of California Press.
Fenton, Peter Tyler, Sanna Markkanen, Anna Clarke, and Christine Whitehead. 2010. "Why Do Neighbourhoods Stay Poor? Deprivation, Place and People in Birmingham: A Report to the Barrow Cadbury Trust." Cambridge, UK: The Cambridge Center for Housing and Planning Research.
Ford, Robert. 2015. "Where the Votes Switched and Why: The Key Lessons for Parties." *The Guardian*, May 9, http://www.theguardian.com/politics/2015/may/10/election-2015-where-the-votes-switched-and-why.

参考文献一覧

【A】

Abrajano, Marisa, and Zoltan L. Hajnal. 2014. *White Backlash: Immigration, Race, and American Politics*. Princeton, NJ: Princeton University Press.

Abramowitz, Alan, and Ruy Teixeira. 2009. "The Decline of the White Working Class and the Rise of a Mass Upper- Middle Class." *Political Science Quarterly* 124 (3): 391–422.

Ackroyd, Peter. 2000. *London: The Biography*. London: Vintage.

Alibhai- Brown, Yasmin. 2007. "The View from India: Horror at these Barbarians." *The Independent*, January 22, http://www.independent.co.uk/voices/commentators/yasmin-alibhai-brown/yasmin-alibhaibrown-the-view-from-india-horror-at-these-barbarians-433136.html.

Allgren, James M. 2009. "Youngstown's Fortunes Rose and Fell with the Steel Industry." In *Remembering Youngstown: Tales from the Mahoning Valley*, edited by Mark C. Peyko, 35–40. Charleston, SC: The History Press.

【B】

Bartels, L. M. 2008. *Unequal Democracy: The Political Economy of the New Gilded Age*. Princeton: Princeton University Press.

Bauer, Martin W., and George Gaskell. 2000. *Qualitative Researching with Text, Image and Sound*. London: Sage.

BBC News. 2015. "2015 Election Results." http://www.bbc.com/news/election/2015/results.

Bennett, Tony, Mike Savage, Elizabeth Bortolaia Silva, Alan Warde, Modesto Gayo-Cal, and David Wright. 2009. *Culture, Class, Distinction*. New York: Routledge.

Bishop, Bill. 2008. *The Big Sort: Why the Clustering of Like- Minded America is Tearing Us Apart*. New York: Houghton Mifflin.

Blake, William. 1808 (1998). "Jerusalem." *Milton, a Poem*. Princeton, NJ: Princeton University Press.

Blalock, Hubert M. 1967. *Toward a Theory of Minority Group Relations*. New York: Wiley & Sons.

Bloemraad, Irene. 2005. "Of Puzzles and Serendipity: Doing Research with Cross- National Comparisons and Mixed Methods." In *Research Methods Choices in Interdisciplinary Contexts: War Stories of New Scholars*, edited by Louis DeSipio, Sherrie Kossoudji, and Manuel Garcia y Griego, XX–XX. XXX: SSRC.

Blumer, Herbert. 1958. "Race Prejudice as a Sense of Group Position." *The Pacific Sociological Review* 1 (1): 3–7.

Bourdieu, Pierre, and Jean-Claude Passeron. 1977. *Reproduction in Education, Society and Culture*. London: SAGE Publications.〔宮島喬訳『再生産—教育・社会・文化』(藤原書店・1991 年)〕

Brady, Henry, and David Collier, eds. 2004. *Rethinking Social Inquiry: Diverse Tools, Shared Standards*. Oxford: Rowman and Littlefield.

Brattain, Michelle. 2001. *The Politics of Whiteness: Race, Workers, and Culture in the Modern South*. Princeton, NJ: Princeton University Press.

Brodkin, Karen. 1994. "How Did Jews Become White Folks?" In *Race*, edited by Steven Gregory and Roger Sanjek, 78–99. New Brunswick, NJ: Rutgers University Press.

Brown, Michael K. 1991. *Race, Money, and the American Welfare State*. Ithaca, NY: Cornell University Press.

Brownstein, Ronald. 2011. "Eclipsed: Why the White Working Class is the Most Alienated and Pessimistic Group in American Society." *The National Journal*, May 26, http://www.nationaljournal.com/columns/political-connections/white-working-classamericans-see-future-as-gloomy-20110526.

Bruno, Robert. 1999. *Steelworker Alley: How Class Works in Youngstown*. Ithaca, NY: Cornell University Press.

Bureau of Labor Statistics. 2013. "Union Membership in Ohio— 2012." http://www.bls.gov/ro5/unionoh.htm.

Bureau of Labor Statistics. 2015. "Union Members Summary." http://www.bls.gov/news.release/union2.nr0.htm.

Buss, Terry F., and F. Stevens Redburn. 1983. *Shutdown at Youngstown: Public Policy for Mass Unemployment*. Albany, NY: State University of New York Press.

【C】

Campbell, Angus, Philip E. Converse, Warren E. Miller, and Donald E. Stokes. 1960. *The American Voter*. New York: John Wiley & Sons, Inc.

Carnes, Nicholas. 2012. "Does the Numerical Underrepresentation of the Working Class in Congress Matter?" *Legislative Studies Quarterly* 37 (1): 5–34.

【著者】

ジャスティン・ゲスト（Justin Gest）

ハーバード大学政治学部卒業、ロンドン・スクール・オブ・エコノミクス博士課程修了、Ph. D.（行政学）。現在、ジョージ・メイソン大学公共政策行政学部助教授。本書以外の主著として、30か国の移民制度を分類して収斂・変動の要因を探ったAnna Boucherとの共著 *Crossroads: Comparative Immigration Regimes in a World of Demographic Change* (Cambridge University Press, 2018)、英米における白人労働者階級の人々のポリティクスについて概観した *The White Working Class: What Everyone Needs to Know* (Oxford University Press, 2018)、西欧民主主義国におけるムスリムの政治行動を研究した *Apart: Alienated and Engaged Muslims in the West* (Columbia University Press, 2010) など。

【訳者】

吉田　徹（よしだ・とおる）　＊第三章、第八章、第九章担当

東京大学大学院総合文化研究科国際社会科学博士課程修了、博士（学術）。現在、北海道大学大学院法学研究科教授。主著として、『感情の政治学』（講談社・2014年）、『ポピュリズムを考える』（NHK出版・2011年）、『ヨーロッパ統合とフランス』（編著、法律文化社・2012年）、『ミッテラン社会党の転換』（法政大学出版局・2008年）など。

西山隆行（にしやま・たかゆき）　＊序、謝辞、第一章、第二章、第四章、付録A～C担当

東京大学大学院法学政治学研究科博士課程修了、博士（法学）。現在、成蹊大学法学部教授。主著として、『アメリカ政治入門』（東京大学出版会・2018年）、『アメリカ政治講義』（筑摩書房・2018年）、『移民大国アメリカ』（筑摩書房・2016年）、『アメリカ型福祉国家と都市政治―ニューヨーク市におけるアーバン・リベラリズムの展開』（東京大学出版会・2008年）など。

石神圭子（いしがみ・けいこ）　＊第五章、第七章担当

北海道大学大学院法学研究科博士後期課程単位取得満期退学、博士（法学）。現在、首都大学東京人文科学研究科客員研究員。主著として、「コミュニティ・オーガナイジングとリベラリズムへの挑戦―産業地域財団による生活賃金運動をめぐって」アメリカ太平洋研究18号（2018年）、「アメリカにおける連邦制の成立と発展―20世紀後半の都市コミュニティと福祉政策をめぐるその効果」松尾秀哉ほか編『連邦制の逆説？』（ナカニシヤ出版・2016年）、「アメリカにおけるコミュニティの組織化運動―ソール・アリンスキーの思想と実践（1）～（4・完）」北大法学論集65巻1号・3号・4号・6号（2014-15年）など。

河村真実（かわむら・まみ）　＊第六章担当

神戸大学大学院法学研究科博士課程前期課程修了、修士（政治学）。現在、神戸大学大学院法学研究科博士課程後期課程在籍／日本学術振興会特別研究員（DC1）。主著として、「リベラルな多文化主義における新しい文化概念―アラン・パッテンを手がかりに」六甲台論集法学政治学篇65巻2号（2019年）など。

新たなマイノリティの誕生――声を奪われた白人労働者たち

2019（令和元）年6月15日　初版1刷発行

著　者　ジャスティン・ゲスト
訳　者　吉田 徹・西山隆行・石神圭子・河村真実
発行者　鯉渕 友南
発行所　株式会社 弘 文 堂　101-0062 東京都千代田区神田駿河台1の7
TEL 03(3294)4801　振替 00120-6-53909
https://www.koubundou.co.jp

装　丁　宇佐美純子
組　版　堀 江 制 作
印　刷　三報社印刷
製　本　井上製本所

ISBN 978-4-335-46038-8